OEUVRES
COMPLÈTES
DE J. RACINE.

TOME SIXIÈME.

DE L'IMPRIMERIE DE P. DIDOT, L'AINÉ,
CHEVALIER DE L'ORDRE ROYAL DE SAINT-MICHEL,
IMPRIMEUR DU ROI.

OEUVRES
COMPLÈTES
DE J. RACINE

AVEC LES NOTES
DE TOUS LES COMMENTATEURS.

ÉDITION PUBLIÉE
PAR L. AIMÉ-MARTIN.

TOME VI.

A PARIS
CHEZ LEFÈVRE, LIBRAIRE,
RUE DE L'ÉPERON, N° 6.
M DCCC XX.

DISCOURS
ACADÉMIQUES.

PRÉFACE DE GEOFFROY.

Peu de poëtes ont mérité un nom parmi les prosateurs. Corneille et Boileau ne sont plus eux-mêmes quand ils écrivent en prose. Racine, avec le génie le plus souple qui jamais ait existé, paroît avoir été destiné par la nature à faire parfaitement tout ce qu'il auroit voulu entreprendre. Ses deux Lettres sur Port-Royal le placent à côté de Pascal, un des écrivains les plus éloquents du siècle; son discours pour la réception de Thomas Corneille lui assigne un rang distingué parmi les orateurs. Tout ce qu'il a écrit en prose, ses Préfaces, son Histoire de Port-Royal, ses Harangues académiques, tout est marqué au coin d'une noble et élégante simplicité. Le style est mâle et sain; les pensées ont autant de justesse que de vigueur; et l'esprit ne s'y montre que pour parer la raison.

Nous avons perdu le discours que Racine prononça pour sa réception à l'Académie; mais il nous reste ceux qu'il prononça pour la réception de M. l'abbé Colbert et pour celle de Thomas Corneille. On remarque dans le premier un éloge très brillant et très ingénieux du zèle que toute la famille de Colbert témoigne pour la gloire du roi; mais il y a une exagération de mauvais goût dans la dernière phrase de ce discours. Il faut conclure de toutes ces louanges prodiguées à Louis XIV par les grands hommes de son siècle, que ce monarque avoit imprimé dans tous les esprits un sentiment d'admiration si vif et si prononcé, qu'il ne faut pas être surpris que l'enthousiasme égarât quelquefois les écrivains les plus sages. Les poëtes et les orateurs ne firent entendre, pendant la moitié de ce siècle, qu'un concert unanime d'éloges : si tous ne furent pas également éloquents, tous paroissoient avoir obéi à une inspiration naturelle; et lors même qu'ils furent le plus outrés, ils n'étoient point flatteurs, puisqu'ils ne faisoient qu'exprimer leurs pensées.

Le discours pour la réception de Thomas Corneille est, d'un bout à l'autre, un chef-d'œuvre de raison et de style, et un modèle de cette éloquence sage et sévère qui doit régner dans les assemblées publiques d'une académie qui règle la langue et le goût : on n'y trouve point ces fleurs et ces ornements très mal-à-propos académiques, et qui n'ont commencé à déshonorer le sanctuaire des lettres que vers le temps de la décadence de la monarchie, de la religion, et de la littérature. C'est à cette époque que les discours académiques sont devenus des recueils de madrigaux, d'antithèses, et d'épigrammes. Jamais Corneille n'a reçu d'éloges plus vrais et plus dignes de lui que ceux dont Racine, son successeur et son égal, a honoré sa mémoire; et rien n'est plus admirable que l'art avec lequel l'orateur réunit la louange d'un grand poëte à celle d'un grand roi, en se montrant toujours au niveau de son sujet. Louis XIV, à qui l'on vantoit ce discours, marqua quelque desir de l'entendre: Racine fut appelé à la cour, et eut l'honneur de réciter devant le roi ce morceau d'éloquence, bien digne d'un tel auditeur. Louis fut flatté de la magnificence des idées, et sur-tout du tableau imposant de sa puissance, et de la terreur respectueuse qu'il inspiroit à ses voisins. Ce monarque, si accoutumé aux éloges, fut si vivement frappé de ceux de Racine, qu'il ne put s'empêcher de lui en témoigner sa satisfaction par cette phrase ingénieuse, délicate, et modeste, qui fait également honneur au héros et à son panégyriste: « Je vous louerois davan- « tage si vous m'aviez moins loué. »

On attribue à Racine le discours que l'abbé Colbert, à la tête du clergé de France, adressa à Louis XIV, pour la clôture de l'assemblée qui s'étoit tenue à Saint-Germain-en-Laye, en 1685. Luneau paroît douter que ce discours ait été composé par Racine. Il n'en a point, dit-il, d'autre preuve que le soin qu'a pris Louis Racine de placer ce discours à la suite de ses Mémoires sur la vie de son père. Mais quelle preuve plus forte ce commentateur pouvoit-il desirer? Louis Racine n'a publié le discours que parcequ'il l'a trouvé dans les manuscrits de son père. Au reste, cette harangue n'est point indigne de Racine : l'orateur loue avec beaucoup d'énergie et de vérité les services rendus à la religion par Louis XIV.

DISCOURS

PRONONCÉ A L'ACADÉMIE FRANÇOISE,
A LA RÉCEPTION DE M. L'ABBÉ COLBERT [1].

Monsieur,

Il m'est sans doute très honorable de me voir à la tête de cette célèbre compagnie, et je dois beaucoup au hasard de m'avoir mis dans une place où le mérite ne m'auroit jamais élevé. Mais cet honneur, si grand par lui-même, me devient, je l'avoue, encore plus considérable quand je songe que la première fonction que j'ai à faire dans la place où je suis, c'est de vous expliquer les sentiments que l'Académie a pour vous.

Vous croyez lui devoir des remerciements pour l'honneur que vous dites qu'elle vous a fait; mais elle a aussi des graces à vous rendre; elle vous est obligée, non seulement de l'honneur que vous lui faites, mais encore de celui que vous avez déja fait à toute la république des lettres.

---

[1] Jacques-Nicolas Colbert, le deuxième des fils du ministre, fut reçu à l'académie françoise, à la place de Jacques Esprit, le 30 octobre 1678. Il étoit âgé de vingt-quatre ans, et n'étoit encore que docteur de Sorbonne. En 1680 il fut nommé coadjuteur de Rouen. (*Anon.*)

Oui, monsieur, nous savons combien elles vous sont redevables. Il y a long-temps que l'Académie a les yeux sur vous; aucune de vos démarches ne lui a été inconnue; vous portez un nom que trop de raisons ont rendu sacré pour les gens de lettres : tout ce qui regarde votre illustre maison ne leur sauroit plus être ni inconnu ni indifférent.

Nous avons considéré avec attention les progrès que vous avez faits dans les sciences; mais si vous aviez excité d'abord notre curiosité, vous n'avez guère tardé à exciter notre admiration. Et quels applaudissements n'a-t-on point donnés à cette excellente philosophie que vous avez publiquement enseignée? Au lieu de quelques termes barbares, de quelques frivoles questions que l'on avoit accoutumé d'entendre dans les écoles, vous y avez fait entendre de solides vérités, les plus beaux secrets de la nature, les plus importants principes de la métaphysique. Non, monsieur, vous ne vous êtes point borné à suivre une route ordinaire, vous ne vous êtes point contenté de l'écorce de la philosophie, vous en avez approfondi tous les secrets; vous avez rassemblé ce que les anciens et les modernes avoient de solide et d'ingénieux; vous avez parcouru tous les siècles pour nous en rapporter les découvertes : l'oserai-je dire? vous avez fait connaître, dans les écoles, Aristote même, dont on n'y voit souvent que le fantôme.

Cependant cette savante philosophie n'a été pour vous qu'un passage pour vous élever à une plus noble science, je veux dire, à la science de la religion. Et quels progrès n'avez-vous point faits dans cette étude sacrée? Avec quelles marques d'estime la plus fameuse Faculté de l'univers vous a-t-elle adopté, vous a-t-elle associé dans son corps! L'Académie a pris part à tous vos honneurs; elle applaudissoit à vos célèbres actions; mais, monsieur, depuis qu'elle vous a vu monter en chaire, qu'elle vous a entendu prêcher les vérités de l'Évangile, non seulement avec toute la force de l'éloquence, mais même avec toute la justesse et toute la politesse de notre langue, alors l'Académie ne s'est plus contentée de vous admirer, elle a jugé que vous lui étiez nécessaire. Elle vous a choisi, elle vous a nommé pour remplir la première place qu'elle a pu donner. Oui, monsieur, elle vous a choisi; car (nous voulons bien qu'on le sache) ce n'est point la brigue, ce ne sont point les sollicitations qui ouvrent les portes de l'Académie; elle va elle-même au-devant du mérite; elle lui épargne l'embarras de se venir offrir; elle cherche les sujets qui lui sont propres. Et qui pouvoit lui être plus propre que vous? Qui pouvoit mieux nous seconder dans le dessein que nous nous sommes tous proposé de travailler à immortaliser les grandes actions de notre auguste protecteur? Qui pouvoit mieux nous aider à célébrer ce prodigieux nombre d'exploits dont la grandeur nous accable pour ainsi dire, et nous met dans l'impuissance de les exprimer? Il nous faut des années entières pour écrire dignement une seule de ses actions.

Cependant chaque année, chaque mois, chaque journée même, nous présente une foule de nouveaux miracles. Étonnés de tant de triomphes, nous pensions que la guerre avoit porté sa gloire au plus haut point où elle pouvoit monter. En effet, après tant de provinces si rapidement conquises, tant de batailles gagnées, les places emportées d'assaut, les villes sauvées du pillage, et toutes ces grandes actions dont vous nous avez fait une si vive peinture, auroit-on pu s'imaginer que cette gloire dût encore croître? La paix qu'il vient de donner à l'Europe nous présente quelque chose de plus grand encore que tout ce qu'il a fait dans la guerre. Je n'ai garde d'entreprendre ici de faire l'éloge de ce héros, après l'éloquent discours que vous venez de nous faire entendre. Non seulement nous y avons reconnu l'élévation de votre esprit, la sublimité de vos pensées, mais on y voit briller sur-tout ce zéle pour votre Prince, et cette ardente passion pour sa gloire, qui est la marque si particulière à laquelle on reconnoît toute votre illustre famille. Tandis que le chef de la maison, rempli de ce noble zéle, ne donne point de relâche à son infatigable génie, tandis qu'il jette un œil pénétrant jusque dans les moindres besoins de l'État, avec quelle ardeur, quelle vigilance ses enfants, ses frères, ses neveux, tout ce qui lui appartient, s'empresse-t-il à le soulager, à le seconder! L'un travaille heureusement à soutenir la gloire de la navigation, l'autre se signale dans les premiers emplois de la guerre, l'autre donne tous ses soins à la paix, et renverse tous les obstacles que quelques désespérés vouloient apporter à ce grand ouvrage [1]. Je ne finirois point si je vous mettois devant les yeux tout ce qu'il y a d'illustre dans votre maison. Vous entrez, monsieur, dans une Compagnie que vous trouverez pleine de ce même esprit, de ce même zèle; car, je le répète encore, nous sommes tous rivaux dans la passion de contribuer [2] quelque chose à la gloire d'un si grand prince : chacun y emploie les différents talents que la nature lui a donnés, et ce travail même qui nous est commun, ce dictionnaire qui de soi-même semble une occupation si sèche et si épineuse, nous y travaillons avec plaisir : tous les mots de la langue, toutes les syllabes nous paroissent précieuses, parceque nous les regardons comme autant d'instruments qui doivent servir à la gloire de notre auguste protecteur.

[1] Jean-Baptiste Colbert, marquis de Seignelay, secrétaire d'état en survivance, chargé du détail de la marine. C'étoit le frère aîné du récipiendaire. — Édouard-François Colbert, comte de Maulevrier, lieutenant-général des armées depuis 1676. — Charles Colbert, marquis de Croissy, l'un des plénipotentiaires pour la paix de Nimègue. Ces deux derniers étoient frères du ministre. (*Anon.*)

[2] Toutes les éditions portent *contribuer quelque chose*. Nous avons cru devoir, ici comme par-tout ailleurs, conserver scrupuleusement le texte. Nous sommes, au surplus, portés à croire que cette expression, qui seroit aujourd'hui un solécisme, pouvoit être usitée au temps de Racine, où l'emploi des latinismes étoit encore assez fréquent.

DISCOURS

PRONONCÉ A L'ACADÉMIE FRANÇOISE,

A LA RÉCEPTION
DE MM. CORNEILLE ET BERGERET [1].

Messieurs,

Il n'est pas besoin de dire ici combien l'Académie a été sensible aux deux pertes considérables qu'elle a faites presque en même temps, et dont elle seroit inconsolable si, par le choix qu'elle a fait de vous, elle ne les voyoit aujourd'hui heureusement réparées.

Elle a regardé la mort de M. Corneille comme un des plus rudes coups qui la pût frapper ; car bien que, depuis un an, une longue maladie nous eût privés de sa présence, et que nous eussions perdu

---

[1] Le 2 janvier 1685, l'Académie françoise reçut Thomas Corneille à la place de Pierre Corneille, son frère ; et le même jour la place de Géraud de Cordemoy, lecteur du dauphin fils de Louis XIV, et auteur d'une *Histoire générale de France* (qui ne fut imprimée qu'en 1685, un an après la mort de l'auteur), fut remplie par Jean-Louis Bergeret, ancien avocat-général, secrétaire de la chambre et du cabinet du roi, mort en 1694. Bergeret n'étoit point commis des finances, comme il est dit dans l'éloge du président Cousin, par d'Alembert ; il étoit premier commis des affaires étrangères, sous le ministère de M. de Croissy. (*Anon.*)

en quelque sorte l'espérance de le revoir jamais dans nos assemblées, toutefois il vivoit, et l'Académie, dont il étoit le doyen, avoit au moins la consolation de voir, dans la liste où sont les noms de tous ceux qui la composent, de voir, dis-je, immédiatement au dessous du nom sacré de son auguste protecteur, le fameux nom de Corneille.

Et qui d'entre nous ne s'applaudiroit pas en lui-même, et ne ressentiroit pas un secret plaisir d'avoir pour confrère un homme de ce mérite? Vous, monsieur, qui non seulement étiez son frère, mais qui avez couru long-temps une même carrière avec lui, vous savez les obligations que lui a notre poésie; vous savez en quel état se trouvoit la scène françoise lorsqu'il commença à travailler. Quel désordre! quelle irrégularité! Nul goût, nulle connoissance des véritables beautés du théâtre. Les auteurs aussi ignorants que les spectateurs, la plupart des sujets extravagants et dénués de vraisemblance, point de mœurs, point de caractères; la diction encore plus vicieuse que l'action, et dont les pointes et de misérables jeux de mots faisoient le principal ornement; en un mot, toutes les règles de l'art, celles même de l'honnêteté et de la bienséance par-tout violées.

Dans cette enfance ou, pour mieux dire, dans ce chaos du poëme dramatique parmi nous, votre illustre frère, après avoir quelque temps cherché le bon chemin, et lutté, si je l'ose ainsi dire, contre le mauvais goût de son siècle, enfin, inspiré d'un génie extraordinaire et aidé de la lecture des anciens, fit voir sur la scène la raison, mais la raison accompagnée de toute la pompe, de tous les ornements dont notre langue est capable; accorda heureusement la vraisemblance et le merveilleux, et laissa bien loin derrière lui tout ce qu'il avoit de rivaux, dont la plupart, désespérant de l'atteindre, et n'osant plus entreprendre de lui disputer le prix, se bornèrent à combattre la voix publique déclarée pour lui, et essayèrent en vain, par leurs discours et par leurs frivoles critiques, de rabaisser un mérite qu'ils ne pouvoient égaler.

La scène retentit encore des acclamations qu'excitèrent à leur naissance le *Cid*, *Horace*, *Cinna*, *Pompée*, tous ces chefs-d'œuvre représentés depuis sur tant de théâtres, traduits en tant de langues, et qui vivront à jamais dans la bouche des hommes. A dire le vrai, où trouvera-t-on un poëte qui ait possédé à-la-fois tant de grands talents, tant d'excellentes parties, l'art, la force, le jugement, l'esprit? Quelle noblesse, quelle économie dans les sujets! Quelle véhémence dans les passions! Quelle gravité dans les sentiments! Quelle dignité, et en même temps quelle prodigieuse variété dans les caractères! Combien de rois, de princes, de héros de toutes nations nous a-t-il représentés, toujours tels qu'ils doivent être, toujours uniformes avec eux-mêmes, et jamais ne se ressemblant les uns aux autres! Parmi tout cela, une magnificence d'expression proportionnée aux maîtres du monde qu'il fait souvent parler, capable néanmoins de s'abaisser quand il veut, et de descendre jusqu'aux plus simples naïvetés du comique, où il est encore inimitable. Enfin, ce qui lui est sur-tout particulier, une certaine force, une certaine élévation qui surprend, qui enlève, et qui rend jusqu'à ses défauts, si on lui en peut reprocher quelques uns, plus estimables que les vertus des autres : personnage véritablement né pour la gloire de son pays ; comparable, je ne dis pas à tout ce que l'ancienne Rome a eu d'excellents poëtes tragiques, puisqu'elle confesse elle-même qu'en ce genre elle n'a pas été fort heureuse, mais aux Eschyle, aux Sophocle, aux Euripide, dont la fameuse Athènes ne s'honore pas moins que des Thémistocle, des Périclès, des Alcibiade, qui vivoient en même temps qu'eux.

Oui, monsieur, que l'ignorance rabaisse tant qu'elle voudra l'éloquence et la poésie, et traite les habiles écrivains de gens inutiles dans les états, nous ne craindrons point de le dire à l'avantage des lettres et de ce corps fameux dont vous faites maintenant partie, du moment que des esprits sublimes, passant de bien loin les bornes communes, se distinguent, s'immortalisent par des chefs-d'œuvre, comme ceux de M. votre frère, quelque étrange inégalité que, durant leur vie, la fortune mette entre eux et les plus grands héros, après leur mort cette différence cesse. La postérité qui se plaît, qui s'instruit dans les ouvrages qu'ils lui ont laissés, ne fait point de difficulté de les égaler à tout ce qu'il y a de plus considérable parmi les hommes, fait marcher de pair l'excellent poëte et le grand capitaine. Le même siècle qui se glorifie aujourd'hui d'avoir produit Auguste, ne se glorifie guère moins d'avoir produit Horace et Virgile. Ainsi lorsque, dans les âges suivants, on parlera avec étonnement des victoires prodigieuses et de toutes les grandes choses qui rendront notre siècle l'admiration de tous les siècles à venir, Corneille, n'en doutons point, Corneille tiendra sa place parmi toutes ces merveilles. La France se souviendra avec plaisir que, sous le règne du plus grand de ses rois, a fleuri le plus grand de ses poëtes. On croira même ajouter quelque chose à la gloire de notre auguste monarque lorsqu'on dira qu'il a estimé, qu'il a honoré de ses bienfaits cet excellent génie; que même, deux jours avant sa mort, et lorsqu'il ne lui restoit plus qu'un rayon de connoissance, il lui envoya encore des marques de sa libéralité [1], et qu'enfin les dernières paroles de Corneille ont été des remerciements pour Louis-le-Grand.

Voilà, monsieur, comme la postérité parlera de votre illustre frère; voilà une partie des excellentes qualités qui l'ont fait connaître à toute l'Europe. Il en avoit d'autres qui, bien que moins éclatantes aux yeux du public, ne sont peut-être pas moins dignes

---

[1] Le grand Corneille, dans ses derniers moments, manquoit absolument d'argent. Boileau en fut instruit; il en parla avec chaleur à madame de Montespan, à Louvois, au roi même, qui envoya sur-le-champ deux cents louis d'or au malade. Cet argent fut porté par Besset de La Chapelle, inspecteur des beaux-arts, ami particulier de Boileau et de Racine. (*Anon.*)

de nos louanges, je veux dire, homme de probité et de piété, bon père de famille, bon parent, bon ami. Vous le savez, vous qui avez toujours été uni avec lui d'une amitié qu'aucun intérêt, non pas même aucune émulation pour la gloire, n'a pu altérer. Mais ce qui nous touche de plus près, c'est qu'il étoit encore un très bon académicien; il aimoit, il cultivoit nos exercices; il y apportoit sur-tout cet esprit de douceur, d'égalité, de déférence même, si nécessaire pour entretenir l'union dans les Compagnies. L'a-t-on jamais vu se préférer à aucun de ses confrères? L'a-t-on jamais vu vouloir tirer ici aucun avantage des applaudissements qu'il recevoit dans le public? Au contraire, après avoir paru en maître, et pour ainsi dire régné sur la scène, il venoit, disciple docile, chercher à s'instruire dans nos assemblées, laissoit, pour me servir de ses propres termes, laissoit ses lauriers à la porte de l'Académie, toujours prêt à soumettre son opinion à l'avis d'autrui, et, de tous tant que nous sommes, le plus modeste à parler, à prononcer, je dis même sur des matières de poésie.

Vous auriez pu, bien mieux que moi, monsieur, lui rendre ici les justes honneurs qu'il mérite, si vous n'eussiez peut-être appréhendé, avec raison, qu'en faisant l'éloge d'un frère avec qui vous avez d'ailleurs tant de conformité, il ne semblât que vous faisiez votre propre éloge. C'est cette conformité que nous avons tous eue en vue lorsque, tout d'une voix, nous vous avons appelé pour remplir sa place, persuadés que nous sommes que nous retrouverons en vous, non seulement son nom, son même esprit, son même enthousiasme, mais encore sa même modestie, sa même vertu, son même zéle pour l'Académie.

Je m'aperçois qu'en parlant de modestie, de vertu et des autres qualités propres pour l'Académie, tout le monde songe ici avec douleur à l'autre perte que nous avons faite, je veux dire à la mort du savant M. de Cordemoy, qui, avec tant d'autres talents, possédoit au souverain degré toutes les parties d'un véritable académicien; sage, exact, laborieux, et qui, si la mort ne l'eût point ravi au milieu de son travail, alloit peut-être porter l'histoire aussi loin que M. Corneille a porté la tragédie. Mais, après tout ce que vous avez dit sur son sujet, vous, monsieur [1], qui, par l'éloquent discours que vous venez de faire, vous êtes montré si digne de lui succéder, je n'ai garde de vouloir entreprendre un éloge qui, sans rien ajouter à sa louange, ne feroit qu'affoiblir l'idée que vous avez donnée de son mérite.

Nous avons perdu en lui un homme qui, après avoir donné au barreau une partie de sa vie, s'étoit depuis appliqué tout entier à l'étude de notre ancienne histoire. Nous lui avons choisi pour successeur un homme qui, après avoir été assez long-temps l'organe d'un parlement célèbre, a été appelé à un des plus importants emplois de l'état, et qui, avec

---

[1] L'orateur s'adresse ici à Bergeret, qui étoit alors premier commis de M. de Croissy, frère du grand Colbert. (G.)

une connoissance exacte, et de l'histoire, et de tous les bons livres, nous apporte encore quelque chose de bien plus utile et de bien plus considérable pour nous, je veux dire la connoissance parfaite de la merveilleuse histoire de notre protecteur.

Eh! qui pourra mieux que vous nous aider à parler de tant de grands événements, dont les motifs et les principaux ressorts ont été si souvent confiés à votre fidélité, à votre sagesse? Qui sait mieux à fond tout ce qui s'est passé de mémorable dans les cours étrangères, les traités, les alliances, et enfin toutes les importantes négociations qui, sous son règne, ont donné le branle à toute l'Europe?

Toutefois, disons la vérité, monsieur, la voie de la négociation est bien courte sous un prince qui, ayant toujours de son côté la puissance et la raison, n'a besoin, pour faire exécuter ses volontés, que de les déclarer. Autrefois la France, trop facile à se laisser surprendre par les artifices de ses voisins, autant qu'elle étoit heureuse et redoutable dans la guerre, autant passoit-elle pour infortunée dans les accommodements. L'Espagne sur-tout, l'Espagne, son orgueilleuse ennemie, se vante de n'avoir jamais signé, même au plus fort de nos prospérités, que des traités avantageux, et de regagner souvent par un trait de plume ce qu'elle avoit perdu en plusieurs campagnes. Que lui sert maintenant cette adroite politique dont elle faisoit tant de vanité? Avec quel étonnement l'Europe a-t-elle vu, dès les premières démarches du roi, cette superbe nation contrainte de venir jusque dans le Louvre reconnoître publiquement son infériorité, et nous abandonner depuis, par des traités solennels, tant de places si fameuses, tant de grandes provinces, celles même dont ses rois empruntoient leurs plus glorieux titres! Comment s'est fait ce changement? Est-ce par une longue suite de négociations traînées? Est-ce par la dextérité de nos ministres dans les pays étrangers? Eux-mêmes confessent que le roi fait tout, voit tout dans les cours où il les envoie, et qu'ils n'ont tout au plus que l'embarras d'y faire entendre avec dignité ce qu'il leur a dicté avec sagesse.

Qui l'eût dit, au commencement de l'année dernière, et dans cette même saison où nous sommes, lorsqu'on voyoit de toutes parts tant de haines éclater, tant de ligues se former, et cet esprit de discorde et de défiance qui souffloit la guerre aux quatre coins de l'Europe; qui l'eût dit, qu'avant la fin du printemps tout seroit calme? Quelle apparence de pouvoir dissiper si tôt tant de ligues? Comment accorder tant d'intérêts si contraires? Comment calmer cette foule d'états et de princes, bien plus irrités de notre puissance, que des mauvais traitements qu'ils prétendoient avoir reçus? N'eût-on pas cru que vingt années de conférences ne suffiroient pas pour terminer toutes ces querelles? La diète d'Allemagne, qui n'en devoit examiner qu'une partie, depuis trois ans qu'elle y étoit appliquée, n'en étoit encore qu'aux préliminaires. Le roi cependant, pour le bien de la chrétienté, avoit résolu, dans son cabinet, qu'il n'y eût plus de guerre. La veille qu'il doit partir pour se mettre à la tête d'une de ses armées, il trace six lignes, et les envoie à son ambassadeur à la Haye. Là-dessus les provinces délibèrent, les ministres des hauts alliés s'assemblent; tout s'agite, tout se remue; les uns ne veulent rien céder de ce qu'on leur demande; les autres redemandent ce qu'on leur a pris, et tous ont résolu de ne point poser les armes. Mais lui, qui sait bien ce qui en doit arriver, ne semble pas même prêter d'attention à leurs assemblées, et, comme le Jupiter d'Homère, après avoir envoyé la terreur parmi ses ennemis, tournant les yeux vers les autres endroits qui ont besoin de ses regards, d'un côté il fait prendre Luxembourg, de l'autre il s'avance lui-même aux portes de Mons; ici il envoie des généraux à ses alliés; là il fait foudroyer Gênes; il force Alger à lui demander pardon; il s'applique même à régler le dedans de son royaume, à soulager ses peuples, à les faire jouir par avance des fruits de la paix; et enfin, comme il l'avoit prévu, il voit ses ennemis, après bien des conférences, bien des projets, bien des plaintes inutiles, contraints d'accepter ces mêmes conditions qu'il leur a offertes, sans avoir pu en rien retrancher, y rien ajouter, ou, pour mieux dire, sans avoir pu, avec tous leurs efforts, s'écarter d'un seul pas du cercle étroit qu'il lui avoit plu de leur tracer [1].

[1] Trêve de vingt ans, signée à Ratisbonne, au mois d'août 1684, entre la France, l'Espagne, et l'empire. (*Anon.*)

Quel avantage pour tous tant que nous sommes, messieurs, qui, chacun selon nos différents talents, avons entrepris de célébrer tant de grandes choses! Vous n'aurez point, pour les mettre en jour, à discuter, avec des fatigues incroyables, une foule d'intrigues difficiles à développer; vous n'aurez pas même à fouiller dans le cabinet de ses ennemis. Leur mauvaise volonté, leur impuissance, leur douleur, est publique à toute la terre. Vous n'aurez point à craindre enfin tous ces longs détails de chicanes ennuyeuses qui sèchent l'esprit de l'écrivain, et qui jettent tant de langueur dans la plupart des histoires modernes, où le lecteur, qui cherchoit des faits, ne trouvant que des paroles, sent mourir à chaque pas son attention, et perd de vue le fil des événements. Dans l'histoire du roi, tout vit, tout marche, tout est en action; il ne faut que le suivre si l'on peut, et le bien étudier lui seul. C'est un enchaînement continuel de faits merveilleux que lui-même commence, que lui-même achève, aussi clairs, aussi intelligibles quand ils sont exécutés, qu'impénétrables avant l'exécution. En un mot, le miracle suit de près un autre miracle : l'attention est toujours vive, l'admiration toujours tendue, et l'on n'est pas moins frappé de la grandeur et de la promptitude avec laquelle se fait la paix, que de la rapidité avec laquelle se font les conquêtes.

Heureux ceux qui, comme vous, monsieur, ont l'honneur d'approcher de près ce grand prince, et qui, après l'avoir contemplé, avec le reste du monde, dans ces importantes occasions où il fait le destin de toute la terre, peuvent encore le contempler dans son particulier, et l'étudier dans les moindres actions de sa vie, non moins grand, non moins héros, non moins admirable, que plein d'équité, plein d'humanité, toujours tranquille, toujours maître de lui, sans inégalité, sans foiblesse, et enfin le plus sage et le plus parfait de tous les hommes !

DISCOURS

PRONONCÉ A LA TÊTE DU CLERGÉ,

PAR M. L'ABBÉ COLBERT,

COADJUTEUR DE ROUEN.

SIRE,

Le clergé de France, qui ne s'approchoit autrefois de ses souverains que pour leur retracer de tristes images de la religion opprimée et gémissante, vient aujourd'hui, la reconnoissance et la joie dans le cœur, faire paraître à Votre Majesté cette même religion toute couverte de la gloire qu'elle tient de votre piété [1].

Elle a paru, durant plus d'un siècle, sur le penchant de sa ruine : on l'a vue déchirée par ses propres enfants, trahie par ceux qui devoient la soutenir et la défendre, en proie à ses plus cruels ennemis ; enfin, après une longue et funeste oppression, elle respira peu de temps avant votre naissance heureuse : avec vous elle commença de revivre, avec vous elle monta sur le trône. Nous comptons les années de son accroissement par les

---

[1] Le principal objet de ce discours étoit de remercier Louis XIV de l'édit du 22 octobre 1685, portant révocation de celui de Nantes. (*Anon.*)

années de votre règne, et c'est sous le plus florissant empire du monde que nous la voyons aujourd'hui plus florissante que jamais.

Si elle se souvient encore de ses troubles et de ses malheurs passés, ce n'est plus que pour mieux goûter le parfait bonheur dont vous la faites jouir; elle est sans agitation et sans crainte à l'ombre de votre autorité; elle est même, si j'ose ainsi dire, sans desir, puisque votre zèle ne lui laisse pas le temps d'en former, et que votre bonté va si souvent au-delà de ses souhaits.

Ce zèle ardent pour la foi, cette bonté paternelle dans tous les besoins de l'Église, qualités si rares dans les princes, font, Sire, le véritable sujet de nos éloges.

Nous laissons à vos sujets assez d'autres vertus à admirer en vous. Les uns vous représenteront comme un monarque bienfaisant, libéral, magnifique, fidèle dans ses promesses, ferme et inflexible contre toute sorte d'injustice, droit et équitable jusqu'à prononcer contre ses propres intérêts, véritablement maître de ses peuples, et plus maître encore de lui-même.

Les autres vous représenteront comme un roi toujours sage et toujours victorieux, dont les impénétrables desseins sont plus tôt exécutés que connus; qui ne règne pas seulement sur ses sujets par son autorité souveraine, mais sur son conseil par la supériorité de son génie, mais sur les cœurs de ses voisins par la pénétration de son esprit, et par la sagesse dont il sait instruire ses ministres; qui, pouvant tout par lui-même, sait se passer des plus grands hommes, et sans eux résoudre, entreprendre, exécuter; qui donne la loi sur la mer aussi-bien que sur la terre; qui lance, quand il lui plaît, la foudre jusque sur les bords de l'Afrique; qui sait à son gré humilier les nations superbes, et réduire des souverains à venir aux pieds de son trône reconnoître son pouvoir et implorer sa clémence [1].

Vos ennemis mêmes, Sire, ne peuvent s'empêcher de louer vos actions héroïques; ils sont contraints d'avouer que rien n'est capable de vous résister, et le mérite du vainqueur adoucit en quelque sorte le malheur des vaincus.

Ce n'est pas à nous, Sire, à parler des progrès étonnants de vos armes triomphantes; nous ne devons pas confondre l'éclat d'une valeur qui n'est que l'objet de l'admiration des hommes, avec ces œuvres saintes qui sont en estime devant Dieu. Le clergé, Sire, s'attachera sur-tout à louer en vous cette piété qui, toujours attentive aux intérêts de la religion, n'omet rien de ce qui peut être nécessaire pour la relever dans les lieux où elle est abattue, pour l'étendre au-delà des mers dans les lieux où elle est inconnue, pour la faire triompher dans l'un et l'autre monde.

Mais que dis-je? L'Église ne doit-elle pas elle-

[1] Le 15 mai 1685, le doge de Gênes, accompagné de quatre sénateurs, étoit venu faire ses soumissions à Louis XIV, en exécution du traité du 12 février précédent. (*Anon.*)

même consacrer des victoires que vous avez si heureusement fait servir à la propagation de la foi et à l'extinction de l'hérésie? Il semble que vous n'ayez combattu et triomphé que pour Dieu; et le fruit que vous avez tiré de la paix nous fait assez connaître quel étoit le principal but de vos victoires. C'est par ces victoires que vous avez établi cette redoutable puissance qui, tenant désormais vos voisins en bride, ôte aux hérétiques de votre royaume, et l'audace de se révolter, et l'espoir de se maintenir par de séditieux commerces avec les ennemis de l'état.

Si c'eût été la seule ambition qui vous eût armé, jusqu'où n'auriez-vous point étendu votre empire? Vous vous êtes hâté de finir la guerre lorsque vous en pouviez tirer de plus grands avantages. Ne sait-on pas que ce n'a été que par l'empressement que vous aviez de donner tous vos soins au progrès de la religion? La conversion de tant d'ames engagées dans l'erreur vous a paru la plus belle de toutes les conquêtes, et le triomphe le plus digne d'un roi très-chrétien.

Mais quelle que soit votre puissance, elle avoit encore besoin du secours de votre bonté. C'est en gagnant le cœur des hérétiques que vous domptez l'obstination de leur esprit; c'est par vos bienfaits que vous combattez leur endurcissement, et ils ne seroient peut-être jamais rentrés dans le sein de l'Église par une autre voie que par le chemin semé de fleurs que vous leur avez ouvert.

Aussi faut-il l'avouer, Sire, quelque intérêt que

nous ayons à l'extinction de l'hérésie, notre joie l'emporteroit peu sur notre douleur si, pour surmonter cette hydre, une fâcheuse nécessité avoit forcé votre zèle à recourir au fer et au feu, comme on a été obligé de faire dans les règnes précédents. Nous prendrions part à une guerre qui seroit sainte, et nous en aurions quelque horreur, parcequ'elle seroit sanglante; nous ferions des vœux pour le succès de vos armes sacrées, mais nous ne verrions qu'avec tremblement les terribles exécutions dont le Dieu des vengeances vous feroit l'instrument redoutable; enfin, nous mêlerions nos voix aux acclamations publiques sur vos victoires, et nous gémirions en secret sur un triomphe qui, avec la défaite des ennemis de l'Église, envelopperoit la perte de nos frères.

Aujourd'hui donc que vous ne combattez l'orgueil de l'hérésie que par la douceur et par la sagesse du gouvernement; que vos lois, soutenues de vos bienfaits, sont vos seules armes, et que les avantages que vous remportez ne sont dommageables qu'au démon de la révolte et du schisme, nous n'avons que de pures actions de graces à rendre au ciel, qui a inspiré à Votre Majesté ces doux et sages moyens de vaincre l'erreur, et de pouvoir, en mêlant avec peu de sévérité beaucoup de graces et de faveurs, ramener à l'église ceux qui s'en trouvoient malheureusement séparés.

Nous le confessons, Sire, c'est à Votre Majesté seule que nous devrons bientôt le rétablissement entier de la foi de nos pères ; aussi ne falloit-il pas que l'état vous devant déja son salut et sa gloire, l'Église dût à un autre que vous sa victoire et son triomphe ; sans cela, votre règne, que le ciel a voulu qui fût un règne de merveilles, auroit manqué de son plus bel ornement. On auroit bien dit un jour de Votre Majesté ce que l'écriture dit de plusieurs grands rois de Juda : Il a terrassé ses ennemis, et relevé la monarchie ; il a autorisé et réformé les lois ; il a fait régner la justice ; mais on auroit ajouté ce que le Saint-Esprit reproche à ces princes : Il n'a pas aboli les sacrifices qui se faisoient sur la montagne.

Que votre nom, Sire, sera éloigné de ce reproche ! Ce que votre zéle a déja fait, la postérité le regardera toujours comme la source de vos prospérités et le comble de votre gloire.

Mais ce n'est pas au rétablissement des temples et des autels que se borne votre zéle : vous avez entrepris de faire revivre la piété et les bonnes mœurs, et c'est à quoi Votre Majesté travaille avec succès, autant par son exemple, que par ses ordres. C'est un honneur maintenant de pratiquer la vertu, et si le vice n'est pas tout-à-fait détruit, au moins est-il réduit à se cacher, et les voiles dont il se couvre épargnent aux gens de bien un fâcheux scandale, et sauvent les ames foibles du péril d'une contagion funeste.

Ne pensons plus à ces jours de ténèbres, où la plupart de ceux qui étoient encore dans le sein de l'Église sembloient n'y être demeurés que pour l'outrager de plus près ; où les blasphèmes et les railleries de ce qu'il y a de plus saint éclatoient avec audace. Ces monstres d'infidélité ont disparu sous votre règne heureux ; et si les remontrances, tant de fois réitérées sur ce sujet, ne nous donnoient connoissance de ce désordre, nous l'ignorerions à jamais.

Qu'est devenu cet autre monstre produit par l'esprit de vengeance, toujours altéré du sang des hommes, mais plus encore de celui de la noblesse françoise? Nous n'avons qu'à le laisser dans l'oubli éternel où, depuis tant de temps, vous l'avez enseveli ; vous l'avez étouffé, tout indomptable qu'il paroissoit [1]. VOTRE MAJESTÉ a su renverser les fausses maximes de l'honneur et de la honte ; et autant qu'une détestable erreur avoit mis de fausse gloire à se venger, autant y auroit-il d'ignominie à ne vous pas obéir ; c'est ainsi que votre volonté seule l'emporte sur la coutume invétérée du mal, et sur le penchant criminel des hommes.

Le clergé ne se dispose plus qu'à être le spectateur de la fin de toutes vos saintes entreprises. Après en avoir admiré de si heureux commencements, il cesse d'user de remontrances ; s'il a encore quelques besoins, vous les connoissez, cela lui suffit. Il vient encore de ressentir en cette assemblée d'insignes effets de votre protection royale, et, persuadé que vous lui avez destiné une longue suite de graces

[1] La déclaration du mois d'août 1679 pour la répression des duels. (*Anon.*)

dans d'autres temps, et avec les circonstances dont vous seul les savez si bien accompagner, il craindroit par ses demandes, ou de troubler l'ordre que votre sagesse y a établi, ou peut-être de mettre des bornes où votre zéle n'en a point mis.

L'unique affaire qui nous occupe, c'est l'obligation de rendre à Votre Majesté de très humbles actions de graces. Après un si juste devoir, assurés que nous sommes de votre puissante protection, nous pouvons nous séparer sans inquiétude. Nous allons dans les provinces de votre royaume faire retentir les louanges que l'Église doit à votre zéle. Chaque pasteur aura la joie de retrouver, par vos soins, son troupeau plus nombreux qu'il ne l'avoit laissé, et chacun de nous redoublera ses vœux pour obtenir du ciel qu'il redouble ses bénédictions en faveur d'un prince qui se les attire par des actions si glorieuses et si utiles à la religion.

EXTRAIT D'UN MÉMOIRE

EN FAVEUR

DES RELIGIEUSES DE PORT-ROYAL[1].

Vers la fin du mois de février 1696, Racine fit présenter à M. de Paris par la duchesse de Noailles, belle-sœur du prélat, un mémoire dans lequel il lui marquoit « que les religieuses de P. R. persévéroient « à demander M. de La Roynette pour supérieur; ou « du moins qu'il lui ordonnât d'en faire les fonc- « tions, sans en avoir le titre, si l'on jugeoit que ce « titre pût lui faire tort dans l'esprit des personnes « prévenues contre la maison; qu'il suffisoit que « M. Roynette fût chargé de prendre connoissance « des besoins et de l'état de la maison, pour en ren- « dre compte à M. de Paris, qui feroit connaître ses « volontés par son canal; qu'on ne prétendoit point « exposer la santé de M. le grand-vicaire, en l'obli- « geant à faire de fréquents voyages à P. R.; que ce « seroit assez qu'il en fît un présentement pour pren- « dre une exacte connoissance de la maison; ensuite « de quoi il pourroit, s'il vouloit, n'y point aller qu'à

[1] Ce fragment est tiré de l'Histoire générale de Port-Royal, en dix vol. in-12, par don Clémencet.

« la première élection, c'est-à-dire, apparemment
« dans trois ans; si cependant on pouvoit supposer
« que cette pauvre communauté, qui n'étoit plus
« qu'une infirmerie, dureroit encore trois années. »

LETTRES DE RACINE,

ÉCRITES DANS SA JEUNESSE

A QUELQUES AMIS.

AVERTISSEMENT
DE LOUIS RACINE.

Comme M. l'abbé d'Olivet, qui avoit lu quelques unes des lettres suivantes, en a parlé dans son Histoire de l'Académie française, en disant qu'elles sont pleines d'esprit, et écrites avec une exactitude et une beauté de style, qui est ordinairement le fruit d'un long exercice, on me sauroit mauvais gré si je ne les faisois pas connoître; et, quoiqu'elles soient peu sérieuses, loin d'avoir de la répugnance à les donner, je n'ai pas un meilleur moyen pour détromper ceux qui s'imaginent que celui qui a si bien peint l'amour dans ses vers en étoit toujours occupé. S'il y eût été livré, même dans sa jeunesse, il ne se fût pas rendu capable de le peindre si bien.

Voici des lettres écrites en toute liberté, et en sortant de Port-Royal, dont il n'avoit plus à craindre les remontrances : on les peut appeler ses *Juvenilia*. Il les écrit à un jeune ami, qu'il soupçonne quelquefois d'être amoureux : il ne s'attendoit pas qu'elles dussent être lues par d'autres; il n'a jamais su qu'on les eût conservées. M. l'abbé Dupin, qui les avoit recueillies, nous les a rendues. Dans ces lettres cependant, écrites librement, le badinage est si innocent, que je n'ai jamais rien trouvé qui ait dû m'obliger à en supprimer une seule[1]. On y voit un jeune homme enjoué, aimant à railler, ne se préparant pas à l'état ecclésiastique par esprit de piété, conservant toujours néanmoins des sentiments de piété dans le cœur, quoiqu'il paroisse content de n'être plus sous la sévère discipline de Port-Royal; plein de tendresse pour ses amis, fuyant le monde et les plaisirs par raison, pour se livrer tout entier à l'étude, et à son unique passion, qui étoit celle des vers.

[1] Ces lettres sont toutes mutilées dans l'édition publiée par Louis Racine, et dans toutes les autres éditions publiées depuis. Beaucoup de détails de famille sont supprimés, ainsi que beaucoup d'aveux familiers de Racine à l'abbé Le Vasseur. Les anecdotes gaies, les réflexions piquantes et satiriques, sont ou supprimées ou altérées par des changements de noms et de lieux; les dates sont généralement inexactes. Enfin, on peut affirmer que, dans les vingt-neuf lettres de Racine à ses amis, la moitié avoit été retranchée. Les lettres de Racine et de Boileau sont plus exactes; et cependant il y a seize lettres mutilées sur cinquante-huit. Il seroit fastidieux de citer ici tous les retranchements faits à ces seize lettres; mais les lecteurs qui voudront se donner la peine de confronter le texte de cette édition avec celui des éditions précédentes, se convaincront que presque à chaque phrase le sens est changé par la transposition des mots, ou par un mot mis pour l'autre. Nous rétablissons le texte dans toute sa pureté et dans toute son intégrité, d'après des manuscrits originaux de la main même de Racine. Nous indiquons sur-tout à la curiosité publique la lettre entière de Racine à madame de Maintenon, dont on n'avoit pu se procurer jusqu'ici que des fragments: cette lettre a été imprimée d'après une copie écrite de la main même de Racine. (G.)

LETTRES DE RACINE,

ÉCRITES DANS SA JEUNESSE

A QUELQUES AMIS.

LETTRE PREMIÈRE.

A M. L'ABBÉ LE VASSEUR [1], A PARIS.

Ce jeudi au matin, 1660.

Je vous envoie mon sonnet [2], c'est-à-dire un nouveau sonnet; car je l'ai tellement changé hier au soir, que vous le méconnoîtrez. Mais je crois que vous ne l'en approuverez pas moins. En effet, ce qui le rend méconnoissable est ce qui vous le doit rendre plus agréable, puisque je ne l'ai si défiguré que pour le rendre plus beau et plus conforme aux règles que vous me prescrivîtes hier, qui sont les règles mêmes du sonnet. Vous trouviez étrange que

---

[1] Cet abbé Le Vasseur, à qui sont adressées la plupart des lettres qui composent ce premier recueil, étoit un ami de collège de Racine, et un parent de M. et Madame Vitart, à qui sont écrites les autres lettres du même recueil. (*Anon.*)

[2] Ce sonnet, qui ne nous a pas été conservé, étoit adressé au cardinal Mazarin, à l'occasion de la paix des Pyrénées, qu'il avoit conclue le 7 novembre précédent. (*Anon.*)

la fin fût une suite si différente du commencement. Cela me choquoit de même que vous; car les poëtes ont cela des hypocrites, qu'ils défendent toujours ce qu'ils font, mais que leur conscience ne les laisse jamais en repos : j'en étois de même. J'avois fort bien reconnu [1] ce défaut, quoique je fisse tout mon possible pour montrer que ce n'en étoit pas un; mais la force de vos raisons étant ajoutée à celle de ma conscience, a achevé de me convaincre. Je me suis rangé à la raison, et j'y ai aussi rangé mon sonnet. J'en ai changé la pointe; ce qui est le plus considérable dans ces ouvrages. J'ai fait comme un nouveau sonnet, et, quoique si dissemblable à mon premier, j'aurois pourtant de la peine à le désavouer. Ma conscience ne me reproche plus rien, et j'en prends un assez bon augure. Je souhaite qu'il vous satisfasse de même; je vous l'envoie dans cette espérance. Si vous le jugez digne de la vue de mademoiselle Lucrèce, je serai heureux, et je ne le croirai pas indigne de celle de son éminence. Retournez aux champs le plus tard que vous pourrez. Vous voyez le bien que cause votre présence.

[1] Le sonnet paroît l'ouvrage d'un très jeune homme; mais cette réflexion si juste est remarquable dans un poëte si jeune. (L. B.)

LETTRE II.

AU MÊME, A PARIS.

Ce jeudi (mars 1660.)

Je n'ai pu passer tantôt chez vous, comme je vous avois promis, à cause du mauvais temps. Ainsi je vous écris ce billet, afin de vous faire souvenir de la proposition que M. l'Avocat vous fit hier d'aller aux machines. Je vous prie de me mander le jour que vous irez. M. Vitart[1] se laissera peut-être débaucher pour y aller avec nous; ainsi si ma compagnie vous est indifférente, la sienne ne vous le sera pas peut-être.

J'ai reçu aujourd'hui réponse de Daphnis, qui me fait de grands reproches à cause de son épitaphe, et qui me menace de me faire bientôt rétracter, et de me montrer que la croix ne fut jamais un partage qu'il voulût embrasser tout seul.

J'ai déjà lu toute la *Callipédie*[2], et je l'ai admirée. Il me semble qu'on ne peut pas faire de plus beaux vers latins. Balzac diroit qu'ils sentent tout-à-fait l'ancienne Rome et la cour d'Auguste, et que le car-

---

[1] C'étoit un cousin-germain de Racine, un peu plus âgé que lui. Il étoit intendant des maisons de Chevreuse et de Luynes, qui n'en faisoient plus qu'une, et Racine étoit alors employé chez lui. (*Anon.*)

[2] Ce poème de Claude Quillet paroissoit alors depuis quatre à cinq ans. (L. R.)

dinal Duperron les auroit lus de bon cœur. Pour moi, qui ne sais pas si bien quel étoit le goût de ce cardinal, et qui m'en soucie fort peu, je me contente de vous dire mon sentiment. Vous trouverez dans cette lettre plusieurs ratures; mais vous les devez pardonner à un homme qui sort de table. Vous savez que ce n'est pas le temps le plus propre pour concevoir les choses bien nettement, et je puis dire avec autant de raison que l'auteur de la *Callipédie*, qu'il ne faut pas se mettre à travailler sitôt après le repas.

« Nimirum crudam si ad læta cubilia portas
« Perdicem, etc. ».

Mais il ne m'importe de quelle façon je vous écrive, pourvu que j'aie le plaisir de vous entretenir; de même qu'il me seroit bien difficile d'attendre après la digestion de mon souper si je me trouvois à la première nuit de mes noces. Je ne suis pas assez patient pour observer tant de formalités. Cela est pitoyable de fonder un entretien sur trois ou quatre ratures, mais je ne suis pas le seul qui fasse des lettres sur rien. Il y a bien des beaux-esprits sujets à faire des lettres à tout prix, et à les remplir de bagatelles. Je ne prétends pas pour cela être du nombre.

M. Vitart monte à cheval. Je vous écrirai plus au long quand j'aurai plus de choses à vous mander. *Vale et vive*, car le carême ne le défend pas.

LETTRE III.

AU MÊME, A CROSNE.

A Paris, ce dimanche au soir, 5 septembre 1660.

Je vous envoie, monsieur, une lettre que Laroque [1] vous écrit, qui vous apprendra assez l'état où sont nos affaires, et combien il seroit nécessaire que vous ne fussiez pas si éloigné de nous. Cette lettre vous surprendra peut-être; mais elle nous devoit surprendre bien davantage, nous qui avons été témoins de la première réception qu'il a faite à la pièce. Il la trouvoit toute admirable, et il n'y avoit pas un vers dont il ne parût être charmé. Il la demanda après, pour en considérer le sujet plus à loisir. Et voilà le jugement qu'il vous en envoie; car je vous regarde comme le principal conducteur de cette affaire. Je crois que mademoiselle Roste [2] sera bien plus surprise que nous, vu la satisfaction que la pièce lui avoit donnée. Nous en avons reçu d'elle tout autant que nous pouvions desirer, et ce sera vous seul qui l'en pourrez bien remercier, comme c'est pour vous seul qu'elle a tout fait. Je ne sais pas à quel dessein Laroque montre ce changement.

---

[1] Laroque, comédien du marais, orateur de la troupe, et qui décidoit souverainement du mérite des pièces que les auteurs venoient présenter à ce théâtre. (*Anon.*)

[2] Actrice de la même troupe.

M. Vitart en donne plusieurs raisons, et ne désespère rien. Mais pour moi, j'ai bien peur que les comédiens n'aiment à présent que le galimathias, pourvu qu'il vienne du grand auteur, car je vous laisse à juger de la vérité de ce qu'il dit sur les vers de l'*Amasie*.

L'ode [1] est faite, et je l'ai donnée à M. Vitart pour la faire voir à M. Chapelain. S'il n'étoit point si tard, j'en ferois une autre copie pour vous l'envoyer dès demain; mais il est dix heures du soir, et j'ai reçu votre billet à huit. D'ailleurs, je crains furieusement le chagrin où vous met votre maladie, et qui vous rendroit peut-être assez difficile pour ne rien trouver de bon dans mon ode. Cela m'embarrasseroit trop, et l'autorité que vous avez sur moi pourroit produire en cette rencontre un aussi mauvais effet, qu'elle en produit de bons en toutes les autres. Néanmoins, comme il y a espérance que cette maladie ne durera pas, je prierai M. d'Houy dès demain d'en faire une copie, ou j'en ferai une moi-même pour vous l'envoyer. Ce qui est encore à craindre, c'est que vos notes ne viennent trop tard; ce qui arrivera sans doute si elles sont dans le chemin autant que votre billet, lequel est daté du jeudi, et ne m'a été donné qu'aujourd'hui au soir. Je vous en veux toujours envoyer par avance une stance et demie.

---

[1] L'ode intitulée *la Nymphe de la Seine*. M. Vitart, son oncle, la porta à Chapelain. Ce M. Le Vasseur, si intime ami alors de mon père, et environ du même âge, étoit un parent de M. Vitart. (L. R.)

A QUELQUES AMIS.

Ce n'est pas que je les croie les plus belles, mais c'est qu'elles sont les dernières ou au moins les pénultièmes, et qu'elles sont sur l'entrée. Les voici[1] :

> Qu'il vous faisoit beau voir, en ce superbe jour
> Où, sur un char conduit par la Paix et l'Amour,
> Votre illustre beauté triompha sur mes rives!
> Les Discords après vous se voyoient enchaînés.
>   Mais hélas! que d'ames captives
> Virent aussi leurs cœurs en triomphe menés!
>
>   Tout l'or dont se vante le Tage,
>   Tout ce que l'Inde sur ses bords
>   Vit jamais briller de trésors,
>   Sembloit être sur mon rivage.
> Qu'étoit-ce toutefois de ce grand appareil,
> Dès qu'on jetoit les yeux sur l'éclat nompareil
> Dont vos seules beautés vous avoient entourée?
> Je sais bien que Junon parut moins belle aux dieux,
>   Et moins digne d'être adorée,
> Lorsqu'en nouvelle reine elle entra dans les cieux.

Si vous recevez celles-ci avant que de recevoir toutes les autres, vous m'obligerez toujours de m'en écrire votre sentiment. Peut-être en trouverez-vous qui ne vous paroîtront pas moins belles. Cependant il y en a dix toutes entières que vous n'avez pas vues, et c'est de quoi je suis fort marri. Je prierois Dieu volontiers qu'il vous ôtât vos frissons, mais qu'il vous

---

[1]. Quoiqu'il paroisse si content de ces vers, il ne conserva pas les premiers. On lui critiqua apparemment *les discords*, mot qui lui plaisoit, et par lequel il vouloit imiter Malherbe. La stance suivante est telle qu'elle subsiste aujourd'hui. (L. R.)

envoyât des affaires en leur place. Vous n'y perdriez pas peut-être, et j'y gagnerois.

Je ne sais si vous avez eu connoissance en votre solitude de quelques lettres qui font un étrange bruit. C'est de M. le cardinal de Retz [1]. Je les ai vues, mais c'étoit en des mains dont je ne pouvois pas les tirer. Jamais on n'a vu rien de plus beau, à ce qu'on dit. On craint à Paris qu'il ne vienne quelque chose de plus fort, comme, par exemple, un interdit; mais cela passe ma portée, et je ne doute pas que vous ne sachiez infiniment plus que moi de tout ce qui se passe dans le monde, tout solitaire que vous êtes; mais au moins vous ne sauriez trouver de personne qui soit plus à vous que RACINE.

LETTRE IV.

AU MÊME.

A Paris, le 13 septembre 1660.

Je crois que vous nous voulez abandonner tout-à-fait, et ne nous plus parler que par lettres. N'est-ce point que vous vous imaginez que vous en aurez plus d'autorité sur moi, et que vous en conserverez

---

[1] « Le cardinal de Retz, qui avoit succédé à son oncle dans l'ar-« chevêché de Paris, ne laissa pas, quoique prisonnier, d'inquié-« ter la cour, en voulant gouverner son diocèse par ses grands-« vicaires. » (*Abrégé chronologique du président Hénault.*) Il avoit menacé de lancer un *interdit* sur son diocèse.

mieux la majesté de l'empire? *Cui major è longinquo reverentia.* Croyez-moi, monsieur, il n'est pas besoin de cette politique; vos raisons sont trop bonnes d'elles-mêmes, sans être appuyées de ces secours étrangers. Votre présence me seroit plus utile que votre absence; car l'ode étant presque imprimée, vos avis arriveront trop tard.

Elle a été montrée à M. Chapelain; il a marqué quelques changements à faire; je les ai faits, et j'étois très embarrassé pour savoir si ces changements n'étoient point eux-mêmes à changer. Je ne savois à qui m'adresser. M. Vitart est rarement capable de donner son attention à quelque chose. M. l'Avocat n'en donne pas beaucoup non plus à ces sortes de choses. Il aime mieux ne voir jamais une pièce, quelque belle qu'elle soit, que de la voir une seconde fois; si bien que j'étois prêt de consulter, comme Malherbe, une vieille servante, si je ne m'étois aperçu qu'elle est janséniste comme son maître[1], et qu'elle pourroit me déceler; ce qui seroit ma ruine entière, vu que je reçois encore tous les jours lettres sur lettres, ou, pour mieux dire, excommunications sur excommunications, à cause de mon triste sonnet. Ainsi j'ai été obligé de m'en

---

[1] Le duc de Luynes (Louis-Charles-Albert): il s'étoit fait bâtir une maison tout près du monastère de Port-Royal des champs, dans laquelle étoit morte sa première femme, et où il se proposoit lui-même de finir ses jours. Racine, ainsi que son cousin Vitart, logeoit à l'hôtel de Luynes à Paris. (*Anon.*) Cet endroit fait connoître combien il craignoit de déplaire à Port-Royal, où l'on ne vouloit pas qu'il fît de vers. (L. R.)

rapporter à moi seul de la bonté de mes vers. Voyez combien votre présence m'auroit fait de bien ; mais puisqu'il n'y a plus de remède, il faut que je vous rende compte de ce qui s'est passé. Je ne sais si vous vous y intéressez, mais je suis si accoutumé à vous faire part de mes fortunes, bonnes ou mauvaises, que je vous punirois moins que moi-même en vous les taisant.

M. Chapelain a donc reçu l'ode avec la plus grande bonté du monde : tout malade qu'il étoit, il l'a retenue trois jours, et a fait des remarques par écrit, que j'ai fort bien suivies. M. Vitart n'a jamais été si aise qu'après cette visite ; il me pensa confondre de reproches, à cause que je me plaignois de la longueur de M. Chapelain. Je voudrois que vous eussiez vu la chaleur et l'éloquence avec laquelle il me querella. Cela soit dit en passant.

Au sortir de chez M. Chapelain, il alla voir M. Perrault[1], contre notre dessein, comme vous savez. Il ne s'en put empêcher, et je n'en suis pas marri à présent. M. Perrault lui dit aussi de fort bonnes choses qu'il mit par écrit, et que j'ai encore toutes suivies, à une ou deux près, où je ne suivrois pas Apollon lui-même. C'est la comparaison de Vénus et de Mars, qu'il récuse à cause que Vénus est une prostituée. Mais vous savez que quand les poëtes parlent des dieux, ils les traitent en divinités, et par conséquent comme des êtres parfaits, n'ayant même

---

[1] Charles Perrault.

jamais parlé de leurs crimes comme s'ils eussent été des crimes ; car aucun ne s'est avisé de reprocher à Jupiter et à Vénus leurs adultères ; et si cela étoit, il ne faudroit plus introduire les dieux dans la poésie, vu qu'à regarder leurs actions, il n'y en a pas un qui ne méritât d'être brûlé, si on leur faisoit bonne justice.

Mais, en un mot, j'ai pour moi Malherbe, qui a comparé la reine Marie à Vénus, dans quatre vers aussi beaux qu'ils me sont avantageux, puisqu'il y parle des amours de Vénus.

> Telle n'est point la Cythérée
> Quand, d'un nouveau feu s'allumant,
> Elle sort pompeuse et parée
> Pour la conquête d'un amant.

Voilà ce qui regarde leur censure : je ne vous dirai rien de leur approbation, sinon que M. Perrault a dit que l'ode valoit dix fois la comédie, et voici les paroles de M. Chapelain, que je vous rapporterai comme le texte de l'Évangile, sans y rien changer. Mais aussi *c'est M. Chapelain,* comme disoit à chaque mot M. Vitart. « L'ode est fort belle, fort poétique, « et il y a beaucoup de stances qui ne peuvent être « mieux. Si l'on repasse le peu d'endroits que j'ai mar- « qués, on en fera une fort belle pièce. » Il a tant pressé M. Vitart de lui en nommer l'auteur, que M. Vitart veut à toute force me mener chez lui. Il veut qu'il me voie. Cette vue nuira bien sans doute à l'estime qu'il a pu concevoir de moi.

Ce qu'il y a eu de plus considérable à changer, c'a

été une stance entière, qui est celle des Tritons. Il s'est trouvé que les Tritons n'avoient jamais logé dans les fleuves, mais seulement dans la mer. Je les ai souhaités bien des fois noyés tous tant qu'ils sont, pour la peine qu'ils m'ont donnée. J'ai donc refait une autre stance. Mais *poiche da tutti i lati ho pieno il foglio*, adieu.

LETTRE V.

AU MÊME, A PARIS.

A Babylone [1], ce 26 janvier 1661.

Tout éloigné que je suis de Paris, je ne laisse pas de savoir tout ce qui s'y passe. Je sais l'état qu'on y fait de moi, et en quelle posture je suis près de vous et des autres. Je sais que M. l'Avocat me voulut venir voir hier, et que M. l'Abbé ne voulut pas seulement ouïr cette proposition. En effet, vous étiez en trop belle compagnie pour la quitter, et ce n'est pas votre humeur de quitter les dames pour aller voir des prisonniers. Monsieur, Dieu vous garde jamais de l'être. Je jure par toutes les divinités qui président aux prisons (je crois qu'il n'y en a point d'autres que la Justice ou Thémis, en termes de poëtes); je jure donc par Thémis que je n'aurai jamais le

[1] Il étoit alors au château de Chevreuse pour surveiller les constructions et payer les ouvriers. Il se regardoit là comme dans l'exil et la captivité; c'est pourquoi il date de *Babylone*. (L. R.)

moindre mouvement de pitié pour vous, et que je me changerai en pierre, comme Niobé, pour être aussi dur pour vous, que vous l'avez été pour moi; au lieu que M. l'Avocat ne sera pas plus tôt dans un des plus noirs cachots de la Bastille (car un homme de sa conséquence ne sauroit jamais être prisonnier que d'état); il n'y sera pas plus tôt, en vérité, que j'irai m'enfermer avec lui, et croyez que ma reconnoissance ira de pair avec mon ressentiment.

Vous vous attendez peut-être que je m'en vais vous dire que je m'ennuie beaucoup à Babylone, et que je vous dois réciter les lamentations que Jérémie y a autrefois composées. Mais je ne veux pas vous faire pitié, puisque vous n'en avez pas déja eu pour moi. Je veux vous braver, au contraire, et vous montrer que je passe fort bien mon temps. Je vais au cabaret deux ou trois fois le jour[1]. Je commande à des maçons, à des vitriers, et à des menuisiers, qui m'obéissent assez exactement, et me demandent de quoi boire. Je suis dans la chambre d'un duc et pair: voilà pour ce qui regarde le faste; car, dans un quartier comme celui-ci, où il n'y a que des gueux, c'est grandeur que d'aller au cabaret. Tout le monde n'y peut aller.

J'ai des divertissements plus solides, quoiqu'ils paroissent moins. Je goûte tous les plaisirs de la vie solitaire. Je suis tout seul, et je n'entends pas le moindre bruit. Il est vrai que le vent en fait beau-

---

[1] C'étoit l'usage d'aller alors au cabaret comme on va aujourd'hui au café. (L. R.)

coup, et même jusqu'à faire trembler la maison. Mais il y a un poëte qui dit :

« O quàm jucundum est recubantem audire susurros
« Ventorum, et somnos, imbre juvante, sequi¹ ! »

Ainsi, si je voulois, je tirerois ce vent à mon avantage ; mais je vous assure qu'il m'empêche de dormir toute la nuit, et je crois que le poëte vouloit parler de ces zéphyrs flatteurs,

« Che debattendo l'ali
« Lusingano il sonno de' mortali². »

Je lis des vers, je tâche d'en faire. Je lis les aventures de l'Arioste, et je ne suis pas moi-même sans aventures.

Une dame me prit hier pour un sergent. Je voudrois qu'elle fût aussi belle que Doralice ; je lui au-

---

¹ « Qu'il est doux d'entendre de son lit le murmure des vents, et de s'endormir au bruit de la pluie ! » Si Racine a voulu citer Tibulle, il a défiguré le premier vers, et déplacé le second. Voici le passage de Tibulle :

« Quam juvat immites ventos audire cubantem,
« Et dominam tenero detinuisse sinu ;
« Aut, gelidas hibernus aquas cum fuderit Auster,
« Securum somnos, imbre juvante, sequi ! »

« Qu'il est doux, lorsqu'on est couché, d'entendre mugir au loin les vents impitoyables, et de serrer alors sa maîtresse contre son sein ! Qu'il est doux, quand l'Auster verse des torrents dans la plaine, de s'endormir en sûreté au bruit de la pluie qui tombe ! » Racine a cité sans doute quelque poëte moderne et peu connu, qui a imité platement et corrigé froidement Tibulle. (G.)

² « Qui, en battant des ailes, enchantent le sommeil des mortels. » (G.)

rois fait les offres que Mandricard fit à cette belle quand il congédia toute sa suite pour l'emmener.

« Io mastro, io balia, io le sarò
« Sergente in tutti i bisogni suoi [1].

Mais je ne me suis pas trouvé assez échauffé pour lui faire cette proposition. Voilà comme je passe mon temps à Babylone. Je ne vous prie plus d'y venir après cela. Il me semble que vous devez assez vous hâter pour prendre des divertissements de cette nature. Nous irons au cabaret ensemble : on vous prendra pour un commissaire, comme on me prend pour un sergent, et nous ferons trembler tout le quartier. Faites donc ce que vous voudrez ; au moins ne faites rien par pitié, car je ne vous en demande pas le moins du monde. Pour M. l'Avocat, c'est une autre affaire ; je lui écrirai par le premier messager, car voilà les maçons qui arrivent, et je suis obligé d'aller voir à ce qu'ils doivent faire. Je vous prie cependant de remercier M. l'Avocat, et de faire votre profit des reproches que je vous fais. S'il étoit de bonne grace à un prisonnier de faire le galant, je vous supplierois de présenter à mademoiselle Lucrèce mes respects, et de lui témoigner que je suis son très humble sergent et prisonnier. Elle le prendra en quel sens il lui plaira.

[1] « Dans tous les besoins, je serai son maître, sa nourrice, son sergent. »

LETTRE VI.

AU MÊME, A BOURBON[1].

A Paris, le lendemain de l'Ascension, 27 mai 1661.

Vous avez beau dispenser vos faveurs le plus libéralement du monde, vous n'avez pas laissé de faire des mal-contents. Mesdemoiselles de Lacroix, Lucrèce, Madelon, Thiénon, Marie-Claude, et Vitart; MM. l'Avocat, d'Aigreville, du Binart, de Monvallet, Vitart, etc., se trouvent, à ce qu'on m'a dit, fort obligés à votre souvenir. Pour moi, je n'ai garde de m'en plaindre. Cependant cette grande foule de lettres ne vous a pas exempté des querelles que vous vouliez éviter en satisfaisant également tout le monde. En effet, il falloit pousser la galanterie jusqu'au bout, et contenter M. de la Charle aussi bien que les autres. Vous n'auriez pas sur les bras le plus dangereux ennemi du monde, ou plutôt nous-mêmes n'en serions pas accablés comme nous sommes. Il a été averti de tout ce qui se passoit, et commença hier une harangue qui ne finira qu'avec sa vie, si vous n'y donnez ordre, et que vous ne lui fermiez la bouche par une grande lettre d'excuses, qui fasse le même effet que cette miche dont Énée ferma la triple gueule de Cerbère. Pour moi, dès que je le vis

---

[1] Bourbon-les-Bains, près de Moulins : l'abbé Le Vasseur y étoit allé pour prendre les eaux. (*Anon.*)

commencer, je n'attendis pas que l'exorde de la harangue fût fini ; je crus que le seul parti que je devois prendre, c'étoit de m'enfuir en disant : *Monsieur a raison*, pour ne pas tomber dans cet inconvénient où me jeta autrefois le dur essai de sa meurtrière éloquence.

J'étois à l'hôtel de Babylone quand M. l'Avocat y apporta vos lettres. Il y eut deux endroits dans celle de mademoiselle Vitart [1], qui produisirent deux effets assez plaisants. Le premier fut que mademoiselle Vitart, lisant que vous alliez prendre les eaux, ne put s'empêcher de crier comme si vous étiez déja mort, et de dire que cela vous tueroit infailliblement. Elle dit cela avec chaleur, et M. Vitart s'en aperçut bien. Mais quand elle vint à lire que c'étoit pour l'aborder plus librement, etc.,

« S'attonito restasse e mal contento [2],

vous n'en devez nullement douter. Il prit la lettre, et ayant cherché cet endroit, après s'être frotté les yeux,

---

[1] La femme de M. Vitart. Dans ce temps on qualifioit de *mademoiselle* toutes les femmes bourgeoises, à moins que le mari ne possédât une charge, ou n'exerçât une profession réputée noble. Ainsi nous verrons, dans ces lettres, mademoiselle Seyllier, mademoiselle Lemazier, mademoiselle de La Fontaine, mademoiselle Rivière, sœur de Racine, etc., qui sont toutes personnes mariées. Cette distinction s'effaça peu-à-peu dans le cours du siècle suivant. En 1732, un chevalier de Nisart publia des satires sur les femmes bourgeoises qui se font appeler *madame*. (*Anon.*)

[2] « Il resta étonné et mécontent. »

« Tre volte e quattro e sei lesse lo scritto [1] »,

et ayant regardé ensuite mademoiselle Vitart, il lui demanda,

« Con il ciglio fieramente inarcato [2], »

ce que tout cela vouloit dire. Ce fut à M. l'Avocat et à moi de nous taire, cependant, car nous ne trouvions point là le mot pour rire ; mademoiselle Vitart tâcha de détourner la chose. Enfin, elle fut obligée de lui dire quelque chose à l'oreille, que nous n'entendîmes point. Cela le satisfit peut-être. Quoi qu'il en soit, il n'en dit plus mot, et se mit à parler d'autre chose.

Mais je fais réflexion que je ne vous parle point de votre poésie. J'ai tort, je l'avoue, et je devrois considérer qu'étant devenu poëte, vous êtes devenu sans doute impatient. C'est une qualité inséparable des poëtes, aussi bien que des amoureux, qui veulent qu'on laisse toutes choses pour ne leur parler que de leur passion et de leurs ouvrages. Je ne vous parlerai point de votre amour : un homme aussi délicat que vous ne sauroit manquer d'avoir fait un beau choix, et je suis persuadé que la belle mignonne de quatorze ans mérite les adorations de tous tant que nous sommes, puisque vous l'avez jugée digne des vôtres jusqu'à devenir poëte pour elle. Cela me confirme de plus en plus que l'Amour est celui de tous les dieux qui sait mieux le chemin du Parnasse. Avec un

[1] « Trois, quatre, et six fois, il lut l'écrit. »
[2] « Avec le sourcil fièrement baissé. »

si bon conducteur, vous n'avez garde de manquer d'y être bien reçu. D'ailleurs, les Muses vous connoissent déja de réputation, et, sachant que vous étiez bien venu parmi toutes les dames, il ne faut point douter qu'elles ne vous aient fait le plus obligeant accueil du monde.

« Utque viro Phœbi chorus assurrexerit omnis [1]. »

Ils ne sont pas seulement amoureux ; la justesse y est tout entière. Néanmoins, si j'ose vous dire mon sentiment sur deux ou trois mots, celui de *radieux* est un peu trop antique pour un homme tout frais sorti du Parnasse : j'aurois tâché de mettre *impérieux* ou quelque autre mot. J'aurois aussi retranché ces deux vers, *Ainsi*, *Si comme nous*, et le suivant, ou je leur aurois donné un sens ; car il me semble qu'ils n'en ont point.

Vous m'accuserez peut-être de trop d'inhumanité de traiter si rudement les fils aînés de votre muse et de votre amour : je ne veux pas dire les fils uniques ; la muse et l'amour n'en demeureront pas là ; mais au moins cela vous doit faire voir réciproquement que je n'ai rien de caché pour vous, et que ce n'est point par flatterie que je vous loue, puisque je prends la liberté de vous censurer. *Scito eum pessimè dicere, qui laudabitur maximè* [2]. En effet, quand une chose

---

[1] « Et comment toute la cour d'Apollon se leva devant lui. » (Virg., *Eglog.* vi.) (G.)

[2] « Sachez que l'orateur que vous entendrez le plus louer, sera celui qui parle le plus mal. » (G.)

ne vaut rien, c'est alors qu'on la loue démesurément, et qu'on n'y trouve rien à redire, parceque tout y est également à blâmer. Il n'en est pas de même de vos vers [1], ils sont aussi naturels qu'on le peut desirer, et vous ne devez pas plaindre le sang qu'ils vous ont coûté.

Ne vous amusez pas pourtant à vous épuiser les veines pour continuer à faire des vers, si ce n'est qu'à l'exemple de la femme de Sénèque, vous ne vouliez témoigner la grandeur de votre amour, *ore ac membris in eam pallorem albentibus, ut ostentui esset multùm vitalis spiritus egestum* [2]; mais je ne crois pas que les beaux yeux qui vous ont blessé soient si sanguinaires, et que ces marques de votre amour lui soient plus agréables qu'une santé forte et robuste, qui vous rendroit plus capable de la servir *in tutti i suoi bisogni*, comme *il gagliardo Mandricardo* [3]. Croyez que si ce galant homme se fût amusé à perdre tout son sang pour Doralice, elle ne se fût pas levée le matin si gaie, et qu'elle n'eût pas remercié si fort ce bon berger *che nel suo albergo le avea fatto onore* [4], c'est-à-

---

[1] On voit, par plusieurs traits répandus dans ces lettres, que celui qui les écrivoit étoit né railleur. (L. R.)

[2] « La pâleur extraordinaire répandue sur le visage, et sur tout le corps de cette vertueuse femme, attestoit à tous les yeux, par cette blancheur livide, qu'une portion considérable des esprits nécessaires à la vie s'étoit écoulée avec son sang. » (TACIT., *Annal.*, lib. XV, chap. LXIV.) (G.)

[3] « Dans tous ses besoins, comme le vigoureux Mandricard. »

[4] Qui l'avoit reçue avec honneur dans sa cabane. » (L'ARIOST., ch. XIV, st. 53.

dire qui l'avoit logée avec Mandricard. Mais l'heure me presse, et je dois songer que ma lettre est peut-être la quinze ou seizième de celles que vous en recevrez avec elle. Je suppose que vous aurez réponse de tous ceux à qui vous avez écrit. Je ne quittai hier au soir mademoiselle Lucréce qu'après qu'elle se fut engagée de parole à le faire, et je lui exposai la commission que vous m'aviez donnée d'y tenir la main. Elle voulut me gagner afin que je ne lui fusse pas si sévère, mais je lui ai dit que j'étois trop ennemi des traîtres pour en devenir un, et qu'il falloit qu'elle vous écrivît ou qu'elle me vît toujours à ses talons pour la presser inexorablement de s'acquitter envers vous. Je me suis acquitté de même des autres commissions.

M. Duchesne est votre serviteur, et M. d'Houy est ivre, tant je lui ai fait boire de santés, et moi je suis tout à vous.

LETTRE VII.

AU MÊME.

A Paris, le 3 juin 1661.

M. l'Avocat vient d'apporter une de vos lettres, et il a bien voulu prendre cette peine, car il veut absolument que nous soyons réconciliés ensemble. Je gagne trop à cette réunion pour m'y opposer. Aussi bien, comme les choses imparfaites recherchent naturellement de se joindre avec les plus parfaites, je serois un monstre dans la nature, si, étant *creux*[1] comme je suis, je refusois de me joindre et de m'attacher au *solide*, tandis que ce même solide tâche d'attirer à lui ce même creux.

   « Quid quoniam per se nequeat constare, necesse est
   « Hærere[2]. »

C'est de Lucrèce qu'est cette maxime, et c'est de lui que j'ai appris qu'il falloit me réunir avec M. l'Avocat; et il faut bien que vous l'ayez lu aussi, car il me semble que la lettre que vous avez écrite à ce grand partisan du *solide* est toute pleine des maximes de mon auteur. Il dit comme vous qu'il ne faut pas que tout soit tellement *solide*, qu'il n'y ait un peu de *creux* parmi.

   « Nec tamen undiquè corporeâ stipata tenentur
   « Omnia naturâ; namque est in rebus inane.[3] »

---

[1] Ce M. l'Avocat étoit un jeune pédant de leurs amis, qui les gourmandoit sur leur goût pour les vers et la galanterie, et qui leur prêchoit de laisser là le *creux* et la *bagatelle* pour s'attacher au *solide*; ce qui fournissoit aux deux jeunes correspondants ample matière à s'égayer (*Anon.*)

[2] « Qui, parcequ'il ne peut avoir de consistance par lui-même, s'attache nécessairement à quelque chose. » Racine a altéré ce vers, afin de le lier à sa phrase. Voici le vers de Lucrèce:

   « Quæ quoniam per se nequeunt constare, necesse est
   « Hærere. » (Lib. I.) (G.)

[3] « Et cependant tous les êtres ne se tiennent pas unis étroitement ensemble par une chaîne matérielle, car il y a du vide dans la nature. » (Luc., lib. I.) (G.)

A QUELQUES AMIS.

Mais sortons de cette matière, qui elle-même est trop *solide*, et mêlons-y un peu de notre *creux*.

Avouez, monsieur, que vous êtes pris, et que vous laisserez votre pauvre cœur à Bourbon. Je vois bien que ces eaux ont la même force que ces fameuses eaux de Bayes; c'est un lac célèbre en Italie, quand il ne le seroit que par les louanges d'Horace et des autres poëtes latins. On y alloit en ce temps, et peut-être y va-t-on encore comme vos semblables vont à Bourbon et à Forges. Ces eaux sont chaudes comme les vôtres, et il y a un auteur qui en rapporte une plaisante raison. Je voudrois, pour votre satisfaction, que cet auteur fût ou italien ou espagnol; mais la destinée a voulu encore que celui-ci fût latin. Il parle donc du lac de Bayes, et voici ce qu'il en dit à-peu-près :

C'est là qu'avec le dieu d'amour
Vénus se promenoit un jour.
Enfin, se trouvant un peu lasse,
Elle s'assit sur le gazon,
Et voulut aussitôt faire seoir Cupidon;
Mais ce mauvais petit garçon,
Qui ne peut se tenir en place,
Lui répondit : Çà, votre grace,
Je ne suis point las comme vous.
Vénus, se mettant en courroux,
Lui dit : Petit fripon, vous aurez sur la joue.
Tout en faisant un peu la moue
Il fallut bien qu'il filât doux,
Et vint s'asseoir à ses genoux.
Cependant tous ses petits frères,
Les amours qu'on nomme vulgaires,

> Peuple qu'on ne sauroit nombrer,
> Passoient le temps à folâtrer.

Ce seroit le perdre à crédit, que m'amuser à vous faire le détail de tous leurs jeux : vous vous imaginez bien quels peuvent être les passe-temps d'une troupe d'enfants qui sont abandonnés à leur caprice.

> Vous jugez bien aussi que les Jeux et les Ris
> Dont Vénus fait ses favoris,
> Et qui gouvernent son empire,
> Ne manquoient pas de jouer et de rire.

J'avois vu l'épitaphe de *la bella Monbason* (1) dans le *Recueil des poésies choisies*, et je vous l'avois même dite par cœur, il y a long-temps; non pas en italien, mais en françois. Et pour le distique du statuaire (il y a le mot de *pictor* dans le latin), il mériteroit assurément une bonne place dans le *Recueil des épigrammes*, si on n'y avoit eu plus d'égard aux pointes qu'aux beaux sentiments.

Voilà un billet d'une assez belle longueur, ce me semble. Si M. l'Avocat le voyoit, il ne pourroit s'empêcher de se pendre, et la rage qu'il auroit de voir tant de *creux* le porteroit sans doute à quelque résolution violente. C'est pourquoi je lui veux épargner cette peine, en lui évitant celle de vous envoyer ma lettre. Aussi bien est-il chez M. de Villers.

---

1 C'est un quatrain italien de Regnier Desmarais. La duchesse de Montbazon étoit morte en 1657, à l'âge de quarante-cinq ans. (*Anon.*)

LETTRE VIII.

AU MÊME, A BOURBON.

(Juin 1661.)

¹...Quant à cet enfant dont vous me demandez des nouvelles, et que vous voudriez déja entendre parler en beau langage, songez donc que j'ai voulu, avant tout, pourvoir à son établissement; que j'ai fait un beau plan de tout ce qu'il doit faire, et que ses actions étant bien réglées, il lui sera aisé après cela de dire de belles choses; car M. l'Avocat me le disoit encore ce matin en me donnant votre lettre : il faut du *solide*, et un honnête homme ne doit faire le métier de poëte que quand il a fait un bon fondement pour toute sa vie, et qu'il se peut dire honnête homme à juste titre. C'est donc l'avis que j'ai donné à Ovide, ou, pour parler plus humainement (car ce langage sent un peu trop le poëte); j'ai fait, refait et mis enfin dans sa perfection tout mon dessein. J'y ai fait entrer tout ce que m'avoit marqué mademoiselle de Beauchâteau ², que j'appelle la seconde Julie d'Ovide dans la lettre que je lui ai écrite hier par M. Armand qui va à la cour; et quand vous verrez ce dessein, il vous sera mal-

---

¹ Il n'en reste que ce fragment.

² Comédienne de l'hôtel de Bourgogne. Racine avoit fait une pièce des *Amours d'Ovide*, qu'il destinoit à cette troupe. (*Anon.*)

aisé de le reconnoître. Avec cela, j'ai lu et marqué tous les ouvrages de mon héros, et j'ai commencé même quelques vers. Voilà l'état où en est cette affaire. Au reste, je regrette si peu le temps que j'ai employé pour ce dessein, que je n'y aurois pas plaint encore quinze autres jours. M. Vitart, qui considère cette entreprise du même œil que celle de l'année passée, croit que le premier acte est fait pour le moins, et m'accuse d'être réservé avec lui; mais je crois que vous me serez plus juste. Il reçut hier une nouvelle qui lui est bien plus sensible que cette affaire, comme elle le doit être en effet, et comme elle me l'est à moi-même. C'est qu'il a appris que mon cousin son frère est à Hesdin, frais et gaillard, portant le mousquet dans cette garnison aussi gaiement que le peut faire Laprairie ou Laverdure. Je ne vous en puis mander d'autres particularités, parceque je ne sais cette nouvelle que par M. l'Avocat, qui l'apprit hier de M. Vitart, et vous savez que M. l'Avocat est toujours fort au-dessus des petites circonstances dont nous autres hommes sommes plus curieux; aussi avons-nous plus de pente pour le *creux* et la *bagatelle*. Je vous en instruirai plus au long dans ma première lettre, à moins que M. Vitart ne me prévienne. Je vas dès cette après-dînée en féliciter madame notre sainte tante [1], qui se croyoit incapable d'aucune joie,

---

[1] Madame Vitart, mère de M. Vitart. Cette dame étoit Sconin, et sœur de la mère de Racine. Elle avoit été mariée à Nicolas Vitart, contrôleur au grenier à sel de la Ferté-Milon. Ces bonnes

depuis la perte de son saint père [1], ou, comme disoit M. Gomberville [2], de son futur époux. En effet, il n'est plus dessus le trône de saint Augustin, et il a évité, par une sage retraite, le déplaisir de recevoir une lettre de cachet, par laquelle on l'envoyoit à Quimper [3]. Le siège n'a pas été vacant bien long-temps. La cour, sans avoir consulté le Saint-Esprit, à ce qu'ils disent, y a élevé M. Bail, sous-pénitencier et ancien confrère du bailli [4] dans

gens avoient donné retraite chez eux, en 1638, aux deux frères Le Maistre. Quand ceux-ci retournèrent à Port-Royal quelques mois après, M. et Madame Vitart, qui s'étoient attachés à eux, ne voulurent plus s'en séparer. M. Vitart quitta tous ses emplois, et se dévoua au service de Port-Royal, comme agent et receveur de la maison. Il y mourut en 1641. Sa veuve resta à Paris, où elle exerçoit la profession de sage-femme. Elle avoit deux fils, et trois filles toutes mariées. L'aînée, Marie Vitart, femme de Louis Ellies du Pin, fut mère du savant abbé du Pin. Ainsi ce docteur étoit cousin issu de germain de Racine. (*Anon.*)

[1] Antoine Singlin, directeur de Port-Royal des Champs.

[2] Marin Leroy de Gomberville, de l'Académie françoise, ami des solitaires de Port-Royal.

[3] Madame Vitart donna retraite à Singlin et à Le Maistre de Sacy, dans une petite maison du faubourg Saint-Marceau, appartenante à un jeune avocat nommé Antoine de Sacy, qui avoit épousé Marie-Magdeleine Vitart, la plus jeune de ses filles. Ce jeune homme mourut trois mois après, et sa veuve se retira à Port-Royal. Madame Vitart continua de garder les deux prêtres dans la même maison. Singlin mourut dans cette retraite, le 17 avril 1664. Peu après, Le Maistre de Sacy fut forcé d'en chercher une autre, parceque les espions étoient sur ses traces ; et, le 14 mai 1666, il fut arrêté et enfermé à la Bastille. (*Mémoires de Nicolas Fontaine.*)

[4] Le bailli de Chevreuse. (*Anon.*)

la société des bourses des cholets. Vous le connoissez sans doute, et peut-être est-il de vos amis. Tout le consistoire a fait schisme à la création de ce nouveau pape, et ils se sont retirés de côté et d'autre, ne laissant pas de se gouverner toujours par les monitoires de M. Singlin, qui n'est plus considéré que comme un antipape. *Percutiam pastorem et dispergentur oves gregis.* Cette prophétie n'a jamais été plus parfaitement accomplie, et de tout ce grand nombre de solitaires, à peine reste-t-il M. Guays et maître Maurice.

LETTRE IX.

A M. VITART, A PARIS.

A Uzès, le 15 novembre 1661.

Il y a aujourd'hui huit jours que je partis du Pont-Saint-Esprit, et que je vins à Uzès, où je fus reçu de mon oncle [1] avec toute sorte d'amitiés. Il ne m'attendoit que deux jours après, parceque mon oncle Sconin lui avoit mandé que je partirois plus tard que je n'ai fait; sans cela il eût envoyé au Saint-Esprit son garçon et son cheval. Il m'a donné une chambre auprès de lui, et il prétend que je le soulagerai un peu dans le grand nombre de ses affaires. Je vous assure qu'il en a beaucoup. Non

[1] Le P. Sconin, chanoine régulier de Sainte-Geneviève, chanoine de la cathédrale, official, et grand-vicaire d'Uzès. (*Anon.*)

seulement il fait toutes celles du diocèse, mais il a même l'administration de tous les revenus du chapitre, jusqu'à ce qu'il ait payé quatre-vingt mille livres de dettes où le chapitre s'est engagé. Il s'y entend tout-à-fait, et il n'y a point de D. Cosme [1] dans son affaire. Avec tout cet embarras, il a encore celui de faire bâtir; car il fait achever une fort jolie maison qu'il a commencée, il y a un an ou deux, à un bénéfice qui est à lui à une demi-lieue d'Uzès. J'en reviens encore tout présentement. Elle est toute faite déja; il n'y a plus que le jardin à défricher. C'est la plus régulière et même la plus agréable de tout Uzès. Elle est tantôt toute meublée, mais il lui en a coûté de l'argent pour la mettre en cet état; c'est pourquoi il ne faut pas demander à quoi il a employé ses revenus. Il est fort fâché de ce que je n'ai point apporté de démissoire; mais c'est la faute de M. Sconin. Je l'ai pressé le plus que j'ai pu pour cela, et lui-même lui en écrit; mais j'appréhende furieusement sa longueur. Il m'auroit déja mené à Avignon pour y prendre la tonsure, et la raison de cela est que le premier bénéfice qui viendra à vaquer dans le chapitre est à sa nomination. L'évêque a nommé et le prévôt aussi; c'est maintenant son

---

[1] Don Cosme Sconin, religieux bénédictin, frère de celui dont nous venons de parler, et, comme lui, oncle de Racine. Louis Racine, dans ses *Mémoires*, et dans ses notes sur les lettres de son père, parle de ce don Cosme comme d'un moine qui lui étoit tout-à-fait inconnu, ce n'étoit pourtant rien moins que son grand-oncle. (*Anon.*)

tour. Quand ce temps-là viendra, je vous en manderai des nouvelles. Si vous pouviez me faire avoir un démissoire, vous m'obligeriez infiniment. M. le prieur de la Ferté vous donnera aisément mon extrait baptistaire, et vous n'auriez qu'à l'envoyer à quelqu'un de votre connoissance à Soissons ; on auroit le démissoire aussitôt. Mais ce sera quand vous y pourrez songer sans vous détourner le moins du monde. Au reste, nous ne laisserons pas d'aller à Avignon quelqu'un de ces jours ; car mon oncle veut m'acheter des livres, et il veut que j'étudie. Je ne demande pas mieux, et je vous assure que je n'ai pas encore eu la curiosité de voir la ville d'Uzès, ni quelque personne que ce soit. Il est bien aise que j'apprenne un peu de théologie dans Saint-Thomas, et j'en suis tombé d'accord fort volontiers. Enfin, je m'accorde le plus aisément du monde à tout ce qu'il veut; il est d'un naturel fort doux, et il me témoigne toutes les tendresses possibles.

Il reconnoît bien que son affaire d'Anjou a été fort mal conduite ; mais il espère que M. d'Uzès raccommodera tout. En effet, il lui a mandé qu'il le feroit. Il me demande tous les jours mon *Ode de la paix*, car il a donné à M. l'évêque celle que je lui envoyai ; et non seulement lui, mais même tous les chanoines m'en demandent, et le prévôt sur-tout. Ce prévôt est le doyen du chapitre ; il est âgé de soixante et quinze ans, et le plus honnête homme du monde. Enfin, c'est le seul que mon oncle m'a bien recommandé d'aller voir ; ils sont grands amis.

Son bénéfice vaut 5,000 liv. de rente; il est des anciens, et il n'est pas réformé. Il a beaucoup d'esprit et d'étude. Ainsi si vous avez encore quelque ode, je vous prie d'en faire bien couper toutes les marges, et de me l'envoyer; j'avois négligé d'en apporter. On me fait ici force caresses à cause de mon oncle; il n'y a pas un curé ni un maître d'école qui ne m'ait fait le compliment gaillard, auquel je ne saurois répondre que par des révérences; car je n'entends pas le françois de ce pays-ci, et on n'y entend pas le mien; ainsi je tire le pied fort humblement; et je dis, quand tout est fait : *Adiousias.* Je suis marri pourtant de ne les point entendre; car si je continue à ne leur point répondre, j'aurai bientôt la réputation d'un incivil ou d'un homme non lettré. Je suis perdu si cela est; car en ce pays les civilités sont encore plus en usage qu'en Italie. Je suis épouvanté tous les jours de voir des villageois, pieds nus ou ensabotés (ce mot doit bien passer, puisque *encapuchonné* a passé), qui font des révérences comme s'ils avoient appris à danser toute leur vie. Outre cela, ils causent des mieux, et pour moi j'espère que l'air du pays me va raffiner de moitié; car je vous assure qu'on y est fin et délié plus qu'en aucun lieu du monde. Tous les arbres sont encore aussi verts qu'au mois de juin, et aujourd'hui que je suis sorti à la campagne, je vous proteste que la chaleur m'a tout-à-fait incommodé; jugez ce que ce peut être en été. Je n'ai plus de papier que pour assurer mademoiselle Vitart de mes très humbles respects, et souhaiter à vos deux infantes tout ce que les poëtes s'en vont prédire de biens au dauphin.

J'oubliois à vous prier d'adresser mes lettres à M. Symil, chirurgien à Uzès, et en dedans à mon illustre personne chez le R. P. Sconin, vicaire-général et official de monseigneur d'Uzès. Je salue M. d'Houy de tout mon cœur, et le prie d'avoir quelque peu de soin de mes livres, dont je plains fort la destinée s'il ne s'en mêle un peu; car je serois honteux de vous en parler dans la multitude de vos affaires. Excusez même si j'ai fait cette lettre si longue. J'ai cru qu'il falloit vous instruire une fois en gros de tout ce qui se passe ici; une autre fois j'abuserai moins de votre loisir.

LETTRE X.

A M. L'ABBÉ LE VASSEUR, A PARIS.

Uzès, 15 novembre 1661.

(FRAGMENT.)

.....Si vous prenez la peine de m'écrire, je vous prie, ou de donner vos lettres à M. Vitart, ou de me les adresser chez le P. Sconin, vicaire-général, etc. avec une enveloppe adressante à M. Symil. On m'a dit d'user de ces précautions pour la sûreté des lettres qu'on m'enverra de Paris. Je vous prie de me mander des nouvelles de nos anciennes connoissances, et de m'instruire un peu de ce qui se passe de beau dans Paris, et moi je prendrai le soin de vous mander ce qui se passera dans le Languedoc. Nous savons la naissance du dauphin[1]; c'est pourquoi je vous exempte de me l'apprendre. J'aurois peut-être chanté quelque chose de nouveau sur cette matière si j'eusse été à Paris; mais ici je n'ai pu chanter rien que le *Te Deum*, qu'on chanta hier ici en grande cérémonie. Mandez-moi, s'il vous plaît, qui aura le mieux réussi de tous les chantres du Parnasse. Je ne doute pas qu'ils n'emploient tout le crédit qu'ils ont auprès des Muses, pour en recevoir de belles et magnifiques inspirations. Si elles continuent à vous favoriser comme elles avoient commencé à Bourbon, faites quelque chose, et envoyez-moi tout ce que vous aurez fait.

« Incipe, si quid habes, et te fecére poetam
« Pierides[2]. »

LETTRE XI.

AU MÊME, A PARIS.

A Uzès, le 24 novembre 1661.

Je ne me plains pas encore de vous, car je crois bien que c'est tout au plus si vous avez maintenant reçu ma première lettre; mais je ne vous réponds

---

[1] Né le 1er novembre 1661.

[2] « Si vous vous sentez inspiré, mettez-vous à l'ouvrage; vous êtes aussi un favori des Muses. »

pas que, dans huit jours, je ne commence à gronder si je ne reçois point de vos nouvelles. Épargnez-moi donc cette peine, je vous supplie, et épargnez-vous à vous-même de grosses injures que je pourrois bien vous dire dans ma mauvaise humeur. *Nam contemptus amor vires habet.* [1]

J'ai été à Nîmes, et il faut que je vous en entretienne. Le chemin d'ici à Nîmes est plus diabolique mille fois que celui des diables à Nevers, et la rue d'Enfer, et tels autres chemins réprouvés; mais la ville est assurément aussi belle et aussi *polide*, comme on dit ici, qu'il y en ait dans le royaume. Il n'y a point de divertissements qui ne s'y trouvent.

« Suoni, canti, vestir, giuochi, vivande,
« Quanto può cor pensar, può chieder bocca [2]. »

J'allai voir le feu de joie qu'un homme de ma connoissance avoit entrepris. Les Jésuites avoient fourni les devises qui ne valoient rien du tout : ôtez cela, tout alloit bien. Mais je n'y ai pas pris assez bien garde pour vous en faire le détail; j'étois détourné par d'autres spectacles : il y avoit tout autour de moi des visages qu'on voyoit à la lueur des fusées, et dont vous auriez bien eu autant de peine à vous défendre, que j'en avois. Il n'y en avoit pas une à qui vous n'eussiez bien voulu dire ce compliment d'un

---

[1] « Car l'amour méprisé a des forces. » (G.)

[2] « La musique, les chants, la toilette, les jeux, les festins, autant que l'esprit peut en imaginer, que la bouche peut en demander. » (G.)

galant du temps de Néron : *Ne fastidias hominem peregrinum inter cultores tuos admittere : invenies religiosum, si te adorari permiseris* [1]. Mais pour moi, je n'avois garde d'y penser ; je ne les regardois pas même en sûreté ; j'étois en la compagnie d'un révérend père de ce chapitre, qui n'aimoit point fort à rire.

« E parea più ch' alcun fosse mai stato
« Di conscienza scrupulosa e schiva [2]. »

Il falloit être sage avec lui, ou du moins le faire. Voilà ce que vous auriez trouvé de beau dans Nîmes ; mais j'y trouvai encore d'autres choses qui me plurent fort, sur-tout les arènes.

C'est un grand amphithéâtre un peu en ovale, tout bâti de prodigieuses pierres, longues de deux toises, qui se tiennent là, depuis plus de seize cents ans, sans mortier et par leur seule pesanteur. Il est tout ouvert en dehors par de grandes arcades, et en dedans ce ne sont autour que de grands siéges où tout le peuple s'asseyoit pour voir les combats des bêtes et des gladiateurs. Mais c'est assez vous parler de Nîmes et de ses raretés ; peut-être même trouverez-vous que j'en ai trop dit. Mais de quoi voulez-vous que je vous entretienne ? De vous dire qu'il fait ici le plus beau temps du monde, vous ne vous en

---

[1] « Ne dédaignez pas les hommages d'un étranger : vous le trouverez prêt à vous rendre un culte religieux, si vous lui permettez de vous adorer. » (PÉTRON.) (G.)

[2] « Et paroissoit, plus que qui que ce fût, d'une conscience scrupuleuse et timorée. « (G.)

mettez guère en peine; de vous dire qu'on doit cette semaine créer des consuls ou *conses*, comme on dit, cela vous touche fort peu. Cependant c'est une belle chose de voir le compère cardeur et le menuisier gaillard avec la robe rouge, comme un président, donner des arrêts et aller les premiers à l'offrande. Vous ne voyez pas cela à Paris.

A propos de consuls, il faut que je vous parle d'un échevin de Lyon, qui doit l'emporter sur les plus fameux *quolibétiers* du monde. Je l'allai voir pour avoir un billet de sortie, car sans billet les chaînes du Rhône ne se lèvent point. Il me fit mes dépêches fort gravement, et après, quittant un peu cette gravité magistrale qu'on doit garder en donnant de telles ordonnances, il me demanda : *Quid novi ?* « Que « dit-on de l'affaire d'Angleterre ? » Je répondis qu'on ne savoit pas encore à quoi le roi se résoudroit. « A « faire la guerre, dit-il, car il n'est pas parent du « père Souffrant [1]. Je fis bien paraître que je ne l'étois pas non plus; je lui fis la révérence, et le regardai avec un froid qui montroit bien la rage où j'étois de voir un grand quolibétier impuni. Je n'ai pas voulu en enrager tout seul; j'ai voulu que vous me tinssiez compagnie, et c'est pourquoi je vous fais part de cette marauderie. Enragez donc, et si vous ne trouvez point de termes assez forts pour faire des imprécations, dites avec l'*emphatiste* Brébeuf :

---

[1] Le père Suffren, jésuite, confésseur de Louis XIII, dont le nom se prononçoit comme *souffrant*. (*Anon.*)

A qui, dieux tout puissants, qui gouvernez la terre,
A qui réservez-vous les éclats du tonnerre?

Si vous ne vous hâtez de m'écrire, je vous ferai enrager encore par de semblables nouvelles. Écrivez-moi donc si vous m'en croyez, et faites de ma part à mademoiselle Lucrèce le compliment latin dont je vous ai parlé, mais que ce soit en beau françois.

LETTRE XII.

AU MÊME. A PARIS.

A Uzès, le 26 décembre 1661.

Dieu merci, voici de vos lettres. Que vous en êtes devenu grand ménager! J'ai vu que vous étiez libéral, et il ne se passoit guère de semaines, lorsque vous étiez à Bourbon, que vous ne m'écrivissiez une fois ou deux, et non seulement à moi, mais à des gens à qui vous n'aviez presque jamais parlé, tant les lettres vous coûtoient peu. Maintenant elles sont plus clair-semées, et c'est beaucoup d'en recevoir une en deux mois. J'étois très en peine de ce changement, et j'enrageois de voir qu'une si belle amitié se fût ainsi évanouie: *en dextra fidesque*[1]*!* m'écriois-je.

« E'l cor pien di sospir' parea un Mongibello, »

lorsque heureusement votre lettre m'est venue tirer de toutes ces inquiétudes, et m'a appris que la rai-

---

[1] « Sont-ce là les serments et la foi jurée? » (*Æn.*, l. IX.) (G.)

son pourquoi vous ne m'écriviez pas, c'est que mes lettres étoient trop belles. Qu'à cela ne tienne, monsieur : il me sera fort aisé d'y remédier; et il m'est si naturel de faire de méchantes lettres, que j'espère, avec la grace de Dieu, venir bientôt à bout de n'en faire pas de trop belles. Vous n'aurez pas sujet de vous plaindre à l'avenir, et j'attends dès à présent des réponses par tous les ordinaires. Mais parlons plus sérieusement : avouez que tout au contraire vous croyez les vôtres trop belles pour être si facilement communiquées à de pauvres provinciaux comme nous. Vous avez raison sans doute, et c'est ce qui me fâche le plus; car il ne vous est pas aisé, comme à moi, de faire de mauvaises lettres, et ainsi je suis fort en danger de n'en guère recevoir.

Après tout, si vous saviez la manière dont je les reçois, vous verriez qu'elles ne sont pas profanées pour tomber entre mes mains; car, outre que je les reçois avec toute la vénération que méritent les belles choses, c'est qu'elles ne me demeurent pas long-temps, et elles ont le vice dont vous accusez les miennes injustement, qui est de courir les rues, et vous diriez qu'en venant en Languedoc elles se veulent accommoder à l'air du pays; elles se communiquent à tout le monde, et ne craignent point la médisance : aussi savent-elles bien qu'elles en sont à couvert; chacun les veut voir, et on ne les lit pas tant pour apprendre des nouvelles que pour voir la façon dont vous les savez débiter.

Continuez donc, s'il vous plaît, ou plutôt com-

A QUELQUES AMIS.

mencez tout de bon à m'écrire, quand ce ne seroit que par charité. Je suis en danger d'oublier bientôt le peu de françois que je sais; je le désapprends tous les jours, et je ne parle tantôt plus que le langage de ce pays, qui est aussi peu françois que le bas-breton [1].

« Ipse mihi videor jam dedidicisse latinè,
« Nam didici geticè, sarmaticèque loqui [2]. »

J'ai cru qu'Ovide vous faisoit pitié quand vous songiez qu'un si galant homme que lui étoit obligé à parler scythe lorsqu'il étoit relégué parmi ces barbares; cependant il s'en faut beaucoup qu'il fût si à plaindre que moi. Ovide possédoit si bien toute l'élégance romaine, qu'il ne la pouvoit jamais oublier; et quand il seroit revenu à Rome après un exil de vingt années, il auroit toujours fait taire les plus beaux esprits de la cour d'Auguste : au lieu que, n'ayant qu'une petite teinture du bon françois, je suis en danger de tout perdre en moins de six mois, et de n'être plus intelligible si je reviens jamais à Paris. Quel plaisir aurez-vous quand je serai devenu le plus grand paysan du monde? Vous ferez bien mieux de m'entretenir un peu dans le langage qu'on

---

[1] Ces plaintes, l'exactitude de l'orthographe de ces lettres écrites à la hâte, les coups de crayon qu'on trouve de lui sur les remarques et le Quinte-Curce de Vaugelas, prouvent combien il avoit à cœur de bien posséder la langue françoise. (L. R.)

[2] « Il me semble que je ne sais plus le latin, depuis que j'ai appris le géte et le sarmate. » (Ovid., *Trist.*, lib. V, éleg. 12.) (G.)

parle à Paris : vos lettres me tiendront lieu de livres et d'académie.

Mais à propos d'académie, que le pauvre Pélisson est à plaindre, et que la conciergerie est un méchant poste pour un bel esprit ! Tous les beaux esprits du monde ne devroient-ils pas faire une solennelle députation au roi pour demander sa grace? Les Muses elles-mêmes ne devroient-elles pas se rendre visibles afin de solliciter pour lui ?

« Nec vos, Pierides, nec stirps Latonia, vestro
« Docta sacerdoti turba tulistis opem [1] ! »

Mais on voit peu de gens que la protection des Muses ait sauvés des mains de la justice : il eût mieux valu pour lui qu'il ne se fût jamais mêlé que de belles choses, et la condition de roitelet en laquelle il s'étoit métamorphosé lui eût été bien plus avantageuse que celle de financier. Cela doit apprendre à M. l'Avocat [2] que le solide n'est pas toujours le plus sûr, puisque M. Pélisson ne s'est perdu que pour l'avoir préféré au creux ; et sans mentir, quoiqu'il fasse bien creux sur le Parnasse, on y est pourtant plus à son aise que dans la conciergerie, et il n'y a point de plaisir d'avoir place dans les histoires tragiques, dussent-elles être écrites de la main de M. Pélisson lui-même.

---

[1] « Ni vous, Muses, ni vous, fils de Latone, divinités des arts et des savants, n'avez secouru votre prêtre. » (Ovid., Trist., l. III, eleg. II.) (G.)

[2] Il en veut toujours à ce M. l'Avocat, qui avoit sans cesse à la bouche le mot de *creux*. (L. R.)

Je salue M. l'Avocat, et je diffère de lui écrire afin de laisser un peu passer ce reste de mauvaise humeur que sa maladie lui a laissé, et qui lui feroit peut-être maltraiter les lettres que je lui enverrois. Il n'y a point de plaisir d'écrire à des gens qui sont encore dans les remèdes, et c'est trop exposer des lettres. Je salue très humblement toute votre maison, où est compris l'illustre M. Botreau; *ipsa ante alias pulcherrima Dido*[1]; vous savez de qui j'entends parler. J'écrirai à mademoiselle Vitart, et j'avois dessein de lui écrire bien devant que d'avoir reçu votre lettre. Je vous prie de me remettre dans ses bonnes graces si je suis si malheureux que de les avoir perdues, sinon je vous prie de m'y entretenir toujours, et de penser un peu à mes affaires en faisant les vôtres; sur-tout *scribe et vale*. Mandez-moi des nouvelles de tout, et entre autres d'un petit mémoire que j'envoyai pour la gazette il y a huit jours.

LETTRE XIII.

A MADEMOISELLE VITART, A PARIS.

A Uzès, le 26 décembre 1661.

Je pensois bien me donner l'honneur de vous écrire il y a huit jours, mais il me fut impossible de

---

[1] « Didon même, la plus belle de toutes. »

le faire; je ne sais pas même si j'en pourrai venir à bout aujourd'hui. Vous saurez, s'il vous plaît, que ce n'est pas à présent une petite affaire pour moi que de vous écrire. Il a été un temps que je le faisois assez aisément, et il ne me falloit pas beaucoup de temps pour faire une lettre assez passable. Mais ce temps-là est passé pour moi; il me faut suer sang et eau pour faire quelque chose qui mérite de vous l'adresser; encore sera-ce un grand hasard si j'y réussis. La raison de cela est que je suis un peu plus éloigné de vous que je n'étois lors. Quand je songeois seulement que je n'étois qu'à quatorze ou quinze lieues de vous, cela me mettoit en train, et c'étoit bien autre chose quand je vous voyois en personne; c'étoit alors que les paroles ne me coûtoient rien, et que je causois d'assez bon cœur; au lieu qu'aujourd'hui je ne vous vois qu'en idée; et quoique je songe assez fortement à vous, je ne saurois pourtant empêcher qu'il n'y ait cent cinquante lieues entre vous et votre idée. Ainsi il m'est un peu plus difficile de m'échauffer; et quand mes lettres seroient assez heureuses pour vous plaire, que me sert cela? J'aimerois mieux recevoir un soufflet ou un coup de poing de vous, comme cela m'étoit assez ordinaire, qu'un grand merci qui viendroit de si loin. Après tout, il vous faut écrire, et il en faut revenir là. Mais que vous mander? Sans mentir, je n'en sais rien pour le présent. Faites-moi une grace, donnez-moi temps jusqu'au premier ordinaire pour y songer, et je vous promets de faire merveille; j'y travaillerai plutôt jour et nuit : aussi-bien n'ai-je plus qu'un demi-quart d'heure à moi, et vous-même avez maintenant bien d'autres affaires. Vous n'avez pas à déloger seulement, comme on m'a mandé, mais vous avez même à préparer les logis au Saint-Esprit [1], qui doit venir dans huit jours à l'hôtel de Luynes. Travaillez donc à le recevoir comme il mérite, et moi je travaillerai à vous écrire comme vous méritez. Comme ce n'est pas une petite entreprise, vous trouverez bon que je m'y prépare avec un peu de loisir. Cependant je souhaite que tout le monde se porte bien chez vous; que vos deux infantes vous ressemblent, et que vous ne soyez point en colère contre moi de ce que j'ai tant tardé à m'acquitter de ce que je vous dois. C'est bien assez que je sois si loin de votre présence, sans me bannir encore de votre esprit. Ainsi soit-il.

Je n'écris pas à mon cousin, car on m'a mandé qu'il étoit à la campagne, et puis c'est lui écrire que de vous écrire.

LETTRE XIV.

A M. VITART, A PARIS.

A Uzès, le 17 janvier 1662.

Les plus beaux jours que vous donne le printemps ne valent pas ceux que l'hiver nous laisse ici,

---

[1] Louis-Charles Albert, duc de Luynes, créé chevalier de l'ordre, à la promotion de 1661. (*Anon.*)

et jamais le mois de mai ne vous paroît si agréable,
que l'est pour nous le mois de janvier.

>Le Soleil est toujours riant,
>Depuis qu'il part de l'orient
>Pour venir éclairer le monde,
>Jusqu'à ce que son char soit descendu dans l'onde.
>La vapeur des brouillards ne voile point les cieux;
>Tous les matins, un vent officieux
>En écarte toutes les nues;
>Ainsi nos jours ne sont jamais couverts;
>Et dans le plus fort des hivers,
>Nos campagnes sont revêtues
>De fleurs et d'arbres toujours verts.

>Les ruisseaux respectent leurs rives,
>Et leurs Naïades fugitives,
>Sans sortir de leur lit natal,
>Errent paisiblement, et ne sont point captives
>Sous une prison de cristal.
>Tous nos oiseaux chantent à l'ordinaire;
>Leurs gosiers n'étant point glacés,
>Et n'étant pas forcés
>De se cacher ou de se taire,
>Ils font l'amour en liberté
>L'hiver comme l'été.

>Enfin, lorsque la nuit a déployé ses voiles,
>La lune, au visage changeant,
>Paroit sur un trône d'argent,
>Et tient cercle avec les étoiles.
>Le ciel est toujours clair tant que dure son cours,
>Et nous avons des nuits plus belles que vos jours.

24 janvier 1662

J'ai fait une assez longue pause en cet endroit,

parceque, lorsque j'écrivois ces vers il y a huit jours, la chaleur de la poésie m'emporta si loin, que je ne m'aperçus pas qu'il étoit trop tard pour porter mes lettres à la poste. Je commence aujourd'hui 24 janvier; mais il est arrivé un assez plaisant changement; car en relisant mes vers, je reconnois qu'il n'y en a pas un de vrai; il ne cesse de pleuvoir depuis trois jours, et l'on diroit que le temps a juré de me faire mentir. J'aurois autant de sujet de faire une description du mauvais temps, comme j'en ai fait une du beau; mais j'ai peur que je ne m'engage encore si avant, que je ne puisse achever cette lettre que dans huit jours, auquel temps peut-être le ciel se sera remis au beau. Je n'aurois jamais fait : cela m'apprend que cette maxime est bien vraie : *La vita al fin, il di loda la sera* [1].

Cette ville est la plus maudite ville du monde. Ils ne travaillent à autre chose qu'à se tuer tous tant qu'ils sont, ou à se faire pendre. Il y a toujours ici des commissaires; cela est cause que je n'y veux faire aucune connoissance, puisqu'en faisant un ami je m'attirerois cent ennemis. Ce n'est pas qu'on ne m'ait pressé plusieurs fois, et qu'on ne me soit venu solliciter, moi indigne, de venir dans les compagnies; car on a trouvé mon ode chez une dame de la ville, et on est venu me saluer comme auteur; mais tout cela ne sert de rien, *mens immota manet* [2].

---

[1] « Pour louer la vie et la journée, attends la fin de l'une et le soir de l'autre. (G.)

[2] « Mon ame reste inébranlable. » (*Æneid.*, lib. IV.)

Je n'aurois jamais cru être capable d'une si grande solitude, et vous-même n'aviez jamais tant espéré de ma vertu.

Je passe tout le temps avec mon oncle, avec saint Thomas et Virgile; je fais force extraits de théologie, et quelques uns de poésie: voilà comme je passe le temps, et je ne m'ennuie pas, sur-tout quand j'ai reçu quelque lettre de vous; elle me sert de compagnie pendant deux jours.

Mon oncle a toutes sortes de bons desseins pour moi; mais il n'en a point encore d'assuré, parceque les affaires du chapitre sont encore incertaines. J'attends toujours un démissoire. Cependant il m'a fait habiller de noir depuis les pieds jusqu'à la tête. La mode de ce pays est de porter un drap d'Espagne qui est fort beau, et qui coûte vingt-trois livres [1]. Il m'en a fait faire un habit; j'ai maintenant la mine d'un des meilleurs bourgeois de la ville. Il attend toujours l'occasion de me pourvoir de quelque chose, et ce sera alors que je tâcherai de payer une partie de mes dettes si je puis; car je ne puis rien faire avant ce temps. Je me remets devant les yeux toutes les importunités que vous avez reçues de moi; j'en rougis à l'heure que je vous parle; *erubuit puer, salva res est* [2]. Mais mes affaires n'en vont pas mieux, et cette sentence est bien fausse, si ce n'est que vous vouliez prendre cette rougeur pour reconnoissance

---

[1] Même poids d'argent que 43 fr. 25 cent. d'aujourd'hui.

[2] « L'enfant a rougi: tout est sauvé. » Il y a dans Térence: *erubuit: salva res est.* (*Adelph.*, act. IV, sc. v.) (G.)

de tout ce que je vous dois, dont je me souviendrai toute ma vie.

LETTRE XV.

A MADEMOISELLE VITART, A PARIS.

A Uzès, le 24 janvier 1662.

Ce billet n'est qu'une continuation de promesses et une nouvelle obligation. Je m'étois engagé de vous écrire une lettre raisonnable, et après quinze jours d'intervalle je suis si malheureux que de n'y pouvoir satisfaire encore aujourd'hui, et je suis obligé de remettre à un autre jour. Toutes ces remises ne sont pour moi qu'un surcroît de dettes dont il me sera fort difficile de m'acquitter; car vous attendez peut-être de recevoir quelque chose de beau, puisque je prends tant de temps pour m'y préparer. Ayez la charité de perdre cette opinion, et de vous attendre plutôt à être fort mal payée; car je vous ai déja avertie que je suis devenu un très mauvais payeur. Quand je n'étois pas si loin de vous, je vous payois assez bien, ou du moins je le pouvois faire; car vous me fournissiez assez libéralement de quoi m'acquitter envers vous, j'entends de paroles : vous êtes trop riche, et moi trop pauvre pour vous pouvoir payer d'autre chose; cela veut dire

> Que j'ai perdu tout mon caquet,
> Moi qui savois fort bien écrire,

Et jaser comme un perroquet.

Mais quand je saurois encore jaser des mieux, il faut que je me taise à présent. Le messager va partir, et il ne faut pas faire attendre le messager d'une grande ville comme est Uzès. Pardonnez donc, et attendez encore huit jours.

LETTRE XVI.

A LA MÊME, A PARIS.

A Uzès, le 31 janvier.

Que votre colère est charmante,
Belle et généreuse Amaranthe !
Qu'il vous sied bien d'être en courroux !
Si les Graces jamais se mettoient en colère,
Le pourroient-elles faire
De meilleure grace que vous ?

Je confesse sincèrement
Que je vous avois offensée,
Et cette cruelle pensée
M'étoit un horrible tourment.
Mais depuis que vous-même en avez pris vengeance,
Un si glorieux châtiment
Me paroît une récompense.
Les reproches mêmes sont doux
Venant d'une bouche si chère :
Mais si je méritois d'être loué de vous,
Et que je fusse un jour capable de vous plaire,
Combien ferois-je de jaloux !

Je m'en vais donc faire tout mon possible pour venir à bout d'un si grand dessein. Je serai heureux si vous pouvez vous louer de moi avec autant de justice que vous vous en plaignez ; et je ferois de mon côté un fort bel ouvrage si je savois dire vos vertus avec autant d'esprit que vous dites les miennes. Je ne vous accuserai point de me flatter : vous les représentez au naïf. S'il en est de même de la passion de M. l'Abbé, je tiens qu'il n'est pas mal partagé ; et quand le portrait de mademoiselle Lucréce auroit été fait par le plus habile peintre du monde, il ne sauroit sans doute égaler celui que vous faites d'un amoureux en sa personne.

  Je me l'imagine en effet
   Tout languissant et tout défait,
Qui gémit et soupire aux pieds de cette image.
  Il contemple son beau visage,
Il admire ses mains, il adore ses yeux,
   Il idolâtre tout l'ouvrage.
Puis, comme si l'Amour le rendoit furieux,
Je l'entends s'écrier : Que cette image est belle !
Mais que la belle même est bien plus belle qu'elle !
   Le peintre n'a bien imité
   Que son insensibilité.

J'ai peine à croire que vous ayez assez de puissance pour rompre ce charme, vous qui étiez accoutumée à le charmer lui-même autrefois, aussi-bien que beaucoup d'autres. Possédé comme il l'est de cette idée, il ne faut pas s'étonner s'il a voulu marier M. d'Houy à une fille hydropique : il n'y pensoit pas, à moins qu'il n'ait voulu marier l'eau avec le vin.

On m'a mandé que ma tante Vitart étoit allée à Chevreuse pour mademoiselle Sellyer; mais je crois qu'elle n'y sera pas long-temps, et qu'elle sera bientôt nécessaire au faubourg Saint-Germain [1]. Elle ne manquera pas de pratiques, s'il plaît à Dieu, et elle ne se reposera de long-temps si elle attend que vous vous reposiez toutes. Peut-être qu'autrefois je n'en aurois pas tant dit impunément, mais je suis à couvert des coups. Vous pouvez néanmoins vous adresser à mon lieutenant M. d'Houy; il ne tiendra pas cette qualité à déshonneur.

Vous m'avez mis en train, comme vous voyez, et vos lettres ont sur moi la force qu'avoit autrefois votre vue : mais je suis obligé de finir plus tôt que je ne voudrois, parceque j'ai encore cinq lettres à écrire; j'espère que vous me donnerez, en vertu de ces cinq lettres, la permission de finir; et en vertu de la soumission et du respect que j'ai pour vous, la permission de me dire votre passionné serviteur.

Vous m'excuserez si j'ai plus brouillé de papier à dire de méchantes choses que vous n'en aviez employé à écrire les plus belles choses du monde.

---

[1] Madame Vitart exerçoit, comme nous l'avons dit, la profession de sage-femme, et sa belle-fille, à qui cette lettre est écrite, se trouvoit alors dans le cas d'avoir bientôt recours à son ministère. (*Anon.*)

LETTRE XVII.

A M. L'ABBÉ LE VASSEUR, A PARIS.

A Uzès, le 3 février 1662.

Quoique vous ne soyez pas le plus diligent homme du monde quand il s'agit de répondre à une lettre, je m'assure que vous ne laisserez pas de vous formaliser beaucoup de ce que ma réponse ne vient que huit à dix jours après votre lettre. Vous attribuerez sans doute ce retardement à un desir de vengeance; elle seroit juste après tout; je n'y ai pas pensé néanmoins. Mais à quoi bon s'excuser pour un délai de huit jours? Vous ne faites point tant de cérémonies quand vous avez été deux bons mois sans songer seulement si je suis au monde. C'est assez pour vous de dire froidement que vous avez perdu la moitié de votre esprit depuis que je ne suis plus en votre compagnie. Mais à d'autres! Il faudroit que j'eusse perdu tout le mien si je recevois de telles galanteries en paiement. Je sais ce qui vous occupe si fort, et ce qui vous fait oublier de pauvres étrangers comme nous. *Amor non talia curat*[1]. Oui, c'est cela même qui vous occupe, et j'en sais des nouvelles.

« Amor che solo i cor' leggiadri invesce[2]. »

---

[1] « L'amour ne s'occupe pas de pareilles choses. » (G.)
[2] « L'amour, qui seul charme les cœurs tendres. » (G.)

Et je ne m'étonne pas qu'un cœur si tendre que le vôtre, et si disposé à recevoir les douces impressions de l'amour, soit enchanté d'une si charmante personne. Bien d'autres que vous auroient succombé à la tentation.

> Socrate s'y trouveroit pris,
> Et, malgré sa philosophie,
> Il feroit ce qu'a fait Pâris,
> Et le feroit toute sa vie.

Vous l'aviez tous les jours devant vos yeux, et vous aviez tout le loisir de considérer ses belles qualités *e le sue fatezze* [1], comme disent les Italiens; et aussi selon le passage que citoit hier notre prédicateur: *Mutuo conspectu mutui crescebant amores* [2]. Pour moi, loin d'y trouver à redire, je vous loue d'un si beau choix, et d'aimer avec tant de discernement, s'il peut y avoir du discernement en amour. Il ne faut pas demander si c'est là l'espagnol qui vous tient; l'Amour est ce porteur d'eau dont vous aimez tant la compagnie, et qui vous apprend si bien à parler toutes sortes de langues. *Et mentem Venus ipsa dedit* [3]. Il ne me fait pas tant d'honneur, quoique j'aie assez besoin de compagnie en ce pays; mais j'aime mieux être seul que d'avoir un hôte si dangereux. Ne m'accusez pas pour cela d'être un farouche et un insensible.

> Vous savez bien que les déesses

---

[1] « Et ses belles formes. » (G.) — [2] « Muet à son aspect, je sentois mon amour croître dans le silence. » (G.) — [3] « Vénus elle-même vous a inspiré. » (G.)

Ne sont pas toutes des Vénus;
Et vous savez que les belles, non plus,
Ne sont pas toutes des Lucrèces.

A propos de belles, j'avois déja vu les vers du *Ballet des Saisons*, et on me les avoit apportés lorsque j'étois encore malade.

Je suis ravi qu'il ne reste aucune apparence de blessure sur le beau front d'Angélique : elle n'est pas la seule beauté qui ait souffert de si douloureuses aventures. *Et Veneris violata est vulnere dextra*[1], et peut-être bien que qui auroit considéré l'endroit où elle tomba, il y auroit vu naître des roses et des anémones pareilles à celles qui sortirent du sang de Vénus; mais il est trop tard pour y aller voir; et quand il y seroit venu des roses, l'hiver les auroit fort maltraitées; elles auroient été plus en sûreté en ce pays, où nous voyons dès le mois de janvier,

« Schietti arboscelli e verdi fronde acerbe
« Amorose et pallide viole[2]. »

On m'a assuré même qu'il y avoit un jardin tout plein de roses, mais de roses toutes fleuries, à une lieue d'ici, et cela ne passe pas même pour une rareté.

La nouvelle que vous me mandez sur la fin de

---

[1] « La main de Vénus elle-même ne fut-elle pas profanée par une blessure? » (G.)

[2] « Des arbustes déja verts, des feuilles naissantes, d'amoureuses et pâles violettes. » (G.)

votre lettre m'a d'abord surpris étrangement; mais je suis entré peu-à-peu dans votre sentiment, que cela n'étoit qu'un soulagement et un avantage pour M. Vitart[1]. Je ne lui en ai rien témoigné pourtant, et je ne le ferai pas que je n'en sois informé de sa part ou de quelque autre que de vous. Mais que vous avez raison d'accuser l'autre d'une infidélité si noire! Il est capable des plus lâches trahisons :

« Ille horridus alter.
« Desidia, latamque trahens inglorius alvum[2]. »

A votre avis, Virgile ne sait-il pas aussi bien faire le portrait d'un traître que d'un héros?

Je n'ai pas peur que vous vous lassiez de voir tant de vers dans une seule lettre. *Te amor nostri poetarum amantem reddidit*[3].

Pour vous, soit latin, soit espagnol, soit turc si vous le savez, écrivez-moi, je vous prie. Je suis confiné dans un pays qui a quelque chose de moins sociable que le Pont-Euxin; le sens commun y est rare, et la fidélité n'y est point du tout : on ne sait à qui se prendre. Il ne faut qu'un quart d'heure de conversation pour vous faire haïr un homme, tant

---

[1] « Le bailli de Chevreuse avoit cherché à nuire à M. Vitart, et l'avoit supplanté dans une partie des attributions de son emploi. (*Anon.*)

[2] « L'autre est hideux, et croupit dans un lâche repos, traînant sans honneur son large ventre. » (Virg., *Georg.*, lib. IV, v. 93 et 94.) (G.)

[3] « Puisque votre amour pour moi vous a rendu amoureux des poëtes. » (G.)

les ames de cette ville sont dures et intéressées ; ce sont tous baillis. Aussi, quoiqu'ils me soient venus querir cent fois pour aller en compagnie, je ne me suis point encore produit nulle part. Enfin, il n'y a ici personne pour moi. *Non homo, sed littus, atque aer et solitudo mera* [1]. Jugez si vos lettres seront bien reçues. Mais vous êtes attaché ailleurs.

« Il cor preso ivi come pesce a l'hamo [2]. »

Adiousias. Je salue tout le monde, et M. Dumay.

LETTRE XVIII.

AU MÊME, A PARIS.

A Uzès, mars 1662.

(FRAGMENT.)

.... Car nous appelons ici la France tout le pays qui est au-delà de la Loire ; celui-ci passe comme une province étrangère. Aussi c'est à ce pays, ce me semble, que Furetière a laissé le galimatias en partage, en disant qu'il s'étoit relégué dans les pays au-delà de la Loire. Cela n'empêche pas, comme je vous ai dit, qu'il n'y ait quelques esprits bien faits.

Je n'explique pas non plus Cypassis, qui est digne

---

[1] « Il n'y a point ici d'homme pour moi ; c'est un rivage solitaire ; c'est un asile sauvage, où je n'ai d'autre confident que l'air. » (*Lettre de Cicéron à Atticus.*) (G.)

[2] « Le cœur pris là comme le poisson à l'hameçon. » (G.)

de n'être fille-de-chambre que des déesses. *Solas pectere digna deas.*

Je réserve à l'autre voyage de vous dire les sentiments qu'on a eus ici de l'ode de M. Perrault, et je vous dirai, pour finir par l'endroit de votre lettre qui m'a le plus satisfait, que j'ai pris une part véritable à la paix de votre famille; et je vous assure que quand je serois réconcilié avec mon propre père, si j'en avois encore un, je n'aurois pas été plus aise qu'en apprenant que vous étiez remis parfaitement avec M. Le Vasseur, parceque je suis persuadé que vous vous en estimez parfaitement heureux. Adieu, monsieur; je vous écrirai sans faute dans huit jours. Je vous prie aussi de vous souvenir de moi. M. Vitart m'a merveilleusement oublié. Vous ne l'imiterez pas, comme je crois.

LETTRE XIX.

A MADEMOISELLE VITART, A PARIS.

A Uzès, mars 1662.

(FRAGMENT.)

M. Vitart m'a mandé le retour de ma tante, sa mère, et le succès de son voyage de Chevreuse, qui, pour vous dire vrai, m'a bien surpris. Je croyois qu'il se préparoit quelque chose de bien grand dans le château de Chevreuse; j'avois ouï autrefois toutes les grandes promesses de M. le bailli, et je croyois même que tout le monde étoit en haleine chez vous, pour savoir ce qui en arriveroit, car, depuis deux ou trois mois, je n'ai pas reçu une lettre. Enfin, je m'attendois qu'il sortiroit de ce château quelque géant, ou du moins un enfant aussi puissant que Joseph du Pin, et il n'est venu qu'une fille. Ce n'est pas qu'une fille soit peu de chose; mais M. Sellyer parloit bien plus haut que cela. Cela lui apprend à s'humilier; car, voyez-vous, j'ai ouï dire à un bon prédicateur, que Dieu changeroit plutôt un garçon en fille, avant qu'il fût né, que de ne point humilier un homme qui s'en fait accroire. Ce n'est pas qu'il y ait eu du miracle dans l'affaire de M. Sellyer, et je crois fort bonnement qu'il n'a eu que ce qu'il a fait.

Si je pouvois vous envoyer des roses nouvelles et des pois verts, je vous en enverrois en abondance, car nous en avons beaucoup ici. Le printemps est déja fort avancé. Nous avons vu ici madame de Luynes dans le récit du *Ballet*, et je ne doute point que vous ne l'y ayez vue paraître dans tout son éclat. Je crois que tout le monde se porte bien maintenant chez M. Lemazier, car mon cousin ne m'en mande plus de nouvelles, et j'aime mieux qu'il ne m'en mande point, que de m'en mander de fâcheuses. Je prendrai la liberté de les assurer tous ici de mes très humbles obéissances, qui vous sont particulièrement dévouées, comme à la personne du monde que j'honore avec plus de passion.

LETTRE XX.

A. M. L'ABBÉ LE VASSEUR, A PARIS.

A Uzès, le 28 mars 1662.

Je ne veux pas manquer à la parole que je vous ai donnée de vous écrire aujourd'hui, mais aussi je ne vous entretiendrai pas long-temps. L'incertitude où je suis de la santé de M. l'Avocat fait que je ne sais de quelle façon vous parler, ou comme à un homme triste, ou comme à un homme de bonne humeur, et l'idée que j'ai toujours présente de la tristesse qui paroissoit dans votre dernière lettre m'empêche de vous en faire aucune qui soit tant soit peu enjouée. J'en ai reçu une de M. Vitart, cette semaine, et je viens de lui écrire aussi. Il m'a envoyé une *Lettre de M. de Luynes pour les pairs*, que nous avions déja vue en ce pays, et je suis toujours des derniers à savoir les nouvelles, quoique j'aie une correspondance aussi bonne que la vôtre. On ne parle en cette ville que de la merveilleuse conduite du roi, du grand ménage de Colbert, et du procès de M. Fouquet, qu'on dit avoir été interrogé par trois fois depuis peu de jours ; et cependant, vous qui êtes des premiers instruit des choses, vous ne m'en mandez rien du tout. Mais, pour vous dire le vrai, ce n'est pas cela qui m'inquiète ; j'aime mieux que vous me mandiez de vos nouvelles particulières et de celles de nos connoissances. Vous serez le plus cruel homme du monde, si vous ne m'en faites savoir au moins de M. l'Avocat, dans la maladie ou dans la santé duquel je m'intéresse sensiblement.

J'ai eu tout le loisir de lire l'ode de M. Perrault : aussi l'ai-je relue plusieurs fois, et néanmoins j'ai eu bien de la peine à y reconnoître son style, et je ne croirois pas encore qu'elle fût de lui, si vous et M. Vitart ne m'en assuriez. Il m'a semblé que je n'y trouvois point cette facilité naturelle qu'il avoit à s'exprimer; je n'y ai point vu, ce me semble, aucune trace d'un esprit aussi net que le sien m'a toujours paru, et j'eusse gagé que cette ode avoit été taillée comme à coups de marteau par un homme qui n'avoit jamais fait que de méchants vers. Mais je crois que l'esprit de M. Perrault est toujours le même, et que le sujet seulement lui a manqué; car, en effet, il y a long-temps que Cicéron a dit que c'étoit une matière bien stérile que l'éloge d'un enfant en qui l'on ne pouvoit louer que l'espérance, et toutes ces espérances sont tellement vagues, qu'elles ne peuvent fournir des pensées solides. Mais je m'oublie ici, et je ne songe pas que je dis cela à un homme qui s'y entend mieux que moi. Vous me devez excuser de cette liberté que je prends. Je vous parle avec la même franchise que nous nous parlions dans votre cabinet ou le long des galeries de votre escalier; et si je juge mal, et que mes pensées soient éloignées des vôtres, remettez cela sur la barbarie de ce pays, et sur ma longue absence de Paris, qui, m'ayant séparé de vous, m'a peut-être entièrement privé de la bonne connoissance des choses.

Je vous dirai pourtant encore qu'il y a un endroit où j'ai reconnu M. Perrault; c'est lorsqu'il parle de Josué, et qu'il amène là l'Écriture sainte. Je lui ai dit une fois qu'il mettoit trop la Bible en jeu dans ses poésies; mais il me dit qu'il la lisoit fort, et qu'il ne pouvoit s'empêcher d'en insérer quelque passage. Pour moi, je crois que la lecture en est fort bonne, mais que la citation convient mieux à un prédicateur qu'à un poëte.

Vengez-vous, monsieur, de toutes mes impertinences sur la pièce que je vous envoie[1]. Ce n'est pas une pièce, ce semble, tout-à-fait nouvelle pour vous, mais vous la trouverez pourtant toute nouvelle. Je l'avois mise en l'état qu'elle est huit jours devant ma maladie, et je l'avois même montrée à deux personnes seulement, dont l'un étoit fort grand poëte, et ils étoient tous deux amoureux du dessein et de la conduite de cette fable. Je vous la voulois donner, mais ma maladie survint, qui me fit perdre absolument toutes ces idées. Je n'y avois plus songé depuis; mais il y a environ deux mois qu'en ayant dit quelques endroits à une personne de cette ville, il me conjura de lui dicter toute la pièce. Je le fis; il la montra à d'autres, et ils crurent qu'elle étoit fort belle. Je n'ose dire qu'elle l'est que vous ne me l'ayez mandé, et que vous ne m'en ayez envoyé l'approbation de

[1] *Les Bains de Vénus.*

mademoiselle Lucrèce et de quelques autres experts avec vous. Mais mandez-moi tout par le détail, ce que vous jugerez des Graces, des Amours, et de toute la cour de Vénus, qui y est dépeinte. Si le titre ne vous plaît pas, changez-le. Ce n'est pas qu'il m'a paru le plus convenable. Si vous la donnez, ne dites point l'auteur : mon nom fait tort à tout ce que je fais. Mais montrez-moi en cette occasion ce que c'est qu'un ami [1], en me découvrant tout votre cœur. Je prends intérêt à cette pièce à cause qu'elle fut faite pour vous, et à cause de l'opinion que vous eûtes d'abord de ce dessein. Adieu, je salue tout le monde, et M. l'Avocat sur-tout. Si cette galanterie vous plaît, j'en pourrai faire d'autres : il y a assez de sujets en ce pays. Brûlez l'original si vous l'avez encore, je vous en conjure.

LETTRE XXI.

AU MÊME, A PARIS.

A Uzès, le 30 avril 1662.

Je ne vous demandois pas des louanges quand je vous ai envoyé ce petit ouvrage des *Bains de Vénus*, mais je vous demandois votre sentiment au vrai, et celui de vos amis ; cependant vous vous êtes contenté

---

[1] On voit avec quelle ardeur il souhaite un critique sincère de ses ouvrages : il le trouva bientôt, en faisant connoissance avec Boileau. (L. R.)

de dire, comme ce flatteur d'Horace : *Pulchrè, benè, rectè* [1]; et Horace dit fort bien qu'on loue ainsi les méchants ouvrages, parcequ'il y a tant de choses à y reprendre, qu'on aime mieux tout louer que d'examiner. Vous m'avez traité de la sorte, et vous me louez comme un vrai demi-auteur, qui a plus de mauvais endroits que de bons. Soyez un peu plus équitable, ou plutôt ne soyez pas si paresseux; car c'est là, je crois, ce qui vous tient. Vous auriez mille bonnes choses à me dire, mais vous avez peur de tirer une lettre en longueur. Vous avez cent autres personnes à satisfaire, tantôt le maître de luth, tantôt des chartreux, tantôt des beaux esprits, et quelquefois aussi la belle Cypassis. N'êtes-vous pas admirable dans votre lettre sur le sujet de cette Cypassis? Vous faites semblant de ne la pas connaître, et vous m'allez *jeter le chat aux jambes*. (Ce quolibet passera, mais pour n'y plus revenir.) Je vous en avois parlé en passant, sur ce que vous m'aviez mandé que vous aviez lié quelque amitié avec une demoiselle d'Angélique; et pour déguiser cette histoire, j'avois pris le nom de Cypassis, qui fut autrefois la demoiselle de Corinne. Relisez ma lettre si vous l'avez encore, et cela vous sautera aux yeux. Mais n'en parlons plus, et croyez au reste que si j'avois reçu quelque blessure en ce pays, je vous la découvrirois naïvement, et je ne pourrois pas même m'en empêcher. Vous savez que les blessures du cœur demandent

---

[1] « Beau, bien, parfaitement. » (G.)

toujours quelque confident à qui l'on puisse s'en plaindre, et si j'en avois une de cette nature, je ne m'en plaindrois jamais qu'à vous; mais, Dieu merci, je suis libre encore [1], et si je quittois ce pays, je reporterois mon cœur aussi sain et aussi entier que je l'ai apporté. Je vous dirai pourtant une assez plaisante rencontre à ce sujet.

Il y a ici une demoiselle fort bien faite et d'une taille fort avantageuse. Je ne l'avois jamais vue qu'à cinq ou six pas, et je l'avois toujours trouvée fort belle; son teint me paroissoit vif et éclatant, les yeux grands et d'un beau noir; la gorge et le reste de ce qui se découvre assez librement en ce pays, fort blanc. J'en avois toujours quelque idée assez tendre et assez approchante d'une inclination; mais je ne la voyois qu'à l'église; car, comme je vous ai mandé, je suis assez solitaire, et plus que mon cousin ne me l'avoit recommandé. Enfin, je voulus voir si je n'étois point trompé dans l'idée que j'avois d'elle, et j'en trouvai une occasion fort honnête. Je m'approchai d'elle et lui parlai. Ce que je vous dis là m'est arrivé il n'y a pas un mois, et je n'avois d'autre dessein que de voir quelle réponse elle me feroit. Je lui parlai donc indifféremment, mais sitôt que j'ouvris la bouche et que je l'envisageai, je pensai demeurer interdit. Je trouvai sur son visage de certaines bigarrures, comme si elle eût relevé de maladie, et cela me fit bien changer mes idées. Néanmoins je ne demeu-

---

[1] C'est ce qu'il a pu toujours dire, malgré la vivacité de son caractère: l'amour de l'étude l'a sauvé des dangers. (L. R.)

rai pas, et elle me répondit d'un air fort doux et fort obligeant; et, pour vous dire la vérité, il faut que je l'aie prise dans quelque mauvais jour, car elle passe pour fort belle dans la ville, et je connois beaucoup de jeunes gens qui soupirent pour elle du fond de leur cœur : elle passe même pour une des plus sages et des plus enjouées. Enfin, je fus bien aise de cette rencontre, qui servit du moins à me délivrer de quelque commencement d'inquiétude; car je m'étudie maintenant à vivre un peu plus raisonnablement, et à ne me pas laisser emporter à toutes sortes d'objets. Je commence mon noviciat, mais je souhaiterois qu'on me le fît achever à Ouchie [1]. Je vois bien que vous êtes disposés, vous et mon cousin, à travailler pour moi de ce côté-là, et je passerai volontiers par-dessus toutes les considérations d'habit noir et d'habit blanc qui m'inquiétoient autrefois, et dont vous me faisiez tous deux la guerre : aussi il n'y a plus d'espérance en ces quartiers. On a reçu nouvelle aujourd'hui que l'accommodement étoit presque fait avec les pères de Sainte-Geneviève. Ainsi je ne puis plus prétendre ici qu'à quelque chapelle de vingt ou vingt-cinq écus. Voyez si cela vaut la peine que je prends. Néanmoins je suis résolu de mener toujours le même train de vie, et d'y demeurer jusqu'à ce que mon cousin m'en retire pour quelque meilleure espérance. Je gagnerai cela du moins que j'étudierai da-

[1] Prieuré de bénédictins, dans l'Anjou, que l'oncle de Racine avoit obtenu, et qu'il vouloit faire passer à son neveu; mais le titre étoit disputé. (*Anon.*)

vantage, et que j'apprendrai à me contraindre, ce que je ne savois point du tout. Je vous prie de communiquer à mon cousin cette nouvelle, qui est certaine, et que M. l'archevêque d'Arles[1] a mandée aujourd'hui à M. d'Uzès[2]; car ce sont eux deux qui ont fait ce beau dessein sans en parler à personne. Enfin, comme je mandois à M. Vitart, il semble que je gâte toutes les affaires où je suis intéressé. Je ne sais si mon malheur nuira encore à la négociation que mon cousin entreprend pour Ouchie. Quoi qu'il en soit, croyez que s'il en vient à bout, *urbem quam statuo, vestra est*[3]. Je pourrois être le seul titulaire, mais nous serions bien quatre bénéficiers. Vous n'y serez point monsieur Thomas, mais vous serez M. l'abbé ou M. le prieur; car je crois que M. Vitart et M. Poignant[4] vous en céderont bien facilement l'autorité. Écrivez-moi tout, je vous prie, et, fût-ce pour me blâmer, ne soyez point du tout réservé. Conservez-moi quelque petite part dans les bonnes graces de mademoiselle Lucrèce. Entretenez-moi auprès de M. l'Avocat, et soyez toujours le même à mon égard. L'été est fort avancé ici. Les roses sont tantôt passées, et les rossignols aussi. La moisson avance, et les grandes chaleurs se font sentir.

[1] François Adhémar de Monteil de Grignan.

[2] Jacques Adhémar de Monteil de Grignan, frère de l'archevêque d'Arles. Ils étoient oncles de ce comte de Grignan, qui devint, en 1669, le gendre de madame de Sévigné. (*Anon.*)

[3] « La ville que je bâtis est à vous. »

[4] Ancien capitaine de dragons, qui étoit de la Ferté-Milon; celui même avec qui La Fontaine voulut un jour se battre en duel.

LETTRE XXII.

A MADEMOISELLE VITART, A PARIS.

A Uzès, le 15 mai 1662.

Encore n'avez-vous pas oublié mon nom ; j'en avois bien peur pourtant, et je croyois être tout-à-fait disgracié auprès de vous, vu que, depuis plus de trois mois, vous n'avez pas donné la moindre marque que vous me connussiez seulement. Mais enfin Dieu a voulu que vous ayez écrit un dessus de lettre, et cela m'a un peu remis. Jugez quelle reconnoissance j'aurois pour une lettre toute entière ! Je ne sais pas ce qui me prive d'un si grand bien, et pour quelle raison votre bonne volonté s'est si tôt éteinte. Je fondois ma plus grande consolation sur les lettres que je pourrois quelquefois recevoir de vous, et une seule par mois auroit suffi pour me tenir dans la meilleure humeur du monde, et dans cette belle humeur, je vous aurois écrit mille belles choses. Les vers ne m'auroient rien coûté, et vos lettres m'auroient inspiré un génie tout extraordinaire ; c'est pourquoi si je ne fais rien qui vaille, prenez-vous-en à vous-même, et croyez que je ne suis paresseux que parceque vous l'êtes toute la première. J'entends lorsqu'il s'agit d'écrire ; car en d'autres choses vous ne l'êtes pas, Dieu merci. Vous faites assez d'ouvrage, vous deux M. Vitart ; et j'avois bien prédit que madame Vitart trouveroit de l'occupation à son retour de Chevreuse.

On m'a mandé que vous ne laisseriez pas pour cela de faire un tour à la Ferté, et que ce voyage qu'on médite depuis si long-temps s'accompliroit à la Pentecôte. J'enrage de n'y être pas, et vous n'en doutez pas, comme je crois, quoique vous ne vous en mettiez guère en peine; et peut-être ne songerez-vous pas une seule fois à la triste vie que je mène ici, pendant que toute votre compagnie se divertira fort à son aise. Il ne faut pas demander si M. l'abbé fait l'entendu à présent. Nous menerons, dit-il, mademoiselle Vitart à la campagne avec M. et mademoiselle Lemazier. On voit bien que cela lui relève le cœur, et qu'il se prépare à passer les fêtes bien doucement. Je ne m'attends pas de les passer si à mon aise.

> J'irai parmi les oliviers,
> Les chênes verts, et les figuiers,
> Chercher quelque remède à mon inquiétude :
> Je chercherai la solitude,
> Et ne pouvant être avec vous,
> Les lieux les plus affreux me seront les plus doux.

Excusez si je ne vous écris pas davantage. En l'état où je suis, je ne saurois vous écrire que pour me plaindre, et c'est un sujet qui ne vous plairoit pas. Donnez-moi lieu de vous remercier, et je m'étendrai plus volontiers sur cette matière : aussi-bien je ne vous demande pas des choses trop déraisonnables, ce me semble, en vous priant d'écrire une ou deux lignes par charité. Vous écrivez si bien et si facilement quand vous voulez : il n'y a donc que la volonté qui vous manque, et tout iroit bien pour moi, si vous me vouliez autant de bien que vous m'en pourriez faire ; comme au contraire je ne puis vous témoigner le respect que j'ai pour vous autant que je le voudrois bien.

LETTRE XXIII.

A M. VITART, A PARIS.

A Uzès, le 16 mai 1662.

Vous aurez sans doute reçu des nouvelles, qui étoient du même jour que votre dernière. Je vous suis infiniment obligé de la peine que vous avez prise de m'envoyer un démissoire. Je ne l'aurois jamais eu, si je ne l'eusse reçu que de M. D. Cosme. Il y a deux mois qu'il ne nous a point écrit ni à mon oncle ni à moi. Nous n'en savons pas le sujet, et nous ignorons tout de même à quoi en est le bénéfice d'Anjou. Mon oncle est tout prêt de vous l'abandonner, puisque aussi-bien il n'en espère plus rien. Mais j'ai bien peur que D. Cosme ne veuille point lâcher les papiers qu'il a en main. Il n'y a que Plandin le procureur dont on puisse savoir l'état de l'affaire, et puis il ne faut qu'une lettre pitoyable de D. Cosme, pour faire pitié à mon oncle, qui laissera perdre cette affaire entre ses mains. Comme la dernière fois qu'il m'écrivit, il me mandoit que son ame ne tenoit plus qu'à un filet, tant il avoit pris de peine ; jugez si cela ne toucheroit pas son frère. Au reste, je vous prie très humblement de m'acquitter d'un grand merci envers M. le prieur de la Ferté et M. Duchesne. Je reconnois beaucoup la bonne volonté qu'ils ont tous deux témoignée pour moi. Si je savois où demeure M. Duchesne le fils, je lui écrirois ; car je serois honteux de vous charger de tant de lettres. Je souhaite que votre second voyage de la Ferté vous soit aussi agréable que le premier, et qu'il me soit aussi utile, s'il ne peut pas l'être davantage. Je ne vous renouvelle point mes protestations d'être honnête homme, et d'être reconnoissant : vous avez assez de bonté pour n'en douter plus. J'écris à M. Piolin, et je l'assure que sa dette lui est infaillible ; mais qu'il me donne quelque temps pour le satisfaire ; je l'entends néanmoins à raison d'une pistole par mois. Voici le mémoire de mes livres que vous avez eu la bonté de me demander. J'ai reçu avant-hier une lettre de M. l'abbé, et je lui écrirai aujourd'hui. Il m'a mandé que mademoiselle Vitart étoit disposée d'aller à la Ferté, quelque empêchement que vous y ayez voulu mettre. Vous vous doutez bien quel est cet empêchement-là, et je m'en réjouis autant que du voyage même. Je tâcherai d'écrire cette après-dînée à ma tante Vitart et à ma tante la religieuse [1], puisque

---

[1] La mère Agnès de Sainte-Thècle Racine, qui fut abbesse de Port-Royal en 1689. (*Anon.*)

vous vous en plaignez. Vous devez pourtant m'excuser si je ne l'ai pas fait, et elles aussi; car que puis-je leur mander? C'est bien assez de faire ici l'hypocrite, sans le faire encore à Paris par lettres; car j'appelle hypocrisie d'écrire des lettres où il ne faut parler que de dévotion, et ne faire autre chose que se recommander aux prières. Ce n'est pas que je n'en aie bon besoin; mais je voudrois qu'on en fît pour moi sans être obligé d'en tant demander. Si Dieu veut que je sois prieur, j'en ferai pour les autres autant qu'on en aura fait pour moi.

M. notre évêque est allé faire la visite, et il attend bientôt M. l'archevêque d'Arles, qui a mandé qu'on ne lui écrivît plus à Paris. Cela différera peut-être l'entière conclusion de leur accommodement, mais c'est tout un, puisque la chose est faite aux signatures près. M. d'Uzès trouvera plus d'obstacles qu'il ne pense. Il s'attend que le prévôt et tout le monde signera son concordat, et il est fort trompé. Imaginez-vous si le prévôt, qui a la collation de douze chanoinies de deux ou trois mille francs chacune, renoncera à ce droit-là pour complaire à M. l'évêque dont il ne se soucie point du tout, à ce qu'on dit. Mais il ne reviendra de tout cela que des procès, et les réformés [1] feront rage.

On me vient voir ici fort souvent, et on tâche de me débaucher pour me mener en compagnie. Quoi-

---

[1] Ceux des chanoines réguliers qui avoient embrassé la réforme établie dans cette congrégation par les soins du P. Faure, qui en fut le premier supérieur-général. (*Anon.*)

que j'aie la conscience fort tendre de ce côté-là, et que je n'aime pas à refuser, je me tiens pourtant sur la négative, et je ne sors point. Mon oncle m'en sait fort bon gré, et je m'en console avec mes livres. Comme on sait que je m'y plais, il y a bien des gens dans la ville qui m'en apportent tous les jours. Les uns m'en donnent de grecs, les autres d'espagnols et de toutes les langues. Pour la composition, je ne puis m'y mettre. *Sic enim sum complexus otium ut ab eo divelli non queam. Itaque aut libris me delecto quorum habeo festivam copiam, aut te cogito. A scribendo prorsùs abhorret animus* [1]. Cicéron mandoit cela à Atticus; mais j'ai une raison particulière de ne point composer, qui est que je suis trop embarrassé du mauvais succès de mes affaires, et cette inquiétude sèche toutes les pensées de vers ou de galanterie que je pourrois avoir. Je ne sais même où j'en serois, n'étoit la confiance que j'ai en vous, puisque vous voulez bien que je l'aie. Je me réjouis que mademoiselle Manon soit si gaillarde, et je la voudrois bien voir en cet état. Je voudrois aussi voir ce beau garçon que vous avez fait depuis peu, aussi avancé qu'elle.

J'espérois bientôt écrire à ma tante Vitart; mais on m'a malheureusement détourné cette après-dînée, et je suis obligé de remettre cela au premier

---

[1] « Je me suis si bien livré à l'oisiveté, que je ne puis plus m'en arracher. Ainsi, tantôt je m'amuse avec mes livres, dont j'ai une assez jolie provision, tantôt je pense à vous; mais il m'est impossible de me mettre à écrire. » (G.)

voyage. Je ne vous prie pas de vous souvenir de moi quand vous serez à Ouchie; vous y êtes assez porté; car vous serez bien toujours le plus généreux homme du monde, et je tâcherai de mon côté d'être parfaitement reconnoissant. Je salue très humblement toute votre famille et celle de M. Lemazier. Je ne puis non plus écrire à ma mère, et je remets cela au premier voyage.

LETTRE XXIV.

A M. L'ABBÉ LE VASSEUR, A PARIS.

A Uzès, le 16 mai 1662.

Je vous écrivis par le dernier ordinaire, et ainsi ne faites pas tant valoir l'obligation que je vous ai de ce que vous m'avez écrit deux fois de suite; car, Dieu merci, aucune de vos lettres n'est demeurée sans réponse; et quand cela seroit arrivé cette fois-ci, je crois que je ne vous en devrois pas beaucoup de ce côté-là. Vos lettres n'ont pas toujours suivi les miennes de si près. Après tout, je vous suis tout-à-fait obligé de toutes les nouvelles que vous m'avez mandées de la province qui est vers la Marne. Ce n'est pas que je sois si sot que de croire tout ce que vous dites à mon avantage. Vous me mettez sans doute en meilleure posture que je ne suis dans les esprits de ce pays-là. Quand je dis cela, je n'entends pas parler de M. Poignant; car après les marques

A QUELQUES AMIS.

qu'il m'a données de l'affection qu'il avoit pour moi, il ne me siéroit pas bien d'en douter. Vous m'en avez mandé des particularités trop assurées, et vous ne sauriez croire *con quanto contentamiento acabe de leer esta carta, y quantas vezes en aquella hora mesma la bolui a leer.* Je puis dire que ce témoignage de son amitié m'a touché plus que toutes les choses du monde. Vous croyez bien que ce n'étoit pas quelque intérêt bas qui me dominoit[1]; mais cela m'a fait reconnoître qu'une belle amitié étoit en effet ce qu'il y avoit au monde de plus doux; et il me semble que cette circonstance que je suis aimé d'une personne, me consoleroit dans toutes les plus cruelles disgraces. Ce n'est pas que je souhaite le moins du monde qu'on en vienne à de si tristes effets, et je me flatte même que l'amitié que vous et M. Vitart avez pour moi n'est pas moins forte que celle de M. Poignant, parceque je sens bien en moi-même que je vous suis très fortement attaché, et le quolibet m'assure de ce côté-là : *Si vis amari, ama.*

Je suis ravi de ce que vous ayez fait une si belle connoissance avec lui, parcequ'il est bon que vous vous connoissiez l'un l'autre ; et il n'en est pas des amis comme des maîtresses ; et bien loin d'avoir la

---

[1] Poignant aimoit beaucoup Racine, et disoit sans cesse qu'il lui laisseroit tout son bien. Il le fit en effet son héritier; mais, à sa mort, tout le bien se trouva mangé; Racine, par reconnoissance, acquitta les frais de la maladie et ceux de l'enterrement. (*Anon.*)

moindre jalousie, au contraire, ce m'est bien de la joie que vous soyez aussi bons amis l'un avec l'autre, comme je crois l'être avec vous deux.

Quoique je me plaise beaucoup à causer avec vous, je ne le puis faire néanmoins fort au long; car j'ai eu cette après-dînée une visite qui m'a fait perdre tout le temps que j'avois envie de vous donner; c'étoit un jeune homme de cette ville, fort bien fait, mais passionnément amoureux. Vous saurez qu'en ce pays-ci on ne voit guère d'amours médiocres : toutes les passions y sont démesurées, et les esprits de cette ville, qui sont assez légers en d'autres choses, s'engagent plus fortement dans leurs inclinations qu'en aucun autre pays du monde. Cependant, excepté trois ou quatre personnes qui sont belles, on n'y voit presque que des beautés fort communes. La sienne est des premières; et il me l'a montrée tantôt à une fenêtre, comme nous revenions de la procession, car elle est huguenote, et nous n'avons point de belles catholiques. Il m'en est donc venu parler fort au long, et m'a montré des lettres, des discours, et même des vers, sans quoi ils croient que l'amour ne sauroit aller. Cependant j'aimerois mieux faire l'amour en bonne prose que de le faire en méchants vers; mais ils ne peuvent s'y résoudre, et ils veulent être poëtes à quelque prix que ce soit. Pour mon malheur ils croient que j'en suis un, et ils me font juge de tous leurs ouvrages. Vous pouvez croire que je n'ai pas peu à souffrir; car le moyen d'avoir les oreilles battues de tant de mauvaises choses, et d'être obligé de dire qu'elles sont bonnes? J'ai un peu appris à me contraindre et à faire beaucoup de révérences et de compliments, à la mode de ce pays-ci. Voilà donc à quoi mon après-dînée s'est passée; il m'a mené à une de ses métairies proche d'ici; il m'y a fait goûter des premières cerises de cette année; car quoique nous en ayons depuis huit jours, je n'y avois pourtant pas songé encore : c'est de bonne heure, comme vous voyez; mais tout est étrangement avancé en ce pays, et on fera la moisson devant un mois. Pour revenir à mon aventure, j'étois en danger de rentrer trop tard; mais le ciel s'est heureusement couvert, et nous avons ouï des coups de tonnerre qui nous ont fait songer à éviter la pluie, et à revenir chez nous. Je n'ai eu le temps, depuis cela, que de vous faire cette lettre, et d'écrire deux mots à mademoiselle Vitart. Adieu donc; faites votre voyage de la Pentecôte aussi heureusement que celui de Pâques, et gardez-moi la même fidélité à m'en faire le récit. Je salue M. l'Avocat, et je vous prie d'assurer de mes respects mademoiselle Lucréce, dont je trouve fort étrange que vous ne me parliez plus du tout, comme si je ne méritois pas d'en ouïr parler. Croyez que je la révère infiniment, et ménagez-moi toujours quelque petite place dans son souvenir. Soyez-moi encore fidéle de ce côté-là, et je vous garderai fidélité entière dans toutes les occasions qui pourroient jamais arriver, et, comme dit l'espagnol, *antes muerto que mudado.*

LETTRE XXV.

A M. VITART, A PARIS.

A Uzès, 30 mai 1662.

Je crois que cette lettre vous trouvera de retour, si vous avez été à la Ferté; je ne la ferai pas bien longue, parceque je n'ai qu'un moment de loisir. Nous nous préparons à traiter M. d'Uzès après demain au matin, parcequ'il doit faire sa visite à un bénéfice qui dépend de la sacristie, et qui appartient par conséquent à mon oncle. C'est là où il a bâti un fort beau logis assurément, et il veut traiter son évêque avec grand appareil. Il est allé cette après-dînée à Avignon pour acheter ce qu'on ne pourroit trouver ici, et il m'a laissé la charge de pourvoir cependant à toutes choses. J'ai de fort beaux emplois, comme vous voyez, et je sais quelque chose de plus que manger ma soupe, puisque je la sais faire apprêter. J'ai appris ce qu'il faut donner au premier, au second et au troisième service, les entremets qu'il y faut mêler, et encore quelque chose de plus; car nous prétendons faire un festin à quatre services, sans compter le dessert. J'ai la tête si remplie de toutes ces belles choses, que je vous en pourrois faire un long entretien; mais c'est une matière trop creuse sur le papier, outre que, n'étant pas bien confirmé dans cette science, je pourrois bien faire quelque pas de clerc si j'en parlois encore long-temps.

Je ne vous prie plus de m'envoyer des *Lettres provinciales :* on nous les a prêtées ici ; elles étoient entre les mains d'un officier de cette ville, qui est de la religion. Elles sont peu connues, mais beaucoup estimées de ceux qui les connoissent. Tous les autres écrits de cette nature sont venus pour la plupart en ce pays, jusques aux *Nouvelles méthodes.* Tout le monde a *les Plaidoyers de M. le Maistre.* Enfin, on est plus curieux que je ne le croyois. Ce ne sont pourtant que les huguenots ; car, pour les catholiques, ôtez un ou deux de ma connoissance, ils sont dominés par les jésuites. Nos moines sont plus sots que pas un, et, qui plus est, de sots ignorants ; car ils n'étudient point du tout. Aussi je ne les vois jamais, et j'ai conçu une certaine horreur pour cette vie fainéante de moine, que je ne pourrai pas bien dissimuler.

Pour le père Sconin, il est, sans mentir, fort sage et fort habile homme, peu moine et grand théologien. Nous avons ici le père Meynier, jésuite, qui passe pour un fort grand homme. On parle de lui dans la *seizième Lettre au provincial.* Il n'a pas mieux réussi à écrire contre les huguenots, que contre M. Arnauld. Il y avoit ici un ministre assez habile, qui le traita fort mal. M. le prince de Conti[1] se fie

---

[1] Armand de Bourbon, prince de Conti, frère du grand Condé et de la duchesse de Longueville. Il avoit obtenu, depuis un an, le gouvernement de Languedoc. (*Anon.*)

à lui, à ce qu'on dit, et il lui a donné charge d'examiner tous les prêches qui seroient établis depuis l'édit de Nantes, afin qu'on les démolît. Le père Meynier a fait donner indiscrétement assignation à trois prêches de ce quartier, et on nous dit hier que les commissaires avoient été obligés de donner arrêt de confirmation en faveur de ces prêches. Cela fait grand tort au père Meynier et aux commissaires. Je vous conte tout cela, parcequ'on ne parle d'autre chose en cette ville. Il y a un évêque de cette province, que les jésuites ne peuvent souffrir; c'est M. d'Aleth, que vous connoissez assez de réputation. Il est adoré dans le Languedoc, et M. le prince va faire toutes ses pâques chez lui.

Je vous dirai une autre petite histoire qui n'est pas si importante; mais elle est assez étrange. Une jeune fille d'Uzès, qui logeoit assez près de chez nous, s'empoisonna hier elle-même avec de l'arsenic, pour se venger de son père qui l'avoit querellée trop rudement. Elle eut le temps de se confesser, et ne mourut que deux heures après. On croyoit qu'elle étoit grosse, et que la honte l'avoit portée à cette furieuse résolution. Mais on l'ouvrit toute entière, et jamais fille ne fut plus fille. Telle est l'humeur des gens de ce pays-ci; ils portent les passions au dernier excès.

Je crois que vous aurez la bonté de me mander quelque chose de votre voyage, qui se sera sans doute passé encore plus doucement que le premier, puisque la compagnie devoit être si belle. Je ne sais si vous y aurez vu M. Sconin; il nous écrivit avant-hier de Paris. Dans sa lettre, il se plaignoit fort de vous et de M. Duchesne. Je dissimule tout cela à cause de son frère; mais s'il continue davantage sur cette matière, je ne pourrai pas toujours me tenir, et j'éclaterai. Ne lui en témoignez pourtant rien, je vous prie; cela est infiniment au-dessous de vous. Je salue très humblement mademoiselle Vitart. J'écrirai, un autre voyage, à M. l'abbé; je suis trop occupé aujourd'hui.

>Je suis fort serviteur de la belle Manon
>Et de la petite Nanon,
>Car je crois que c'est là le nom
>Dont on nomma votre seconde;
>Et je salue aussi ce beau petit mignon
>Qui doit bientôt venir au monde.

LETTRE XXVI.

AU MÊME.

Le 6 juin 1662.

Quoique je vous aie écrit par le dernier ordinaire, toutes vos lettres me sont trop précieuses pour en laisser une seule sans réponse. Croyez que c'est le plus grand soulagement que je reçoive en ce pays-ci parmi tous les sujets de chagrin que j'y ai. Mon oncle est encore malade, et cela me touche sensiblement; car je vois que ses maladies ne viennent que d'inquiétude et d'accablement : il a mille affaires, toutes embarrassantes; il a payé plus de trente mille livres de dettes, et il en découvre tous les jours de nouvelles; vous diriez que nos moines avoient pris plaisir à se ruiner, tant ils se sont endettés; cependant quoique mon oncle se tue pour eux, il reconnoît de plus en plus la mauvaise volonté qu'ils ont pour lui; il en reçoit tous les jours des avis, et avec cela il faut qu'il dissimule tout. Il traita splendidement M. d'Uzès la semaine passée, et M. d'Uzès témoigne toute sorte de confiance en lui; mais il n'en attend rien : cet évêque a des gens affamés à qui il donne tout. Mon oncle est si lassé de tant d'embarras, qu'il me pressa beaucoup avant-hier de recevoir son bénéfice par résignation. Cela me fit trembler, voyant l'état où sont les affaires, et je sus si bien lui représenter ce que c'étoit que de s'engager dans des procès, et au bout du compte demeurer moine sans titre et sans liberté, que lui-même est le premier à m'en détourner, outre que je n'ai pas l'âge, parcequ'il faut être prêtre; car, quoiqu'une dispense soit aisée, ce seroit nouvelle matière de procès, et je serois traité de Turc-à-More par les réformés. Enfin, il en vient jusques-là qu'il voudroit trouver un bénéficier séculier qui voulût de son bénéfice, à condition de me résigner celui qu'il auroit; mais il est difficile qu'on en trouve. Vous voyez par-là si je l'ai gagné, et s'il a de la bonne volonté pour moi. Il est résolu de me mener un de ces jours à Nîmes ou à Avignon, pour me faire tonsurer, afin qu'en tout cas, s'il vient quelque chapelle, il la puisse impétrer; car dès que les réformés seront rétablis, vous êtes assuré qu'ils ne me verront pas volontiers avec lui, et son bénéfice se trouve malheureusement engagé pour trois ans, si bien qu'il n'en peut jouir; car il l'a engagé lui-même pour donner exemple aux autres. S'il venoit à vaquer quelque chose dans votre détroit, souvenez-vous de moi, sauf les droits de M. l'abbé que je consens de bon cœur que vous préfériez aux miens. Je crois qu'on n'en murmurera pas à Port-Royal, puisqu'on voit bien que je suis ici dévoué à l'Église. Mon oncle est résolu d'écrire à son frère, qu'il remette entre vos mains l'affaire d'Anjou; mais j'y prévois bien de la répugnance de la part de dom Cosme. Je voudrois savoir auparavant votre sentiment là-dessus. Il vous aura peut-être dépeint l'affaire plus difficile qu'elle n'est. Cependant croyez que l'aumônier de M. d'Uzès l'a consultée à Paris, et que M. Couturier lui a dit que c'étoit une bagatelle. Les provisions de mon oncle sont onze ou douze jours en date devant celles que sa partie a eues en cour de Rome. L'affaire étoit incontestable, et on ne l'a disputée que sur ce que, dans la copie des provisions, on avoit mis simplement *testibus nominatis*, sans y ajouter *signatis*. Cependant il est dans l'original, et j'en ai encore moi-même une autre copie collationnée par-devant notaires; et M. Couturier même prétendoit que quand cela auroit été oublié, il suffit que le collateur ait signé lui-même. Ce que M. Sconin nous oppose, c'est qu'il dit que toute la famille de Bernay[1] sollicite contre nous. Je n'en sais rien; mais en tout cas vous connoissez ces Messieurs. Et par un admirable raisonnement, il me mandoit, il y a huit jours, que les blés sont gâtés en Anjou pour trois ans, et qu'il valoit mieux qu'il tirât son argent, et qu'il laissât le bénéfice. Au contraire, il me semble que les autres seront bien plus aises de s'accommoder, puisqu'ils n'ont rien à prendre de trois ans; et ils avoient déja fait l'an passé porter parole qu'on les remboursât des frais, et qu'ils se désisteroient. Mais dom Cosme, à ce qu'il dit, fut bien fin, car il leur dit : Remboursez-moi, et je vous laisse le titre. Son frère est assez scandalisé de cette conduite. Excusez si je vous importune, mais vous y êtes accoutumé.

LETTRE XXVII.

AU MÊME, A PARIS.

A Uzès, le 13 juin 1662.

J'attends avec empressement des nouvelles de votre voyage, et votre absence de Paris m'ennuie déja autant que si j'étois à Paris même, à cause que je n'ai point reçu de vos lettres depuis que vous en êtes sorti. J'écrivis la semaine passée à dom Cosme, pour le disposer à vous abandonner le bénéfice, ou à quel-

[1] Huault de Bernay, famille très ancienne dans la magistrature de Paris, et actuellement éteinte. (*Anon.*)

qu'un de vos amis qui lui fût moins suspect, puisqu'il a pour vous des sentiments si injustes ; et mon oncle approuva ma lettre par une apostille, car il a tout de bon envie de me le donner. Il m'a dit même de traiter avec l'aumônier de M. d'Uzès, qui a grande envie sur ce bénéfice, pour voir s'il me voudroit donner en échange un prieuré simple de cent écus qu'il a en ce pays. Je ne lui en ai point parlé, et j'attends de vos nouvelles. Il seroit fort disposé à cet échange, pourvu que le bénéfice lui fût assuré ; car il ira l'hiver prochain à Paris avec son maître, et ce bénéfice seroit fort à sa bienséance, parceque le fermier est le même à qui son maître a arrenté Saint-Georges. Mais il seroit du moins autant à ma bienséance qu'à la sienne, si vous pouviez être assuré du succès de l'affaire, car je n'aurois pas grande inclination de faire séjour en ce pays-ci. Conseillez-moi donc, et je verrai après en quelle disposition il sera. Il me parle toujours du bénéfice de mon oncle, et il enrage de l'avoir. Mais la méchante condition que d'avoir affaire à dom Cosme ! Je crois que cet homme-là est né pour ruiner toutes mes affaires.

Je souhaite que vous ayez une aussi belle récolte à vos deux fermes que nous en avons en ce pays-ci. La moisson est déja fort avancée, et elle se fait plaisamment ici au prix de la coutume de France ; car on lie les gerbes à mesure qu'on les coupe ; on ne laisse point sécher le blé sur terre ; car il n'est déja que trop sec, et dès le même jour on le porte a l'aire, où on le bat aussitôt. Ainsi le blé est aussitôt coupé, lié, et battu. Vous verriez un tas de moissonneurs rôtis du soleil, qui travaillent comme des démons, et quand ils sont hors d'haleine, ils se jettent à terre au soleil même, dorment un *miserere*, et se relèvent aussitôt. Pour moi, je ne vois cela que de mes fenêtres : je ne pourrois être un moment dehors sans mourir : l'air est aussi chaud que dans un four allumé, et cette chaleur continue autant la nuit que le jour. Enfin, il faudroit se résoudre à fondre comme du beurre, n'étoit un petit vent frais qui a la charité de souffler de temps en temps ; et pour m'achever, je suis tout le jour étourdi d'une infinité de cigales qui ne font que chanter de tous côtés, mais d'un chant le plus perçant et le plus importun du monde. Si j'avois autant d'autorité sur elles qu'en avoit le bon saint François, je ne leur dirois pas, comme il faisoit : *Chantez, ma sœur la cigale;* mais je les prierois bien fort de s'en aller faire un tour jusqu'à Paris ou à la Ferté-Milon, si vous y êtes encore, pour vous faire part d'une si belle harmonie.

M. notre évêque ne se découvre encore à personne sur le beau projet de réforme qu'il a fait faire à Paris, et pour vous dire ce qu'on en pense ici, il est plus irrésolu que jamais. Il appréhende furieusement d'aliéner les esprits de la province. Sur le simple bruit qui courut que l'affaire étoit conclue, il se voit déja désert, à ce qu'on dit, et cela le fâche ; car il ne hait pas de voir du monde chez lui, mais il reconnoît bien qu'on ne fait la cour, dans ce pays-ci, qu'à ceux dont on attend du bien. Il en a témoigné son étonnement il y a quelques jours, et ce n'est rien encore pourtant; car, s'il établit une fois la réforme, on dit qu'il sera abandonné même de ses valets. Chacun avoit de belles prétentions sur ce chapitre, le mal est qu'on lui impute d'aimer beaucoup à dominer, et qu'il aime mieux avoir dans son église des moines dont il prétend disposer, quoique peut-être il se trompe, que des chanoines séculiers, qui le portent un peu plus haut. Les politiques, en ces sortes d'affaires, disent que les particuliers sont plus maniables qu'une communauté, et que les moines n'ont pas toute déférence pour les évêques. Avant-hier il arriva une chose par où il montra bien qu'il avoit envie d'être le maître. Nous avons un religieux qu'on dit être un janséniste couvert. Je connois le bon homme, et je puis dire, sans le flatter, qu'il ne sait pas encore seulement l'état de la question. Son sous-prieur le déféra à M. l'évêque, lequel appela mon oncle, et lui dit avec beaucoup d'empressement qu'il vouloit l'interroger et en être le juge seul, sans que le prévôt ni le chapitre s'en mêlât. Mon oncle lui dit froidement qu'il l'interrogeât, mais que ce bon religieux ne savoit pas seulement, comme je vous ai dit, ce que c'étoit du jansénisme. Voilà toutes les nouvelles que je vous puis mander : il ne se passe rien de plus mémorable en ce pays-ci. Le blé est enchéri, quelque belle que soit la récolte, à cause qu'on en transporte en vos quartiers. Le beau blé, qui ne valoit que 15 livres, en vaut 21 livres la salmée. On l'appelle ainsi, et cette mesure contient environ dix minots ou dix pichets, ou un peu plus. Pour le vin, on ne saura du tout qu'en faire. Le meilleur, c'est-à-dire le meilleur du royaume, se vend deux *carolus* le pot, mesure de Saint-Denis. J'aurai de quoi boire à votre santé à bon marché; mais j'aimerois mieux l'aller boire là-bas, avec du vin de la montagne de Reims.

Je baise très humblement les mains à mademoiselle Vitart, à vos deux mignonnes, et universellement à toute la famille. Je m'avise toujours un peu tard d'écrire; cela est cause que je ne saurai presque écrire qu'à vous. J'ai pourtant écrit à ma mère, et je remets M. l'abbé à jeudi prochain; il lui en coûtera un port de lettre de ce retardement, car je ne pourrai pas vous l'adresser comme les autres fois. Je voudrois qu'il m'en fît coûter plus souvent qu'il ne fait. Il est grand ménager de ses lettres et de la bourse de mon oncle. Je suis tout à vous, et uniquement à vous.

LETTRE XXVIII.

A M. L'ABBÉ LE VASSEUR, A PARIS.

A Uzès, le 4 juillet 1662.

Que vous tenez bien votre gravité espagnole! Il paroît bien qu'en apprenant cette langue, vous avez pris un peu de l'humeur de la nation. Vous n'allez plus qu'à pas comptés, et vous écrivez une lettre en trois mois. Je ne vous ferai pas davantage de reproches, quoique j'eusse bien résolu ce matin de vous en accabler. J'avois étudié tout ce qu'il y a de plus rude et de plus injurieux dans les cinq langues que vous me donnez; mais votre lettre est arrivée à midi, qui m'a fait perdre la moitié de ma colère. N'êtes-vous pas fort plaisant avec vos cinq langues? Vous voudriez justement que mes lettres fussent des calepins, et encore des lettres galantes. Je vous trouve, sans mentir, de fort belle humeur. Il y a assez de pédants au monde sans que j'en augmente le nombre. Si mademoiselle Lucrèce a besoin de maître en ces cinq langues, j'en ai vu souvent trois ou quatre autour de vous. Donnez-lui celui-là qui avoit tant à démêler avec M. Lancelot[1]; c'étoit une assez bonne figure. Aussi-bien, ne croyez pas que ma bibliothèque soit fort grosse en ce pays-ci: le nombre de mes livres est très borné; encore ne sont-ce pas des livres à compter fleurettes : ce sont des Sommes de théologie latine, Méditations espagnoles, Histoires italiennes, Pères grecs, et pas un françois. Voyez où je trouverois quelque chose de revenant à mademoiselle Lucrèce. Tout ce que je pourrai faire, sera de lui donner de mon françois tel qu'il pourra être. Aussi-bien il y a long-temps que j'avois envie de lui écrire, mais vous me mandiez toujours qu'elle étoit à la campagne, et je croyois que cela vouloit dire qu'elle me don-

---

[1] Dom Claude Lancelot, auteur des excellentes Méthodes grecque, latine, italienne, et espagnole, sorties de Port-Royal, de 1655 à 1660. Il avoit été le maître de Racine et de l'abbé Le Vasseur, dans les écoles qui se tenoient aux Granges, près la maison de Port-Royal des champs. (*Anon.*)

noit mon congé. Croyez que vous m'avez mis bien au large par cette proposition que vous me faites, et que si Dieu m'assiste, je lui ferai de belles et grosses lettres. Cependant entretenez-la bien dans cette humeur de souffrir de mes lettres ; car je crains bien qu'elle ne me laisse là sitôt qu'elle en aura une. *Porque mi razones no deven ser manjar par tan subtil intendimiento como él suyo* [1].

Je savois déja depuis long-temps que M. Poignant n'aimoit pas à écrire beaucoup, et lorsque je lui ai écrit, c'étoit sans espérance de réponse, et c'est dans cette pensée que je lui écrirai toujours, quand j'aurai quelque chose de bon à lui mander.

M. de La Fontaine m'a écrit, et me mande force nouvelles de poésie, et surtout de pièces de théâtre. Je m'étonne que vous ne m'en disiez pas un mot. N'est-ce point que ce charme étrange qui vous empêchoit d'écrire vous empêchoit aussi d'aller à la comédie ? Quoi qu'il en soit, il me portoit à faire des vers. Je lui récris aujourd'hui, et j'envoie sa lettre décachetée à M. Vitart. S'il en fait retirer copie, ayez soin, je vous prie, que la lettre ne soit pas souillonnée, et qu'on ne la retienne pas long-temps. Mandez-moi sur-tout ce que vous en penserez, et ne me payez pas d'exclamations, autrement je ne vous enverrai jamais rien. Je ne suis pas content de ce que vous avez ainsi traité mes *Bains de Vénus*. Croyez-vous que je les envoyasse seulement pour vous di-

---

[1] « Parceque mes raisonnements ne doivent point être un aliment suffisant pour un esprit aussi pénétrant que le sien. » (G.)

vertir un quart d'heure? Je prétends que vous me payez en raisons. Vous en avez tant de bonnes pour vous justifier d'un silence de trois mois! Faites des vers un peu pour voir, et vous verrez si je ne vous en manderai pas au long tout ce que j'en pourrai dire. Au moins ayez la bonté de donner ces *Bains de Vénus* à quelqu'un pour les copier, afin que mon cousin les envoie à M. de La Fontaine.

Il ne se passe rien de nouveau en ce pays, et je ne vois pas que mes affaires s'y avancent beaucoup. Cela me fait désespérer. Je ne sais si M. Vitart ne songe plus du côté d'Ouchie.

Je cherche quelque sujet de théâtre, et je serois assez disposé à y travailler; mais j'ai trop de sujet d'être mélancolique en ce pays-ci, et il faut avoir l'esprit plus libre que je ne l'ai; aussi-bien je n'aurois pas ici une personne comme vous, à qui je pusse tout montrer, à mesure que j'aurois fait quelque chose; et s'il faut un passage latin pour vous mieux exprimer cela, je n'en saurois trouver un plus propre que celui-ci: *Nihil mihi nunc scito tam deesse quàm hominem eum, qui cum omnia quæ me ad aliqua afficiunt, unà communicem, qui me amet, qui sapiat, qui cum ego colloquar, nihil fingam, nihil dissimulem, nihil obtegam: non homo, sed littus, atque aer et solitudo mera. Tu autem qui sæpissimè curam et angorem animi mei sermone et consilio levasti tuo, qui mihi in rebus omnibus conscius* [1] *et omnium meorum sermonum et consilio-*

---

[1] Il y a dans le texte: « Qui mihi et in publicâ re socius, et in « privatis omnibus conscius, etc. » (G.)

rum particeps esse solebas, ubinam es [1] ? Quand Cicéron eût été à Uzès, et que vous eussiez été en la place d'Atticus, son ami, eût-il pu parler autrement?

Mais, adieu; en voilà assez pour aujourd'hui. Écrivez-moi plus souvent, et ne me parlez plus de charme ni d'autres empêchements ; mais souvenez-vous toujours de moi, et m'en donnez quelques marques. L'exemple de M. Poignant n'est pas bon pour tout le monde, et sur-tout pour ceux qui écrivent si facilement que vous.

Je salue M. l'Avocat de tout mon cœur.

---

[1] « Sachez que, dans ce moment, ce qui me manque le plus, c'est un homme à qui je puisse confier toutes mes inquiétudes, un homme qui m'aime, qui pense sagement, à qui je puisse ouvrir mon cœur sans réserve, sans déguisement, et sans feinte..... » Le texte ne se suit pas ici : il y a, dans Cicéron, immédiatement après *obtegam* : « Abest enim frater ἀφελέςατος et amantissimus; Metel- « lus non homo, etc. »; et, en françois : « Je n'ai plus mon frère, dont le caractère est si franc, et qui m'aime avec tant de tendresse; car Métellus n'est pas un homme avec qui l'on puisse s'entretenir : c'est une solitude, où l'on n'a pour compagnon que le ciel et les rochers. Mais où êtes-vous à présent, vous qui avez guéri si souvent par vos discours et vos conseils les douleurs et les amertumes de mon ame ; vous qui avez coutume d'être le confident de tous mes desseins, de tous mes secrets, et de prendre part à toutes mes affaires? » (*Epist. ad Att.*, lib. I, p. 18.)

LETTRE XXIX.

A M. VITART, A PARIS.

A Uzès, le 25 juillet 1662.

Depuis vous avoir adressé la lettre que j'écrivois à M. de La Fontaine, j'en ai reçu deux des vôtres, dont la dernière m'a extrêmement consolé, voyant que vous preniez quelque part à l'affliction où j'étois de la trahison de dom Cosme. Nous n'avons point encore reçu de ses nouvelles, au moins mon oncle; car pour moi je n'en attends plus de lui, étant bien résolu de ne plus lui écrire de ma vie. Son silence étonne son frère, qui attendoit de merveilleux effets de sa conduite pour l'affaire d'Ouchie. Je lui montrai une partie de votre lettre, et il fut assez surpris de voir que M. Sconin eût tant fait de bruit pour rien. Néanmoins je n'ai pas encore osé lui reparler de résignation, parceque j'ai peur qu'il ne me croie intéressé. Cependant il devroit bien s'imaginer que je ne suis pas venu de si loin pour ne rien gagner; mais je lui ai tant témoigné jusqu'ici de soumission et d'ouverture de cœur, qu'il a cru que je voudrois vivre long-temps avec lui de la sorte sans avoir aucune intention sur son bénéfice[1], et je voudrois bien qu'il

---

[1] Il avoue ingénument ses sentiments : il avoit grande envie du bénéfice; la nécessité de se faire régulier l'effrayoit. Cependant une plus grande nécessité l'eût fait consentir à tout; mais l'oncle étoit irrésolu. (L. R.)

eût toujours cette opinion-là de moi. Je perds tous les jours les occasions de lui faire faire quelque chose en ma faveur. Pour M. l'évêque, il n'y a rien à faire auprès de lui ; il donne à ses gens le peu de bénéfices qui vaquent ici, et depuis quelques semaines le bruit avoit couru en ce pays que M. d'Uzès seroit archevêque de Paris, et j'ai vu une de ses lettres, où il mandoit lui-même à mon oncle que le roi avoit jeté la vue sur lui, et en avoit parlé en des termes fort obligeants ; mais nous avons su que c'étoit M. de Rhodès[1]. On dit que le jansénisme est étrangement menacé.

Je suis fort alarmé de votre refroidissement avec M. l'abbé. Quoiqu'il ne m'en eût rien mandé dans ses lettres, j'avois pourtant bien reconnu quelque changement. Cela m'affligeroit au dernier point, si je ne savois bien que votre amitié est trop forte pour demeurer long-temps refroidie, et que vous êtes trop généreux l'un et l'autre pour ne pas passer par-dessus de petites choses qui pourroient avoir causé cette mésintelligence. Je souhaite ardemment que cet accord se fasse au plus tôt. Ayez la bonté de m'en mander la nouvelle dès que vous le pourrez faire ; car je mourrois de déplaisir si vous rompiez tout-à-fait, et je pourrois bien dire comme Chimène :

La moitié de ma vie a mis l'autre au tombeau.

Mais vous n'en viendrez pas jusqu'à cette extrémité : vous êtes trop pacifiques tous deux.

[1] Hardouin de Beaumont de Péréfixe.

Il m'a témoigné qu'il souhaitoit que j'écrivisse à mademoiselle Lucrèce, et qu'elle-même m'en sauroit quelque gré. D'abord, j'ai eu peur que vous ou mademoiselle Vitart ne m'en voulussiez mal dans ce méchant contre-temps ; mais comme je ne crois pas votre querelle de longue durée, je le satisferai au premier voyage. D'ailleurs, j'ai bien de la peine à croire que mademoiselle Vitart ait la moindre curiosité de voir quelque chose de moi ; puisqu'elle ne m'en a rien témoigné depuis plus de six mois. Vous savez bien vous-même que les meilleurs esprits se trouveroient embarrassés, s'il leur falloit toujours écrire sans recevoir de réponse ; car, à la fin, on manque de sujet.

Je vous aurois écrit ces deux derniers voyages ; mais j'ai toujours accompagné mon oncle, qui alloit voir faire la moisson dans toutes leurs terres.

Je me réjouis beaucoup que vous en ayez une si belle à Moloy ; mais je m'attriste déja de ce que vous y allez, dans l'appréhension où je suis de ne recevoir que bien rarement de vos nouvelles ; car, si je n'en recevois point, je languirois étrangement ici. Vos lettres me donnent courage, et m'aident à pousser le temps par l'épaule, comme on dit en ce pays. La moisson a été belle, mais pas tant qu'on s'étoit imaginé. Le blé sera cher, c'est-à-dire qu'il vaudra environ 34 ou 35 sous le bichet. Nous en mangeons déja du nouveau. Les raisins commencent à être mûrs, et on fera la vendange sur la fin du mois prochain. Les chaleurs sont grandes et difficiles à passer.

M. le prince de Conti est à trois lieues de cette ville, et se fait furieusement craindre dans la province. Il fait rechercher les vieux crimes, qui sont en fort grand nombre. Il a fait emprisonner bon nombre de gentilshommes, et en a écarté beaucoup d'autres. Une troupe de comédiens s'étoient venus établir dans une petite ville proche d'ici ; il les a chassés, et ils ont passé le Rhône pour se retirer en Provence. On dit qu'il n'y a que des missionnaires et des archers à sa queue. Les gens de Languedoc ne sont pas accoutumés à telle réforme ; mais il faut pourtant plier.

Je n'ai pas vu M. Arnauld [1], et son maître n'est pas venu à Uzès. M. d'Uzès l'a été recevoir à Grignan, où ils passeront l'été : ainsi je ne crois pas voir M. Arnauld de long-temps. Mais je n'espère plus rien des affaires du chapitre ; je crois seulement qu'elles tireront en longueur, et au bout du compte la réforme subsistera. Tâchez de m'écrire de Moloy, je vous en prie, ou faites-moi écrire par quelqu'un. Souvenez-vous de me mettre en bonne posture dans l'esprit de mon oncle d'Ouchie. Je baise très humblement les mains à mademoiselle Vitart, à vos petites, à M. Lemazier, et à tout le monde.

[1] Les persécutions suscitées contre Arnauld l'avoient forcé de s'éloigner de Paris, et il fut alors attaché, pendant quelque temps, à l'archevêque d'Arles, frère de Louis Gaucher, comte de Grignan. (*Anon.*)

LETTRE XXX.

AU MÊME, A PARIS.

(FRAGMENT.)
A Uzès, 1662.

Je ne saurois écrire à d'autres qu'à vous aujourd'hui ; j'ai l'esprit embarrassé ; je ne suis en état que de parler procès, ce qui scandaliseroit ceux à qui j'ai coutume d'écrire : tout le monde n'a pas la patience que vous avez pour souffrir mes folies, outre que mon oncle est au lit, et que je suis fort assidu auprès de lui. Il est tout-à-fait bon, et je crois que c'est le seul de sa communauté qui ait l'ame tendre et généreuse. Je souhaite qu'il fasse quelque chose pour moi. Je puis cependant vous protester que je ne suis pas ardent pour les bénéfices : je n'en souhaite que pour vous payer quelque méchante partie de tout ce que je vous dois. Je meurs d'envie de voir vos deux infantes.

LETTRE XXXI.

A M. L'ABBÉ LE VASSEUR, A CROSNE.

A Paris, novembre 1663.

Si M. Vitart étoit ici tandis que votre laquais y est, je lui ferois donner absolument ce bail que vous demandez ; car il ne me l'a point donné, et il s'obstine à le vouloir faire transcrire pour en donner la copie à M. de Villers. Je vous proteste que je l'en ai horriblement persécuté, et que je ferai tout mon possible pour faire donner demain au matin ce papier à votre laquais avant qu'il parte. Je n'aime pas à manquer de parole quand j'ai promis de m'employer pour quelqu'un ; c'est ce qui fait que j'ai de grands reproches à vous faire pour cette sauvegarde que j'avois promis de faire obtenir par votre moyen, et je ne vais à l'hôtel de Liancourt qu'en enrageant, quoique je sois obligé d'y aller presque tous les jours, parceque c'est là où sont mes plus grandes affaires ; c'est pourquoi je vous conjure de faire tout votre possible pour mettre ma conscience en repos de ce côté-là, et de donner des ordres du lieu où vous êtes aux gens que vous avez promis d'employer auprès de M. le comte ; car je peste tous les jours contre vous, et je serois bien aise, quand je songe à vous, de n'y point songer avec ces sortes de scrupules.

Pour ce qui regarde les frères [1], ils ne sont pas si avancés qu'à l'ordinaire. Le quatrième acte étoit fait dès samedi ; mais malheureusement je ne goûtois point, ni les autres non plus, toutes ces épées tirées : ainsi il a fallu les faire rengainer, et pour cela ôter plus de deux cents vers, ce qui est malaisé.

La Renommée [2] a été assez heureuse. M. le comte

---

[1] La tragédie de *la Thébaïde*, ou *les Frères ennemis*, à laquelle il travailloit alors. (*Anon.*)

[2] C'est son ode intitulée *la Renommée aux Muses*.

de Saint-Aignan [1] l'a trouvée fort belle. Il a demandé mes autres ouvrages, et m'a demandé moi-même. Je le dois aller saluer demain. Je ne l'ai pas trouvé aujourd'hui au lever du roi; mais j'y ai trouvé Molière, à qui le roi a donné assez de louanges, et j'en ai été bien aise pour lui; il a été bien aise aussi que j'y fusse présent.

Pour mon affaire de chez M. de Bourzeis [2], elle est fort honnête et bien avancée; mais on m'a surtout recommandé le secret, et je vous le recommande. M. de Bellefonds [3] est premier maître-d'hôtel depuis aujourd'hui. Le roi a été à Versailles. Les Suisses iront dimanche à Notre-Dame [4], et le roi a demandé la comédie pour eux à Molière; sur quoi M. le Duc [5] a dit qu'il suffisoit de leur donner Gros-René bien enfariné, parcequ'ils n'entendoient point le françois.

[1] François de Beauvilliers. Il n'étoit encore que comte de Saint-Aignan, car ce ne fut que le 15 décembre suivant (1663) que ce comté fut érigé en duché-pairie. Il venoit d'être reçu de l'académie françoise. (*Anon.*)

[2] A cette époque, l'abbé de Bourzeis étoit chargé par Colbert de rechercher les gens de lettres propres à entrer dans la petite académie qui se tenoit chez ce ministre, et qui depuis devint l'académie des inscriptions et belles-lettres. (*Anon.*) Il est probable qu'il s'agit ici de l'admission de Racine dans cette petite académie.

[3] Bernardin Gigault, marquis de Bellefonds, qui fut depuis maréchal de France. (*Anon.*)

[4] Le dimanche 25 novembre 1663, on fit à Notre-Dame la cérémonie du renouvellement de l'alliance avec les Suisses. Il y eut une médaille frappée à cette occasion. (*Anon.*)

[5] Henri-Jules de Bourbon, fils du grand Condé. Il étoit alors âgé de vingt ans. (*Anon.*)

Adieu. Vous voyez que je suis à demi courtisan; mais c'est à mon gré un métier assez ennuyant.

LETTRE XXXII.

AU MÊME, A CROSNE.

A Paris, décembre 1663.

Le mauvais temps m'a empêché de sortir depuis quatre jours ; c'est ce qui fait que je n'ai point été chez mademoiselle de Lacroix pour y porter des lettres pour vous, et que je n'ai point été ailleurs non plus ; ainsi ne vous attendez pas d'apprendre de moi aucune nouvelle, sinon de ce qui s'est passé dans l'étendue de l'hôtel de Luynes; car quoique j'aie vu tout ce qui s'est passé à Notre-Dame avec messieurs les Suisses, je n'ose pas usurper sur le gazetier l'honneur de vous en faire le récit. Je crois que M. Vitart vous envoie le bail que vous attendiez. Je n'ai pas encore été à l'hôtel de Liancourt pour ôter à mon homme l'espérance que je lui avois donnée de sa sauvegarde, et je suis assez embarrassé comment je m'y prendrai.

Je n'ai point vu *l'Impromptu*[1] ni son auteur depuis huit jours; j'irai tantôt. J'ai tantôt achevé ce que vous savez, et j'espère que j'aurai fait dimanche ou

---

[1] *L'Impromptu de Versailles*, représenté à la cour le 14 octobre 1563, et sur le théâtre du Palais-Royal le 4 novembre suivant. (*Anon.*)

lundi. J'y ai mis des stances qui me satisfont assez. En voilà la première; car je n'ai guère de meilleures choses à vous écrire.

> Cruelle ambition, dont la noire malice
>   Conduit tant de monde au trépas,
> Et qui, feignant d'ouvrir le trône sous nos pas,
>   Ne nous ouvre qu'un précipice,
>   Que tu causes d'égarements !
> Qu'en d'étranges malheurs tu plonges tes amants !
>   Que leurs chutes sont déplorables !
> Mais que tu fais périr d'innocents avec eux,
>   Et que tu fais de misérables
>   En faisant un ambitieux !

C'est un lieu commun qui vient bien à mon sujet; mais ne le montrez à personne, je vous en prie, parceque si on l'avoit vu on s'en pourroit souvenir, et on en seroit moins surpris quand on le récitera.

La déhanchée fait la jeune princesse. Vous savez bien, je crois, et qui est cette déhanchée, et qui sera cette princesse [1]. Adieu. Je suis marri d'avoir si peu de bonnes choses à vous mander. Je souhaite que ma stance vous tienne lieu d'une bonne lettre.

Le bailli a été tous ces jours passés ici avec sa femme; ils s'en vont à l'heure que je parle, et je ne leur dis point adieu.

Montfleuri a fait une requête contre Molière, et l'a donnée au roi. Il l'accuse d'avoir épousé la fille, et d'avoir autrefois vécu avec la mère [2]. Mais Mont-

---

[1] La demoiselle Beauchâteau, comédienne de l'hôtel de Bourgogne, qui devoit jouer le rôle d'Antigone, dans la *Thébaïde*. (*Ano.*)

[2] Ici Louis Racine, pour adoucir l'expression, a bien aggravé

fleuri n'est point écouté à la cour. Adieu. Ne laissez point, s'il vous plaît, revenir votre laquais sans m'écrire; vous avez plus de temps que moi.

LETTRE XXXIII.

AU MÊME, A CROSNE.

Paris, décembre 1663.

Nous étions prêts à partir lorsque M. Vitart s'aperçut qu'il n'avoit point de bottes, et qu'il les avoit prêtées. Cela fut d'abord capable d'ébranler sa résolution, et mademoiselle Vitart acheva ensuite de l'en détourner, en lui représentant qu'il auroit huit lieues de chemin à faire cette journée-là; qu'il seroit obligé de revenir fort tard, et qu'il étoit malheureux. Il demeura donc, et il fallut que je demeurasse avec lui, mais dans le dessein de m'en aller moi seul dans quatre ou cinq jours si vous êtes encore à la campagne tant que cela.

Je n'ai pas de grandes nouvelles à vous mander. Je n'ai fait que retoucher continuellement au cinquième acte, et il n'est tout achevé que d'hier. J'en ai changé toutes les stances avec quelques difficultés

---

l'accusation. Au véritable texte de la lettre de son père, il a jugé à propos de substituer celui-ci : *Il l'accuse d'avoir épousé sa propre fille.* Au reste cette basse démarche, dictée à Montfleuri par l'animosité et la jalousie, fut accueillie comme elle devoit l'être. (*Auon.*)

sur l'état où étoit ma princesse, peu convenable à s'étendre sur des lieux communs. J'ai donc tout réduit à cinq stances, et ôté celle de l'ambition, qui me servira peut-être ailleurs. On promet depuis hier *la Thébaïde* à l'hôtel [1], mais ils ne la promettent qu'après trois autres pièces.

Je n'ai pas été depuis long-temps à l'hôtel de Liancourt. On m'a envoyé redemander depuis quatre jours le papier qu'on m'avoit donné pour faire signer, et que je vous ai donné aussi. Tâchez de vous souvenir où il est.

Je viens de parcourir votre belle et grande lettre, où j'ai trouvé assez de difficultés qui m'ont arrêté, et d'autres sur lesquelles il seroit aisé de vous regagner. Je suis pourtant fort obligé à l'auteur des remarques [2], et je l'estime infiniment. Je ne sais s'il ne me sera point permis quelque jour de le connaître. Adieu, monsieur. Votre laquais attend, et il est cause que je ne lis pas plus posément votre lettre, et que je n'y réponds pas plus au long dans celle-ci.

---

[1] L'hôtel de Bourgogne. On voit que Racine avoit d'abord l'intention de donner *la Thébaïde* à ce théâtre. Celui du Palais-Royal, dont Molière étoit le directeur, n'avoit encore joué jusqu'alors que des comédies, et *la Thébaïde* est la première tragédie qui y ait été donnée. (*Anon.*)

[2] Cet endroit est remarquable : il parle des critiques sur son ode de *la Renommée*, faites par Boileau, à qui M. Le Vasseur avoit montré cette ode. Ces critiques lui inspirèrent de l'estime pour Boileau, et une grande envie de le connoître. M. Le Vasseur le mena chez Boileau : et dans cette première visite commença leur fameuse et constante amitié. (L. R.)

FRAGMENT.

A M. L'ABBÉ LE VASSEUR.

. . . .
. . . .
. . . .
. . . . qu'elle ne peut pas faire la débauche à des paysans, fussent-ils de l'âge d'or ou de Normandie.

> Le plus bel esprit du hameau
> Doute si le duc est un homme.

Les pyrrhoniens ont fait autrefois ce doute ; et c'étoit leur force d'esprit qui le leur faisoit faire ; mais d'en douter par bêtise, je ne crois pas qu'un homme le puisse jamais faire, si brute qu'il puisse être. Les deux derniers vers font passer ce prêtre plutôt pour un athée qui se pique d'esprit fort que pour un ignorant. Voilà de la matière, si vous voulez exercer votre bel esprit ; car je crois qu'il y a bien à dire que mes sentiments ne soient les vôtres ; et je ne les prends aussi que pour des sentiments erronés, que vous détruirez au moindre souffle dont vous les voudrez attaquer.

FIN DES LETTRES DE RACINE A SES AMIS.

CORRESPONDANCE
ENTRE
RACINE ET LA FONTAINE.

LETTRE PREMIÈRE.

RACINE A LA FONTAINE.

À Uzès, le 11 novembre 1661.

J'ai bien vu du pays et j'ai bien voyagé
Depuis que de vos yeux les miens ont pris congé.

Mais tout cela ne m'a pas empêché de songer toujours autant à vous que je faisois lorsque nous nous voyons tous les jours ;

Avant qu'une fièvre importune
Nous fît courir même fortune,
Et nous mît chacun en danger
De ne plus jamais voyager.

Je ne sais pas sous quelle constellation je vous écris présentement ; mais je vous assure que je n'ai point encore fait tant de vers depuis ma maladie. Je croyois même en avoir tout-à-fait oublié le métier. Seroit-il possible que les Muses eussent plus d'empire en ce pays que sur les rives de la Seine ! nous le reconnoîtrons dans la suite. Cependant je commencerai à vous dire en prose que mon voyage a été plus heureux que je ne pensois. Nous n'avons eu que deux heures de pluie jusqu'à Lyon. Notre compagnie étoit gaie et assez plaisante : il y avoit trois huguenots, un Anglois, deux Italiens, un conseiller du châtelet, deux secrétaires du roi, et deux de ses mousquetaires; enfin, nous étions au nombre de neuf ou dix. Je ne manquois pas tous les soirs de prendre le galop devant les autres pour aller retenir mon lit; car j'avois fort bien retenu cela de M. Botreau, et je lui en suis infiniment obligé : ainsi j'ai toujours été bien couché, et quand je suis arrivé à Lyon, je ne me suis senti non plus fatigué que si du quartier de Sainte-Geneviève j'avois été à celui de la rue Galande.

A Lyon, je ne suis resté que deux jours, et je m'embarquai sur le Rhône avec deux mousquetaires de notre troupe, qui étoient du Pont-Saint-Esprit. Nous nous embarquâmes, il y a huit jours, dans un vaisseau tout neuf et bien couvert, que nous avions retenu exprès, avec le meilleur patron du pays; car il n'y a pas trop de sûreté de se mettre sur le Rhône qu'à bonnes enseignes : néanmoins, comme il n'a point plu du tout devers Lyon, le Rhône étant fort bas, il avoit perdu beaucoup de sa rapidité ordinaire.

> On pouvoit, sans difficulté,
> Voir ses Naïades toutes nues,
> Et qui, honteuses d'être vues,
> Pour mieux cacher leur nudité,
> Cherchoient des places inconnues.

> Ces nymphes sont de gros rochers,
> Auteurs de mainte sépulture,
> Et dont l'effroyable figure
> Fait changer de visage aux plus hardis nochers.

Nous fûmes deux jours sur le Rhône, et nous couchâmes à Vienne et à Valence. J'avois commencé dès Lyon à ne plus guère entendre le langage du pays, et à n'être plus intelligible moi-même. Ce malheur s'accrut à Valence, et Dieu voulut qu'ayant demandé à une servante un pot-de-chambre, elle mit un réchaut sous mon lit. Vous pouvez vous imaginer les suites de cette maudite aventure, et ce qui peut arriver à un homme endormi qui se sert d'un réchaut dans ses nécessités de nuit. Mais c'est encore bien pis dans ce pays. Je vous jure que j'ai autant besoin d'un interprète, qu'un Moscovite en auroit besoin dans Paris. Néanmoins je commence à m'apercevoir que c'est un langage mêlé d'espagnol et d'italien; et comme j'entends assez bien ces deux langues, j'y ai quelquefois recours pour entendre les autres, et pour me faire entendre. Mais il arrive souvent que je perds toutes mes mesures, comme il arriva hier, qu'ayant besoin de petits clous à broquette pour ajuster ma chambre, j'envoyai le valet de mon oncle en ville, et lui dis de m'acheter deux ou trois cents de broquettes; il m'apporta incontinent trois bottes d'allumettes : jugez s'il y a sujet d'enrager en de semblables malentendus. Cela iroit à l'infini si je voulois dire tous les inconvénients qui arrivent aux nouveaux venus en ce pays comme moi.

Au reste, pour la situation d'Uzès, vous saurez qu'elle est sur une montagne fort haute, et cette montagne n'est qu'un rocher continuel : si bien qu'en quelque temps qu'il fasse, on peut aller à pied sec tout autour de la ville. Les campagnes qui l'environnent, sont toutes couvertes d'oliviers qui portent les plus belles olives du monde, mais bien trompeuses pourtant; car j'y ai été attrapé moi-même. Je voulus en cueillir quelques unes au premier olivier que je rencontrai, et je les mis dans ma bouche avec le plus grand appétit qu'on puisse avoir; mais Dieu me préserve de sentir jamais une amertume pareille à celle que je sentis! J'en eus la bouche toute perdue plus de quatre heures durant, et l'on m'a appris depuis qu'il falloit bien des lessives et des cérémonies pour rendre les olives douces comme on les mange. L'huile qu'on en retire sert ici de beurre, et j'appréhendois bien ce changement ; mais j'en ai goûté aujourd'hui dans les sauces, et sans mentir il n'y a rien de meilleur. On sent bien moins l'huile qu'on ne sentiroit le meilleur beurre de France. Mais c'est assez vous parler d'huile, et vous me pourrez reprocher, plus justement qu'on ne faisoit à un ancien orateur, que mes ouvrages sentent trop l'huile.

Il faut vous entretenir d'autres choses, ou plutôt remettre cela à un autre voyage, pour ne vous pas ennuyer. Je ne me saurois empêcher de vous dire un mot des beautés de cette province. On m'en avoit dit beaucoup de bien à Paris; mais sans mentir on ne m'en avoit encore rien dit au prix de ce qui en est, et pour le nombre, et pour l'excellence : il n'y a pas une villageoise, pas une savetière qui ne disputât de beauté avec les Fouilloux et les Menneville[1]. Si le pays de soi avoit un peu de délicatesse, et que les rochers y fussent un peu moins fréquents, on le prendroit pour un vrai pays de Cythère. Toutes les femmes y sont éclatantes, et s'y ajustent d'une façon qui leur est la plus naturelle du monde; et pour ce qui est de leur personne,

« Color verus, corpus solidum et succi plenum. »

Mais comme c'est la première chose dont on m'a dit de me donner de garde, je ne veux pas en parler davantage; aussi bien ce seroit profaner une maison de bénéficier comme celle où je suis, que d'y faire de longs discours sur cette matière. *Domus mea, domus orationis*. C'est pourquoi vous devez vous attendre que je ne vous en parlerai plus du tout. On m'a dit : Soyez aveugle. Si je ne le puis être tout-à-fait, il faut du moins que je sois muet; car, voyez-vous, il faut être régulier avec les réguliers, comme j'ai été loup avec vous et avec les autres loups vos compères. *Adiousias*.

[1] Bénigne de Meaux de Fouilloux, qui fut marquise d'Alluye, et Élisabeth de Menneville, de la maison de Roncherolles, étoient filles d'honneur de la reine. Ces deux noms figurent dans le fameux cantique qui fit mettre Bussi Rabutin à la bastille en 1665. (*Anon.*)

LETTRE II.

RACINE A LA FONTAINE.

A Uzès, le 6 juillet 1662.

Votre lettre m'a fait un grand bien, et je passerois assez doucement mon temps si j'en recevois souvent de pareilles. Je ne sache rien qui me puisse mieux consoler de mon éloignement de Paris; je m'imagine même être au milieu du Parnasse, tant vous me décrivez agréablement tout ce qui s'y passe de plus mémorable; mais je m'en trouve fort éloigné, et c'est se moquer de moi que de me porter, comme vous faites, à y retourner. Je n'y ai pas fait assez de voyages pour en retenir le chemin; et ne m'en souvenant plus, qui pourroit m'y remettre en ce pays-ci? J'aurois beau invoquer les Muses, elles sont trop loin pour m'entendre; elles sont toujours occupées auprès de vous autres messieurs de Paris : il arrive rarement qu'elles viennent dans les provinces : on dit même qu'elles ont fait serment de n'y plus revenir depuis l'insolence de Pyrenée. Vous vous souvenez de cette histoire.

> C'étoit un fameux homicide;
> Il avoit conquis la Phocide,
> Et faisoit des courses, dit-on,
> Jusques aux pieds de l'Hélicon.

Un jour les neuf savantes Sœurs,
Assez près de cette montagne,
S'amusant à cueillir des fleurs,
Se promenoient dans la campagne.

Tout d'un coup le ciel se couvrit,
Un épais nuage s'ouvrit,
Il plut à grands flots, et l'orage
Les mit en mauvais équipage.

Le barbare assez près de là
Avoit établi sa demeure ;
Il les vit, et les appela.

Vous savez la suite, vous savez que ce malheureux Pyrenée voulut faire violence aux Muses, et que, pour les en garantir, les dieux leur donnèrent des ailes, et elles revolèrent aussitôt vers le Parnasse.

Lorsqu'elles furent de retour,
Considérant le mauvais tour
Que leur avoit joué cet infidèle prince,
Elles firent serment que jamais en province
Elles ne feroient leur séjour.

En effet, se trouvant des ailes sur le dos,
Elles jugèrent à propos
De s'en aller, à la même heure,
Où Pallas faisoit sa demeure.

Elles y restèrent long-temps ;
Mais lorsque les Romains devinrent éclatants,
Et qu'ils eurent conquis Athènes,
Les Muses se firent romaines.

Enfin, par l'ordre du Destin,
Quand Rome alloit en décadence,

Les muses au pays latin
Ne firent plus leur résidence.

Paris, le siège des amours,
Devint aussi celui des filles de Mémoire;
Et l'on a grand sujet de croire
Qu'elles y resteront toujours.

Quand je parle de Paris, j'y comprends les beaux pays d'alentour; car elles en sortent de temps en temps pour prendre l'air de la campagne.

Tantôt Fontainebleau les voit
Le long de ses belles cascades :
Tantôt Vincennes les reçoit
Au milieu de ses palissades.

Elles vont souvent sur les eaux,
Ou de la Marne ou de la Seine;
Elles étoient toujours à Vaux[1];
Et ne l'ont pas quitté sans peine.

Ne croyez pas pour cela que les provinces manquent de poëtes; elles en ont en abondance : mais que ces Muses sont différentes des autres ! Il est vrai qu'elles leur sont égales en nombre, et se vantent d'être presque aussi anciennes; au moins sont-elles depuis long-temps en possession des provinces. Vous êtes en peine de savoir qui elles sont. Souvenez-vous des neuf filles de Piérus : leur histoire est connue au Par-

---

[1] Vaux-le-Vicomte, bien plus connu par les vers de La Fontaine que par toutes les magnificences de Fouquet. Racine passe ici en revue les lieux que La Fontaine fréquentoit le plus habituellement. (*Anon.*)

nasse, d'autant que les Muses prirent leurs noms après les avoir vaincues, comme les Romains prenoient les noms des pays qu'ils avoient conquis. Les filles de Piérus furent changées en pies.

    Ces oiseaux, plus importuns
    Mille fois que les chouettes,
    Sont cause que les poëtes
    Sont devenus si communs.

    Vous savez que toutes pies
    Dérobent fort volontiers :
    Celles-ci, comme harpies,
    Pillent les livres entiers.

    On dit même qu'à Paris
    Ces fausses muses font rage,
    Et que force beaux esprits
    Se font à leur badinage.

    Lorsqu'elles sont attrapées
    Les ailes leur sont coupées,
    Et leurs larcins confisqués :
    Et, pour finir cette histoire,
    Tels oiseaux sont relégués
    Delà les rives de Loire.

C'est où Furetière relègue leur général Galimatias, et il est bien juste qu'elles lui tiennent compagnie. Mais je ne songe pas que vous me condamnerez peut-être à y demeurer comme elles. En effet, j'ai bien peur que ceci n'approche fort de leur style, et que vous n'y reconnoissiez plutôt le caquet importun des pies, que l'agréable facilité des Muses. Renvoyez-moi cette bagatelle des Bains de Vénus, et me mandez ce qu'en pense votre académie de Château-Thierry, sur-tout mademoiselle de La Fontaine [1]. Je ne lui demande aucune grace pour mes vers; qu'elle les traite rigoureusement, mais qu'elle me fasse au moins la grace d'agréer mes respects.

LETTRE III.

LA FONTAINE A RACINE.

De Château-Thierry, le 6 juin 1686.

Poignant, à son retour de Paris, m'a dit que vous preniez mon silence en fort mauvaise part, d'autant plus qu'on vous avoit assuré que je travaillois sans cesse depuis que je suis à Château-Thierry, et qu'au lieu de m'appliquer à mes affaires, je n'avois que des vers en tête. Il n'y a de tout cela que la moitié de vrai. Mes affaires m'occupent autant qu'elles en sont dignes, c'est-à-dire, nullement; mais le loisir qu'elles me laissent, ce n'est pas la poésie, c'est la paresse qui l'emporte. Je trouvai ici, le lendemain de mon arrivée, une lettre et un couplet d'une fille âgée seulement de huit ans; j'y ai répondu; c'a été ma plus forte occupation depuis mon arrivée. Voici donc le couplet avec le billet qui l'accompagne :

[1] Marie Héricart, fille du lieutenant du bailliage de la Ferté-Milon. Elle avoit du goût pour les vers, et son mari lui adressa, l'année suivante, *le Voyage de Paris en Limousin*. (*Anon.*)

SUR L'AIR *de Joconde.*

Quand je veux faire une chanson
    Au parfait La Fontaine,
Je ne puis rien tirer de bon
    De ma timide veine.
Elle est tremblante à ce moment,
    Je n'en suis pas surprise ;
Devant lui mon foible talent
    Ne peut être de mise.

« Je crois, en vérité, que je ne serois jamais par-
« venue à faire une chanson pour vous, monsieur,
« si je n'avois en vue de m'en attirer une des vôtres.
« Vous me l'avez promise, et vous avez à faire à une
« personne qui est vive sur ses intérêts. Songez que
« je vous assassinerai jusqu'à ce que vous m'ayez
« tenu votre parole. De grace, monsieur, ne négligez
« point une petite Muse qui pourroit parvenir si vous
« lui jetiez un regard favorable. »

Ce couplet et cette lettre, si ce qu'on me mande de Paris est bien vrai, n'ont pas coûté une demi-heure à la demoiselle, qui quelquefois met de l'amour dans ses chansons, sans savoir ce que c'est qu'amour. Comme j'ai vu qu'elle ne me laisseroit point en repos que je n'eusse écrit quelque chose pour elle, je lui ai envoyé les trois couplets suivants. Ils sont sur le même air.

    Paule, vous faites joliment
        Lettres et chansonnettes ;
    Quelques grains d'amour seulement,
        Elles seroient parfaites.

Quand ses soins au cœur sont connus,
    Une muse sait plaire.
Jeune Paule, trois ans de plus
    Font beaucoup à l'affaire.

Vous parlez quelquefois d'amour,
    Paule, sans le connoître ;
Mais j'espère vous voir un jour
    Ce petit dieu pour maître.
Le doux langage des soupirs
    Est pour vous lettre close.
Paule, trois retours des zéphyrs
    Font beaucoup à la chose.

Si cet enfant, dans vos chansons,
    A des graces naïves,
Que sera-ce quand ses leçons
    Seront un peu plus vives ?
Pour aider l'esprit en ses vers
    Le cœur est nécessaire,
Trois printemps sur autant d'hivers
    Font beaucoup à l'affaire.

Voyez, monsieur, s'il y avoit là de quoi vous fâcher de ce que je ne vous envoie pas les belles choses que je produis. Il est vrai que j'ai promis une lettre au prince de Conti [1] ; elle est à présent sur le métier : les vers suivants y trouveront leur place.

Un sot plein de savoir est plus sot qu'un autre homme :
    Je le fuirois jusques à Rome ;
    Et j'aimerois mille fois mieux

---

[1] François-Louis de Bourbon, prince de la Roche-sur-Yon, devenu prince de Conti, par la mort de son frère aîné en 1685. (*Anon.*)

Un glaive aux mains d'un furieux,
Que l'étude en certains génies.
Ronsard est dur, sans goût, sans choix,
Arrangeant mal ses mots, gâtant par son françois
Des Grecs et des Latins les graces infinies.
Nos aïeux, bonnes gens, lui laissoient tout passer,
Et d'érudition ne se pouvoient lasser.
C'est un vice aujourd'hui : l'on oseroit à peine
En user seulement une fois la semaine.
Quand il plaît au hasard de vous en envoyer,
Il faut la bien choisir, puis la bien employer,
Encore avec ces soins n'est-on pas sûr de plaire.
Cet auteur a, dit-on, besoin d'un commentaire :
On voit bien qu'il a lu ; mais ce n'est pas l'affaire ;
Qu'il cache son savoir, et montre son esprit.
Racan ne savoit rien ; comment a-t-il écrit ?
Et mille autres raisons, non sans quelque apparence.
Malherbe de ces traits usoit plus fréquemment.
Sous lui la cour n'osoit encore ouvertement
    Sacrifier à l'ignorance.

Puisque je vous envoie ces petits échantillons, vous en conclurez, s'il vous plaît, qu'il est faux que je fasse le mystérieux avec vous. Mais, je vous en prie, ne montrez ces derniers vers à personne ; car madame de La Sablière ne les a pas encore vus.

FIN DES LETTRES DE RACINE ET DE LA FONTAINE.

LETTRES DE RACINE

ET DE BOILEAU.

AVERTISSEMENT
DE LOUIS RACINE.

On verra, dans les lettres suivantes, tout commun entre les deux hommes qui s'écrivent, amis, intérêts, sentiments, et ouvrages. On verra aussi mon père plus occupé, à la cour, de Boileau que de lui-même. Cette union, qui a duré près de quarante ans, n'a jamais été un seul jour refroidie.

Les premières lettres furent écrites dans le temps que Boileau étoit allé à Bourbon, où les médecins l'avoient envoyé prendre les eaux : remède assez bizarre pour une extinction de voix. Il l'avoit perdue entièrement, et tout-à-coup, à la fin d'un violent rhume : et se regardant comme un homme inutile au monde, il s'abandonnoit à son affliction. Mon père le consoloit, en l'assurant qu'il retrouveroit la voix comme il l'avoit perdue, et qu'au moment où il s'y attendroit le moins elle reviendroit. La prédiction fut véritable : les remèdes ne firent rien ; et la voix, six mois après, revint tout-à-coup.

Les autres lettres sont presque toutes écrites dans le temps que mon père suivoit le roi dans ses campagnes. Boileau ne pouvant, à cause de la foiblesse de sa santé, avoir le même honneur, son collègue dans l'emploi d'écrire cette histoire avoit attention de l'instruire de tout ce qui se passoit. Il lui écrivoit à la hâte, et Boileau lui répondoit de même. Ces lettres, dans lesquelles ils ne cherchent point l'esprit, font connoître leur cœur.

LETTRES DE RACINE
ET DE BOILEAU.

LETTRE PREMIÈRE.

BOILEAU A RACINE.

Auteuil, 19 mai 1687.

Je voudrois bien pouvoir vous mander que ma voix est revenue, mais la vérité est qu'elle est au même état que vous l'avez laissée, et qu'elle n'est haussée ni baissée d'un ton. Rien ne la peut faire revenir; mon ânesse y a perdu son latin, aussi-bien que tous les médecins. La différence qu'il y a entre eux et elle, c'est que son lait m'a engraissé et que leurs remèdes me dessèchent. Ainsi, mon cher monsieur, me voilà aussi muet et aussi chagrin que jamais. J'aurois bon besoin de votre vertu, et sur-tout de votre vertu chrétienne pour me consoler; mais je n'ai pas été élevé, comme vous, dans le sanctuaire de la piété, et, à mon avis, une vertu ordinaire ne sauroit que blanchir contre un aussi juste sujet de s'affliger qu'est le mien. Il me faut de la grace, et de la grace augustinienne la plus efficace pour m'empêcher de me désespérer; car je doute que la grace

molinienne, la plus suffisante, suffise pour me soutenir dans l'abattement où je suis. Vous ne sauriez
vous imaginer à quel excès va cet abattement, et
quel mépris il m'inspire pour toutes les choses de la
terre, sans néanmoins (ce qui est de fâcheux) m'inspirer un assez grand goût des choses du ciel. Quelque
insensible pourtant qu'il m'ait rendu pour tout ce
qui se passe ici-bas, je ne suis pas encore indifférent
pour la gloire du roi. Vous me ferez donc plaisir de
me mander quelques particularités de son voyage,
puisque tous ses pas sont historiques, et qu'il ne fait
rien qui ne soit digne, pour ainsi dire, d'être raconté
à tous les siècles. Je vous aurai aussi beaucoup d'o-
bligation, si vous voulez en même temps m'écrire
des nouvelles de votre santé. Je meurs de peur que
votre mal de gorge ne soit aussi persévérant que mon
mal de poitrine. Si cela est, je n'ai plus d'espérance
d'être heureux, ni par autrui, ni par moi-même. On
me vient de dire que Furetière a été à l'extrémité, et
que, par l'avis de son confesseur, il a envoyé querir
tous les académiciens offensés dans son Factum, et
qu'il leur a fait une amende honorable dans les formes,
mais qu'il se porte mieux maintenant. J'aurai soin de
m'éclaircir de la chose, et je vous en manderai le détail. Le P. Souvenin [1] a dîné aujourd'hui chez moi,
et m'a fort prié de vous faire ses recommandations.
Je vous les fais donc, et en récompense, je vous conjure de bien faire les miennes au cher M. Félix [2].

[1] Génovefain, parent de Racine. — [2] Premier chirurgien de
Louis XIV.

Pourquoi faut-il que je ne sois pas avec lui et avec vous, ou que je n'aie pas du moins une voix pour crier encore contre la fortune, qui m'a envié ce bonheur? Dites bien aussi à M. le marquis de Termes, que je songe à lui dans mon infortune, et qu'encore que je sache assez combien les gens de cour sont peu touchés des malheurs d'autrui, je le tiens assez galant homme pour me plaindre. Maximilien[1] m'est venu voir à Auteuil, et m'a lu quelque chose de son Théophraste. C'est un fort honnête homme, et à qui il ne manqueroit rien si la nature l'avoit fait aussi agréable qu'il a envie de l'être. Du reste, il a de l'esprit, du savoir, et du mérite. Je vous donne le bonsoir et suis tout à vous[2].

LETTRE II.

RACINE A BOILEAU.

Luxembourg[3], 24 mai 1687.

Votre lettre m'auroit fait beaucoup plus de plaisir si les nouvelles de votre santé eussent été un peu

---

[1] La Bruyère.
[2] Cette première lettre, la troisième, et la trente-cinquième, ont été imprimées à Lyon en 1770, sur les copies trouvées parmi les papiers de Brossette. Ces trois lettres ne sont point dans le recueil publié en 1747 par Racine fils. Elles sont ici pour la première fois réunies aux œuvres de Racine.
[3] Louis XIV alla, en 1687, visiter les fortifications de Luxembourg. Ce fut un voyage de quinze jours, où il mena les prin-

meilleures. Je vis M. Dodart comme je venois de la recevoir, et la lui montrai. Il m'assura que vous n'aviez aucun lieu de vous mettre dans l'esprit que votre voix ne reviendra point, et me cita même quantité de gens qui sont sortis fort heureusement d'un semblable accident. Mais, sur toutes choses, il vous recommande de ne point faire d'effort pour parler, et, s'il se peut, de n'avoir commerce qu'avec des gens d'une oreille fort subtile, ou qui vous entendent à demi-mot. Il croit que le sirop d'abricot vous est fort bon, et qu'il en faut prendre quelquefois de pur, et très souvent de mêlé avec de l'eau, en l'avalant lentement et goutte à goutte ; ne point boire trop frais, ni de vin que fort trempé ; du reste vous tenir l'esprit toujours gai. Voilà à-peu-près le conseil que M. Menjot me donnoit autrefois. M. Dodart approuve beaucoup votre lait d'ânesse, mais encore plus ce que vous dites de la vertu moliniste. Il ne la croit nullement propre à votre mal, et assure même qu'elle y seroit très nuisible. Il m'ordonne presque toujours les mêmes choses pour mon mal de gorge, qui va toujours son même train ; et il me conseille un régime qui peut-être me pourra guérir dans deux ans, mais qui infailliblement me rendra dans deux mois de la taille dont vous voyez qu'est M. Dodart lui-même [1]. M. Félix étoit présent à toutes ces ordon-

---

cesses. (Voyez les *Lettres de madame de Sévigné au comte de Bussi*, des 5 avril et 31 mai 1687.) Racine suivit le roi dans ce voyage.

[1] Il racontoit, quand il vouloit rire, qu'un médecin lui ayant

nances, qu'il a fort approuvées ; et il a aussi demandé des remèdes pour sa santé, se croyant le plus malade de nous trois. Je vous ai mandé qu'il avoit visité la boucherie de Châlons. Il est, à l'heure que je vous parle, au marché, où il m'a dit qu'il avoit rencontré ce matin des écrevisses de fort bonne mine. Le voyage est prolongé de trois jours, et on demeurera ici jusqu'à lundi prochain. Le prétexte est la rougeole de M. le comte de Toulouse ; mais le vrai est apparemment que le roi a pris goût à sa conquête, et qu'il n'est pas fâché de l'examiner tout à loisir. Il a déjà considéré toutes les fortifications l'une après l'autre, est entré jusque dans les contre-mines du chemin couvert, qui sont fort belles, et sur-tout a été fort aise de voir ces fameuses redoutes entre les deux chemins couverts, lesquelles ont tant donné de peine à M. de Vauban. Aujourd'hui le roi va examiner la circonvallation, c'est-à-dire faire un tour de sept ou huit lieues. Je ne vous fais point le détail de tout ce qui m'a paru ici de merveilleux ; qu'il vous suffise que je vous en rendrai bon compte quand nous nous verrons, et que je vous ferai peut-être concevoir les choses comme si vous y aviez été. M. de Vauban a été ravi de me voir, et, ne pouvant pas venir avec moi, m'a donné un ingénieur qui m'a mené par-tout. Il m'a aussi abouché avec M. d'Espagne, gouverneur de Thionville, qui se signala

---

défendu de boire du vin, de manger de la viande, ajouta : *Du reste, réjouissez-vous.* (L. R.)

tant à Saint-Godard¹, et qui m'a fait souvenir qu'il avoit souvent bu avec moi à l'auberge de M. Poignant, et que nous étions, Poignant et moi, fort agréables avec feu M. de Bernage, évêque de Grasse. Sérieusement, ce M. d'Espagne est un fort galant homme, et il m'a paru un grand air de vérité dans tout ce qu'il m'a dit de ce combat de Saint-Godard. Mais, mon cher monsieur, cela ne s'accorde ni avec M. de Montecuculli, ni avec M. de Bissy, ni avec M. de La Feuillade², et je vois bien que la vérité qu'on nous demande tant est bien plus difficile à trouver qu'à écrire. J'ai vu aussi M. de Charvil, qui étoit intendant à Gigeri³. Celui-ci sait apparemment la vérité, mais il se serre les lèvres tant qu'il peut de peur de la dire; et j'ai eu à-peu-près la même peine à lui tirer quelques mots de la bouche, que Trivelin en avoit à en tirer de Scaramouche, *musicien bègue*. M. de Gourville arriva hier, et tout en arrivant me demanda

¹ Ou plutôt Saint-Gothard, petite ville de la basse Hongrie, sur le Raab, près de laquelle Montécuculli défit les Turcs, commandés par le fameux visir Kouprogli. Les François, ayant à leur tête M. de La Feuillade, y firent des prodiges de valeur. (G.)

² Le maréchal de La Feuillade, n'étant encore que comte de La Feuillade et maréchal-de-camp, avoit commandé les François à Saint-Gothard, où Montécuculli commandoit les troupes impériales. Claude de Thyard, comte de Bissy, baron de Pierre, s'y étoit très distingué. On voit quels soins Racine se donnoit pour se procurer des renseignements exacts sur l'histoire qu'il étoit chargé d'écrire. (*Anon.*)

³ Ville d'Afrique en Barbarie, dans le royaume d'Alger. Racine parle ici de la malheureuse expédition du duc de Beaufort, grand-amiral de France, en 1664. (G.)

de vos nouvelles. Je ne finirois point si je vous nommois tous les gens qui m'en demandent tous les jours avec amitié. M. de Chevreuse, entre autres, M. de Noailles, monseigneur le Prince, que je devrois nommer le premier, sur-tout M. Moreau notre ami, et M. Roze; ce dernier avec des expressions fortes, vigoureuses, et qu'on voit bien en vérité qui partent du cœur. Je fis hier grand plaisir à M. de Termes de lui dire le souvenir que vous aviez de lui. M. l'archevêque d'Embrun est ici, toujours mettant le roi en bonne humeur. M. le président de Mesmes, M. le cardinal de Furstemberg; enfin, plus de gens trois fois qu'à Versailles, la presse dans les rues, comme à Bouquenon, une infinité d'Allemands et d'Allemandes qui veulent voir le roi [1].

LETTRE III.

BOILEAU A RACINE.

Auteuil, le 26 mai 1687.

Je ne me suis point hâté de vous répondre, parceque je n'avois rien à vous mander que ce que je vous avois déja écrit dans ma dernière lettre. Les choses sont changées depuis. J'ai quitté au bout de cinq semaines le lait d'ânesse, parceque non seulement il ne me rendoit point la voix, mais qu'il com-

[1] *Suscription*: A M. Despréaux, chez M. l'abbé de Dreux, cloître Notre-Dame, à Paris.

mençoit à m'ôter la santé en me donnant des dégoûts et des espèces d'émotions tirant à la fièvre. Tout ce que vous a dit M. Dodart est fort raisonnable, et je veux croire sur sa parole que tout ira bien: mais, entre nous, je doute que ni lui, ni personne connoisse bien ma maladie, ni mon tempérament. Quand je fus attaqué de la difficulté de respirer, il y a vingt-cinq ans, tous les médecins m'assuroient que cela s'en iroit, et se moquoient de moi quand je témoignois douter du contraire. Cependant cela ne s'est point en allé, et j'en fus encore hier incommodé considérablement. Je sens que cette difficulté de respirer est au même endroit que ma difficulté de parler, et que c'est un poids fort extérieur que j'ai sur la poitrine, qui les cause l'une et l'autre. Dieu veuille qu'elles n'aient pas fait une société inséparable! Je ne vois que des gens qui prétendent avoir eu le même mal que moi et qui en ont été guéris; mais outre que je ne sais au fond s'ils disent vrai, ce sont pour la plupart des femmes ou de jeunes gens qui n'ont point de rapport avec un homme de cinquante ans: et d'ailleurs, si je suis original en quelque chose, c'est en infirmités, puisque mes maladies ne ressemblent jamais à celles des autres. Avec tout ce que je vous dis, je ne me couche point que je n'espère le lendemain m'éveiller avec une voix sonore; et quelquefois même après mon réveil, je demeure long-temps sans parler pour m'entretenir dans mon espérance. Ce qui est de vrai, c'est qu'il n'y a point de nuit que je ne recouvre la voix en songe; mais je reconnois bien

ensuite que tous les songes, quoi qu'en dise Homère,
ne viennent pas de Jupiter, ou il faut que Jupiter
soit un grand menteur. Cependant je mène une vie
fort chagrine et fort peu propre aux conseils de
M. Dodart, d'autant plus que je n'oserois m'appliquer fortement à aucune chose, et qu'il ne me sort
rien du cerveau qui ne me tombe sur la poitrine et
qui ne me ruine encore plus la voix. Je suis bien
aise que votre mal de gorge vous laisse au moins
plus de liberté et ne vous empêche pas de contempler les merveilles qui se font à Luxembourg [1]. Vous
avez raison d'estimer comme vous faites M. de Vauban. C'est un des hommes de notre siècle, à mon
avis, qui a le plus prodigieux mérite, et pour vous
dire en un mot ce que je pense de lui, je crois qu'il
y a plus d'un maréchal de France qui, quand il le
rencontre, rougit de se voir maréchal de France.
Vous avez fait une grande acquisition en l'amitié de
M. d'Espagne [2], et c'est ce qui me fait encore plus
déplorer la perte de ma voix, puisque c'est vraisemblablement ce qui m'a fait aussi manquer cette acquisition. J'écris à M. de Flamarin. Je veux croire
que notre cher Félix est le plus malade de nous trois;
mais, si ce que vous me mandez est véritable, l'affliction qu'il en a, est une affliction à *la Puimorine* [3],

[1] On fortifioit alors cette place.
[2] Il servoit comme major dans le régiment de La Ferté, infanterie.
[3] Pierre Boileau de Puimorin, frère de Despréaux, aimoit les plaisirs, et sur-tout ceux de la table. (*Daunou*.)

je veux dire fort dévorante, et qui ne lui a pas fait perdre la mémoire des soles et des longes de veau. Faites-lui bien mes baisemains, aussi-bien qu'à M. de Termes, à M. de Nyert, et à M. Moreau. Adieu, mon cher monsieur, aimez-moi toujours et croyez que je vous rendrai bien la pareille.

LETTRE IV.

BOILEAU A RACINE.

Bourbon, le 21 juillet 1687[1].

Depuis ma dernière lettre, j'ai été saigné, purgé, etc., et il ne me manque plus aucune des formalités prétendues nécessaires pour prendre les eaux. La médecine que j'ai prise aujourd'hui m'a fait, à ce qu'on dit, tous les biens du monde; car elle m'a fait tomber quatre ou cinq fois en foiblesse, et m'a mis en tel état qu'à peine je puis me soutenir. C'est demain que je dois commencer le grand chef-d'œuvre; je veux dire que demain je dois commencer à prendre des eaux. M. Bourdic, mon médecin, me remplit

---

[1] Brossette place en 1685 le voyage de Boileau aux eaux de Bourbon. Nous avons préféré la date de 1687, 1° parceque c'est celle d'une lettre écrite de Bourbon par Boileau à sa sœur, lettre publiée par Cizeron-Rival, en 1770; 2° parceque, dans l'une des lettres suivantes, écrites de Bourbon à Racine, il est question de l'élection de l'abbé Choisi à l'académie françoise, élection qui n'eut lieu qu'en 1687, etc. (*Daunou.*)

toujours de grandes espérances ; il n'est pas de l'avis de M. Fagon pour le bain, et cite même des exemples de gens qui, loin de recouvrer la voix par ce remède, l'ont perdue pour s'être baignés : du reste, on ne peut pas faire plus d'estime de M. Fagon qu'il en fait, et il le regarde comme l'Esculape de ce temps. J'ai fait connoissance avec deux ou trois malades, qui valent bien des gens en santé. J'en ai trouvé un même avec qui j'ai étudié autrefois et qui est fort galant homme. Ce ne sera pas une petite affaire pour moi que la prise des eaux, qui sont, dit-on, fort endormantes, et avec lesquelles néanmoins il faut absolument s'empêcher de dormir ; ce sera un noviciat terrible ; mais que ne fait-on point pour contredire M. Charpentier [1] ?

Je n'ai point encore eu de temps pour me mettre à l'étude, parceque j'ai été assez occupé des remèdes, pendant lesquels on m'a défendu surtout l'application : les eaux, dit-on, me donneront plus de loisir ; et pourvu que je ne m'endorme point, on me laisse toute liberté de lire et même de composer. Il y a ici un trésorier de la Sainte-Chapelle, qui me vient voir fort souvent ; il est homme de beaucoup d'esprit ; et s'il n'a pas la main si prompte à répandre les bénédictions que le fameux M. de Coutances [2], il a en récompense beaucoup plus de lettres et de solidité. Je suis toujours fort affligé de ne vous point voir ; mais franchement le séjour de Bourbon ne m'a point paru,

---

[1] Il disputoit souvent à l'académie françoise contre Charpentier. (L. R.) — [2] Voyez *le Lutrin*, ch. I, v. 1.

jusqu'à présent, si horrible que je me l'étois imaginé: je m'étois préparé à une si grande inquiétude, que je n'en ai pas la moitié de ce que j'en croyois avoir. Je n'ai jamais mieux conçu combien je vous aime, que depuis notre triste séparation. Mes recommandations au cher M. Félix, et je vous supplie, quand même je l'aurois oublié dans quelqu'une de mes lettres, de supposer toujours que je vous ai parlé de lui, parceque mon cœur l'a fait; si ma main ne l'a pas écrit. Je vous embrasse de tout mon cœur.

LETTRE V.

RACINE A BOILEAU.

Paris, 25 juillet 1687.

Je commençois à m'ennuyer beaucoup de ne point recevoir de vos nouvelles, et je ne savois même que répondre à quantité de gens qui m'en demandoient. Le roi, il y a trois jours, me demanda à son dîner comment alloit votre extinction de voix: je lui dis que vous étiez à Bourbon. Monsieur prit aussitôt la parole, et me fit là-dessus force questions, aussi-bien que Madame, et vous fîtes l'entretien de plus de la moitié du dîner. Je me trouvai le lendemain sur le chemin de M. de Louvois, qui me parla aussi de vous, mais avec beaucoup de bonté, et me disant en propres mots qu'il étoit très fâché que cela durât si long-temps. Je ne vous dis rien de mille autres qui me parlent tous les jours de vous ; et quoique j'espère que vous retrouverez bientôt votre voix toute entière, vous n'en aurez jamais assez pour suffire à tous les remerciements que vous aurez à faire.

Je me suis laissé débaucher par M. Félix pour suivre le roi à Maintenon : c'est un voyage de quatre jours. M. de Termes nous mène dans son carrosse ; et j'ai aussi débauché M. Hessein pour faire le quatrième. Il se plaint toujours beaucoup de ses vapeurs, et je vois bien qu'il espère se soulager par quelque dispute de longue haleine[1] ; mais je ne suis guère en état de lui donner contentement, me trouvant assez incommodé de ma gorge dès que j'ai parlé un peu de suite. Ce qui m'embarrasse, c'est que M. Fagon, et plusieurs autres médecins très habiles, m'avoient ordonné de boire beaucoup d'eau de Sainte-Reine, et des tisanes de chicorée : et j'ai trouvé chez M. Nicole un médecin qui me paroît fort sensé, qui m'a dit qu'il connoissoit mon mal à fond ; qu'il en avoit déja guéri plusieurs, et que je ne guérirois jamais tant que je boirois de l'eau ou de la tisane ; que le seul moyen de sortir d'affaire étoit de ne boire que pour la seule nécessité, et tout au plus pour détremper les aliments dans l'estomac. Il a appuyé cela de quelques raisonnements qui m'ont paru assez solides. Ce qui est arrivé de là, c'est que je n'exécute ni son or-

---

[1] M. Hessein, leur ami commun, et frère de madame de La Sablière, avoit beaucoup d'esprit et de lettres : mais il aimoit à disputer et à contredire. (L. R.)

donnance ni celle de M. Fagon : je ne me noie plus d'eau comme je faisois, je bois à ma soif; et vous jugez bien que par le temps qu'il fait on a toujours soif, c'est-à-dire franchement que je me suis remis dans mon train de vie ordinaire, et je m'en trouve assez bien. Le même médecin m'a assuré que, si les eaux de Bourbon ne vous guérissoient pas, il vous guériroit infailliblement. Il m'a cité l'exemple d'un chantre de Notre-Dame, à qui un rhume avoit fait perdre entièrement la voix depuis six mois, et il étoit sur le point de se retirer; ce médecin l'entreprit, et avec une tisane d'une herbe qu'on appelle, je crois, *erysimum*, il le tira d'affaire, en telle sorte que non seulement il parle, mais il chante, et a la voix aussi forte qu'il l'ait jamais eue. J'ai conté la chose aux médecins de la cour; ils avouent que cette plante d'*erysimum* est très bonne pour la poitrine; mais ils disent qu'ils ne croyoient pas qu'elle eût la vertu que dit mon médecin. C'est le même qui a deviné le mal de M. Nicole : il s'appelle M. Morin[1], et il est à mademoiselle de Guise. M. Fagon en fait un fort grand cas. J'espère que vous n'aurez pas besoin de lui; mais cela est toujours bon à savoir: et si le malheur vouloit que vos eaux ne fissent pas tout l'effet que vous souhaitez, voilà encore une assez bonne consolation que je vous donne. Je ne vous manderai pour cette fois d'autres nouvelles que celles qui regardent votre santé et la mienne. Je vous dirai seule-

---

[1] Il étoit de l'académie des sciences. Son éloge est un des premiers de ceux qu'a faits M. de Fontenelle. (L. R.)

ment que j'ai encore mes deux chevaux sur la litière. J'ai, etc.[1].

LETTRE VI.

BOILEAU A RACINE.

Bourbon, le 29 juillet 1687.

Votre lettre m'a tiré d'un fort grand embarras; car je doutois que vous eussiez reçu celle que je vous avois écrite, et dont la réponse est arrivée fort tard à Bourbon. Si la perte de ma voix ne m'avoit fort guéri de la vanité, j'aurois été très sensible à tout ce que vous m'avez mandé de l'honneur que m'a fait le plus grand prince de la terre, en vous demandant des nouvelles de ma santé : mais l'impuissance où ma maladie me met de répondre par mon travail à toutes les bontés qu'il me témoigne, me fait un sujet de chagrin de ce qui devroit faire toute ma joie. Les eaux jusqu'ici m'ont fait un fort grand bien, suivant toutes les règles, puisque je les rends de reste, et qu'elles m'ont, pour ainsi dire, tout fait sortir du corps, excepté la maladie pour laquelle je les prends. M. Bourdier, mon médecin, soutient pourtant que j'ai la voix plus forte que quand je suis arrivé : et M. Baudière, mon apothicaire, qui est encore meilleur juge que lui, puisqu'il est sourd, prétend aussi

---

[1] *Suscription* : A M. Despréaux, chez M. Prévôt, chirurgien à Bourbon.

la même chose ; mais pour moi je suis persuadé qu'ils me flattent, ou plutôt qu'ils se flattent eux-mêmes ; et, à ce que je puis reconnoître en moi, je tiens que les eaux me soulageront plutôt la difficulté de respirer que la difficulté de parler. Quoi qu'il en soit, j'irai jusqu'au bout, et je ne donnerai point occasion à M. Fagon et à M. Félix de dire que je me suis impatienté. Au pis aller, nous essaierons cet hiver l'*erysimum* : mon médecin et mon apothicaire, à qui j'ai montré l'endroit de votre lettre où vous parlez de cette plante, ont témoigné tous deux en faire grand cas ; mais M. Bourdier prétend qu'elle ne peut rendre la voix qu'à des gens qui ont le gosier attaqué, et non pas à un homme comme moi, qui a tous les muscles de la poitrine embarrassés. Peut-être que si j'avois le gosier malade, prétendroit-il que l'*erysimum* ne sauroit guérir que ceux qui ont la poitrine attaquée. Le bon de l'affaire est qu'il persiste toujours dans la pensée que les eaux de Bourbon me rendront bientôt la voix ; si cela arrive, ce sera à moi, mon cher monsieur, à vous consoler, puisque de la manière dont vous me parlez de votre mal de gorge, je doute qu'il puisse être guéri sitôt, sur-tout si vous vous engagez en de longs voyages avec M. Hessein. Mais laissez-moi faire, si la voix me revient, j'espère de vous soulager dans les disputes que vous aurez avec lui, sauf à la perdre encore une seconde fois pour vous rendre cet office. Je vous prie pourtant de lui faire bien des amitiés de ma part, et de lui faire entendre que ses contradictions me seront toujours beaucoup plus agréables que les complaisances et les applaudissements fades des amateurs de beaux esprits. Il s'est trouvé ici parmi les capucins un de ces amateurs, qui a fait des vers à ma louange. J'admire ce que c'est que des hommes. *Vanitas et omnia vanitas.* Cette sentence ne m'a jamais paru si vraie qu'en fréquentant ces bons et crasseux pères. Je suis bien fâché que vous ne soyez point encore habitué à Auteuil, où *ipsi te fontes, ipsa hæc arbusta vocabant* [1], c'est-à-dire, où mes deux puits [2] et mes abricotiers vous appeloient.

Vous faites très bien d'aller à Maintenon avec une compagnie aussi agréable que celle dont vous me parlez, puisque vous y trouverez votre utilité et votre plaisir. *Omme tulit punctum*, etc.

Je n'ai pu deviner la critique que vous peut faire M. l'abbé Tallemant [3] sur l'endroit de l'épitaphe que vous m'avez marqué. N'est-ce point qu'il prétend que ces termes, *il fut nommé*, semblent dire que le roi Louis XIII a tenu M. Le Tellier [4] sur les fonts de bap-

[1] (Virg., églog. I.) — [2] Il n'avoit pas d'autres eaux dans cette petite maison dont il faisoit ses délices. (L. R.)

[3] Paul Tallemant : il ne faut pas le confondre avec François Tallemant, son cousin, auteur d'une traduction des Vies de Plutarque, et que Boileau (*Épît.* VII) a désigné dans ce vers :

Ou le sec traducteur du françois d'Amyot.

Celui dont il est question ici eut beaucoup de part à l'histoire de Louis XIV par les médailles. Tous deux étoient de l'académie françoise. (G.)

[4] Il s'agissoit de l'épitaphe du chancelier Le Tellier, mort depuis dix-huit mois.

tême ; ou bien que c'est mal dit, que le roi le choisit pour remplir la charge, etc., parceque c'est la charge qui a rempli M. Le Tellier, et non pas M. Le Tellier qui a rempli la charge : par la même raison que c'est la ville qui entoure les fossés et non pas les fossés qui entourent la ville. C'est à vous à m'expliquer cette énigme.

Faites bien, je vous prie, mes baisemains au père Bouhours et à tous nos amis; mais sur-tout témoignez bien à M. Nicole la profonde vénération que j'ai pour son mérite, et pour la simplicité de ses mœurs, encore plus admirable que son mérite. Vous ne me parlez point de l'épitaphe de mademoiselle de Lamoignon.

Voilà, ce me semble, une assez longue lettre pour un homme à qui on défend les longues applications, et qu'on presse d'ailleurs de donner cette lettre pour la porter à Moulins. J'ai appris par la gazette que M. l'abbé de Choisi étoit agréé à l'Académie. Voici encore une voix que je vous envoie pour lui, si les trente-neuf ne suffisoient pas. Adieu, aimez-moi toujours, et croyez que je n'aime rien plus que vous. Je passe ici le temps, *sic ut quimus, quando ut volumus non possum*[1]. Adieu, encore une fois; dites à ma sœur et à M. Manchon que je ne manquerai pas de leur écrire par la première commodité. J'ai écrit à M. Marchand.

[1] « Comme nous pouvons, puisque je ne puis le passer comme nous voulons. » (G.)

LETTRE VII.

RACINE A BOILEAU.

Paris, 4 août 1687.

Je suis ravi des bonnes espérances que l'on continue de vous donner et du soulagement que vous ressentez déja à votre poitrine. Je ne doute pas que la difficulté de parler ne soit encore plus aisée à guérir que la difficulté de respirer. Je n'ai point encore vu M. Fagon depuis que j'ai reçu de vos nouvelles; mais bien M. Daquin, qui trouve fort étrange que vous ne vous soyez pas mis entre les mains de M. des Trapières : il est même bien en peine qui peut vous avoir adressé à M. Bourdier. Je jugeai à propos, tant il étoit en colère, de ne lui pas dire un mot de M. Fagon.

J'ai fait le voyage de Maintenon, et je suis fort content des ouvrages que j'y ai vus : ils sont prodigieux et dignes, en vérité, de la magnificence du roi. Il y en a encore, dit-on, pour deux ans. Les arcades qui doivent joindre les deux montagnes vis-à-vis Maintenon sont presque faites : il y en a quarante-huit; elles sont bâties pour l'éternité. Je voudrois qu'on eût autant d'eau à faire passer dessus qu'elles sont capables d'en porter. Il y a là plus de trente mille hommes qui travaillent, tous gens bien faits, et qui, si la guerre recommence, remueront plus volontiers la terre devant quelque place sur la frontière que dans les plaines de Beauce.

J'eus l'honneur de voir madame de Maintenon, avec qui je fus une bonne partie d'une après-dînée; et elle me témoigna même que ce temps-là ne lui avoit point duré. Elle est toujours la même que vous l'avez vue, pleine d'esprit, de raison, de piété, et de beaucoup de bonté pour nous. Elle me demanda des nouvelles de notre travail : je lui dis que votre indisposition et la mienne, mon voyage à Luxembourg, et votre voyage à Bourbon nous avoient un peu reculés, mais que nous ne perdions cependant pas notre temps [1].

A propos de Luxembourg, je viens de recevoir un plan et de la place et des attaques, et cela dans la dernière exactitude. Je viens de recevoir aussi tout-à-l'heure une lettre où l'on me mande une nouvelle fort surprenante et fort affligeante pour vous et pour moi : c'est la mort de notre ami M. de Saint-Laurent [2], qui a été emporté d'un seul accès de colique néphrétique, à quoi il n'avoit jamais été sujet en sa vie. Je ne crois pas qu'excepté Madame, on en soit fort af-

---

[1] Ils ne le perdoient pas ; mais les grands morceaux qu'ils avoient faits ont été brûlés dans l'incendie arrivé chez M. de Valincourt. (L. R.)

[2] Homme d'une grande piété, précepteur du jeune duc de Chartres, depuis M. le duc d'Orléans, régent. Une lettre suivante fera connoître les regrets du jeune prince, et sa douleur de cette mort. (L. R.) C'étoit un homme, dit Saint-Simon, à choisir dans toute l'Europe pour l'éducation des rois.

fligé au Palais-Royal : les voilà débarrassés d'un homme de bien.

Je laisse volontiers à la gazette à vous parler de M. l'abbé de Choisi. Il fut reçu sans opposition[1]; il avoit pris tous les devants qu'il falloit auprès des gens qui auroient pu lui faire de la peine. Il fera, le jour de Saint-Louis, sa harangue, qu'il m'a montrée : il y a quelques endroits d'esprit ; je lui ai fait ôter quelques fautes de jugement. M. Bergeret fera la réponse ; je crois qu'il y aura plus de jugement.

Je suis bien aise que vous n'ayez pas conçu la critique de M. l'abbé Tallemant, c'est signe qu'elle ne vaut rien. La critique tomboit sur ces mots : *Il en commença les fonctions*. Il prétendoit qu'il falloit dire nécessairement : *Il commença à en faire les fonctions*. Le P. Bouhours ne le devina point ; non plus que vous ; et quand je lui dis la difficulté, il s'en moqua. Je donnai l'épitaphe de mademoiselle de Lamoignon à M. de La Chapelle, en l'état que nous étions convenus à Montgeron ; je n'en ai pas ouï parler depuis.

M. Hessein n'a point changé : nous fûmes cinq jours ensemble. Il fut fort doux dans les quatre premiers jours, et eut beaucoup de complaisance pour M. de Termes, qui ne l'avoit jamais vu, et qui étoit charmé de sa douceur. Le dernier jour, M. Hessein ne lui laissa pas passer un mot sans le contredire ; et même quand il nous voyoit fatigués et endormis, il avançoit malicieusement quelque paradoxe, qu'il sa-

---

[1] A la place du duc de Saint-Aignan, à l'académie françoise, en 1687.

voit bien qu'on ne lui laisseroit point passer. En un mot, il eut contentement; non seulement on disputa, mais on se querella, et on se sépara sans avoir trop d'envie de se revoir de plus de huit jours. Il me sembla que M. de Termes avoit toujours raison; il lui sembla aussi la même chose de moi. M. Félix témoigna un peu plus de bonté pour M. Hessein, et nous gronda tous, plutôt que de se résoudre à le condamner. Voilà comment s'est passé le voyage. Mon mal de gorge est beaucoup diminué, dieu merci; mais il n'est pas encore fini : il me reste de temps en temps quelques âcretés vers la luette, mais cela ne dure point. Quoi qu'il en soit, je n'y fais plus rien. Mes chevaux marcheront demain pour la première fois depuis votre départ; celui qui avoit le farcin est, dit-on, entièrement guéri : je n'ose encore trop vous l'assurer. M. Marchand me vint voir, il y a trois jours, un peu fâché de ce que vous n'avez pas pris à Bourbon le logis qu'il vous avoit dit. Il doit mener à Auteuil sa fille, qui est sortie de religion, pour lui faire prendre l'air. Cela ne m'empêchera pas d'y aller passer des après-dînées, et même d'y aller dîner avec lui. Adieu, mon cher monsieur; mandez-moi au plus tôt que vous parlez; c'est la meilleure nouvelle que je puisse recevoir en ma vie.

LETTRE VIII.

RACINE A BOILEAU.

Paris, 8 août 1687.

Madame Manchon[1] vint avant-hier me chercher, fort alarmée d'une lettre que vous lui avez écrite, et qui est en effet bien différente de celle que j'ai reçue de vous. J'aurois déja été à Versailles pour entretenir M. Fagon; mais le roi est à Marly depuis quatre jours, et n'en reviendra que demain au soir : ainsi je n'irai qu'après-demain matin, et je vous manderai exactement tout ce qu'il m'aura dit. Cependant je me flatte que ce dégoût et cette lassitude dont vous vous plaignez n'auront point de suite, et que c'est seulement un effet que les eaux doivent produire quand l'estomac n'y est pas encore accoutumé; que si elles continuent à vous faire mal, vous savez ce que tout le monde vous dit en partant, qu'il falloit les quitter en ce cas, ou tout du moins les interrompre. Si par malheur elles ne vous guérissent pas, il n'y a point lieu encore de vous décourager, et vous ne seriez pas le premier qui, n'ayant pas été guéri sur les lieux, s'est trouvé guéri étant de retour chez lui. En tout cas, le sirop d'*erysimum* n'est point assurément une vision. M. Dodart, à qui j'en parlai il y a trois jours, me dit et m'assura en conscience que

[1] Sœur de Boileau.

ce M. Morin qui m'a parlé de ce remède est sans doute le plus habile médecin qui soit dans Paris, et le moins charlatan. Il est constant que pour moi, je me trouve infiniment mieux depuis que, par son conseil, j'ai renoncé à tout ce lavage d'eaux qu'on m'avoit ordonnées, et qui m'avoient presque gâté entièrement l'estomac, sans me guérir mon mal de gorge. Je prierai aussi M. de Jussac d'écrire à madame sa femme, à Fontevraud, et de lui mander l'embarras de ce pauvre paralytique, qui étoit sans vous sur le pavé.

M. de Saint-Laurent est mort d'une colique de *miserere*, et non point d'un accès de néphrétique, comme je vous avois mandé. Sa mort a été fort chrétienne, et même aussi singulière que le reste de sa vie. Il ne confia qu'à M. de Chartres qu'il se trouvoit mal, et qu'il alloit s'enfermer dans une chambre pour se reposer, conjurant instamment ce jeune prince de ne point dire où il étoit, parcequ'il ne vouloit voir personne. En le quittant il alla faire ses dévotions : c'étoit un dimanche, et on dit qu'il les faisoit tous les dimanches : puis il s'enferma dans une chambre jusqu'à trois heures après-midi, que M. de Chartres, étant en inquiétude de sa santé, déclara où il étoit. Tancret y fut, qui le trouva tout habillé sur un lit, souffrant apparemment beaucoup, et néanmoins fort tranquille. Tancret ne lui trouva point de pouls; mais M. de Saint-Laurent lui dit que cela ne l'étonnât point, qu'il étoit vieux, et qu'il n'avoit pas naturellement le pouls fort élevé. Il voulut être saigné, et il ne vint point de sang. Peu de temps après il se mit sur son séant, puis dit à son valet de le pencher un peu sur son chevet; et aussitôt ses pieds se mirent à trépigner contre le plancher, et il expira dans le moment même. On trouva dans sa bourse un billet par lequel il déclaroit où l'on trouveroit son testament. Je crois qu'il donne tout son bien aux pauvres. Voilà comme il est mort; et voici ce qui fait, ce me semble, assez bien son éloge : vous savez qu'il n'avoit presque point d'autres soins auprès de M. de Chartres que de l'empêcher de manger des friandises; qu'il l'empêchoit le plus qu'il pouvoit d'aller aux comédies et aux opéra; et il vous a conté lui-même toutes les rebuffades qu'il lui a fallu essuyer pour cela, et comment toute la maison de Monsieur étoit déchaînée contre lui, gouverneur, sous-précepteur, valets-de-chambre. Cependant on a été plus de deux jours sans oser apprendre sa mort à ce même M. de Chartres; et quand Monsieur enfin la lui a annoncée, il a jeté des cris effroyables, se jetant, non point sur son lit, mais sur le lit de M. de Saint-Laurent, qui étoit encore dans sa chambre, et l'appelant à haute voix comme s'il eût encore été en vie : tant la vertu, quand elle est vraie, a de force pour se faire aimer! Je suis assuré que cela vous fera plaisir, non seulement pour la mémoire de M. de Saint-Laurent, mais même pour M. de Chartres. Dieu veuille qu'il persiste long-temps dans de pareils sentiments! Il me semble que je n'ai point d'autres nouvelles à vous mander.

M. le duc de Roannez est venu ce matin pour me parler de sa rivière, et pour me prier d'en parler. Je lui ai demandé s'il ne savoit rien de nouveau; il m'a dit que non : et il faut bien, puisqu'il ne sait point de nouvelles, qu'il n'y en ait point; car il en sait toujours plus qu'il n'y en a. On dit seulement que M. de Lorraine a passé la Drave[1], et les Turcs la Save; ainsi il n'y a point de rivière qui les sépare : tant pis apparemment pour les Turcs; je les trouve merveilleusement accoutumés à être battus. La nouvelle qui fait ici le plus de bruit, c'est l'embarras des comédiens, qui sont obligés de déloger de la rue Guénégaud, à cause que messieurs de Sorbonne, en acceptant le collége des Quatre-Nations, ont demandé, pour première condition, qu'on les éloignât de ce collége. Ils ont déja marchandé des places dans cinq ou six endroits; mais par-tout où ils vont, c'est merveille d'entendre comme les curés crient. Le curé de Saint-Germain-l'Auxerrois a déja obtenu qu'ils ne seroient point à l'hôtel de Sourdis, parceque de leur théâtre on auroit entendu tout à plein les orgues, et de l'église on auroit parfaitement bien entendu les violons. Enfin ils en sont à la rue de Savoie, dans la paroisse de Saint-André. Le curé a été aussi au roi lui représenter qu'il n'y a tantôt plus dans sa paroisse que des auberges et des coquetiers; si les comédiens y viennent, que son église sera déserte. Les

---

[1] Le duc de Lorraine fut obligé de repasser la Drave; mais cette tentative amena la célèbre bataille de Mohatz, le 12 août de cette année 1687. (*Anon.*)

Grands-Augustins ont aussi été au roi, et le P. Lembrochons, provincial, a porté la parole; mais on prétend que les comédiens ont dit à sa majesté que ces mêmes Augustins qui ne veulent point les avoir pour voisins sont fort assidus spectateurs de la comédie, et qu'ils ont même voulu vendre à la troupe des maisons qui leur appartiennent dans la rue d'Anjou, pour y bâtir un théâtre, et que le marché seroit déja conclu si le lieu eût été plus commode. M. de Louvois a ordonné à M. de La Chapelle de lui envoyer le plan du lieu où ils veulent bâtir dans la rue de Savoie. Ainsi on attend ce que M. de Louvois décidera[1]. Cependant l'alarme est grande dans le quartier; tous les bourgeois, qui sont gens de palais, trouvant fort étrange qu'on vienne leur embarrasser leurs rues. M. Billard[2] sur-tout, qui se trouvera vis-à-vis de la porte du parterre, crie fort haut; et, quand on lui a voulu dire qu'il en auroit plus de commodité pour s'aller divertir quelquefois, il a répondu fort tragiquement : *Je ne veux point me*

---

[1] Le 20 juin 1687, les comédiens françois reçurent l'ordre de fermer, dans trois mois, leur théâtre de Guénégaud. Après plusieurs contrats qui furent cassés par arrêt du conseil, ils obtinrent enfin, en 1688, la permission d'acquérir le jeu de paume de l'Étoile, rue des Fossés-Saint-Germain-des-Prés, et ils y firent construire le théâtre qui a été pendant près de cent ans celui de la comédie françoise. (*Anon.*)

[2] Germain Billard, avocat renommé; il avoit marié une de ses filles à Jérôme Bignon, qui fut prévôt des marchands de la ville de Paris, en 1708; l'autre à Louis Chauvelin, père du garde-des-sceaux. (*Anon.*)

divertir. Adieu, monsieur : je fais moi-même ce que je puis pour vous divertir, quoique j'aie le cœur fort triste depuis la lettre que vous avez écrite à madame votre sœur. Si vous croyez que je puisse vous être bon à quelque chose à Bourbon, n'en faites point de façon, mandez-le-moi; je volerai pour vous aller voir.

LETTRE IX.

BOILEAU A RACINE.

Bourbon, le 9 août 1687.

Je vous demande pardon du gros paquet que je vous envoie : mais M. Bourdier, mon médecin, a cru qu'il étoit de son devoir d'écrire à M. Fagon sur ma maladie. Je lui ai dit qu'il falloit que M. Dodart vît aussi la chose; ainsi nous sommes convenus de vous adresser sa relation. Je vous envoie un compliment pour M. de La Bruyère.

J'ai été sensiblement affligé de la mort de M. de Saint-Laurent. Franchement notre siècle se dégarnit fort de gens de mérite et de vertu : et, sans ceux qu'on a étouffés sous prétexte de jansénisme, en voilà un grand nombre que la mort a enlevés depuis peu. Je plains fort le pauvre M. de Sainctot. Je ne vous dirai point en quel état est ma poitrine, puisque mon médecin vous en écrit tout le détail; ce que je puis vous dire, c'est que ma maladie est de ces sortes de choses *quæ non recipiunt magis et minùs*[1], puisque je suis environ au même état que j'étois lorsque je suis arrivé. On me dit cependant toujours, comme à Paris, que cela reviendra, et c'est ce qui me désespère, cela ne revenant point. Si je savois que je dusse être sans voix toute ma vie, je m'affligerois sans doute; mais je prendrois ma résolution, et je serois peut-être moins malheureux que dans un état d'incertitude, qui ne me permet pas de me fixer, et qui me laisse toujours comme un coupable qui attend le jugement de son procès. Je m'efforce cependant de traîner ici ma misérable vie du mieux que je puis, avec un abbé très honnête homme, mon médecin, et mon apothicaire. Je passe le temps avec eux à-peu-près comme don Quixotte le passoit *en un lugar de la Mancha*[2], avec son curé, son barbier, et le bachelier Samson Carrasco. J'ai aussi une servante, il me manque une nièce; mais, de tous ces gens-là, celui qui joue le mieux son personnage, c'est moi, qui suis presque aussi fou que don Quixotte, et qui ne dirois guère moins de sottises, si je pouvois me faire entendre.

Je n'ai point été surpris de ce que vous m'avez mandé de M. Hessein: *naturam expellas furcâ, tamen usque recurret*[3]. Il a d'ailleurs de très bonnes qualités: mais, à mon avis, puisque je suis sur la citation de don Quixotte, il n'est pas mauvais de garder avec

---

[1] « Qui ne sont susceptibles ni de plus ni de moins. » (G.)
[2] « Dans un lieu de la Manche. » — [3] « Chassez le naturel avec une fourche, il reviendra toujours. » (G.)

lui les mêmes mesures qu'avec Cardénio. Comme il veut toujours contredire, il ne seroit pas mauvais de le mettre avec cet homme que vous savez de notre assemblée, qui ne dit jamais rien qu'on ne doive contredire [1] : ils seroient merveilleux ensemble.

J'ai déja formé mon plan pour l'année 1667 [2], où je vois de quoi ouvrir un beau champ à l'esprit: mais, à ne vous rien déguiser, il ne faut pas que vous fassiez un grand fond sur moi; tant que j'aurai tous les matins à prendre douze verres d'eau, qu'il coûte encore plus à rendre qu'à avaler, et qui vous laissent tout étourdi le reste du jour, sans qu'il vous soit permis de sommeiller un moment. Je ferai pourtant du mieux que je pourrai, et j'espère que Dieu m'aidera.

Vous faites bien de cultiver madame de Maintenon : jamais personne ne fut si digne qu'elle du poste qu'elle occupe, et c'est la seule vertu où je n'ai point encore remarqué de défaut. L'estime qu'elle a pour vous est une marque de son bon goût. Pour moi, je ne me compte pas au rang des choses vivantes.

« Vox quoque Mœrim
« Jam fugit ipsa : lupi Mœrim vidére priores [3] ».

---

[1] Chapentier. — [2] Il parle des travaux historiques dont ils étoient chargés, Racine et lui. (L. R.).

[3] « Mœris a déja même perdu la voix : les loups ont vu Mœris les premiers. » (Virg., *Eglog.* IX.) Suivant un ancien proverbe rustique, quand le loup apercevoit, le premier, un homme, cet homme devenoit enroué. (G.)

LETTRE X.

BOILEAU A RACINE.

Moulins, le 13 août 1687.

Mon médecin a jugé à propos de me laisser reposer deux jours; et j'ai pris ce temps pour venir voir Moulins, où j'arrivai hier au matin, et d'où je m'en dois retourner aujourd'hui au soir. C'est une ville très marchande et très peuplée, et qui n'est pas indigne d'avoir un trésorier de France comme vous [1]. Un M. de Chamblain, ami de M. l'abbé de Sales, qui y est venu avec moi, m'y donna hier à souper fort magnifiquement. Il se dit grand ami de M. de Poignant, et connoît fort votre nom, aussi bien que tout le monde de cette ville, qui s'honore fort d'avoir un magistrat de votre force, et qui lui est si peu à charge. Je vous ai envoyé, par le dernier ordinaire, une très longue déduction de ma maladie, que M. Bourdier, mon médecin, écrit à M. Fagon; ainsi vous en devez être instruit à l'heure qu'il est parfaitement. Je vous dirai pourtant que dans cette relation il ne parle point de la lassitude de jambes, et du peu d'appétit; si bien que tout le profit que j'ai fait jusqu'ici à boire des eaux, selon lui, consiste

---

[1] Colbert avoit gratifié Racine d'une charge de trésorier de France au bureau des finances de Moulins, qui étoit tombée aux parties casuelles. Il n'y alloit jamais.

à un éclaircissement de teint, que le hâle du voyage m'avoit jauni plutôt que la maladie : car vous savez bien qu'en partant de Paris, je n'avois pas le visage trop mauvais, et je ne vois pas qu'à Moulins, où je suis, on me félicite fort présentement de mon embonpoint. Si j'ai écrit une lettre si triste à ma sœur, cela ne vient point de ce que je me sente beaucoup plus mal qu'à Paris, puisqu'à vous dire le vrai, tout le bien et tout le mal mis ensemble, je suis environ au même état que quand je partis ; mais, dans le chagrin de ne point guérir, on a quelquefois des moments où la mélancolie redouble, et je lui ai écrit dans un de ces moments. Peut-être dans une autre lettre verra-t-elle que je ris. Le chagrin est comme une fièvre qui a ses redoublements et ses suspensions.

La mort de M. de Saint-Laurent est tout-à-fait édifiante : il me paroît qu'il a fini avec toute l'audace d'un philosophe et toute l'humilité d'un chrétien. Je suis persuadé qu'il y a des saints canonisés qui n'étoient pas plus saints que lui : on le verra un jour, selon toutes les apparences, dans les litanies. Mon embarras est seulement comment on l'appellera, et si on lui dira simplement saint Laurent, ou saint Saint-Laurent. Je n'admire pas seulement M. de Chartres[1], mais je l'aime ; j'en suis fou. Je ne sais pas ce qu'il fera dans la suite ; mais je sais bien que l'enfance d'Alexandre, ni de Constantin, n'ont ja-

[1] Depuis duc d'Orléans, et régent du royaume durant la minorité de Louis XV.

mais promis de si grandes choses que la sienne, et on pourroit beaucoup plus justement faire de lui les prophéties que Virgile, à mon avis, a faites assez à la légère du fils de Pollion.

Dans le temps que je vous écris ceci, M. Amiot vient d'entrer dans ma chambre : il a précipité, dit-il, son retour à Bourbon pour me venir rendre service. Il m'a dit qu'il avoit vu, avant que de partir, M. Fagon, et qu'ils persistoient l'un et l'autre dans la pensée du demi-bain, quoi qu'en puissent dire MM. Bourdier et Baudière : c'est une affaire qui se décidera demain à Bourbon. A vous dire le vrai, mon cher monsieur, c'est quelque chose d'assez fâcheux que de se voir ainsi le jouet d'une science très conjecturale, et où l'un dit blanc, et l'autre noir : car les deux derniers ne soutiennent pas seulement que le bain n'est pas bon à mon mal, mais ils prétendent qu'il y va de la vie, et citent sur cela des exemples funestes. Mais enfin me voilà livré à la médecine, et il n'est plus temps de reculer. Ainsi, ce que je demande à Dieu, ce n'est pas qu'il me rende la voix, mais qu'il me donne la vertu et la piété de M. de Saint-Laurent, ou de M. Nicole, ou même la vôtre, puisque avec cela on se moque des périls. S'il y a quelque malheur dont on se puisse réjouir, c'est, à mon avis, de celui des comédiens : si on continue à les traiter comme on fait, il faudra qu'ils s'aillent établir entre la Villette et la porte Saint-Martin : encore ne sais-je s'ils n'auront point sur les bras le curé de Saint-Laurent. Je vous ai une obligation infinie du soin que vous prenez d'entretenir un misérable comme moi. L'offre que vous me faites de venir à Bourbon est tout-à-fait héroïque et obligeante; mais il n'est pas nécessaire que vous veniez vous enterrer inutilement dans le plus vilain lieu du monde; et le chagrin que vous auriez infailliblement de vous y voir, ne feroit qu'augmenter celui que j'ai d'y être. Vous m'êtes plus nécessaire à Paris qu'ici, et j'aime encore mieux ne vous point voir, que de vous voir triste et affligé. Adieu, mon cher monsieur. Mes recommandations à M. Félix, à M. de Termes, et à tous nos autres amis.

LETTRE XI.

RACINE A BOILEAU.

Paris, 13 août 1687.

Je ne vous écrirai aujourd'hui que deux mots: car, outre qu'il est extrêmement tard, je reviens chez moi pénétré de frayeur et de déplaisir. Je sors de chez le pauvre M. Hessein, que j'ai laissé à l'extrémité : je doute qu'à moins d'un miracle je le retrouve demain en vie. Je vous conterai sa maladie une autre fois, et je ne vous parlerai maintenant que de ce qui vous regarde. Vous êtes un peu cruel à mon égard de me laisser si long-temps dans l'horrible inquiétude où vous avez bien dû juger que votre lettre à madame votre sœur me pouvoit jeter.

J'ai vu M. Fagon, qui, sur le récit que je lui ai fait de ce qui est dans cette lettre, a jugé qu'il falloit quitter sur-le-champ vos eaux. Il dit que leur effet naturel est d'ouvrir l'appétit, bien loin de l'ôter; il croit même qu'à l'heure qu'il est vous les aurez interrompues, parcequ'on n'en prend jamais plus de vingt jours de suite. Si vous vous en êtes trouvé considérablement bien, il est d'avis qu'après les avoir laissées pour quelque temps, vous les recommenciez : si elles ne vous ont fait aucun bien, il croit qu'il les faut quitter entièrement. Le roi me demanda hier au soir si vous étiez revenu : je lui répondis que non, et que les eaux jusqu'ici ne vous avoient pas fort soulagé. Il me dit ces propres mots : « Il fera mieux de se remettre à son train de vie or- « dinaire ; la voix lui reviendra lorsqu'il y pensera « le moins. » Tout le monde est charmé de la bonté que sa majesté a témoignée pour vous, en parlant ainsi ; et tout le monde est d'avis que, pour votre santé, vous ferez bien de revenir. M. Félix est de cet avis : le premier médecin et M. Moreau en sont entièrement. M. du Tartre croit qu'absolument les eaux de Bourbon ne sont pas bonnes pour votre poitrine, et que vos lassitudes en sont une marque. Tout cela, mon cher monsieur, m'a donné une furieuse envie de vous voir de retour. On dit que vous trouverez de petits remèdes innocents, qui vous rendront infailliblement la voix, et qu'elle reviendra d'elle-même quand vous ne ferez rien. M. le maréchal de Bellefonds m'enseigna hier un remède dont il dit qu'il a vu plusieurs gens guéris d'une extinction de voix[1]; c'est de laisser fondre dans sa bouche un peu de myrrhe, la plus transparente qu'on puisse trouver : d'autres se sont guéris avec la simple eau de poulet, sans compter l'*erysimum*; enfin, tout d'une voix, tout le monde vous conseille de revenir. Je n'ai jamais vu une santé plus généralement souhaitée que la vôtre. Venez donc, je vous en conjure; et, à moins que vous n'ayez déja un commencement de voix qui vous donne des assurances que vous achèverez de guérir à Bourbon, ne perdez pas un moment de temps pour vous redonner à vos amis, et à moi sur-tout, qui suis inconsolable de vous voir si loin de moi, et d'être six semaines entières sans savoir si vous êtes en santé ou non. Plus je vois décroître le nombre de mes amis, plus je deviens sensible au peu qui m'en reste : et il me semble, à vous parler franchement, qu'il ne me reste plus que vous. Adieu; je crains de m'attendrir follement en m'arrêtant trop sur cette réflexion.

LETTRE XII.

RACINE A BOILEAU.

Paris, 17 août 1687.

J'allai hier au soir à Versailles, et j'y allai tout exprès pour voir M. Fagon, et lui donner la consul-

[1] Madame de Sévigné, dans une lettre à madame de Cou-

tation de M. Bourdier. Je la lus auparavant avec
M. Félix, et je la trouvai très savante, dépeignant
votre tempérament et votre mal en termes très énergiques ; j'y croyois trouver en quelque page : *Numero Deus impare gaudet*. M. Fagon me dit que du
moment qu'il s'agissoit de la vie, et qu'elle pouvoit
être en compromis, il s'étonnoit qu'on mît en question si vous prendriez le demi-bain. Il en écrira à
M. Bourdier, et cependant il m'a chargé de vous
écrire au plus vite de ne point vous baigner, et même
si les eaux vous ont incommodé, de les quitter entièrement, et de vous en revenir. Je vous avois déja
mandé son avis là-dessus, et il persiste toujours.
Tout le monde crie que vous devriez revenir, médecins, chirurgiens, hommes, femmes. Je vous avois
mandé qu'il falloit un miracle pour sauver M. Hessein : il est sauvé, et c'est votre bon ami le quinquina
qui a fait ce miracle. L'émétique l'avoit mis à la
mort : M. Fagon arriva fort à propos, qui, le croyant
à demi mort, ordonna au plus vite le quinquina. Il
est présentement sans fièvre : je l'ai même tantôt fait
rire jusqu'à la convulsion, en lui montrant l'endroit
de votre lettre où vous parlez du bachelier, du curé,
et du barbier. Vous dites qu'il vous manque une
nièce : voudriez-vous qu'on vous envoyât mademoiselle Despréaux[1] ? Je m'en vais ce soir à Marly.

langes, du 5 juillet 1694, raille le maréchal de Bellefonds sur ce
qu'il se méloit un peu de médecine.

[1] C'étoit une fille de Jérôme Boileau, le greffier, mort en 1679.
La femme de ce greffier avoit l'humeur la plus bizarre et la plus

M. Félix a demandé permission au roi pour moi, et j'y demeurerai jusqu'à mercredi prochain.

M. le duc de Charost m'a tantôt demandé de vos nouvelles d'un ton de voix que je vous souhaiterois de tout mon cœur. Quantité de gens de nos amis sont malades, entre autres M. le duc de Chevreuse et M. de Chamlai : tous deux ont la fièvre double-tierce. M. de Chamlai a déja pris le quinquina; M. de Chevreuse le prendra au premier jour. On ne voit à la cour que des gens qui ont le ventre plein de quinquina. Si cela ne vous excite pas à y revenir, je ne sais plus ce qui peut vous en donner envie. M. Hessein ne l'a point voulu prendre des apothicaires, mais de la propre main de Smith. J'ai vu ce Smith chez lui ; il a le visage vermeil et boutonné, et a bien plus l'air d'un maître cabaretier que d'un médecin. M. Hessein dit qu'il n'a jamais rien bu de plus agréable, et qu'à chaque fois qu'il en prend, il sent la vie descendre dans son estomac. Adieu, mon cher monsieur : je commencerai et finirai toutes mes lettres en vous disant de vous hâter de revenir.

acariâtre, et elle a fourni au poëte plusieurs traits de la satire contre les femmes ; la fille tenoit de la mère, et toutes deux avoient beaucoup tourmenté Boileau lorsqu'il demeuroit chez son frère. (*Anon.*)

LETTRE XIII.

BOILEAU A RACINE.

Bourbon, ce 19 août 1687.

Vous pouvez juger, monsieur, combien j'ai été frappé de la funeste nouvelle que vous m'avez mandée de notre pauvre ami [1]. En quelque état pitoyable néanmoins que vous l'ayez laissé, je ne saurois m'empêcher d'avoir toujours quelque rayon d'espérance, tant que vous ne m'aurez point écrit, *il est mort;* et je me flatte même qu'au premier ordinaire j'apprendrai qu'il est hors de danger. A dire le vrai, j'ai bon besoin de me flatter ainsi, sur-tout aujourd'hui que j'ai pris une médecine qui m'a fait tomber quatre fois en foiblesse, et qui m'a jeté dans un abattement dont même les plus agréables nouvelles ne seroient pas capables de me relever. Je vous avoue pourtant que, si quelque chose pouvoit me rendre la santé et la joie, ce seroit la bonté qu'a sa majesté de s'enquérir de moi toutes les fois que vous vous présentez devant lui. Il ne sauroit guère rien arriver de plus glorieux, je ne dis pas à un misérable comme moi, mais à tout ce qu'il y a de gens plus considérables à la cour; et je gage qu'il y en a plus de vingt d'entre eux qui, à l'heure qu'il est,

[1] Hessein.

envient ma bonne fortune, et qui voudroient avoir perdu la voix, et même la parole, à ce prix. Je ne manquerai pas, avant qu'il soit peu, de profiter du bon avis qu'un si grand prince me donne, sauf à désobliger M. Bourdier, mon médecin, et M. Baudière, mon apothicaire, qui prétendent maintenir contre lui, que les eaux de Bourbon sont admirables pour rendre la voix; mais je m'imagine qu'ils réussiront dans cette entreprise, à peu près comme toutes les puissances de l'Europe ont réussi à lui empêcher de prendre Luxembourg, et tant d'autres villes. Pour moi, je suis persuadé qu'il fait bon suivre ses ordonnances, en fait même de médecine. J'accepte l'augure qu'il m'a donné, en vous disant que la voix me reviendroit lorsque j'y penserois le moins. Un prince qui a exécuté tant de choses miraculeuses, est vraisemblablement inspiré du ciel, et toutes les choses qu'il dit sont des oracles. D'ailleurs, j'ai encore un remède à essayer, où j'ai grande espérance, qui est de me présenter à son passage dès que je serai de retour; car je crois que l'envie que j'aurai de lui témoigner ma joie et ma reconnoissance, me fera trouver de la voix, et peut-être même des paroles éloquentes. Cependant je vous dirai que je suis aussi muet que jamais, quoique inondé d'eaux et de remédes. Nous attendons la réponse de M. Fagon sur la relation que M. Bourdier lui a envoyée. Jusque-là je ne puis rien vous dire sur mon départ. On me fait toujours espérer ici une guérison prochaine, et nous devons tenter le demi-bain, supposé que M. Fagon persiste toujours dans l'opinion qu'il me peut être utile. Après cela je prendrai mon parti.

Vous ne sauriez croire combien je vous suis obligé de la tendresse que vous m'avez témoignée dans votre dernière lettre; les larmes m'en sont presque venues aux yeux, et quelque résolution que j'eusse faite de quitter le monde, supposé que la voix ne me revînt point, cela m'a entièrement fait changer d'avis; c'est-à-dire, en un mot, que je me sens capable de quitter toutes choses, hormis vous. Adieu, mon cher monsieur, excusez si je ne vous écris pas une plus longue lettre : franchement je suis fort abattu. Je n'ai point d'appétit : je traîne les jambes plutôt que je ne marche. Je n'oserois dormir, et je suis toujours accablé de sommeil. Je me flatte pourtant encore de l'espérance que les eaux de Bourbon me guériront. M. Amiot est homme d'esprit, et me rassure fort. Il se fait une affaire très sérieuse de me guérir, aussi-bien que les autres médecins. Je n'ai jamais vu de gens si affectionnés à leur malade, et je crois qu'il n'y en a pas un d'entre eux qui ne donnât quelque chose de sa santé pour me rendre la mienne. Outre leur affection, il y va de leur intérêt, parceque ma maladie fait grand bruit dans Bourbon. Cependant ils ne sont point d'accord, et M. Bourdier lève toujours des yeux très tristes au ciel, quand on parle de bain. Quoi qu'il en soit, je leur suis obligé de leurs soins et de leur bonne volonté; et quand vous m'écrirez, je vous prie de me dire quelque chose qui marque que je parle bien d'eux.

M. de La Chapelle m'a écrit une lettre fort obligeante, et m'envoie plusieurs inscriptions sur lesquelles il me prie de lui dire mon avis. Elles me paroissent toutes fort spirituelles; mais je ne saurois pas lui mander, pour cette fois, ce que j'y trouve à redire; ce sera pour le premier ordinaire. M. Boursault[1], que je croyois mort, me vint voir, il y a cinq ou six jours, et m'apparut le soir assez subitement. Il me dit qu'il s'étoit détourné de trois grandes lieues du chemin de Mont-Luçon, où il alloit, et où il est habitué, pour avoir le bonheur de me saluer. Il me fit offre de toutes choses, d'argent, de commodités, de chevaux. Je lui répondis avec les mêmes honnêtetés, et voulus le retenir pour le lendemain à dîner; mais il me dit qu'il étoit obligé de s'en aller dès le grand matin. Ainsi nous nous séparâmes amis à outrance. A propos d'amis, mes baise-mains, je vous prie, à tous nos amis communs. Dites bien à M. Quinault que je lui suis infiniment obligé de son souvenir, et des choses obligeantes qu'il a écrites de moi à M. l'abbé de Salles. Vous pouvez l'assurer que je le compte présentement au rang de mes meilleurs amis[2], et de ceux dont j'estime le plus le cœur et l'esprit. Ne vous étonnez pas si vous recevez quel-

[1] Boursault, connu par ses comédies, par ses lettres, etc., étoit alors receveur des fermes à Mont-Luçon. Ce trait de générosité lui gagna le cœur de Boileau, qui dans la suite fit disparoître le nom de Boursault de toutes ses satires, et lui resta attaché le reste de sa vie.

[2] Cet endroit doit détromper ceux qui croient que Boileau a toujours été l'ennemi de Quinault. (L. R.)

quefois mes lettres un peu tard, parceque la poste n'est point à Bourbon, et que souvent, faute de gens pour envoyer à Moulins, on perd un ordinaire. Au nom de Dieu, mandez-moi avant toutes choses des nouvelles de M. Hessein.

LETTRE XIV.

BOILEAU A RACINE.

Bourbon, le 23 août 1687.

On me vient avertir que la poste est de ce soir à Bourbon. C'est ce qui fait que je prends la plume à l'heure qu'il est, c'est-à-dire, à dix heures du soir, qui est une heure fort extraordinaire aux malades de Bourbon, pour vous dire que, malgré les tragiques remontrances de M. Bourdier, je me suis mis aujourd'hui dans le demi-bain, par le conseil de M. Amiot, et même de M. des Trapières, que j'ai appelé au conseil. Je n'y ai été qu'une heure; cependant j'en suis sorti beaucoup en meilleur état que je n'y étois entré, c'est-à-dire, la poitrine beaucoup plus dégagée, les jambes plus légères, l'esprit plus gai : et même mon laquais m'ayant demandé quelque chose, je lui ai répondu un *non* à pleine voix, qui l'a surpris lui-même, aussi-bien qu'une servante qui étoit dans la chambre; et pour moi, j'ai cru l'avoir prononcé par enchantement. Il est vrai que je n'ai pu depuis rattraper ce ton-là : mais, comme vous voyez, monsieur, c'en est assez pour me remettre le cœur au ventre, puisque c'est une preuve que ma voix n'est pas entièrement perdue, et que le bain m'est très bon. Je m'en vais piquer de ce côté-là, et je vous manderai le succès. Je ne sais pas pourquoi M. Fagon a molli si aisément sur les objections très superstitieuses de M. Bourdier. Il y a tantôt six mois que je n'ai eu de véritable joie que ce soir. Adieu, mon cher monsieur. Je dors en vous écrivant. Conservez-moi votre amitié, et croyez que si je recouvre la voix, je l'emploierai à publier à toute la terre la reconnoissance que j'ai des bontés que vous avez pour moi, et qui ont encore accru de beaucoup la véritable estime et la sincère amitié que j'avois pour vous. J'ai été ravi, charmé, enchanté, du succès du quinquina ; et ce qu'il a fait sur notre ami Hessein m'engage encore plus dans ses intérêts que la guérison de ma fièvre double-tierce.

LETTRE XV.

RACINE A BOILEAU.

Paris, 24 août 1687.

Je vous dirai, avant toutes choses, que M. Hessein, excepté quelque petit reste de foiblesse, est entièrement hors d'affaire, et ne prendra plus que huit jours du quinquina, à moins qu'il n'en prenne pour son plaisir ; car la chose devient à la mode, et on commencera bientôt, à la fin des repas, à le servir comme le café et le chocolat. L'autre jour, à Marly, Monseigneur, après un fort grand déjeûner avec madame la princesse de Conti et d'autres dames, en envoya querir deux bouteilles chez les apothicaires du roi, et en but le premier un grand verre ; ce qui fut suivi par toute la compagnie, qui, trois heures après, n'en dîna que mieux ; il me semble même que cela leur avoit donné un plus grand air de gaieté ce jour-là ; et, à ce même dîner, je contai au roi votre embarras entre vos deux médecins, et la consultation très savante de M. Bourdier. Le roi eut la bonté de me demander ce qu'on vous répondoit là-dessus, et s'il y avoit à délibérer. « Oh ! pour « moi, s'écria naturellement madame la princesse « de Conti, qui étoit à table à côté de sa majesté, j'ai- « merois mieux ne parler de trente ans, que d'expo- « ser ainsi ma vie pour recouvrer la parole. » Le roi, qui venoit de faire la guerre à monseigneur sur sa débauche de quinquina, lui demanda s'il ne voudroit point aussi tâter des eaux de Bourbon. Vous ne sauriez croire combien cette maison de Marly est agréable : la cour y est, ce me semble, tout autre qu'à Versailles. Il y a peu de gens, et le roi nomme tous ceux qui l'y doivent suivre. Ainsi tous ceux qui y sont, se trouvant fort honorés d'y être, y sont aussi de fort bonne humeur. Le roi même y est fort libre et fort caressant. On diroit qu'à Versailles il est tout entier aux affaires, et qu'à Marly il est tout à lui et à son plaisir. Il m'a fait l'honneur plusieurs fois de me parler, et j'en suis sorti à mon ordinaire, c'est-à-dire fort charmé de lui, et au désespoir contre moi : car je ne me trouve jamais si peu d'esprit que dans ces moments où j'aurois le plus d'envie d'en avoir.

Du reste, je suis devenu riche de bons mémoires. J'y ai entretenu tout à mon aise les gens qui pouvoient me dire le plus de choses de la campagne de Lille. J'eus même l'honneur de demander cinq ou six éclaircissements à M. de Louvois, qui me parla avec beaucoup de bonté. Vous savez sa manière, et comme toutes ses paroles sont pleines de droit sens et vont au fait. En un mot, j'en sortis très savant et très content. Il me dit que, tout autant de difficultés que nous aurions, il nous écouteroit avec plaisir. Les questions que je lui fis regardoient Charleroi et Douai. J'étois en peine pourquoi on alla d'abord à Charleroi, et si on avoit déja nouvelle que les Espagnols l'eussent rasé : car, en voulant écrire, je me suis trouvé arrêté tout-à-coup, et par cette difficulté, et par beaucoup d'autres que je vous dirai. Vous ne me trouverez peut-être, à cause de cela, guère plus avancé que vous, c'est-à-dire beaucoup d'idées et peu d'écritures. Franchement je vous trouve fort à dire, et dans mon travail, et dans mes plaisirs. Une heure de conversation m'étoit d'un grand secours pour l'un, et d'un grand accroissement pour les autres.

Je viens de recevoir une lettre de vous. Je ne doute pas que vous n'ayez présentement reçu celle où je vous mandois l'avis de M. Fagon ; et que M. Bourdier n'ait reçu des nouvelles de M. Fagon même, qui ne serviront pas peu à le confirmer dans son avis. Tout ce que vous m'écrivez de votre peu d'appétit et de votre abattement, est très considérable, et marque toujours, de plus en plus, que les eaux ne vous conviennent point. M. Fagon ne manquera pas de me répéter encore qu'il les faut quitter, et les quitter au plus vite; car, je vous l'ai mandé, il prétend que leur effet naturel est d'ouvrir l'appétit et de rendre les forces. Quand elles font le contraire, il faut y renoncer.

Je ne doute pas que vous ne vous remettiez bientôt en chemin pour revenir. Je suis persuadé comme vous que la joie de revoir un prince qui témoigne tant de bonté pour vous, vous fera plus de bien que tous les remèdes. M. Roze m'avoit déja dit de vous mander de sa part qu'après Dieu le roi étoit le plus grand médecin du monde, et je fus même fort édifié que M. Roze voulût bien mettre Dieu avant le roi. Je commence à soupçonner qu'il pourroit bien être en effet dans la dévotion. M. Nicole a donné depuis deux jours au public deux tomes de *Réflexions sur les épîtres et sur les évangiles*, qui me semblent encore plus forts et plus édifiants que tout ce qu'il a fait. Je ne vous les envoie pas, parceque j'espère que vous serez bientôt de retour, et vous les trouverez infailliblement chez vous. Il n'a encore travaillé que sur la moitié des épîtres et des évangiles de l'année; j'espère qu'il achévera le reste, pourvu qu'il plaise à Dieu et au révérend père de La Chaise de lui laisser encore un an de vie.

Il n'y a point de nouvelles de Hongrie que celles qui sont dans la gazette. M. de Lorraine, en passant la Drave, a fait, ce me semble, une entreprise de fort grand éclat, et fort inutile. Cette expédition a bien l'air de celle qu'on fit pour secourir Philisbourg. Il a trouvé au-delà de la rivière un bois, et au-delà de ce bois les ennemis retranchés jusqu'aux dents. M. de Termes est du nombre de ceux que je vous ai mandé qui avoient l'estomac farci de quinquina. Croyez-vous que le quinquina, qui vous a sauvé la vie, ne vous rendroit point la voix? Il devroit du moins vous être plus favorable qu'à un autre, vous qui vous êtes enroué tant de fois à le louer. Les comédiens, qui vous font si peu de pitié, sont pourtant toujours sur le pavé; et je crains comme vous qu'ils ne soient obligés de s'aller établir auprès des vignes de feu M. votre père; ce seroit un digne théâtre pour les œuvres de M. Pradon : j'allois ajouter de M. Boursault; mais je suis trop touché des honnêtetés que vous avez tout nouvellement reçues de lui. Je ferai tantôt à M. Quinault celles que vous me mandez de lui faire. Il me semble que vous avancez furieusement dans le chemin de la perfection. Voilà bien des gens à qui vous avez pardonné.

On m'a dit, chez madame votre sœur, que M. Marchand partoit lundi prochain pour Bourbon. *Hui! vereor ne quid Andria apportet mali*[1]! Franchement j'appréhende un peu qu'il ne vous retienne. Il aime

[1] « Hélas! je crains que l'Andrienne n'apporte quelque mal. » (Terent., *And.*, act. I, sc. 1.) (G.)

fort son plaisir. Cependant je suis assuré que M. Bourdier même vous dira de vous en aller. Le bien que les eaux vous pourroient faire est peut-être fait : elles auront mis votre poitrine en bon train. Les remèdes ne font pas toujours sur-le-champ leur plein effet; et mille gens qui étoient allés à Bourbon pour des foiblesses de jambes, n'ont commencé à bien marcher que lorsqu'ils ont été de retour chez eux. Adieu, mon cher monsieur : vous me demandez pardon de m'avoir écrit une lettre trop courte, et vous avez raison de le demander; et moi, je vous le demande d'en avoir écrit une trop longue, et j'ai peut-être aussi raison.

LETTRE XVI.

BOILEAU A RACINE.

Bourbon, le 28 août 1687.

Je ne m'étonne point, monsieur, que madame la princesse de Conti soit dans le sentiment où elle est. Quand elle auroit perdu la voix, il lui resteroit encore un million de charmes pour se consoler de cette perte; et elle seroit encore la plus parfaite chose que la nature ait produite depuis long-temps. Il n'en est pas ainsi d'un misérable qui a besoin de sa voix pour être souffert des hommes, et qui a quelquefois à disputer contre M. Charpentier. Quand ce ne seroit que cette dernière raison, il doit risquer quelque chose, et la vie n'est pas d'un si grand prix qu'il ne la puisse hasarder, pour se mettre en état d'interrompre un tel parleur. J'ai donc tenté l'aventure du demi-bain avec toute l'audace imaginable : mes valets faisant lire leur frayeur sur leurs visages, et M. Bourdier s'étant retiré pour n'être point témoin d'une entreprise si téméraire. A vous dire vrai, cette aventure a été un peu semblable à celle des maillotins dans don Quixotte, je veux dire qu'après bien des alarmes, il s'est trouvé qu'il n'y avoit qu'à rire, puisque non seulement le bain ne m'a point augmenté la fluxion sur la poitrine, mais qu'il me l'a même fort soulagée, et que, s'il ne m'a rendu la voix, il m'a du moins en partie rendu la santé. Je ne l'ai encore essayé que quatre fois, et M. Amiot prétend le pousser jusqu'à dix. Après quoi, si la voix ne me revient, il me donnera mon congé. Je conçois un fort grand plaisir à vous revoir et à vous embrasser; mais vous ne sauriez croire pourtant tout ce qui se présente d'affreux à mon esprit, quand je songe qu'il me faudra peut-être repasser muet par ces hôtelleries, et revenir sans voix dans ces mêmes lieux, où l'on m'avoit tant de fois assuré que les eaux de Bourbon me guériroient infailliblement. Il n'y a que Dieu et vos consolations qui me puissent soutenir dans une si juste occasion de désespoir.

J'ai été fort frappé de l'agréable débauche de Monseigneur chez madame la princesse de Conti : mais ne songe-t-il point à l'insulte qu'il a faite par-là à tous messieurs de la faculté? Passe pour avaler le quinquina sans avoir la fièvre : mais de le prendre sans s'être préalablement fait saigner et purger, c'est une chose qui crie vengeance, et il y a une espèce d'effronterie à ne se point trouver mal après un tel attentat contre toutes les règles de la médecine. Si Monseigneur et toute sa compagnie avoient, avant tout, pris une dose de séné dans quelque sirop convenable, cela lui auroit à la vérité coûté quelques tranchées, et l'auroit mis, lui et tous les autres, hors d'état de dîner; mais il y auroit eu au moins quelques formes gardées, et M. Bachot[1] auroit trouvé le trait galant. Au lieu que de la manière dont la chose s'est faite, cela ne sauroit jamais être approuvé que des gens de cour et du monde, et non point des véritables disciples d'Hippocrate, gens à barbe vénérable, et qui ne verront point assurément ce qu'il peut y avoir eu de plaisant à tout cela. Que si personne n'en a été malade, ils vous répondront qu'il y a eu du sortilége; et en effet, monsieur, de la manière dont vous me peignez Marly, c'est un véritable lieu d'enchantement. Je ne doute point que les fées n'y habitent. En un mot, tout ce qui s'y dit et ce qui s'y fait me paroît enchanté; mais sur-tout les discours du maître du château ont quelque chose de fort ensorcelant, et ont un charme qui se fait sentir jusqu'à Bourbon. De quelque pitoyable manière que vous m'ayez conté la disgrace des comédiens, je n'ai pu m'empêcher d'en rire. Mais, dites-moi, monsieur,

[1] Apothicaire.

supposé qu'ils aillent habiter où je vous ai dit, croyez-vous qu'ils boivent du vin du cru? Ce ne seroit pas une mauvaise pénitence à proposer à M. de Champmeslé [1], pour tant de bouteilles de vin de Champagne qu'il a bues : vous savez aux dépens de qui. Vous avez raison de dire qu'ils auront là un merveilleux théâtre pour jouer les piéces de M. Pradon : et d'ailleurs ils y auront une commodité, c'est que, quand le souffleur aura oublié d'apporter la copie de ses ouvrages, il en retrouvera infailliblement une bonne partie dans les précieux dépôts qu'on apporte tous les matins en cet endroit. M. Fagon n'a point écrit à M. Bourdier. Faites bien des compliments pour moi à M. Roze. Les gens de son tempérament sont de fort dangereux ennemis ; mais il n'y a point aussi de plus chauds amis, et je sais qu'il a de l'amitié pour moi. Je vous félicite des conversations fructueuses que vous avez eues avec M. de Louvois, d'autant plus que j'aurai part à votre récolte. Ne craignez point que M. Marchand m'arrête à Bourbon. Quelque amitié que j'aie pour lui, il n'entre point en balance avec vous, et l'Andrienne n'apportera aucun mal. Je meurs d'envie de voir les *Réflexions* de M. Nicole ; et je m'imagine que c'est Dieu qui me prépare ce livre à Paris, pour me consoler de mon infortune. J'ai fort ri de la raillerie que vous me faites sur les gens à qui j'ai pardonné. Cepen-

---

[1] Le comédien Champmeslé aimoit beaucoup à boire, et Racine, dans le temps de sa liaison avec mademoiselle Champmeslé, avoit plus d'une fois prêté de l'argent au mari. (*Anon.*)

dant savez-vous bien qu'il y a à cela plus de mérite que vous ne croyez, si le proverbe italien est véritable, que, *Chi offende non perdona?*

L'action de M. de Lorraine ne me paroît point si inutile qu'on se veut imaginer, puisque rien ne peut mieux confirmer l'assurance de ses troupes, que de voir que les Turcs n'ont osé sortir de leurs retranchements, ni même donner sur son arrière-garde dans sa retraite : et il faut en effet que ce soient de grands coquins pour l'avoir ainsi laissé repasser la Drave. Croyez-moi, ils seront battus; et la retraite de M. de Lorraine a plus de rapport à la retraite de César, quand il décampa devant Pompée, qu'à l'affaire de Philisbourg. Quand vous verrez M. Hessein, faites-le ressouvenir que nous sommes frères en quinquina, puisqu'il nous a sauvé la vie à l'un et à l'autre. Vous pensez vous moquer, mais je ne sais pas si je n'en essaierai point pour le recouvrement de ma voix. Adieu, mon cher monsieur, aimez-moi toujours, et croyez qu'il n'y a rien au monde que j'aime plus que vous. Je ne sais où vous vous êtes mis en tête que vous m'aviez écrit une longue lettre, car je n'en ai jamais trouvé une si courte.

LETTRE XVII.

BOILEAU A RACINE.

Bourbon, le 2 septembre 1687.

Ne vous étonnez pas, monsieur, si vous ne recevez pas des réponses à vos lettres aussi promptement que peut-être vous souhaitez, parceque la poste est fort irrégulière à Bourbon, et qu'on ne sait pas trop bien quand il faut écrire. Je commence à songer à ma retraite. Voilà tantôt la dixième fois que je me baigne; et, à ne vous rien celer, ma voix est tout au même état que quand je suis arrivé. Le monosyllabe que j'ai prononcé n'a été qu'un effet de ces petits tons que vous savez qui m'échappent quelquefois quand j'ai beaucoup parlé, et mes valets ont été un peu trop prompts à crier miracle. La vérité est pourtant que le bain m'a renforcé les jambes, et fortifié la poitrine : mais pour ma voix, ni le bain, ni la boisson des eaux, ne m'y ont de rien servi. Il faut donc s'en aller de Bourbon aussi muet que j'y suis arrivé. Je ne saurois vous dire quand je partirai; je prendrai brusquement mon parti, et Dieu veuille que le déplaisir ne me tue pas en chemin! Tout ce que je vous puis dire, c'est que jamais exilé n'a quitté son pays avec tant d'affliction que je retournerai au mien. Je vous dirai encore plus, c'est que sans votre considération, je ne crois pas que j'eusse jamais revu

Paris, où je ne conçois aucun autre plaisir que celui de vous revoir. Je suis bien fâché de la juste inquiétude que vous donne la fièvre de monsieur votre jeune fils[1]. J'espère que cela ne sera rien : mais, si quelque chose me fait craindre pour lui, c'est le nombre de bonnes qualités qu'il a, puisque je n'ai jamais vu d'enfant de son âge si accompli en toutes choses. M. Marchand est arrivé ici samedi. J'ai été fort aise de le voir; mais je ne tarderai guère à le quitter. Nous faisons notre ménage ensemble. Il est toujours aussi bon et aussi méchant homme que jamais. J'ai su par lui tout ce qu'il y a de mal à Bourbon, dont je ne savois pas un mot à son arrivée. Votre relation de l'affaire de Hongrie m'a fait un très grand plaisir, et m'a fait comprendre en très peu de mots ce que les plus longues relations ne m'auroient peut-être pas appris. Je l'ai débitée à tout Bourbon, où il n'y avoit qu'une relation d'un commis de M. Jacques, où, après avoir parlé du grand-visir, on ajoutoit, entre autres choses, que *ledit visir, voulant réparer le grief qui lui avoit été fait*, etc. Tout le reste étoit de ce style. Adieu, mon cher monsieur, aimez-moi toujours, et croyez que vous seul êtes ma consolation.

Je vous écrirai en partant de Bourbon, et vous aurez de mes nouvelles en chemin. Je ne sais pas trop le parti que je prendrai à Paris. Tous mes livres sont à Auteuil, où je ne puis plus désormais aller les hi-

---

[1] Jean-Baptiste Racine, fils aîné. Il avoit alors près de neuf ans.

vers. J'ai résolu de prendre un logement pour moi seul. Je suis las franchement d'entendre le tintamarre des nourrices et des servantes. Je n'ai qu'une chambre et point de meubles au cloître. Tout ceci soit dit entre nous ; mais cependant je vous prie de me mander votre avis. N'ayant point de voix, il me faut du moins de la tranquillité. Je suis las de me sacrifier au plaisir et à la commodité d'autrui. Il n'est pas vrai que je ne puisse bien vivre et tenir seul mon ménage : ceux qui le croient se trompent grossièrement. D'ailleurs, je prétends désormais mener un genre de vie dont tout le monde ne s'accommodera pas. J'avois pris des mesures que j'aurois exécutées, si ma voix ne s'étoit point éteinte. Dieu ne l'a pas voulu. J'ai honte de moi-même, et je rougis des larmes que je répands en vous écrivant ces derniers mots.

LETTRE XVIII.

RACINE A BOILEAU.

Paris, 5 septembre 1687.

J'avois destiné cette après-dînée à vous écrire fort au long ; mais

Un cousin, abusant d'un fâcheux parentage [1],

est venu malheureusement me voir, et il ne fait que

---

[1] Boil., *Épît. à M. de Lamoignon.*

de sortir de chez moi. Je ne vous écris donc que pour
vous dire que je reçus avant-hier une lettre de vous.
Le P. Bouhours et le P. Rapin étoient dans mon cabinet quand je la reçus. Je leur en fis la lecture en la
décachetant, et je leur fis un fort grand plaisir. Je
regardois pourtant de loin, à mesure que je la lisois,
s'il n'y avoit rien dedans qui fût trop janséniste. Je
vis vers la fin le nom de M. Nicole, et je sautai bra-
vement, ou, pour mieux dire, lâchement, par-dessus. Je n'osai m'exposer à troubler la grande joie et
même les éclats de rire que leur causèrent plusieurs
choses fort plaisantes que vous me mandiez. Nous
aurions été tous trois les plus contents du monde,
si nous eussions trouvé à la fin de votre lettre que
vous parliez à votre ordinaire, comme nous trouvions que vous écriviez avec le même esprit que vous
avez toujours eu. Ils sont, je vous assure, tous deux
fort de vos amis, et même de fort bonnes gens. Nous
avions été le matin entendre le P. Villiers [1], qui faisoit l'oraison funèbre de M. le Prince, grand-père
de M. le Prince d'aujourd'hui. Il y a joint les louanges
du dernier mort, et il s'est enfoncé jusqu'au cou dans
le combat de Saint-Antoine ; Dieu sait combien judi-
cieusement ! En vérité il a beaucoup d'esprit ; mais
il auroit bien besoin de se laisser conduire. J'an-

---

[1] Il étoit alors jésuite, mais il quitta cette société deux ans
après. Il a fait un poëme sur l'*Art de prêcher,* et, entre autres ouvrages en prose, un *Entretien sur les tragédies.* L'oraison funèbre
dont il s'agit ici est celle de Henri de Bourbon, prince de Condé,
mort en 1646. Le dernier mort est le grand Condé, fils de celui-
ci, et qui étoit mort l'année précédente (1686.)

nonçai au P. Bouhours un nouveau livre qui excita fort sa curiosité. Ce sont les *Remarques de M. de Vaugelas, avec les Notes de Thomas Corneille.* Cela est ainsi affiché dans Paris depuis quatre jours. Auriez-vous jamais cru voir ensemble M. de Vaugelas et M. de Corneille le jeune donnant des règles sur la langue?

J'eusse bien voulu vous pouvoir mander que M. de Louvois est guéri, en vous mandant qu'il a été malade; mais ma femme, qui revient de voir madame de La Chapelle, m'apprend qu'il a encore de la fièvre. Elle étoit d'abord comme continue, et même assez grande; elle n'est présentement qu'intermittente; et c'est encore une des obligations que nous avons au quinquina. J'espère que je vous manderai lundi qu'il est absolument guéri. Outre l'intérêt du roi et celui du public, nous avons, vous et moi, un intérêt très particulier à lui souhaiter une bonne santé. On ne peut pas nous témoigner plus de bonté qu'il nous en témoigne; et vous ne sauriez croire avec quelle amitié il m'a toujours demandé de vos nouvelles. Bonsoir, mon cher monsieur. Je salue de tout mon cœur M. Marchand. Je vous écrirai plus au long lundi. Mon fils est guéri.

LETTRE XIX.

BOILEAU A RACINE.

Paris, le 25 mars 1691.

Je ne voyois proprement que vous pendant que vous étiez à Paris ; et depuis que vous n'y êtes plus, je ne vois plus, pour ainsi dire, personne. N'attendez donc pas que je vous rende nouvelles pour nouvelles, puisque je n'en sais aucune. D'ailleurs, il n'est guère fait mention à Paris présentement que du siége de Mons, dont je ne crois pas vous devoir instruire. Les particularités que vous m'en avez mandées m'ont fait un fort grand plaisir. Je vous avoue pourtant que je ne saurois digérer que le roi s'expose comme il fait. C'est une mauvaise habitude qu'il a prise, dont il devroit se guérir ; et cela ne s'accorde pas avec cette haute prudence qu'il fait paroître dans toutes ses autres actions. Est-il possible qu'un prince qui prend si bien ses mesures pour assiéger Mons en prenne si peu pour la conservation de sa propre personne ? Je sais bien qu'il a pour lui l'exemple des Alexandre et des César, qui s'exposoient de la sorte ; mais avoient-ils raison de le faire ? Je doute qu'il ait lu ce vers d'Horace :

« Decipit exemplar vitiis imitabile[1]. »

---

[1] « Le modèle séduit souvent par la facilité d'imiter ses défauts. » (*Epist.* XIX, lib. I. (G.)

Je suis ravi d'apprendre que vous êtes dans un couvent, en même cellule que M. Cavoie [1]: car, bien que le logement soit un peu étroit, je m'imagine qu'on n'y garde pas trop étroitement les régles, et qu'on n'y fait pas la lecture pendant le dîner, si ce n'est, peut-être, de lettres pareilles à la mienne. Je vous dis bien en partant que je ne vous plaignois plus, puisque vous faisiez le voyage avec un homme tel que lui, auprès duquel on trouve toutes sortes de commodités, et dont la compagnie pourroit consoler de toutes sortes d'incommodités. Et puis, je vois bien qu'à l'heure qu'il est, vous êtes un soldat parfaitement aguerri contre les périls et contre la fatigue. Je vois bien, dis-je, que vous allez recouvrer votre honneur à Mons, et que toutes les mauvaises plaisanteries du voyage de Gand ne tomberont plus que sur moi. M. de Cavoie a déja assez bien commencé à m'y préparer. Dieu veuille seulement que je les puisse entendre, au hasard même d'y mal répondre. Mais à ne vous rien celer, non seulement mon mal ne finit point, mais je doute même qu'il guérisse. En récompense me voilà fort bien guéri d'ambition et de vanité. Et, en vérité, je ne sais si cette guérison-là ne vaut pas bien l'autre, puisqu'à mesure que les honneurs et les biens me

---

[1] Louis Oger, marquis de Cavoie, maréchal-des-logis de la maison du roi, nommé *le brave Cavoie*, étoit lié d'une amitié particulière avec Racine, et ils se quittoient peu. On sait le mot de Louis XIV à ce sujet. Pendant la disgrace momentanée de Cavoie, Racine se montra plus que jamais son ami. (*Anon.*)

fuient, il me semble que la tranquillité me vient. J'ai été une fois à notre assemblée [1] depuis votre départ. M. de La Chapelle ne manqua pas, comme vous vous le figurez bien, de proposer d'abord une médaille sur le siège de Mons : et j'en imaginai une sur [2]....

LETTRE XX.

RACINE A BOILEAU.

Au camp devant Mons, 3 avril 1691.

On nous avoit trop tôt mandé la prise de l'ouvrage à cornes : il ne fut attaqué, pour la première fois, qu'avant-hier ; encore fut-il abandonné un moment après par les grenadiers du régiment des gardes, qui s'épouvantèrent mal-à-propos, et que leurs officiers ne purent retenir, même en leur présentant l'épée nue, comme pour les percer. Le lendemain, sur les neuf heures du matin, on recommença une autre attaque avec beaucoup plus de précaution que

---

[1] La petite académie. Elle n'eut que l'année suivante le titre d'académie des inscriptions et médailles. (*Anon.*)

[2] Les assemblées de la petite académie avoient donné le goût des devises et des médailles, et on en imaginoit sur toutes sortes de sujets. Nous trouvons dans les notes de Jean-Baptiste Racine que Boileau, en riant avec ses amis, avoit proposé pour l'académie françoise la devise suivante : Des singes assis en rond autour d'un bassin d'eau, dans lequel ils se regardent, avec cette légende : *Sibi pulchri.*

la précédente. On choisit pour cela huit compagnies de grenadiers, tant du régiment du roi que d'autres régiments, qui tous méprisent fort les soldats des gardes, qu'ils appellent des Pierrots. On commanda aussi cent cinquante mousquetaires des deux compagnies pour soutenir les grenadiers. L'attaque se fit avec une vigueur extraordinaire, et dura trois bons quarts d'heure ; car les ennemis se défendirent en fort braves gens, et quelques uns d'entre eux se colletèrent même avec quelques uns de nos officiers. Mais comment auroient-ils pu faire? Pendant qu'ils étoient aux mains, tout notre canon tiroit sans discontinuer sur les deux demi-lunes qui devoient les couvrir, et d'où, malgré cette tempête de canon, on ne laissa pourtant pas de faire un feu épouvantable. Nos bombes tomboient aussi à tous moments sur ces demi-lunes, et sembloient les renverser sens dessus dessous. Enfin nos gens demeurèrent les maîtres, et s'établirent de manière qu'on n'a pas même osé depuis les inquiéter. Nous y avons bien perdu deux cents hommes, entre autres huit ou dix mousquetaires, du nombre desquels étoit le fils de M. le prince de Courtenai, qui a été trouvé mort dans la palissade de la demi-lune : car quelques mousquetaires poussèrent jusque dans cette demi-lune, malgré la défense expresse de M. de Vauban et de M. de Maupertuis, croyant faire sans doute la même chose qu'à Valenciennes. Ils furent obligés de revenir fort vite sur leurs pas ; et c'est là que la plupart furent tués ou blessés. Les grenadiers, à ce que dit M. de Maupertuis lui-même, ont été aussi braves que les mousquetaires. De huit capitaines, il y en a eu sept tués ou blessés. J'ai retenu cinq ou six actions ou paroles de simples grenadiers, dignes d'avoir place dans l'histoire, et je vous les dirai quand nous nous reverrons. M. de Chasteauvillain, fils de M. le grand-trésorier de Pologne, étoit à tout, et est un des hommes de l'armée le plus estimé. La Chesnaye a aussi fort bien fait. Je vous les nomme tous deux, parceque vous les connoissez particulièrement : mais je ne puis vous dire assez de bien du premier, qui joint beaucoup d'esprit à une fort grande valeur. Je voyois toute l'attaque fort à mon aise, d'un peu loin à la vérité, mais j'avois de fort bonnes lunettes, que je ne pouvois presque tenir fermes, tant le cœur me battoit à voir tant de si braves gens dans le péril. On fit une suspension pour retirer les morts de part et d'autre. On trouva de nos mousquetaires morts dans le chemin couvert de la demi-lune. Deux mousquetaires blessés s'étoient couchés parmi ces morts de peur d'être achevés : ils se levèrent tout-à-coup sur leurs pieds, pour s'en revenir avec les morts qu'on remportoit ; mais les ennemis prétendirent qu'ayant été trouvés sur leur terrain, ils devoient demeurer prisonniers. Notre officier ne put pas en disconvenir ; mais il voulut au moins donner de l'argent aux Espagnols, afin de faire traiter ces deux mousquetaires. Les Espagnols répondirent : « Ils seront mieux traités parmi « nous que parmi vous, et nous avons de l'argent « plus qu'il n'en faut pour nous et pour eux. » Le gouverneur fut un peu plus incivil; car M. de Luxembourg lui ayant envoyé une lettre par un tambour pour s'informer si le chevalier d'Estrade, qui s'est trouvé perdu, n'étoit point du nombre des prisonniers qui ont été faits dans ces deux actions, le gouverneur ne voulut ni lire la lettre, ni voir le tambour.

On a pris aujourd'hui deux manières de paysans qui étoient sortis de la ville avec des lettres pour M. de Castanaga. Ces lettres portoient que la place ne pouvoit plus tenir que cinq ou six jours. En récompense, comme le roi regardoit de la tranchée tirer nos batteries, un homme, qui apparemment étoit quelque officier ennemi, déguisé en soldat avec un simple habit gris, est sorti, à la vue du roi, de notre tranchée, et, traversant jusqu'à une demi-lune des ennemis, s'est jeté dedans, et on a vu deux des ennemis venir au-devant de lui pour le recevoir. J'étois aussi dans la tranchée dans ce temps-là, et je l'ai conduit de l'œil jusque dans la demi-lune. Tout le monde a été surpris jusqu'au dernier point de son imprudence; mais vraisemblablement il n'empêchera pas la place d'être prise dans cinq ou six jours. Toute la demi-lune est presque éboulée, et les remparts de ce côté-là ne tiennent plus à rien: on n'a jamais vu un tel feu d'artillerie. Quoique je vous dise que j'ai été dans la tranchée, n'allez pas croire que j'aie été dans aucun péril: les ennemis ne tiroient plus de ce côté-là, et nous étions tous, ou appuyés sur le parapet, ou debout sur le revers de la tranchée : mais j'ai couru d'autres périls, que je vous conterai en riant quand nous serons de retour. Je suis, comme vous, tout consolé de la réception de Fontenelle. M. Roze partit, fâché de voir, dit-il, l'académie *in pejus ruere*. Il vous fait ses baisemains avec des expressions très fortes, à son ordinaire. M. de Cavoie, et quantité de nos communs amis, m'ont chargé aussi de vous en faire. Voilà, ce me semble, une assez longue lettre ; mais j'ai les pieds chauds, et je n'ai guère de plus grand plaisir que de causer avec vous. Je crois que le nez a saigné au prince d'Orange, et il n'est tantôt plus fait mention de lui. Vous me ferez un extrême plaisir de m'écrire, quand cela vous fera aussi quelque plaisir. Je vous prie de faire mes baisemains à M. de La Chapelle. Ayez la bonté de mander à ma femme que vous avez reçu de mes nouvelles.

J'ai oublié de vous dire que, pendant que j'étois sur le mont Pagnotte à regarder l'attaque, le R. P. de La Chaise étoit dans la tranchée, et même fort près de l'attaque, pour la voir plus distinctement. J'en parlois hier soir à son frère, qui me dit tout naturellement : « Il se fera tuer un de ces jours. » Ne dites rien de cela à personne, car on croiroit la chose inventée, et elle est très vraie et très sérieuse.

LETTRE XXI.

RACINE A BOILEAU.

Versailles, ce mardi 8 avril 1692.

Madame de Maintenon m'a dit ce matin que le roi avoit réglé notre pension à quatre mille francs pour moi, et à deux mille francs pour vous : cela s'entend sans y comprendre notre pension de gens de lettres. Je l'ai fort remerciée pour vous et pour moi. Je viens aussi tout-à-l'heure de remercier le roi. Il m'a paru qu'il avoit quelque peine qu'il y eût de la diminution ; mais je lui ai dit que nous étions trop contents. J'ai plus appuyé encore sur vous que sur moi, et j'ai dit au roi que vous prendriez la liberté de lui écrire pour le remercier, n'osant pas lui venir donner la peine d'élever sa voix [1] pour vous parler. J'ai dit en propres paroles : « Sire, il a plus d'esprit que ja- « mais, plus de zéle pour votre majesté, et plus d'en- « vie de travailler pour votre gloire qu'il n'en a ja- « mais eu. » Vous voyez enfin que les choses ont été réglées comme vous l'avez souhaité vous-même. Je ne laisse pas d'avoir une vraie peine de ce qu'il semble que je gagne à cela plus que vous : mais outre les dépenses et les fatigues des voyages, dont je suis assez aise que vous soyez délivré, je vous connois si

---

[1] Boileau commençoit à devenir un peu sourd. (R.)

noble et si plein d'amitié, que je suis assuré que vous souhaiteriez de bon cœur que je fusse encore mieux traité. Je serai très content si vous l'êtes en effet. J'espère vous revoir bientôt. Je demeure ici pour voir de quelle manière la chose doit tourner : car on ne m'a point encore dit si c'est par un brevet, ou si c'est à l'ordinaire sur la cassette. Je suis entièrement à vous. Il n'y a rien de nouveau ici. On ne parle que du voyage, et tout le monde n'est occupé que de ses équipages.

Je vous conseille d'écrire quatre lignes au roi, et autant à madame de Maintenon, qui assurément s'intéresse toujours avec beaucoup d'amitié à tout ce qui vous touche. Envoyez-moi vos lettres par la poste, ou par votre jardinier, comme vous le jugerez à propos.

LETTRE XXII.

BOILEAU A RACINE.

Paris, 9 avril 1692.

Êtes-vous fou avec vos compliments? Ne savez-vous pas bien que c'est moi qui ai, pour ainsi dire, prescrit la chose de la manière qu'elle s'est faite? Et pouvez-vous douter que je ne sois parfaitement content d'une affaire où l'on m'accorde tout ce que je demande? Tout va le mieux du monde; et je suis encore plus réjoui pour vous que pour moi-même. Je vous envoie deux lettres, que j'écris, suivant vos conseils, l'une au roi, l'autre à madame de Maintenon. Je les ai écrites sans faire de brouillon, et je n'ai point ici de conseil : ainsi je vous prie d'examiner si elles sont en état d'être données, afin que je les réforme si vous ne les trouvez pas bien. Je vous les envoie pour cela toutes décachetées ; et, supposé que vous trouviez à propos de les présenter, prenez la peine d'y mettre votre cachet. Je verrai aujourd'hui madame Racine pour la féliciter. Je vous donne le bonjour, et suis tout à vous. Je ne reçus votre lettre qu'hier tout au soir, et je vous envoie mes trois lettres à huit heures par la poste. Voilà, ce me semble, une assez grande diligence pour le plus paresseux de tous les hommes.

LETTRE XXIII.

RACINE A BOILEAU.

Versailles, 11 avril 1692.

Je vous renvoie vos deux lettres avec mes remarques, dont vous ferez tel usage qu'il vous plaira. Tâchez de me les renvoyer avant six heures, ou pour mieux dire avant cinq heures et demie du soir, afin que je les puisse donner avant que le roi entre chez madame de Maintenon. J'ai trouvé que *la trompette et les sourds* étoient trop joués, et qu'il ne falloit pas trop appuyer sur votre incommodité, moins encore chercher de l'esprit sur ce sujet. Du reste, les lettres seront fort bien, et il n'en faut pas davantage. Je m'assure que vous donnerez un meilleur tour aux choses que j'ai ajoutées. Je ne veux point faire attendre votre jardinier.

Je n'ai point encore de nouvelles de la manière dont notre affaire sera tournée. M. de Chevreuse veut que je laisse achever ce qu'il a commencé, et dit que nous nous en trouverons bien. Je vous conseille de lui écrire un mot à votre loisir. On ne peut pas avoir plus d'amitié qu'il en a pour vous.

LETTRE XXIV.

RACINE A BOILEAU.

Versailles, 11 avril 1692 [1].

Vos deux lettres sont à merveille, et je les donnerai tantôt. M. de Ponchartrain oublia de parler hier, et ne peut parler que dimanche : mais j'en fus bien aise, parceque M. de Chevreuse aura le temps de le voir. M. de Pontchartrain me parla de notre autre pension, et de la petite académie, mais avec une bonté incroyable, en me disant que dans un autre temps il prétend bien faire d'autres choses pour vous et pour moi.

[1] Nous rectifions cette date. On peut s'assurer, par la lecture de ces deux lettres, qu'elles ont été écrites le même jour, l'une le soir, l'autre l'après-midi.

Je ne crois point aller à Auteuil, ainsi ne m'y attendez point. Je ne crois pas même aller à Paris encore demain ; et, en ce cas, je vous prie de tout mon cœur de faire bien mes excuses à M. de Pontchartrain, que j'ai une extrême impatience de revoir. Madame sa mère me demanda hier fort obligeamment si nous n'allions pas toujours chez lui ; je lui dis que c'étoit bien notre dessein de recommencer à y aller.

J'envoie à Paris pour un volume de M. de Noailles, que mon laquais prétend avoir reporté chez lui, et qu'on n'y trouve point. Cela me désole. Je vous prie de lui dire si vous ne croyez point l'avoir chez vous.

LETTRE XXV.

RACINE A BOILEAU.

Au camp de Gévries, 21 mai 1692[1].

Il faut que j'aime M. Vigan autant que je fais pour ne lui pas vouloir beaucoup de mal du contre-temps dont il a été cause. Si je n'avois pas eu des embarras, tels que vous pouvez vous imaginer, je vous aurois été chercher à Auteuil. Je ne vous ai pas écrit pendant le chemin, parceque j'étois chagrin au dernier point, d'un vilain clou qui m'est venu au menton, qui m'a fait de fort grandes douleurs, jusqu'à me

[1] Tous les événements rapportés ici et dans les lettres suivantes, le siège de Namur, etc., sont arrivés en 1692.

donner la fièvre deux jours et deux nuits. Il est percé, dieu merci, et il ne me reste plus qu'un emplâtre qui me défigure, et dont je me consolerois volontiers, sans toutes les questions importunes que cela m'attire à tout moment.

Le roi fit hier la revue de son armée et de celle de M. de Luxembourg. C'étoit assurément le plus grand spectacle qu'on ait vu depuis plusieurs siècles. Je ne me souviens point que les Romains en aient vu un tel, car leurs armées n'ont guère passé, ce me semble, quarante, ou tout au plus cinquante mille hommes; et il y avoit hier six vingt mille hommes ensemble sur quatre lignes. Comptez qu'à la rigueur il n'y avoit pas là-dessus trois mille hommes à rabattre. Je commençai à onze heures du matin à marcher; j'allai toujours au grand pas de mon cheval, et je ne finis qu'à huit heures du soir; enfin on étoit deux heures à aller du bout d'une ligne à l'autre. Mais, si on n'a jamais vu tant de troupes ensemble, assurez-vous que jamais on n'en a vu de si belles. Je vous rendrois un fort bon compte des deux lignes de l'armée du roi, et de la première de l'armée de M. de Luxembourg; mais, quant à la seconde ligne, je ne vous en puis parler que sur la foi d'autrui. J'étois si las, si ébloui de voir briller des épées et des mousquets, si étourdi d'entendre des tambours, des trompettes, et des timbales, qu'en vérité, je me laissois conduire par mon cheval, sans plus avoir d'attention à rien, et j'eusse voulu de tout mon cœur que tous les gens que je voyois eussent été chacun dans leur chaumière, ou dans leur maison, avec leurs femmes et leurs enfants; et moi, dans ma rue des Maçons, avec ma famille[1]. Vous avez peut-être trouvé dans les poëmes épiques les revues d'armée fort longues et fort ennuyeuses; mais celle-ci m'a paru tout autrement longue, et même, pardonnez-moi cette espéce de blasphème, plus lassante que celle de la Pucelle. J'étois, au retour, à peu près dans le même état que nous étions, vous et moi, dans la cour de l'abbaye de Saint-Amand. A cela près, je ne fus jamais si charmé, et si étonné, que je le fus de voir une puissance si formidable. Vous jugez bien que tout cela nous prépare de belles matières. On m'a donné un ordre de bataille des deux armées. Je vous l'aurois volontiers envoyé; mais il y en a ici mille copies, et je ne doute pas qu'il n'y en ait bientôt autant à Paris. Nous sommes ici campés le long de la Trouille, à deux lieues de Mons. M. de Luxembourg est campé près de Bitche, partie sur le ruisseau qui passe aux hautes Estives, et partie sur la Haisne,

[1] Racine, lors de son mariage, demeuroit rue Saint-André-des-arcs, au coin de la rue de l'Éperon, dans une maison remarquable par une petite tourelle qui faisoit saillie sur la rue, à la hauteur du premier étage. Cette petite tourelle, qui n'est détruite que depuis très peu d'années, étoit son arrière-cabinet. En 1686, il prit un logement rue des Maçons, près la Sorbonne; et, en 1693, il occupa la maison rue des Marais, faubourg Saint-Germain, dans laquelle il est mort. (*Anon.*) C'est par erreur que dans le tome I, pag. 42, nous avons dit, d'après les mémoires de mademoiselle Clairon, que Racine composa ses plus belles tragédies rue des Marais; car *Athalie* fut imprimée en 1691, époque à laquelle Racine demeuroit rue des Maçons-Sorbonne.

où ce ruisseau tombe. Son armée est de soixante-six bataillons et de deux cent neuf escadrons : celle du roi, de quarante-six bataillons et de quatre-vingt-dix escadrons. Vous voyez par là que celle de M. de Luxembourg occupoit bien plus de terrain que celle du roi. Son quartier-général, j'entends celui de M. de Luxembourg, est à Thieusies. Vous trouverez tous ces villages dans la carte. L'une et l'autre se mettent en marche demain. Je pourrai bien n'être pas en état de vous écrire de cinq ou six jours; c'est pourquoi je vous écris aujourd'hui une si longue lettre. Ne trouvez point étrange le peu d'ordre que vous y trouverez : je vous écris au bout d'une table environnée de gens qui raisonnent de nouvelles, et qui veulent à tous moments que j'entre dans la conversation. Il vint hier de Bruxelles un rendu, qui dit que le prince d'Orange assembloit quelques troupes à Auderleck, qui en est à trois quarts de lieue. On demanda au rendu ce qu'on disoit à Bruxelles. Il répondit qu'on y étoit fort en repos, parcequ'on étoit persuadé qu'il n'y avoit à Mons qu'un camp volant, que le roi n'étoit point en Flandre, et que M. de Luxembourg étoit en Italie.

Je ne vous dis rien de la marine; vous êtes à la source, et nous ne savons qu'après vous. Vraisemblablement j'aurai bientôt de plus grandes choses à vous mander qu'une revue, quelque grande et quelque magnifique qu'elle ait été. M. de Cavoie vous baise les mains. Je ne sais ce que je ferois sans lui; il faudroit en vérité que je renonçasse aux voyages, et au plaisir de voir tout ce que je vois. M. de Luxembourg, dès le premier jour que nous arrivâmes, envoya dans notre écurie un des plus commodes chevaux de la sienne, pour m'en servir pendant la campagne. Vous n'avez jamais vu un homme de cette bonté et de cette magnificence : il est encore plus à ses amis, et plus aimable, à la tête de sa formidable armée, qu'il n'est à Paris et à Versailles. Je vous nommerois au contraire certaines gens qui ne sont pas reconnoissables dans ce pays-ci, et qui, tout embarrassés de la figure qu'ils y font, sont à peu près comme vous dépeignez le pauvre M. Jannart [1] quand il commençoit une courante [2]. Adieu, mon cher monsieur : voilà bien du verbiage, mais je vous écris au courant de ma plume, et je me laisse entraîner au plaisir de causer avec vous comme si j'étois dans vos allées d'Auteuil. Je vous prie de vous souvenir de moi dans la petite académie, et d'assurer M. de Pontchartrain de mes très humbles respects. Faites aussi mille compliments pour moi à M. de La Chapelle. Je prévois qu'il y aura bientôt matière à des types

---

[1]. M. Jannart étoit oncle de la femme de La Fontaine. Il avoit été l'ami du surintendant Fouquet ; il fut exilé à Limoges, en 1663, pour avoir publié plusieurs écrits en sa faveur.

[2] Boileau étoit fort bon mime, et savoit parfaitement imiter la démarche, le geste, et même la voix de ceux qu'il vouloit contrefaire. Avec ce talent, il avoit souvent diverti le premier président de Lamoignon et même Louis XIV. Mais, quand il eut passé la jeunesse, il ne voulut plus se prodiguer de cette manière, et réserva cette débauche de gaieté pour amuser de temps en temps ses amis les plus intimes. (*Anon.*)

plus magnifiques qu'il n'en a encore imaginé. Écrivez-moi le plus souvent que vous pourrez, et forcez votre paresse. Pendant que j'essuie de longues marches et des campements fort incommodes, serez-vous fort à plaindre quand vous n'aurez que la fatigue d'écrire des lettres bien à votre aise dans votre cabinet?

LETTRE XXVI.

RACINE A BOILEAU.

Du camp de Gévries, 22 mai 1692.

Comme j'étois fort interrompu hier en vous écrivant, je fis une grande faute dans ma lettre, dont je ne m'aperçus que lorsqu'on l'eut portée à la poste. Au lieu de vous dire que le quartier principal de M. de Luxembourg étoit aux hautes Estives, je vous marquai qu'il étoit à Thieusies, qui est un village à plus de trois ou quatre lieues de là, et où il devoit aller camper en partant des Estives, ce qu'on m'avoit dit; on parloit même de cela autour de moi pendant que j'écrivois. J'ai donc cru que je vous ferois plaisir de vous détromper, et qu'il valoit mieux qu'il vous en coûtât un petit port de lettre, que quelque grosse gageure où vous pourriez vous engager mal-à-propos, ou contre M. de La Chapelle, ou contre M. Hessein. J'ai sur-tout pâli quand j'ai songé au terrible inconvénient qui arriveroit si ce dernier avoit quelque avantage sur vous; car je me souviens du bois qu'il mettoit à la droite opiniâtrément, malgré tous les serments et toute la raison de M. de Guilleragues, qui en pensa devenir fou. Dieu vous garde d'avoir jamais tort contre un tel homme! Je monte en carrosse pour aller à Mons, où M. de Vauban m'a promis de me faire voir les nouveaux ouvrages qu'il y a faits. J'y allai l'autre jour dans ce même dessein; mais je souffrois alors tant de mal, que je ne songeai qu'à m'en revenir au plus vite.

LETTRE XXVII.

RACINE A BOILEAU.

Au camp devant Namur, 3 juin 1692.

J'ai été si troublé depuis huit jours de la petite-vérole de mon fils, que j'appréhendois qui ne fût fort dangereuse, que je n'ai pas eu le courage de vous mander aucunes nouvelles. Le siége a bien avancé durant ce temps-là, et nous sommes à l'heure qu'il est au corps de la place. Il n'a point fallu pour cela détourner la Meuse, comme vous m'écriviez qu'on le disoit à Paris, ce qui seroit une étrange entreprise; on n'a pas même eu besoin d'appeler les mousquetaires, ni d'exposer beaucoup de braves gens. M. de Vauban, avec son canon et ses bombes, a fait lui seul toute l'expédition. Il a trouvé des hauteurs en-deçà et au-delà de la Meuse, où il a placé ses batteries. Il a conduit sa principale tranchée dans un terrain assez resserré, entre des hauteurs et une espèce d'étang d'un côté, et la Meuse de l'autre. En trois jours il a poussé son travail jusqu'à un petit ruisseau qui coule au pied de la contrescarpe, et s'est rendu maître d'une petite contre-garde revêtue qui étoit en-deçà de la contrescarpe; et, de là, en moins de seize heures, a emporté tout le chemin couvert, qui étoit garni de plusieurs rangs de palissades, a comblé un fossé large de dix toises et profond de huit pieds, et s'est logé dans une demi-lune qui étoit au-devant de la courtine, entre un demi-bastion qui est sur le bord de la Meuse, à la gauche des assiégeants, et un bastion qui est à leur droite : en telle sorte que cette place si terrible, en un mot, Namur, a vu tous ses dehors emportés dans le peu de temps que je vous ai dit, sans qu'il en ait coûté au roi plus de trente hommes. Ne croyez pas pour cela qu'on ait eu affaire à des poltrons ; tous ceux de nos gens qui ont été à ces attaques sont étonnés du courage des assiégés. Mais vous jugerez de l'effet terrible du canon et des bombes, quand je vous dirai, sur le rapport d'un officier espagnol qui fut pris hier dans les dehors, que notre artillerie leur a tué en deux jours douze cents hommes. Imaginez-vous trois batteries qui se croisent et tirent continuellement sur des pauvres gens qui sont vus d'en haut et de revers, et qui ne peuvent pas trouver un seul coin où ils soient en sûreté. On dit qu'on a trouvé les dehors tout pleins de corps dont le canon a emporté

les têtes comme si on les avoit coupées avec des sabres. Cela n'empêche pas que plusieurs de nos gens n'aient fait des actions de grande valeur. Les grenadiers du régiment des gardes françoises et ceux des gardes-suisses se sont entre autres extrêmement distingués. On raconte plusieurs actions particulières, que je vous redirai quelque jour, et que vous entendrez avec plaisir : mais en voici une que je ne puis différer de vous dire, et que j'ai ouï conter au roi même. Un soldat du régiment des fusiliers, qui travailloit à la tranchée, y avoit apporté un gabion; un coup de canon vint qui emporta son gabion; aussitôt il en alla poser à la même place un autre, qui fut sur-le-champ emporté par un autre coup de canon. Le soldat, sans rien dire, en prit un troisième, et l'alla poser; un troisième coup de canon emporta ce troisième gabion. Alors le soldat rebuté se tint en repos; mais son officier lui commanda de ne point laisser cet endroit sans gabion. Le soldat dit : « J'i-
« rai, mais j'y serai tué. » Il y alla ; et, en posant son quatrième gabion, eut le bras fracassé d'un coup de canon. Il revint, soutenant son bras pendant avec l'autre bras, et se contenta de dire à son officier : « Je l'avois bien dit. » Il fallut lui couper le bras qui ne tenoit presque à rien. Il souffrit cela sans desserrer les dents, et, après l'opération, dit froidement : « Je suis donc hors d'état de travailler ; c'est mainte-
« nant au roi à me nourrir. » Je crois que vous me pardonnerez le peu d'ordre de cette narration, mais assurez-vous qu'elle est fort vraie. M. de Cavoie me

presse d'achever ma lettre. Je vous dirai donc en
deux mots, pour l'achever, qu'apparemment la ville
sera prise en deux jours. Il y a déja une grande
brèche au bastion, et même un officier vient, dit-on,
d'y monter avec deux ou trois soldats, et s'en est revenu parcequ'il n'étoit point suivi, et qu'il n'y avoit
encore aucun ordre pour cela. Vous jugez bien que
ce bastion ne tiendra guère; après quoi il n'y a plus
que la vieille enceinte de la ville, où les assiégés ne
nous attendront pas: mais vraisemblablement la
garnison laissera faire la capitulation aux bourgeois,
et se retirera dans le château, qui ne fait pas plus
de peur à M. de Vauban que la ville. M. le prince
d'Orange n'a point encore marché, et pourra bien
marcher trop tard. Nous attendons avec impatience
des nouvelles de la mer. Je ne suis point surpris de
tout ce que vous me mandez du gouverneur qui a
fait déserter votre assemblée à son pupille [1]. J'ai ri
de bon cœur de l'embarras où vous êtes sur le rang
où vous devez placer M. de Richesource [2]. Ce que
vous dites des esprits médiocres est fort vrai, et m'a

[1] Le duc de Chartres étoit fort assidu aux assemblées de l'académie. Le marquis d'Arcy, son gouverneur, qui vouloit lui donner une éducation toute militaire, ne lui permit plus d'assister à
ces assemblées. (*Anon.*)

[2] Jean de Sourdière de Richesource donnoit des leçons publiques sur l'éloquence, dans une chambre qu'il occupoit place
Dauphine. Il a publié ses leçons sous le titre de *Conférences ora-
toires*, et a fait un ouvrage critique, intitulé *le Camouflet des auteurs*. Ce Richesource avoit été le maître d'éloquence de Fléchier.
(*Anon.*)

frappé, il y a long-temps, dans votre Poétique. M. de
Cavoie vous fait mille baisemains, et M. Roze aussi,
qui m'a confié les grands dégoûts qu'il avoit de l'a-
cadémie, jusqu'à méditer même d'y faire retrancher
les jetons, s'il n'étoit, dit-il, retenu par la charité.
Croyez-vous que les jetons durent beaucoup, s'il ne
tient qu'à la charité de M. Roze qu'ils ne soient retranchés? Adieu, monsieur. Je vous conseille d'é-
crire un mot à monsieur le contrôleur-général lui-
même, pour le prier de vous faire mettre sur l'état
de distribution; et cela sera fait aussitôt. Vous êtes
pourtant en fort bonnes mains, puisque M. de Bie
a promis de vous faire payer. C'est le plus honnête
homme qui se soit jamais mêlé de finances. Mes com
pliments à M. de La Chapelle.

LETTRE XXVIII.

RACINE A BOILEAU.

Au camp près de Namur, 15 juin 1692.

Je ne vous ai point écrit sur l'attaque d'avant-
hier: je suis accablé des lettres qu'il me faut écrire
à des gens beaucoup moins raisonnables que vous,
et à qui il faut faire des réponses bien malgré moi.
Je crois que vous n'aurez pas manqué de relations.
Ainsi, sans entrer dans des détails ennuyeux, je
vous manderai succinctement ce qui m'a le plus
frappé dans cette action. Comme la garnison est au

moins de six mille hommes, le roi avoit pris de fort
grandes précautions pour ne pas manquer son entreprise. Il s'agissoit de leur enlever une redoute et
un retranchement de plus de quatre cents toises de
long, d'où il sera fort facile de foudroyer le reste de
leurs ouvrages, cette redoute étant au plus haut de
la montagne, et par conséquent pouvant commander aux ouvrages à cornes qui couvrent le château
de ce côté-là. Ainsi le roi, outre les sept bataillons
de tranchée, avoit commandé deux cents de ses
mousquetaires, cent cinquante grenadiers à cheval,
et quatorze compagnies d'autres grenadiers, avec
mille ou douze cents travailleurs, pour le logement
qu'on vouloit faire; et, pour mieux intimider les ennemis, il fit paroître tout-à-coup sur la hauteur la
brigade de son régiment, qui est encore composée
de six bataillons. Il étoit là en personne à la tête de
son régiment, et donnoit ses ordres à la demi-portée
du mousquet. Il avoit seulement devant lui trois gabions, que le comte de Fiesque, qui étoit son aide-
de-camp de jour, avoit fait poser pour le couvrir :
mais ces gabions, presque tous pleins de pierres,
étoient la plus dangereuse défense du monde; car
un coup de canon qui eût donné dedans auroit fait
un beau massacre de tous ceux qui étoient derrière.
Néanmoins un de ces gabions sauva peut-être la vie
au roi, ou à Monseigneur, ou à Monsieur, qui tous
deux étoient à ses côtés; car il rompit le coup d'une
balle de mousquet qui venoit droit au roi, et qui, en
se détournant un peu, ne fit qu'une contusion au

bras de M. le comte de Toulouse, qui étoit, pour ainsi dire, dans les jambes du roi.

Mais, pour revenir à l'attaque, elle se fit dans un ordre merveilleux. Il n'y eut pas jusqu'aux mousquetaires qui ne firent pas un pas de plus qu'on ne leur avoit commandé. A la vérité, M. de Maupertuis, qui marchoit à leur tête, leur avoit déclaré que, si quelqu'un osoit passer devant lui, il le tueroit. Il n'y en eut qu'un seul qui, ayant osé désobéir et passer devant lui, il le porta par terre de deux coups de sa pertuisane, qui ne le blessèrent pourtant point. On a fort loué la sagesse de M. de Maupertuis; mais il faut vous dire aussi deux traits de M. de Vauban, que je suis assuré qui vous plairont. Comme il connoît la chaleur du soldat dans ces sortes d'occasions, il leur avoit dit : « Mes enfants, on ne vous « défend pas de poursuivre les ennemis quand ils « s'enfuiront; mais je ne veux pas que vous alliez « vous faire échiner mal-à-propos sur la contres- « carpe de leurs autres ouvrages. Je retiens donc à « mes côtés cinq tambours pour vous rappeler quand « il sera temps. Dès que vous les entendrez, ne man- « quez pas de revenir chacun à vos postes. » Cela fut fait comme il l'avoit concerté. Voilà pour la première précaution. Voici la seconde. Comme le retranchement qu'on attaquoit avoit un fort grand front, il fit mettre sur notre tranchée des espèces de jalons, vis-à-vis desquels chaque corps devoit attaquer et se loger, pour éviter la confusion; et la chose réussit à merveille. Les ennemis ne soutinrent point, et n'attendirent pas même nos gens : ils s'enfuirent après qu'ils eurent fait une seule décharge, et ne tirèrent plus que de leurs ouvrages à cornes. On en tua bien quatre ou cinq cents; entre autres un capitaine espagnol, fils d'un grand d'Espagne, qu'on nomme le comte de Lémos. Celui qui le tua étoit un des grenadiers à cheval, nommé *Sans-Raison*. Voilà un vrai nom de grenadier. L'Espagnol lui demanda quartier, et lui promit cent pistoles, lui montrant même sa bourse où il y en avoit trente-cinq. Le grenadier, qui venoit de voir tuer le lieutenant de sa compagnie, qui étoit un fort brave homme, ne voulut point faire de quartier, et tua son Espagnol. Les ennemis envoyèrent demander le corps, qui leur fut rendu, et le grenadier *Sans-Raison* rendit aussi les trente-cinq pistoles qu'il avoit prises au mort, en disant : « Tenez, voilà son argent, dont je ne veux « point; les grenadiers ne mettent la main sur les « gens que pour les tuer. » Vous ne trouverez point peut-être ces détails dans les relations que vous lirez; et je m'assure que vous les aimerez bien autant qu'une supputation exacte du nom des bataillons, et de chaque compagnie des gens détachés, ce que M. l'abbé Dangeau ne manqueroit pas de rechercher très curieusement.

Je vous ai parlé du lieutenant de la compagnie des grenadiers qui fut tué, et dont *Sans-Raison* vengea la mort. Vous ne serez peut-être pas fâché de savoir qu'on lui trouva un cilice sur le corps. Il étoit d'une piété singulière, et avoit même fait ses dévotions le jour d'auparavant. Respecté de toute l'armée pour sa valeur, accompagnée d'une douceur et d'une sagesse merveilleuse, le roi l'estimoit beaucoup, et a dit, après sa mort, que c'étoit un homme qui pouvoit prétendre à tout. Il s'appeloit Roquevert. Croyez-vous que frère Roquevert ne valoit pas bien frère Muce? Et si M. de La Trappe l'avoit connu, auroit-il mis, dans la vie de frère Muce, que les grenadiers font profession d'être les plus grands scélérats du monde? Effectivement on dit que dans cette compagnie il y a des gens fort réglés. Pour moi, je n'entends guère de messe dans le camp qui ne soit servie par quelque mousquetaire, et où il n'y en ait quelqu'un qui communie, et cela de la manière du monde la plus édifiante.

Je ne vous dis rien de la quantité de gens qui reçurent des coups de mousquet ou des contusions tout auprès du roi: tout le monde le sait, et je crois que tout le monde en frémit. M. le Duc étoit lieutenant-général de jour, et y fit à la Condé, c'est tout dire. M. le Prince, dès qu'il vit que l'action alloit commencer, ne put s'empêcher de courir à la tranchée et de se mettre à la tête de tout. En voilà bien assez pour un jour.

Je ne puis pourtant finir sans vous dire un mot de M. de Luxembourg. Il est toujours vis-à-vis des ennemis, la Méhaigne entre deux, qu'on ne croit pas qu'ils osent passer. On lui amena avant-hier un officier espagnol, qu'un de nos partis avoit pris, et qui s'étoit fort bien battu. M. de Luxembourg, lui

trouvant de l'esprit, lui dit : « Vous autres Espa-
« gnols, je sais que vous faites la guerre en honnêtes
« gens, et je la veux faire avec vous de même. » Ensuite il le fit dîner avec lui, puis lui fit voir toute son
armée. Après quoi il le congédia, en lui disant : « Je
« vous rends votre liberté ; allez trouver M. le prince
« d'Orange, et dites-lui ce que vous avez vu. » On a
su aussi, par un rendu, qu'un de nos soldats s'étant
allé rendre aux ennemis, le prince d'Orange lui demanda pourquoi il avoit quitté l'armée de M. de
Luxembourg : « C'est, lui dit le soldat, qu'on y
« meurt de faim ; mais, avec tout cela, ne passez pas
« la rivière, car assurément ils vous battront. »

Le roi envoya hier six mille sacs d'avoine et cinq
cents bœufs à l'armée de M. de Luxembourg : et quoi
qu'ait dit le déserteur, je vous puis assurer qu'on y
est fort gai, et qu'il s'en faut bien qu'on y meure de
faim. Le général a été trois jours sans monter à cheval, passant le jour à jouer dans sa tente.

Le roi a eu nouvelle aujourd'hui que le baron de
Serclas, avec cinq ou six mille chevaux de l'armée
du prince d'Orange, avoit passé la Meuse à Huy,
comme pour venir inquiéter le quartier de M. de
Boufflers. Le roi prend ses mesures pour le bien recevoir.

Adieu, monsieur. Je vous manderai une autre
fois des nouvelles de la vie que je mène, puisque
vous en voulez savoir. Faites, je vous prie, part de
cette lettre à M. de La Chapelle, si vous trouvez
qu'elle en vaille la peine. Vous me ferez même beau-

coup de plaisir de l'envoyer à ma femme quand vous l'aurez lue ; car je n'ai pas le temps de lui écrire, et cela pourra la réjouir elle et mon fils.

On est fort content de M. de Bonrepaux. J'ai écrit à M. de Pontchartrain le fils, par le conseil de M. de La Chapelle. Une page de compliments m'a plus coûté cinq cents fois que les huit pages que je vous viens d'écrire. Adieu, monsieur. Je vous envie bien votre beau temps d'Auteuil, car il fait ici le plus horrible temps du monde.

Je vous ai vu rire assez volontiers de ce que le vin fait quelquefois faire aux ivrognes. Hier un boulet de canon emporta la tête d'un de nos Suisses dans la tranchée. Un autre Suisse, son camarade, qui étoit auprès, se mit à rire de toute sa force, en disant : « Oh! oh! cela est plaisant; il reviendra sans tête « dans le camp. »

On a fait aujourd'hui trente prisonniers de l'armée du prince d'Orange, et ils ont été pris par un parti de M. de Luxembourg. Voici la disposition de l'armée des ennemis. M. de Bavière à la droite avec des Brandebourgs, et autres Allemands; M. de Valdeck est au corps de bataille avec les Hollandois; et le prince d'Orange, avec les Anglois, est à la gauche.

J'oubliois de vous dire que, quand M. le comte de Toulouse reçut son coup de mousquet, on entendit le bruit de la balle : et le roi demanda si quelqu'un étoit blessé. « Il me semble, dit en souriant le jeune « prince, que quelque chose m'a touché. » Cependant la contusion étoit assez grosse, et j'ai vu la balle sur le galon de la manche, qui étoit tout noirci, comme si le feu y avoit passé. Adieu, monsieur. Je ne saurois me résoudre à finir quand je suis avec vous.

En fermant ma lettre j'apprends que la présidente Barentin, qui avoit épousé M. de Courmaillon, ingénieur, a été pillée par un parti de Charleroi. Ils ont pris ses chevaux de carrosse et sa cassette, et l'ont laissée dans le chemin à pied. Elle venoit pour être auprès de son mari, qui avoit été blessé. Il est mort.

LETTRE XXIX.

RACINE A BOILEAU.

Au camp près de Namur, 24 juin 1692.

Je laisse à M. de Valincour [1] le soin de vous écrire la prise du château neuf. Voici seulement quelques circonstances qu'il oubliera peut-être dans sa relation.

Ce château neuf est appelé autrement le fort Guillaume, parceque c'est le prince d'Orange qui ordonna l'année passée de le faire construire, et qui

[1] Valincour, qui vécut jusqu'en 1730, succéda à Racine dans l'académie françoise et dans les travaux relatifs à l'histoire du roi, qu'il continua avec Boileau; mais tous leurs mémoires périrent dans l'incendie qui consuma la maison de Valincour à Saint-Cloud, la nuit du 13 au 14 janvier 1726. (*Anon.*)

avança pour cela dix mille écus de son argent. C'est un grand ouvrage à cornes, avec quelques redans dans le milieu de la courtine, selon que le terrain le demandoit. Il est situé de telle sorte que, plus on en approche, moins on le découvre; et, depuis huit ou dix jours que notre canon le battoit, il n'y avoit fait qu'une très petite brèche à passer deux hommes, et il n'y avoit pas une palissade du chemin couvert qui fût rompue. M. de Vauban a admiré lui-même la beauté de cet ouvrage. L'ingénieur qui l'a tracé, et qui a conduit tout ce qu'on y a fait, est un Hollandois nommé Cohorn. Il s'étoit enfermé dedans pour le défendre, et y avoit même fait creuser le fossé, disant qu'il s'y vouloit enterrer. Il en sortit hier, avec la garnison, blessé d'un éclat de bombe. M. de Vauban eut la curiosité de le voir, et, après lui avoir donné beaucoup de louanges, lui a demandé s'il jugeoit qu'on eût pu l'attaquer mieux qu'on n'a fait. L'autre fit réponse que, si on l'eût attaqué dans les formes ordinaires, et en conduisant une tranchée devant la courtine et les demi-bastions, il se seroit encore défendu plus de quinze jours, et qu'il nous en auroit coûté bien du monde; mais que de la manière dont on l'avoit embrassé de toutes parts, il avoit fallu se rendre. La vérité est que notre tranchée est quelque chose de prodigieux, embrassant à-la-fois plusieurs montagnes et plusieurs vallées avec une infinité de détours et de retours, autant presque qu'il y a de rues à Paris. Les gens de la cour commençoient déjà à s'ennuyer de voir si long-temps

remuer la terre : mais enfin il s'est trouvé que, dès
que nous avons attaqué la contrescarpe, les ennemis, qui craignoient d'être coupés, ont abandonné
dans l'instant tout le chemin couvert; et, voyant
dans leur ouvrage vingt de nos grenadiers qui
avoient grimpé par un petit endroit où on ne pouvoit monter qu'un à un, ils ont aussitôt battu la chamade. Ils étoient encore quinze cents hommes, tous
gens bien faits s'il y en a au monde. Le principal officier qui les commandoit, nommé M. de Vimber-
gue, est âgé de près de quatre-vingts ans. Comme il
étoit d'ailleurs fort incommodé des fatigues qu'il a
souffertes depuis quinze jours, et qu'il ne pouvoit
plus marcher, il s'étoit fait porter sur la petite brèche
que notre canon avoit faite, résolu d'y mourir l'épée
à la main. C'est lui qui a fait la capitulation; et il y
a fait mettre qu'il lui seroit permis d'entrer dans le
vieux château, pour s'y défendre encore jusqu'à la
fin du siége. Vous voyez par là à quelles gens nous
avons affaire, et que l'art et les précautions de M. de
Vauban ne sont pas inutiles pour épargner bien de
braves gens qui s'iroient faire tuer mal-à-propos. C'é-
toit encore M. le Duc qui étoit lieutenant-général de
jour; et voici la troisième affaire qui passe par ses
mains. Je voudrois que vous eussiez pu entendre de
quelle manière aisée et même avec quel esprit il m'a
bien voulu raconter une partie de ce que je vous
mande; les réponses qu'il fit aux officiers qui le vinrent trouver pour capituler, et comme, en leur faisant mille honnêtetés, il ne laissoit pas de les inti-

mider. On a trouvé le chemin couvert tout plein de corps morts, sans tous ceux qui étoient à demi enterrés dans l'ouvrage. Nos bombes ne laissoient pas respirer; ils voyoient sauter à tout moment en l'air leurs camarades, leurs valets, leur pain, leur vin; ils étoient si las de se jeter par terre, comme on fait quand il tombe une bombe, que les uns se tenoient debout, au hasard de ce qui en pourroit arriver; les autres avoient creusé de petites niches dans des retranchements qu'ils avoient faits dans le milieu de l'ouvrage, et s'y tenoient plaqués tout le jour. Ils n'avoient d'eau que celle d'un petit trou qu'ils avoient creusé en terre, et ont passé ainsi quinze jours entiers. Le vieux château est composé de quatre autres forts, l'un derrière l'autre, et va toujours en s'étrécissant, en telle sorte que celui de ces forts qui est à l'extrémité de la montagne ne paroît pas pouvoir contenir trois cents hommes. Vous jugez bien quel fracas y feront nos bombes. Heureusement nous ne craignons pas d'en manquer sitôt. On en trouva hier chez les révérends pères jésuites de Namur douze cent soixante toutes chargées, avec leurs amorces. Les bons pères gardoient précieusement ce beau dépôt, sans en rien dire, espérant vraisemblablement de le rendre aux Espagnols, au cas qu'on nous fît lever le siége. Ils paroissoient pourtant les plus contents du monde d'être au roi; et ils me dirent à moi-même, d'un air riant et ouvert, qu'ils lui étoient trop obligés de les avoir délivrés de ces maudits protestants qui étoient en garnison à Namur, et qui avoient fait un prêche de leurs écoles. Le roi a envoyé le père recteur à Dôle : mais le P. de La Chaise dit lui-même que le roi est trop bon, et que les supérieurs de leur compagnie seront plus sévères que lui. Adieu, monsieur.

J'oubliois de vous dire que je vis passer les deux otages que ceux du dedans de l'ouvrage à cornes envoyoient au roi. L'un avoit le bras en écharpe; l'autre la mâchoire à demi emportée, avec la tête bandée d'une écharpe noire. Le dernier est un chevalier de Malte. Je vis aussi huit prisonniers qu'on amenoit du chemin couvert; ils faisoient horreur. L'un avoit un coup de baïonnette dans le côté; un autre un coup de mousquet dans la bouche; les six autres avoient le visage et les mains toutes brûlées du feu qui avoit pris à la poudre qu'ils avoient dans leurs havresacs.

LETTRE XXX.

RACINE A BOILEAU.

Fontainebleau, 3 octobre 1692.

Votre ancien laquais, dont j'ai oublié le nom, m'a fait grand plaisir ce matin en m'apprenant de vos nouvelles. A ce que je vois, vous êtes dans une fort grande solitude à Auteuil, et vous n'en partez point. Est-il possible que vous puissiez être si long-temps seul, et ne point faire du tout de vers? Je m'attends qu'à mon retour je trouverai votre satire des femmes entièrement achevée. Pour moi, il s'en faut bien que je sois aussi solitaire que vous. M. de Cavoie a voulu encore à toute force que je logeasse chez lui; et il ne m'a pas été possible d'obtenir de lui que je fisse tendre un lit dans votre maison, où je n'aurois pas été si magnifiquement que chez lui ; mais j'y aurois été plus tranquillement et avec plus de liberté.

Cependant elle n'a été marquée pour personne, au grand déplaisir des gens qui s'en étoient emparés les autres années. Notre ami, M. Félix, y a mis son carrosse et ses chevaux, et les miens n'y ont pas même trouvé place ; mais tout cela s'est passé avec mon agrément et sous mon bon plaisir. J'ai mis mes chevaux à l'hôtel de Cavoie, qui en est tout proche. M. de Cavoie a permis aussi à M. de Bonrepaux de faire sa cuisine chez vous. Votre concierge, voyant que les chambres demeuroient vides, en a meublé quelqu'une, et l'a louée. On a mis sur la porte qu'elle étoit à vendre, et j'ai dit qu'on m'adressât ceux qui la viendroient voir : mais on ne m'a encore envoyé personne. Je soupçonne que le concierge, se trouvant fort bien d'y louer des chambres, seroit assez aise que la maison ne se vendît point. J'ai conseillé à M. Félix de l'acheter, et je vois bien que je la ferai aller jusqu'à 4000 francs. Je crois que vous ne feriez pas trop mal d'en tirer cet argent ; et je crains que, si le voyage se passe sans que le marché soit conclu, M. Félix, ni personne, n'y songe plus jusqu'à l'autre année. Mandez-moi là-dessus vos sentiments : je ferai le reste.

On reçut hier de bonnes nouvelles d'Allemagne. M. le maréchal de Lorge ayant fait assiéger par un détachement de son armée une petite ville nommée Pforzeim [1], entre Philisbourg et Dourlach, les Allemands ont voulu s'avancer pour la secourir. Il a eu avis qu'un corps de quarante escadrons avoit pris les devants, et n'étoit qu'à une lieue et demie de lui, ayant devant eux un ruisseau assez difficile à passer. La ville a été prise dès le premier jour, et cinq cents hommes qui étoient dedans ont été faits prisonniers de guerre.

Le lendemain M. de Lorge a marché avec toute son armée sur ces quarante escadrons que je vous ai dits, et a fait d'abord passer le ruisseau à seize de ses escadrons soutenus du reste de la cavalerie. Les ennemis, voyant qu'on alloit à eux avec cette vigueur, s'en sont fuis à vauderoute, abandonnant leurs tentes et leur bagage, qui a été pillé. On leur a pris deux piéces de canon, deux paires de timbales, et neuf étendards, quantité d'officiers, entre autres leur général, qui est oncle de M. de Wirtemberg, et administrateur de ce duché, un général-major de Bavière, et plus de treize cents cavaliers. Ils en ont eu près de neuf cents tués sur la place. Il ne nous en a coûté qu'un maréchal des logis, un cavalier, et six dragons. M. de Lorge a abandonné au pillage la ville de Pforzeim, et une autre petite ville auprès de laquelle étoient campés les ennemis. C'a

---

[1] M. de Lorge prit Pforzeim le 16 septembre 1692.

été, comme vous voyez, une déroute; et il n'y a pas eu, à proprement parler, aucun coup de tiré de leur part : tout ce qu'on a pris et tué, c'a été en les poursuivant.

Le prince d'Orange est parti pour la Hollande. Son armée s'est rapprochée de Gand, et apparemment se séparera bientôt. M. de Luxembourg me mande qu'il est en parfaite santé. Le roi se porte à merveille.

LETTRE XXXI.

RACINE A BOILEAU.

Fontainebleau, 6 octobre 1691.

J'ai parlé à M. de Pontchartrain le conseiller, du garçon qui vous a servi; et M. le comte de Fiesque, à ma prière, lui en a parlé aussi. Il m'a dit qu'il feroit son possible pour le placer; mais qu'il prétendoit que vous lui en écrivissiez vous-même, au lieu de lui faire écrire par un autre. Ainsi je vous conseille de forcer un peu votre paresse, et de m'envoyer une lettre pour lui, ou bien de lui écrire par la poste.

J'ai déja fait naître à madame de Maintenon une grande envie de voir de quelle manière vous parlez de Saint-Cyr. Elle a paru fort touchée de ce que vous aviez eu même la pensée d'en parler; et cela lui donne occasion de dire mille biens de vous.

Pour moi, j'ai une extrême impatience de voir ce que vous me dites que vous m'enverrez. Je n'en ferai part qu'à ceux que vous voudrez, à personne même si vous le souhaitez.

Je crois pourtant qu'il sera très bon que madame de Maintenon voie ce que vous avez imaginé pour sa maison. Ne vous mettez pas en peine, je le lirai du ton qu'il faut, et je ne ferai point de tort à vos vers. Je n'ai point vu M. Félix depuis que j'ai reçu votre lettre. Au cas que vous ne trouviez point les 5,000 f., ce que je crois très difficile, je vous conseille de louer votre maison ; mais il faudra pour cela que je vous trouve des gens qui prennent soin de vous trouver des locataires : car je doute que ceux qui y logent soient bien propres à vous trouver des marchands, leur intérêt étant de demeurer seuls dans cette maison, et d'empêcher qu'on ne les en vienne déposséder.

Il n'y a ici aucune nouvelle. L'armée de M. de Luxembourg commence à se séparer, et la cavalerie entre dans des quartiers de fourrage. Quelques gens vouloient hier que le duc de Savoie pensât à assiéger Nice à l'aide des galères d'Espagne ; mais le comte d'Estrées ne tardera guère à donner la chasse aux galères et aux vaisseaux espagnols, et doit arriver incessamment vers les côtes d'Italie.

Le roi grossit de quarante bataillons son armée de Piémont pour l'année prochaine, et je ne doute pas qu'il ne tire une rude vengeance des pays de M. de Savoie.

Mon fils m'a écrit une assez jolie lettre sur le plaisir qu'il a eu de vous aller voir, et sur une conversation qu'il a eue avec vous. Je vous suis plus obligé que vous ne le sauriez dire de vouloir bien vous amuser avec lui. Le plaisir qu'il prend d'être avec vous me donne assez bonne opinion de lui; et s'il est jamais assez heureux pour vous entendre parler de temps en temps, je suis persuadé qu'avec l'admiration dont il est prévenu, cela lui fera le plus grand bien du monde. J'espère que cet hiver vsus voudrez bien faire chez moi de ces petits dîners dont je prétends tirer tant d'avantages. M. de Cavoie vous fait ses compliments. J'appris hier la mort du pauvre abbé de Saint-Réal.

LETTRE XXXII.

BOILEAU A RACINE, A FONTAINEBLEAU.

Auteuil, le 7 octobre 1692.

Je vous écrivis avant-hier si à la hâte, que je ne sais si vous aurez bien conçu ce que je vous écrivois; c'est ce qui m'oblige à vous récrire aujourd'hui. Madame Racine vient d'arriver chez moi, qui s'engage à vous faire tenir ma lettre.

L'action de M. de Lorge est très grande et très belle; et j'ai déja reçu une lettre de M. l'abbé Renaudot, qui me mande que M. de Pontchartrain veut qu'on travaille au plus tôt à faire une médaille pour

cette action. Je crois que cela occupe déja fort M. de
La Chapelle; mais pour moi, je crois qu'il sera assez
à temps d'y penser vers la Saint-Martin.

Je ne saurois assez vous remercier du soin que
vous prenez de notre maison de Fontainebleau. Je
n'ai point encore vu sur cela personne de notre famille, mais, autant que j'en puis juger, tout le monde
trouvera assez mauvais que celui qui l'habite pré-
tende en profiter à nos dépens. C'est une étrange
chose qu'un bien en commun : chacun en laisse le
soin à son compagnon; ainsi personne n'y soigne,
et il demeure au pillage.

Je vous mandois, le dernier jour, que j'ai travaillé
à la *Satire des femmes* pendant huit jours; cela est véritable; mais il est vrai aussi que ma fougue poétique
est passée presque aussi vite qu'elle est venue, et
que je n'y pense plus à l'heure qu'il est. Je crois
que lorsque j'aurai tout amassé, il y aura bien cent
vers nouveaux d'ajoutés; mais je ne sais si je n'en
ôterai pas bien vingt-cinq ou trente de la description
du *lieutenant* et de la *lieutenante-criminelle*[1]. C'est un
ouvrage qui me tue, par la multitude des transitions,
qui sont, à mon sens, le plus difficile chef-d'œuvre
de la poésie. Comme je m'imagine que vous avez
quelque impatience d'en voir quelque chose, je veux
bien vous en transcrire ici vingt ou trente vers; mais

---

[1] Jacques Tardieu et Marie Ferrier, sa femme, qui furent as-
sassinés dans leur maison, quai des Orfèvres, le 24 août 1665,
par deux voleurs. Ceux-ci furent pris aussitôt, jugés, et exécutés
trois jours après. (*Anon.*)

c'est à la charge que, foi d'honnête homme, vous ne les montrerez à ame vivante, parceque je veux être absolument maître d'en faire ce que je voudrai, et que d'ailleurs je ne sais s'ils sont encore en l'état où ils demeureront. Mais afin que vous en puissiez voir la suite, je vais vous mettre la fin de l'histoire de la *lieutenante*, de la manière que je l'ai achevée.

    Mais peut-être j'invente une fable frivole..
    [1] *Soutiens* donc tout Paris, qui, prenant la parole,
    Sur ce sujet encor de bons témoins pourvu,
    Tout prêt à le prouver, te dira : Je l'ai vu.
    Vingt ans j'ai vu ce couple uni d'un même vice,
    A tous mes habitants montrer que l'avarice
    Peut faire dans les biens trouver la pauvreté,
    Et nous réduire à pis que la mendicité.
    Deux voleurs qui chez eux, pleins d'espérance, entrèrent,
    Enfin un beau matin tous deux les massacrèrent :
    Digne et funeste fruit du nœud le plus affreux
    Dont l'hymen ait jamais uni deux malheureux.
    Ce récit passe un peu l'ordinaire mesure ;
    Mais un exemple enfin si digne de censure
    Peut-il dans la satire occuper moins de mots?
    Chacun sait son métier. Suivons notre propos.
    Nouveau prédicateur, aujourd'hui, je l'avoue,
    Vrai disciple, ou plutôt singe de Bourdaloue,
    Je me plais à remplir mes sermons de portraits.
    En voilà déja trois peints d'assez heureux traits.
    La louve, la coquette, et la parfaite avare.
    Il faut y joindre encor la revêche bizarre [2],

---

[1] Les mots qu'on a mis en italique sont ceux que l'auteur a supprimés à l'impression.

[2] Il avoit en vue, dans ces vers, la femme de feu son frère le greffier.

Qui sans cesse d'un ton par la colère aigri,
Gronde, choque, dément, contredit un mari;
Qui dans tous ses discours par quolibets s'exprime,
A toujours dans la bouche un proverbe, une rime,
Et d'un roulement d'yeux aussitôt applaudit
Au mot aigrement fou qu'au hasard elle a dit.
Il n'est point de repos ni de paix avec elle :
Son mariage n'est qu'une longue querelle.
Laisse-t-elle un moment respirer son époux,
Ses valets sont d'abord l'objet de son courroux;
Et, sur le ton grondeur, lorsqu'elle les harangue,
Il faut voir de quels mots elle enrichit la langue.
Ma plume ici, traçant ces mots par alphabet,
Pourroit d'un nouveau tome augmenter Richelet.
Tu crains peu d'essuyer cette étrange furie :
En trop bon lieu, dis-tu, ton épouse nourrie,
Jamais de tels discours ne te rendra martyr.
Mais, eût-elle sucé la raison dans Saint-Cyr,
Crois-tu que d'une fille humble, honnête, charmante,
L'hymen n'ait jamais fait de femme extravagante?
Combien n'a-t-on point vu de *Philis* aux doux yeux,
Avant le mariage, anges si gracieux,
Tout-à-coup se changeant en bourgeoises sauvages,
Vrais démons, apporter l'enfer dans leurs ménages,
Et, découvrant l'orgueil de leurs rudes esprits,
Sous leur fontange altière asservir leurs maris?

En voilà plus que je ne vous avois promis. Mandez-moi ce que vous y aurez trouvé de fautes plus grossières.

J'ai envoyé des pêches à madame de Caylus[1], qui les a reçues, m'a-t-on dit, avec de grandes marques de joie. Je vous donne le bon soir, et suis tout à vous.

---

[1] Nièce de madame de Maintenon.

LETTRE XXXIII.

RACINE A BOILEAU.

Au Quesnoi, 30 mai 1693.

Le roi fait demain ses dévotions. Je parlai hier de monsieur le doyen[1] au P. de La Chaise; il me dit qu'il avoit reçu votre lettre, me demanda des nouvelles de votre santé, et m'assura qu'il étoit fort de vos amis et de toute la famille. J'ai parlé ce matin à madame de Maintenon, et je lui ai même donné une lettre que je lui avois écrite sur ce sujet, la mieux tournée que j'ai pu, afin qu'elle la pût lire au roi. M. de Chamlai, de son côté, proteste qu'il a déjà fait merveilles, et qu'il a parlé de monsieur le doyen comme de l'homme du monde qu'il estimoit le plus, et qui méritoit le mieux les graces de sa majesté. Il promet qu'il reviendra encore ce soir à la charge. Je l'ai échauffé de tout mon possible, et l'ai assuré de votre reconnoissance et de celle de monsieur le doyen et de MM. Dongois. Voilà, mon cher monsieur, où la chose en est. Le reste est entre les mains du bon Dieu, qui peut-être inspirera le roi en notre faveur. Nous en saurons demain davantage.

Quant à nos ordonnances, M. de Pontchartrain me promit qu'il nous les feroit payer aussitôt après

[1] L'abbé Jacques Boileau, frère de Despréaux. (L. R.)

le départ du roi. C'est à vous de faire vos sollicitations, soit par M. de Pontchartrain le fils, soit par M. l'abbé Bignon. Croyez-vous que vous fissiez mal d'aller vous-même une fois chez lui? Il est bien intentionné : la somme est petite : enfin, on m'assure qu'il faut presser, et qu'il n'y a pas un moment à perdre. Quand vous aurez arraché cela de lui, il ne vous en voudra que plus de bien.

Il faudroit aussi voir ou faire voir M. de Bie, qui est le meilleur homme du monde, et qui le feroit souvenir de vous quand il fera l'état de distribution. Au reste, j'ai été obligé de dire ici, le mieux que j'ai pu, quelques uns des vers de votre satire [1] à M. le Prince. *Nosti hominem.* Il ne parle plus d'autre chose, et il me les a redemandés plus de dix fois.

M. le prince de Conti voudroit bien que vous m'envoyassiez l'histoire du lieutenant-criminel, dont il est sur-tout charmé. M. le Prince et lui ne font que redire les deux vers : *La mule et les chevaux au marché* [2]. Je vous conseille de m'envoyer tout cet endroit, et quelques autres morceaux détachés, si vous pouvez : assurez-vous qu'ils ne sortiront point de mes mains. M. le Prince n'est pas moins touché de ce que j'ai pu retenir de votre ode. Je ne suis point surpris de la prière que M. de Pontchartrain le fils vous a faite en faveur de Fontenelle. Je savois bien qu'il avoit beaucoup d'inclination pour lui ; et c'est pour

---

[1] « Vous connoissez l'homme. »

[2] Les deux chevaux, la mule, au marché s'envolèrent ;
Deux grands laquais à jeun sur le soir s'en allèrent.

cela même que M. de La Loubère n'en a guère : mais enfin vous avez très bien répondu, et pour peu que Fontenelle se reconnoisse, je vous conseillerois aussi de lui faire grace : mais, à dire vrai, il est bien tard, et la stance a fait un furieux progrès.

Je n'ai pas le temps d'écrire ce matin à M. de La Chapelle. Ayez la bonté de lui dire que tout ce qu'il a imaginé, et vous aussi, sur l'ordre de Saint-Louis me paroît fort beau ; mais que pour moi je voudrois simplement mettre pour type la croix même de Saint-Louis, et la légende *Ordo militaris*, etc. Chercherons-nous toujours de l'esprit dans les choses qui en demandent le moins? Je vous écris tout ceci avec une rapidité épouvantable, de peur que la poste ne soit partie.

Il fait le plus beau temps du monde. Le roi, qui a eu une fluxion sur la gorge, se porte bien : ainsi nous serons bientôt en campagne. Je vous écrirai plus à loisir avant que de sortir du Quesnoi.

LETTRE XXXIV.

RACINE A BOILEAU.

Au Quesnoi, le 30 mai au soir, 1693.

Vous verrez par la lettre que j'écris à M. l'abbé Dongois les obligations que vous avez à sa majesté. M. le doyen est chanoine de la Sainte-Chapelle, et est bien mieux encore que je n'avois demandé. Madame de Maintenon m'a chargé de vous faire ses baisemains. Elle mérite bien que vous lui fassiez quelque remerciement, ou du moins que vous fassiez d'elle une mention honorable qui la distingue de tout son sexe, comme en effet elle en est distinguée de toute manière.

Je suis content au dernier point de M. de Chamlai, et il faut absolument que vous lui écriviez, aussibien qu'au P. de La Chaise qui a très bien servi M le doyen.

Tout le monde m'a chargé ici de vous faire ses compliments ; entre autres M. de Cavoie et M. de Sérignan. M. le prince de Conti même m'a témoigné prendre beaucoup de part à votre joie.

Nous partons mardi pour aller camper sous Mons. Le roi mettra à la tête de l'armée M. de Boufflers ; M. de Luxembourg, avec la sienne, nous côtoiera de fort près. Le roi envoie les dames à Maubeuge. Ainsi nous voilà à la veille des grandes nouvelles. Je vous donne le bon soir, et suis entièrement à vous.

Songez à nos ordonnances. Prenez aussi la peine de recommander à M. Dongois le petit Mercier, valet-de-chambre de madame de Maintenon. Il voudroit avoir pour commissaire, pour la conclusion de son affaire, M. l'abbé Brunet ou M. l'abbé Petit. Si cela se peut faire dans les règles, ni sans blesser la conscience, il faudroit tâcher de lui faire avoir ce qu'il demande.

LETTRE XXXV.

BOILEAU A RACINE.

1er juin 1693.

Je sors de notre assemblée des Inscriptions où j'ai été principalement pour parler à M. de Toureil; mais il ne s'y est point trouvé. Il s'étoit chargé de parler de nos ordonnances à M. de Pontchartrain le père, et il m'en devoit rendre compte aujourd'hui. J'enverrai demain savoir s'il est malade, et pourquoi il n'est pas venu. Cependant M. l'abbé Renaudot m'a promis aussi d'agir très fortement auprès du même ministre. Cet abbé doit venir dîner jeudi avec moi à Auteuil, et me raconter tout ce qu'il aura fait; ainsi il ne se perdra point de temps. Madame Racine me fit l'honneur de souper dimanche chez moi, avec toute votre petite et agréable famille. Cela se passa fort gaiement, mon rhume étant presque entièrement guéri. Je n'ai jamais vu une si belle journée. J'entretins fort monsieur votre fils qui, à mon sens, croît toujours en mérite et en esprit. Il me montra une traduction qu'il a faite d'une harangue de Tite-Live, et j'en fus fort content. Je crois non seulement qu'il sera habile pour les lettres, mais qu'il aura la conversation agréable, parcequ'en effet il pense beaucoup, et qu'il conçoit fort vivement tout ce qu'on lui dit. Je ne saurois trouver de termes assez forts pour vous remercier des mouvements que vous vous donnez pour M. le doyen de Sens ; et, quand l'affaire ne réussiroit point, je vous puis assurer que je n'oublierai jamais la sensible obligation que je vous ai. Vous m'avez fort surpris en me mandant l'empressement qu'ont deux des plus grands princes de la terre pour voir des ouvrages que je n'ai pas achevés [1]. En vérité, mon cher monsieur, je tremble qu'ils ne se soient trop aisément laissé prévenir en ma faveur; car, pour vous dire sincèrement ce qui se passe en moi au sujet de ces derniers ouvrages, il y a des moments où je crois n'avoir rien fait de mieux, mais il y en a aussi beaucoup où je n'en suis point du tout content, et où je fais résolution de ne les jamais laisser imprimer. Oh! qu'heureux est M. Charpentier qui, raillé, et mettons quelquefois bafoué sur les siens, se maintient toujours parfaitement tranquille, et demeure invinciblement persuadé de l'excellence de son esprit ! Il a tantôt apporté à l'académie une médaille de très mauvais goût, et avant que de la laisser lire, il a commencé par en faire l'éloge. Il s'est mis par avance en colère sur ce qu'on y trouveroit à redire, déclarant pourtant que, quelques critiques qu'on y pût faire, il sauroit bien ce qu'il devoit penser là-dessus, et qu'il n'en resteroit pas moins convaincu qu'elle étoit parfaitement bonne. Il a en effet tenu parole, et tout le monde l'ayant généralement désapprouvée, il a querellé tout le monde, il a rougi

---

[1] La satire contre les femmes, et l'ode sur la prise de Namur.

et s'est emporté ; mais il s'est en allé satisfait de lui-même. Je n'ai point, je l'avoue, cette force d'ame; et si des gens un peu sensés s'opiniâtroient de dessein formé à blâmer la meilleure chose que j'aie écrite, je leur résisterois d'abord avec assez de chaleur ; mais je sens bien que peu de temps après je conclurois contre moi, et que je me dégoûterois de mon ouvrage. Ne vous étonnez donc point si je ne vous envoie point encore par cet ordinaire les vers que vous me demandez, puisque je n'oserois presque me les présenter à moi-même sur le papier. Je vous dirai pourtant que j'ai en quelque sorte achevé l'Ode sur Namur, à quelques vers près où je n'ai point encore attrapé l'expression que je cherche. Je vous l'enverrai un de ces jours, mais c'est à la charge que vous la tiendrez secrète, et que vous n'en lirez rien à personne que je ne l'aie entièrement corrigée sur vos avis. Il n'est bruit ici que des grandes choses que le roi va faire, et à vous dire le vrai, jamais commencement de campagne n'eut un meilleur air. J'ai bien vu dans les livres des exemples de grandes félicités, mais au prix de la fortune du roi, à mon sens, tout est malheur. Ce qui m'embarrasse, c'est qu'ayant épuisé pour Namur toutes les hyperboles et toutes les hardiesses de notre langue, où trouverai-je des expressions pour le louer, s'il vient à faire quelque chose de plus grand que la prise de cette ville ? Je sais bien ce que je ferai ; je garderai le silence et vous laisserai parler. C'est le meilleur parti que je puisse prendre, *Spectatus satis*, etc. Je vous prie de bien témoigner à M. de Chamlai combien je lui suis obligé des bons offices qu'il rend à mon frère [1]; je vois bien que la fortune n'est pas capable de l'aveugler, et qu'il voit toujours ses amis avec les mêmes yeux qu'auparavant. Adieu, mon cher monsieur, soyez bien persuadé que je vous aime et que je vous estime infiniment. Dans le temps que j'allois finir cette lettre, M. l'abbé Dongois est entré dans ma chambre avec le petit mot de lettre que vous écrivez à madame Racine, et où vous mandez l'heureux, surprenant, incroyable succès de votre négociation [2]. Que vous dirai-je là-dessus? Cela demande une lettre toute entière que je vous écrirai demain. Cependant souvenez-vous de l'état de Pamphile à la fin de l'Andrienne, *Nunc est quum me interfici patiar*; voilà à-peu-près mon état. Adieu encore un coup, mon cher, illustrissime, effectif, ou, puisque la passion permet quelquefois d'inventer les mots, mon effectissime ami.

LETTRE XXXVI.

BOILEAU A RACINE, A L'ARMÉE.

Paris, ce 4 juin 1693.

Je vous écrivis hier au soir une assez longue lettre, et qui étoit toute remplie du chagrin que j'avois alors,

---

[1] Le doyen de Sens. — [2] Le canonicat de la Sainte-Chapelle obtenu.

causé par un tempérament sombre qui me dominoit, et par un reste de maladie; mais je vous en écris une aujourd'hui toute pleine de la joie que m'a causée l'agréable nouvelle que j'ai reçue. Je ne saurois vous exprimer l'alégresse qu'elle a excitée dans toute notre famille; elle a fait changer de caractère à tout le monde. M. Dongois le greffier est présentement un homme jovial et folâtre; M. l'abbé Dongois, un bouffon et un badin. Enfin il n'y a personne qui ne se signale par des témoignages extraordinaires de plaisir et de satisfaction, et par des louanges et des exclamations sans fin sur votre bonté, votre générosité, votre amitié, etc. A mon sens néanmoins, celui qui doit être le plus satisfait, c'est vous; et le contentement que vous devez avoir en vous-même d'avoir obligé si efficacement dans cette affaire tant de personnes qui vous estiment et qui vous honorent depuis si long-temps, est un plaisir d'autant plus agréable, qu'il ne procéde que de la vertu, et que les ames du commun ne sauroient ni se l'attirer ni le sentir. Tout ce que j'ai à vous prier [1] maintenant, c'est de me mander les démarches que vous croyez qu'il faut que je fasse à l'égard du roi et du P. de La

[1] Du temps de Boileau, les bons écrivains disoient : *Ce que je vous prie*, par ellipse, pour *ce que je vous prie de faire*. Aujourd'hui on diroit: *Ce dont je vous prie*. Mais prier d'une chose auroit paru à Boileau et à Racine un barbarisme. *Prier*, ainsi que plusieurs autres verbes, n'admettoit que le pronom indéterminé *en*; comme on dit encore : *Je vous en défie, je vous en conjure*, quoiqu'on ne se permette pas pour cela de dire : *La chose dont je vous défie, dont je vous conjure*. (*Anon.*)

Chaise; et non seulement s'il faut, mais à peu près ce qu'il faut que je leur écrive.

M. le doyen de Sens ne sait encore rien de ce qu'on a fait pour lui. Jugez de sa surprise, quand il apprendra tout d'un coup le bien imprévu et excessif que vous lui avez fait. Ce que j'admire le plus, c'est la félicité de la circonstance, qui a fait que, demandant pour lui la moindre de toutes les chanoinies de la Sainte-Chapelle, nous lui avons obtenu la meilleure après celle de M. l'abbé d'Ense. *O factum benè!* Vous pouvez compter que vous aurez désormais en lui un homme qui disputera avec moi de zèle et d'amitié pour vous.

J'avois résolu de ne vous envoyer la suite de mon *Ode sur Namur* que quand je l'aurois mise en état de n'avoir plus besoin que de vos corrections. Mais en vérité vous m'avez fait trop de plaisir, pour ne pas satisfaire sur-le-champ la curiosité que vous avez peut-être conçue de la voir. Ce que je vous prie, c'est de ne la montrer à personne, et de ne la point épargner. J'y ai hasardé des choses fort neuves, jusqu'à parler de la plume blanche que le roi a sur son chapeau. Mais, à mon avis, pour trouver des expressions nouvelles en vers, il faut parler de choses qui n'aient point été dites en vers. Vous en jugerez, sauf à tout changer, si cela vous déplaît.

L'ode sera de dix-huit stances[1], cela fait cent qua-

---

[1] Elle fut réduite à dix-sept. Nous avons indiqué par des caractères italiques les mots que l'auteur jugea à propos de corriger dans cette ode quand il la fit imprimer. (*Anon.*)

tre-vingts vers. Je ne croyois pas aller si loin. Voici ce que vous n'avez point vu; je vais le mettre sur l'autre feuillet.

Déployez toutes vos rages,
Princes, vents, peuples, frimas,
Ramassez tous vos nuages,
Rassemblez tous vos soldats.
Malgré vous Namur en poudre
S'en va tomber sous la foudre
Qui dompta Lille, Courtrai,
Gand, la *constante* Espagnole,
Luxembourg, Besançon, Dole,
Ipres, Mastricht, et Cambrai.

Mes présages s'accomplissent,
Il commence à chanceler;
Je vois ses murs qui frémissent,
Déja prêts à s'écrouler.
Mars en feu qui les domine,
De loin souffle leur ruine :
Et les bombes dans les airs,
Allant chercher le tonnerre,
Semblent, tombant sur la terre,
Vouloir s'ouvrir les enfers.

Approchez troupes altières
Qu'unit un même devoir :
A couvert *de ces* rivières,
Venez, vous pouvez tout voir.
Contemplez bien ces approches;
Voyez *détacher* ces roches,
Voyez ouvrir ce terrain,
Et dans les eaux, dans la flamme;
Louis à tout donnant l'ame,
Marcher *tranquille et serein.*

Voyez, dans cette tempête,
Par-tout se montrer aux yeux
La plume qui *ceint* sa tête
D'un cercle si glorieux.
A sa blancheur remarquable [1],
Toujours un sort favorable
S'attache dans les combats :
Et toujours avec la Gloire,
Mars *et sa sœur* la Victoire
Suivent cet astre à grands pas.

Grands défenseurs de l'Espagne,
Accourez tous, il est temps.
Mais déjà vers la Méhaigne,
Je vois vos drapeaux flottants.
Jamais ses ondes craintives
N'ont vu sur leurs foibles rives
Tant de guerriers s'amasser.
Marchez donc, *troupe héroïque* :
Au-delà de ce Granique,
Que tardez-vous d'avancer ?

Loin de fermer le passage
A vos nombreux bataillons,
Luxembourg a du rivage
Reculé ses pavillons.
Hé quoi ! *son* aspect vous glace !
Où sont ces chefs pleins d'audace,
Jadis si prompts à marcher,
Qui devoient de la Tamise,
Et de la Drave soumise,
Jusqu'à Paris nous chercher ?

[1] *Remarquable*. Dans le manuscrit ce mot a été substitué à *redoutable*, qui est rayé. (*Anon.*)

Cependant l'effroi redouble
Sur les remparts de Namur :
Son gouverneur qui se trouble,
S'enfuit sous son dernier mur.
Déja, jusques à ses portes,
Je vois *nos fières* cohortes
S'ouvrir un large chemin ;
Et sur des monceaux de piques,
De corps morts, de rocs, de briques,
Monter le sabre à la main.

C'en est fait, je viens d'entendre,
Sur *les remparts* éperdus,
Battre un signal pour se rendre :
Le feu cesse ; ils sont rendus.
Rappelez votre constance,
Fiers ennemis de la France ;
Et désormais gracieux,
Allez à Liège, à Bruxelles,
Porter les humbles nouvelles
De Namur pris à vos yeux.

Pour moi que Phébus anime
De ses transports les plus doux,
Rempli de ce dieu sublime,
Je vais, plus hardi que vous,
Montrer que sur le Parnasse,
Des bois fréquentés d'Horace [1],
Ma muse, *sur* son déclin,
Sait encor les avenues,
Et des sources inconnues
A l'auteur de Saint-Paulin.

[1] *Des bois fréquentés d'Horace.* Dans le manuscrit, ce vers a été substitué à celui-ci : *Des antres chéris d'Horace,* qu'on lit encore sous la rature. (*Anon.*)

Je vous demande pardon de la peine que vous aurez peut-être à déchiffrer tout ceci, que je vous ai écrit sur un papier qui boit. Je vous le récrirois bien, mais il est près de midi, et j'ai peur que la poste ne parte; ce sera pour une autre fois. Je vous embrasse de tout mon cœur.

LETTRE XXXVII.

BOILEAU A RACINE.

Paris, le 9 juin 1693.

Je vous écrivis hier, avec toute la chaleur qu'inspire une méchante nouvelle, le refus que fait l'abbé de Paris de se démettre de sa chanoinie. Ainsi vous jugerez bien par ma lettre que ce ne sont pas, à l'heure qu'il est, des remerciements que je médite, puisque je suis même honteux de ceux que j'ai déja faits. A vous dire le vrai, ce contre-temps est fâcheux; et, quand je songe aux chagrins qu'il m'a déja causés, je voudrois presque n'avoir jamais pensé à ce bénéfice pour mon frère. Je n'aurois pas la douleur de voir que vous vous soyez peut-être donné tant de peine si inutilement. Ne croyez pas toutefois, quoi qu'il puisse arriver, que cela diminue en moi le sentiment des obligations que je vous ai. Je sens bien qu'il n'y a qu'une étoile bizarre et infortunée qui pût empêcher le succès d'une affaire si bien conduite, et où vous avez également signalé votre prudence et votre amitié. Je vous ai mandé par ma dernière lettre ce que M. de Pontchartrain avoit répondu à M. l'abbé Renaudot touchant nos ordonnances. Comme il a fait de la distinction entre les raisons que vous aviez de le presser, et celles que j'avois d'attendre, je m'en vais ce matin chez madame Racine, et je lui conseillerai de porter votre ordonnance à M. de Bie à part : je ne doute point qu'elle ne touche au plus tôt son argent. Pour moi, j'attendrai sans peine la commodité de M. de Pontchartrain : je n'ai rien qui me presse, et je vois bien que cela viendra. J'oubliai hier à vous mander que M. de Pontchartrain, en même temps qu'il parla de nos ordonnances à M. l'abbé de Renaudot, le chargea de me féliciter sur la chanoinie de mon frère.

Je ne doute point, monsieur, que vous ne soyez à la veille de quelque grand et heureux événement; et, si je ne me trompe, le roi va faire la plus triomphante campagne qu'il ait jamais faite. Il fera grand plaisir à M. de La Chapelle, qui, si nous l'en voulions croire, nous engageroit déja à imaginer une médaille sur la prise de Bruxelles, dont je suis persuadé qu'il a déja fait le type en lui-même. Vous m'avez fort réjoui de me mander la part qu'a madame de Maintenon dans notre affaire. Je ne manquerai pas de me donner l'honneur de lui écrire; mais il faut auparavant que notre embarras soit éclairci, et que je sache s'il faut parler sur le ton gai, ou sur le ton triste. Voici la quatrième lettre que vous devez avoir reçue de moi depuis six jours. Trouvez bon que je vous prie encore ici de ne rien montrer à personne du fragment informe que je vous ai envoyé, et qui est tout plein des négligences d'un ouvrage qui n'est point encore digéré. Le mot de *voir* y est encore répété par-tout jusqu'au dégoût. La stance, *Grands défenseurs de l'Espagne*, etc. rebat celle qui dit : *Approchez, troupes altières*, etc. Celle sur la plume blanche du roi est encore un peu en maillot, et je ne sais si je la laisserai avec *Mars et sa sœur la Victoire*. J'ai déja retouché à tout cela ; mais je ne veux point l'achever que je n'aie reçu vos remarques, qui sûrement m'éclaireront encore l'esprit ; après quoi je vous enverrai l'ouvrage complet. Mandez-moi si vous croyez que je doive parler de M. de Luxembourg. Vous n'ignorez pas combien notre maître est chatouilleux sur les gens qu'on associe à ses louanges. Cependant j'ai suivi mon inclination. Adieu, mon cher monsieur ; croyez qu'heureux ou malheureux, gratifié ou non gratifié, payé ou non payé, je serai toujours tout à vous.

LETTRE XXXVIII.

RACINE A BOILEAU.

Gemblours, 9 juin 1693.

J'avois commencé une grande lettre, où je prétendois vous dire mon sentiment sur quelques endroits des stances que vous m'avez envoyées ; mais comme j'aurai le plaisir de vous revoir bientôt, puisque nous nous en retournons à Paris [1], j'aime mieux attendre à vous dire de vive voix tout ce que j'avois à vous mander. Je vous dirai seulement en un mot que les stances m'ont paru très belles et très dignes de celles qui les précédent, à quelque peu de répétitions près, dont vous vous êtes aperçu vous-même.

Le roi fait un grand détachement de ses armées, et l'envoie en Allemagne avec Monseigneur. Il a jugé qu'il falloit profiter de ce côté-là d'un commence-

---

[1] Ce départ subit et imprévu est un des évènements les plus fâcheux pour la gloire de Louis XIV, et un de ceux qui tiennent à de petites causes que l'histoire ne pourra jamais découvrir. Le prince d'Orange étoit enfermé de manière à ne plus conserver l'espoir de sauver son armée. Saint-Simon assure que le maréchal de Luxembourg se jeta aux genoux du roi pour empêcher ce fatal départ, mais qu'il ne fit que l'importuner. C'est à tort que le président Hénault dit que le roi tomba malade au Quesnoi, et revint aussitôt à Versailles. On voit, par ces lettres, qu'après l'indisposition qui l'avoit retenu quatre à cinq jours au Quesnoi, il en étoit parti le 2 juin, et avoit continué sa route jusqu'au quartier-général. (*Anon.*)

ment de campagne qui paroît si favorable, d'autant plus que le prince d'Orange s'opiniâtrant à demeurer sous de grosses places et derrière des canaux et des rivières, la guerre auroit pu devenir ici fort lente, et peut-être moins utile que ce qu'on peut faire au-delà du Rhin.

Nous allons demain coucher à Namur. M. de Luxembourg demeure en ce pays-ci avec une armée capable non seulement de faire tête aux ennemis, mais même de leur donner beaucoup d'embarras. Adieu, mon cher monsieur, je me fais grand plaisir de vous embrasser bientôt. M. de Chamlai a parlé depuis moi au P. de La Chaise, qui lui a dit les mêmes choses qu'il m'a dites : que tout ira bien, et qu'il n'y a qu'à le laisser faire. M. de Chamlai n'a point encore reçu de vos nouvelles ; mais il compte sur votre amitié. Tous les gens de mes amis qui connoissent le P. de La Chaise, et la manière dont s'est passée l'affaire de monsieur le doyen, m'assurent tous que nous devons avoir l'esprit en repos.

LETTRE XXXIX.

BOILEAU A RACINE.

Paris, 13 juin 1693.

Je ne suis revenu que ce matin d'Auteuil, où j'ai été passer durant quatre jours la mauvaise humeur que m'avoit donnée le bizarre contre-temps qui nous est arrivé dans l'affaire de la chanoinie. J'ai reçu en arrivant à Paris votre dernière lettre, qui m'a fort consolé, aussi bien que celle que vous avez écrite à M. l'abbé Dongois.

J'ai été fort surpris d'apprendre que M. de Chamlai n'avoit point encore reçu le compliment que je lui ai envoyé sur-le-champ, et qui a été porté à la poste en même temps que la lettre que j'ai écrite au révérend P. de La Chaise. Je lui en écris un nouveau, afin qu'il ne me soupçonne pas de paresse dans une occasion où il m'a si bien marqué et sa bonté pour moi, et sa diligence à obliger mon frère: mais, de peur d'une nouvelle méprise, je vous l'envoie, ce compliment, empaqueté dans ma lettre, afin que vous le lui rendiez en main propre.

Je ne saurois vous exprimer la joie que j'ai du retour du roi. La nouvelle bonté que sa majesté m'a témoignée, en accordant à mon frère le bénéfice que nous demandons, a encore augmenté le zèle et la passion très sincère que j'ai pour elle. Je suis ravi de voir que sa sacrée personne ne sera point en danger cette campagne; et, gloire pour gloire, il me semble que les lauriers sont aussi bons à cueillir sur le Rhin et sur le Danube, que sur l'Escaut et sur la Meuse. Je ne vous parle point du plaisir que j'aurai à vous embrasser plus tôt que je ne croyois; car cela va sans dire.

Vous avez bien fait de ne point envoyer par écrit vos remarques sur mes stances, et d'attendre à m'en entretenir que vous soyez de retour, puisque, pour en bien juger, il faut que je vous aie communiqué auparavant les différentes manières dont je les puis tourner, et les retranchements ou les augmentations que j'y puis faire. Je vous prie de bien témoigner au révérend P. de La Chaise l'extrême reconnoissance que j'ai de toutes ses bontés. Nous devons encore aller lundi prochain, M. Dongois et moi, prendre madame Racine, pour la mener avec nous chez M. de Bie, qui ne doit être revenu de la campagne que ce jour-là. J'ai fait ma sollicitation pour vous à M. l'abbé Bignon. Il m'a dit que c'étoit une chose un peu difficile à l'heure qu'il est, d'être payé au trésor royal. Je lui ai représenté que vous étiez actuellement dans le service, et qu'ainsi vous étiez au même droit que les soldats et les autres officiers du roi. Il m'a avoué que je disois vrai, et s'est chargé d'en parler très fortement à M. de Pontchartrain. Il me doit rendre réponse aujourd'hui à notre assemblée. Adieu le type de M. de La Chapelle sur Bruxelles [1]. Il étoit pourtant imaginé fort heureusement et fort à-propos; mais, à mon sens, les médailles prophétiques dépendent un peu du hasard, et ne sont pas toujours sûres de réussir. Nous voilà revenus à Heidelberg. Je propose pour mot, *Hidelberga deleta*; et nous verrons ce soir si on l'acceptera, ou les deux vers latins que propose M. Charpentier, et qu'il trouve d'un goût merveilleux pour la médaille. Les voici : *Servare potui, perdere an possim rogas* [2] ? Or, comment

---

[1] Cette ville n'avoit point été prise.

[2] « J'ai pu le conserver; tu demandes si je puis le perdre? »

cela vient à Heidelberg, c'est à vous à le deviner; car ni moi, ni même, je crois, M. Charpentier, n'en savons rien. Je ne vous parle presque point, comme vous voyez, de notre chagrin sur la chanoinie, parceque vos lettres m'ont rassuré, et que d'ailleurs il n'y a point de chagrin qui tienne contre le bonheur que vous me faites espérer de vous revoir bientôt ici de retour. Adieu, mon cher monsieur, aimez-moi toujours, et croyez qu'il n'y a personne qui vous honore et vous révère plus que moi.

LETTRE XL.

BOILEAU A RACINE.

Paris, jeudi au soir, 18 juin 1693.

Je ne saurois, mon cher monsieur, vous exprimer ma surprise, et, quoique j'eusse les plus grandes espérances du monde, je ne laissois pas encore de me défier de la fortune de M. le doyen. C'est vous qui avez tout fait, puisque c'est à vous que nous devons l'heureuse protection de madame de Maintenon. Tout mon embarras maintenant est de savoir comment je m'acquitterai de tant d'obligations que je vous ai. Je vous écris ceci de chez M. Dongois le greffier, qui est sincèrement transporté de joie,

---

Boileau se trompe : après avoir annoncé deux vers latins, il n'en cite qu'un, qui est un fragment de la *Médée* d'Ovide, cité par Quintilien, lib. VIII, cap. v. (G.)

aussi-bien que toute notre famille; et, de l'humeur dont je vous connois, je suis sûr que vous seriez ravi vous-même de voir combien d'un seul coup vous avez fait d'heureux. Adieu, mon cher monsieur; croyez qu'il n'y a personne qui vous aime plus sincèrement, ni par plus de raisons que moi. Témoignez bien à M. de Cavoie la joie que j'ai de sa joie, et à M. de Luxembourg mes profonds respects. Je vous donne le bon soir, et suis, autant que je le dois, tout à vous. Je viens d'envoyer chez madame Racine.

LETTRE XLI.

RACINE A BOILEAU.

Versailles, 9 juillet 1693.

Je vais aujourd'hui à Marli, où le roi demeurera près d'un mois; mais je ferai de temps en temps quelques voyages à Paris, et je choisirai les jours de la petite académie. Cependant je suis bien fâché que vous ne m'ayez pas donné votre ode: j'aurois peut-être trouvé quelque occasion de la lire au roi. Je vous conseille même de me l'envoyer. Il n'y a pas plus de deux lieues d'Auteuil à Marli. Votre laquais n'aura qu'à me demander et me chercher dans l'appartement de M. Félix. Je vous prie de renvoyer mon fils à sa mère: j'appréhende que votre grande bonté ne vous coûte un peu trop d'incommodité. Je suis entièrement à vous.

LETTRE XLII.

RACINE A BOILEAU.

Marli, 6 août au matin, 1693.

Je ferai vos présents ce matin[1]. Je ne sais pas bien encore quand je vous reverrai, parcequ'on attend à toute heure des nouvelles d'Allemagne. La victoire de M. de Luxembourg est bien plus grande que nous ne pensions, et nous n'en savions pas la moitié. Le roi reçoit tous les jours des lettres de Bruxelles et de mille autres endroits, par où il apprend que les ennemis n'avoient pas une troupe ensemble le lendemain de la bataille; presque toute l'infanterie qui restoit avoit jeté ses armes. Les troupes hollandoises se sont la plupart enfuies jusqu'en Hollande. Le prince d'Orange, qui pensa être pris après avoir fait des merveilles, coucha le soir, lui huitième, avec M. de Bavière, chez un curé près de Loo. Nous avons pris vingt-cinq ou trente drapeaux, cinquante-cinq étendards, soixante-seize pièces de canon, huit mortiers, neuf pontons, sans tout ce qui est tombé dans la rivière. Si nos chevaux, qui n'avoient point mangé depuis deux fois vingt-quatre heures, eussent pu marcher, il ne resteroit pas un homme ensemble aux ennemis.

[1] La distribution de l'ode sur Namur, qui venoit d'être imprimée.

Tout en vous écrivant il me vient en pensée de vous envoyer deux lettres, une de Bruxelles, l'autre de Vilvorde, et un récit du combat général, qui me fut dicté hier au soir par M. d'Albergotti. Croyez que c'est comme si M. de Luxembourg l'avoit dicté lui-même. Je ne sais si vous le pourrez lire; car en écrivant j'étois accablé de sommeil, à-peu-près comme étoit M. de Puy-Morin en écrivant ce bel arrêt sous M. Dongois[1]. Le roi est transporté de joie, et tous les ministres, de la grandeur de cette action. Vous me feriez un fort grand plaisir, quand vous aurez lu tout cela, de l'envoyer bien cacheté, avec cette même lettre que je vous écris, à M. l'abbé Renaudot, afin qu'il ne tombe point dans l'inconvénient de l'année passée. Je suis assuré qu'il vous en aura obligation : ce ne sera que la peine de votre jardinier. Il pourra distribuer une partie des choses que je vous envoie en plusieurs articles, tantôt sous celui de Bruxelles, tantôt sous celui de Landefermé, où M. de Luxembourg campa le 31 juillet, à demi-lieue du champ de bataille, tantôt même sous l'article de Malines, ou de Vilvorde.

Il saura d'ailleurs les actions des principaux particuliers, comme, que M. de Chartres chargea trois

[1] M. Dongois étant obligé de passer la nuit à dresser le dispositif d'un arrêt d'ordre, le dictoit à M. de Puy-Morin, frère de Boileau; et M. de Puy-Morin écrivoit si promptement, que M. Dongois étoit étonné que ce jeune homme eût tant de disposition pour la pratique. Après avoir dicté pendant deux heures, il voulut lire l'arrêt, et trouva que le jeune Puy-Morin n'avoit écrit que le dernier mot de chaque phrase. (L. R.)

ou quatre fois à la tête de divers escadrons, et fut débarrassé des ennemis, ayant blessé de sa main l'un d'eux qui le vouloit emmener; le pauvre Vacoigne tué à son côté; M. d'Arci, son gouverneur, tombé aux pieds de ses chevaux, le sien ayant été blessé; La Bertière, son sous-gouverneur, aussi blessé. M. le prince de Conti chargea aussi plusieurs fois, tantôt avec la cavalerie, tantôt avec l'infanterie, et regagna pour la troisième fois le fameux village de Nerwinde, qui donne le nom à la bataille, et reçut sur la tête un coup de sabre d'un des ennemis qu'il tua sur-le-champ. M. le Duc chargea de même, regagna la seconde fois le village à la tête de l'infanterie, et combattit encore à la tête de plusieurs escadrons. M. de Luxembourg étoit, dit-on, quelque chose de plus qu'humain, volant par-tout, et même s'opiniâtrant à continuer les attaques dans le temps que les plus braves étoient rebutés, menant en personne les bataillons et les escadrons à la charge. M. de Montmorenci, son fils aîné, après avoir combattu plusieurs fois à la tête de sa brigade de cavalerie, reçut un coup de mousquet, dans le temps qu'il se mettoit au-devant de son père pour le couvrir d'une décharge horrible que les ennemis firent sur lui. M. le comte de Luxe[1], son frère, a été blessé

---

[1] Le comte de Luxe dont il est question s'appeloit Paul-Sigismond, troisième fils du maréchal de Luxembourg. Le père Anselme, dans le tome III de l'*Histoire généalogique de la maison de France*, dit que le comte Paul-Sigismond fut obligé de renoncer à l'état militaire par suite de cette blessure.

à la jambe, M. de Roche-Guyon au pied, et tous les autres que sait M. l'abbé; M. le maréchal de Joyeuse blessé aussi à la cuisse, et retournant au combat après sa blessure. M. le maréchal de Villeroi entra dans les lignes ou retranchements, à la tête de la maison du roi.

Nous avons quatorze cents prisonniers, entre lesquels cent soixante-cinq officiers, plusieurs officiers-généraux, dont on aura sans doute donné les noms. On croit le pauvre Ruvigni tué, on a ses étendards; et ce fut à la tête de son régiment de François que le prince d'Orange chargea nos escadrons, en renversa quelques uns, et enfin fut renversé lui-même. Le lieutenant-colonel de ce régiment, qui fut pris, dit à ceux qui le prenoient, en leur montrant de loin le prince d'Orange: « Tenez, messieurs, voilà celui « qu'il vous falloit prendre. » Je conjure M. l'abbé Renaudot, quand il aura fait son usage de tout ceci, de bien recacheter et cette lettre et mes mémoires, et de les renvoyer chez moi.

Voici encore quelques particularités. Plusieurs généraux des ennemis étoient d'avis de repasser d'abord la rivière. Le prince d'Orange ne voulut pas: l'électeur de Bavière dit qu'il falloit au contraire rompre tous les ponts, et qu'ils tenoient à ce coup les François. Le lendemain du combat, M. de Luxembourg a envoyé à Tirlemont, où il étoit resté plusieurs officiers ennemis blessés, entre autres le comte de Solms, général de l'infanterie, qui s'est fait couper la jambe. M. de Luxembourg, au lieu de les faire transporter en cet état, s'est contenté de leur parole, et leur a fait offrir toutes sortes de rafraîchissements. « Quelle nation est la vôtre! s'é- « cria le comte de Solms [1], en parlant au chevalier de « Rozel : Vous vous battez comme des lions, et vous « traitez les vaincus comme s'ils étoient vos meilleurs « amis. » Les ennemis commencent à publier que la poudre leur manqua tout-à-coup, voulant par-là excuser leur défaite. Ils ont tiré plus de neuf mille coups de canon, et nous quelque cinq ou six mille.

Je fais mille compliments à M. l'abbé Renaudot; et j'exciterai ce matin M. de Croissi à empêcher, s'il peut, le malheureux Mercure galant de défigurer notre victoire.

Il y avoit sept lieues du camp d'où M. de Luxembourg partit, jusqu'à Nerwinde. Les ennemis avoient cinquante-cinq bataillons et cent soixante escadrons.

LETTRE XLIII.

RACINE A BOILEAU.

1693.

Denys d'Halicarnasse, pour montrer que la beauté du style consiste principalement dans l'arrangement des mots, cite un endroit de l'Odyssée où Ulysse et

[1] Voltaire rapporte le même mot dans le *Siècle de Louis XIV*; mais il l'attribue mal-à-propos à un comte de Salm.

Eumée étant sur le point de se mettre à table pour déjeûner, Télémaque arrive tout-à-coup dans la maison d'Eumée : les chiens, qui le sentent approcher, n'aboient point, mais remuent la queue ; ce qui fait voir à Ulysse que c'est quelqu'un de connoissance qui est sur le point d'entrer. Denys d'Halicarnasse, ayant rapporté tout cet endroit, fait cette réflexion, que ce n'est point le choix des mots qui en fait l'agrément, la plupart de ceux qui y sont employés étant, dit-il, très vils et très bas, εὐτελεςάτων τε καὶ ταπεινοτάτων, mots qui sont tous les jours dans la bouche des moindres laboureurs et des moindres artisans, et qui ne laissent pas de charmer par la manière dont le poëte a eu soin de les arranger. En lisant cet endroit, je me suis souvenu que dans une de vos nouvelles remarques vous avancez que jamais on n'a dit qu'Homère ait employé un seul mot bas. C'est à vous de voir si cette remarque de Denys d'Halicarnasse n'est point contraire à la vôtre, et s'il n'est point à craindre qu'on ne vienne vous chicaner là-dessus. Prenez la peine de lire toute la réflexion de Denys d'Halicarnasse, qui m'a paru très belle et merveilleusement exprimée ; c'est dans son traité περὶ συνθέσεως ὀνομάτων, à la troisième page.

J'ai fait réflexion aussi qu'au lieu de dire que le mot d'*âne* est en grec un mot très noble, vous pourriez vous contenter de dire que c'est un mot qui n'a rien de bas, et qui est comme celui de cerf, de cheval, de brebis, etc. ; ce *très noble* me paroît un peu trop fort.

Tout ce traité de Denys d'Halicarnasse, dont je viens de vous parler, et que je relus hier tout entier avec un grand plaisir, me fit souvenir de l'extrême impertinence de M. Perrault, qui avance que le tour des paroles ne fait rien pour l'éloquence, et qu'on ne doit regarder qu'au sens; et c'est pourquoi il prétend qu'on peut mieux juger d'un auteur par son traducteur, quelque mauvais qu'il soit, que par la lecture de l'auteur même. Je ne me souviens point que vous ayez relevé cette extravagance, qui vous donneroit pourtant beau jeu pour le tourner en ridicule.

Pour le mot de μιςεῖσθαι qui a quelquefois la signification que vous savez, il signifie souvent converser simplement. Voici des exemples tirés de l'Écriture. Dieu dit à Jérusalem, dans Ézéchiel : *Congregabo tibi amatores tuos cum quibus commistà es*, etc. Dans le prophète Daniel, les deux vieillards, racontant comme ils ont surpris Susanne en adultère, disent, parlant d'elle et du jeune homme qu'ils prétendent qui étoit avec elle : *Vidimus eos pariter commisceri*. Ils disent aussi à Susanne : *Assentire nobis, et commiscere nobiscum*. Voilà *commisceri* dans le premier sens. Voici des exemples du second sens. Saint Paul dit aux Corinthiens : *Ne commisceamini fornicariis :* « N'ayez « point de commerce avec les fornicateurs. » Et, expliquant ce qu'il a voulu dire par là, il dit qu'il n'entend point parler des fornicateurs qui sont parmi les gentils; « autrement, ajoute-t-il, il faudroit renon« cer à vivre avec les hommes : mais quand je vous « ai mandé de n'avoir point de commerce avec les

« fornicateurs, *non commisceri*, j'ai entendu parler
« de ceux qui se pourroient trouver parmi les fidèles;
« et non seulement avec les fornicateurs, mais en-
« core avec les avares et les usurpateurs du bien d'au-
« trui, etc. » Il en est de même du mot *cognoscere*,
qui se trouve dans ces deux sens en mille endroits
de l'Écriture.

Encore un coup, je me passerois de la fausse érudition de Tussanus[1], qui est trop clairement démentie par l'endroit des servantes de Pénélope. M. Perrault ne peut-il pas avoir quelque ami grec qui lui fournisse des mémoires?

LETTRE XLIV.

RACINE A BOILEAU.

Fontainebleau, 28 septembre 1694.

Je suppose que vous êtes de retour de votre voyage, afin que vous puissiez bientôt m'envoyer vos avis sur un nouveau cantique[2] que j'ai fait depuis que je suis ici, et que je ne crois pas qui soit suivi d'aucun autre. Ceux que Moreau[3] a mis en musique ont extrême-

---

[1] Jacques Toussaint, nommé par François Ier professeur de langue grecque au collège royal, en 1532. Il a publié, sous le nom de Tussanus, un *Lexicon græco-latinum*.

[2] Sur le bonheur des justes et le malheur des réprouvés.

[3] Jean Baptiste Moreau, musicien, mort en 1723. Il avoit fait la musique des chœurs d'*Esther* et d'*Athalie*.

ment plu. Il est ici, et le roi doit les lui entendre chanter au premier jour. Prenez la peine de lire le septième chapitre de la Sagesse, d'où ces derniers vers sont tirés : je ne les donnerai point qu'ils n'aient passé par vos mains; mais vous me ferez plaisir de me les renvoyer le plus tôt que vous pourrez. Je voudrois bien qu'on ne m'eût point engagé dans un embarras de cette nature; mais j'espère m'en tirer en substituant à ma place ce M. Bardou[1] que vous avez vu à Paris.

Vous savez bien sans doute que les Allemands ont repassé le Rhin, et même avec quelque espèce de honte. On dit[2] qu'on leur a tué ou pris sept à huit cents hommes, et qu'ils ont abandonné trois pièces de canon.

Il est venu une lettre à Madame, par laquelle on lui mande que le Rhin s'étoit débordé tout-à-coup, et que près de quatre mille Allemands ont été noyés; mais, au moment que je vous écris, le roi n'a point encore reçu de confirmation de cette nouvelle.

On dit que milord Barcley est devant Calais pour le bombarder : M. le maréchal de Villeroi s'est jeté dedans. Voilà toutes les nouvelles de la guerre. Si

---

[1] Poëte fort médiocre, qui a inséré des poésies dans les recueils du temps. Son nom se trouve dans les premières éditions de la satire VII de Boileau, vers 45 :

Bardou, Mauroy, Boursault, Colletet, Titreville.

Dans la suite, Boileau fit disparoître les trois premiers noms, par égard pour ceux qui les portoient, et leur substitua Bonnecorse et Pradon. — [2] C'étoit une fausse nouvelle.

vous voulez, je vous en dirai d'autres de moindre conséquence.

M. de Toureil est venu ici présenter le dictionnaire de l'académie[1] au roi et à la reine d'Angleterre, à Monseigneur, et aux ministres. Il a par-tout accompagné son présent d'un compliment : et on m'a assuré qu'il avoit très bien réussi par-tout. Pendant qu'on présentoit ainsi le dictionnaire de l'académie, j'ai appris que Léers, libraire d'Amsterdam, avoit aussi présenté au roi et aux ministres une nouvelle édition du dictionnaire de Furetière, qui a été très bien reçue. C'est M. de Croissy et M. de Pomponne qui ont présenté Léers au roi. Cela a paru un assez bizarre contre-temps pour le dictionnaire de l'académie, qui me paroît n'avoir pas tant de partisans que l'autre. J'avois dit plusieurs fois à M. Thierry qu'il auroit dû faire quelques pas pour ce dernier dictionnaire ; et il ne lui auroit pas été difficile d'en avoir le privilége, peut-être même il ne le seroit pas encore. On commence à dire que le voyage de Fontainebleau pourra être abrégé de huit ou dix jours, à cause que le roi y est fort incommodé de la goutte. Il en est au lit depuis trois ou quatre jours ; il ne souffre pas pourtant beaucoup, Dieu merci, et il n'est arrêté au lit que par la foiblesse qu'il a encore aux jambes.

[1] Le dictionnaire de l'académie n'a été publié qu'en 1694 ; et c'est aussi l'année de la réception de l'abbé Ch. Boileau. Cette lettre et la suivante sont donc de 1694, et non de 1692. Villeroi n'a été fait maréchal de France qu'en 1693. (*Daunou*).

Il me paroît, par les lettres de ma femme, que mon fils a grande envie de vous aller voir à Auteuil. J'en serai fort aise, pourvu qu'il ne vous embarrasse pas du tout. Je prendrai en même temps la liberté de vous prier de tout mon cœur de l'exhorter à travailler sérieusement, et à se mettre en état de vivre en honnête homme. Je voudrois bien qu'il n'eût pas l'esprit autant dissipé qu'il l'a par l'envie démesurée qu'il témoigne de voir des opéra et des comédies. Je prendrai là-dessus vos avis quand j'aurai l'honneur de vous voir; et cependant je vous supplie de ne lui pas témoigner le moins du monde que je vous aie fait aucune mention de lui. Je vous demande pardon de toutes les peines que je vous donne, et suis entièrement à vous.

LETTRE XLV.

RACINE A BOILEAU.

Fontainebleau, 3 octobre 1694.

Je vous suis bien obligé de la promptitude avec laquelle vous m'avez fait réponse. Comme je suppose que vous n'avez pas perdu les vers que je vous ai envoyés, je vais vous dire mon sentiment sur vos difficultés, et en même temps vous communiquer plusieurs changements que j'avois déja faits de moi-même; car vous savez qu'un homme qui compose fait souvent son thême en plusieurs façons.

> Quand, par une fin soudaine,
> Détrompés d'une ombre vaine
> Qui passe et ne revient plus...

J'ai choisi ce tour, parcequ'il est conforme au texte, qui parle de la fin imprévue des réprouvés; et je voudrois bien que cela fût bon, et que vous pussiez passer et approuver *par une fin soudaine*, qui dit précisément la même chose. Voici comme j'avois mis d'abord,

> Quand, déchus d'un bien frivole,
> Qui comme l'ombre s'envole,
> Et ne revient jamais plus...

Mais ce *jamais* me paroît un peu mis pour remplir le vers; au lieu que *qui passe et ne revient plus* me sembloit assez plein et assez vif. D'ailleurs j'ai mis à la troisième stance *pour trouver un bien fragile*, et c'est la même chose qu'*un bien frivole*. Ainsi tâchez de vous accoutumer à la première manière, ou trouvez quelque autre chose qui vous satisfasse. Dans la seconde stance,

> Misérables que nous sommes,
> Où s'égaroient nos esprits?

Infortunés m'étoit venu le premier; mais le mot de *misérables*, que j'ai employé dans Phèdre, à qui je l'ai mis dans la bouche, et que l'on a trouvé assez bien, m'a paru avoir de la force en le mettant aussi dans la bouche des réprouvés, qui s'humilient et se condamnent d'eux-mêmes. Pour le second vers, j'avois mis,

> Diront-ils avec des cris...

Mais j'ai cru qu'on pouvoit leur faire tenir tout ce discours sans mettre *diront-ils*, et qu'il suffisoit de mettre à la fin *ainsi d'une voix plaintive*, et le reste, par où on fait entendre que tout ce qui précéde est le discours des réprouvés. Je crois qu'il y en a des exemples dans les odes d'Horace.

Et voilà que triomphants...

Je me suis laissé entraîner au texte, *Ecce quomodò computati sunt inter filios Dei*[1]*!* et j'ai cru que ce tour marquoit mieux la passion; car j'aurois pu mettre *et maintenant triomphants*, etc. Dans la troisième stance,

Qui nous montrait la carrière
De la bienheureuse paix.

On dit la carrière de la gloire, la carrière de l'honneur, c'est-à-dire par où on court à la gloire, à l'honneur. Voyez si l'on ne pourroit pas dire de même, la carrière de la bienheureuse paix; on dit même la carrière de la vertu. Du reste, je ne devine pas comment je le pourrois mieux dire. Il reste la quatrième stance. J'avois d'abord mis le mot de *repentance*: mais, outre qu'on ne diroit pas bien les remords de la repentance, au lieu qu'on dit les remords de la pénitence : ce mot de *pénitence*, en le joignant avec *tardive*, est assez consacré dans la langue de l'Écriture, *serò pœnitentiam agentes*. On dit la pénitence d'Antiochus, pour dire une pénitence tardive et inutile ; on

[1] « Cependant les voilà élevés au rang des enfants de Dieu ! » (*De sapient.*, cap. v, v. 5.) (G.)

dit aussi dans ce sens la pénitence des damnés. Pour la fin de cette stance, je l'avois changée deux heures après que ma lettre fut partie. Voici la stance entière:

> Ainsi d'une voix plaintive
> Exprimera ses remords
> La pénitence tardive
> Des inconsolables morts.

Je vous conjure de m'envoyer votre sentiment sur tout ceci. J'ai dit franchement que j'attendois votre critique avant de donner mes vers au musicien; et je l'ai dit à madame de Maintenon, qui a pris de là occasion de me parler de vous avec beaucoup d'amitié. Le roi a entendu chanter les deux autres cantiques, et a été fort content de M. Moreau, à qui nous espérons que cela pourra faire du bien. Il n'y a rien ici de nouveau. Le roi a toujours la goutte, et en est au lit. Une partie des princes sont revenus de l'armée; les autres arriveront demain ou après demain. Je vous félicite du beau temps que nous avons ici: car je crois que vous l'avez aussi à Auteuil, et que vous en jouissez plus tranquillement que nous ne faisons ici. Je suis entièrement à vous. La harangue de M. l'abbé Boileau[1] a été trouvée très mauvaise en ce pays-ci. M. de Niert[2] prétend que Riche-

[1] Charles Boileau, abbé de Beaulieu, membre de l'académie françoise, prédicateur. Il ne faut pas le confondre avec l'abbé Boileau, frère de Boileau Despréaux. (G.)

[2] François de Niert, seigneur de Gambais, premier valet-de-chambre ordinaire du roi, mort en 1719. Il perdit un bras par la faute de Félix, son ami, qui lui coupa l'artère dans une saignée. La Baumelle dit, dans ses *Mémoires de madame de Maintenon*,

source en est mort de douleur. Je ne sais pas si la douleur est bien vraie, mais la mort est très véritable.

LETTRE XLVI.

RACINE A BOILEAU.

Compiègne, 4 mai 1695.

M. des Granges m'a dit qu'il avoit fait signer hier nos ordonnances, et qu'on les feroit viser par le roi après demain; qu'ensuite il les enverroit à M. Dongois, de qui vous les pourrez retirer. Je vous prie de me garder la mienne jusqu'à mon retour. Il n'y a point ici de nouvelles. Quelques gens veulent que le siége de Casal soit levé; mais la chose est fort douteuse, et on n'en sait rien de certain.

Six armateurs de Saint-Malo ont pris dix-sept vaisseaux d'une flotte marchande des ennemis, et un vaisseau de guerre de soixante pièces de canon. Le roi est en parfaite santé, et ses troupes merveilleuses.

Quelque horreur que vous ayez pour les méchants vers, je vous exhorte à lire Judith[1], et sur-tout la

---

que Félix estropia M. de Niert en 1686, le lendemain qu'il eut fait au roi l'opération de la fistule; mais ce ne fut que trois ans plus tard, ainsi que le prouve une lettre de madame de Sévigné, en date du 12 octobre 1689, dans laquelle le fait est raconté comme *récemment arrivé.* — [1] Tragédie de Boyer.

préface, dont je vous prie de me mander votre sentiment. Jamais je n'ai rien vu de si méprisé que tout cela l'est en ce pays-ci ; et toutes vos prédictions sont accomplies. Adieu, monsieur, je suis entièrement à vous. Je crains de m'être trompé en vous disant qu'on enverroit nos ordonnances à M. Dongois, et je crois que c'est à M. de Bie chez qui M. des Granges m'a dit que M. Dongois n'auroit qu'à envoyer samedi prochain.

LETTRE XLVII.

RACINE A BOILEAU.

Versailles, 4 avril 1696.

Je suis très obligé au P. Bouhours de toutes les honnêtetés qu'il vous a prié de me faire de sa part, et de la part de sa compagnie. Je n'avois point encore entendu parler de la harangue de leur régent : et comme ma conscience ne me reprochoit rien à l'égard des jésuites, je vous avoue que j'ai été un peu surpris que l'on m'eût déclaré la guerre chez eux. Vraisemblablement ce bon régent est du nombre de ceux qui m'ont très faussement attribué la traduction du *Santolius pœnitens*[1] ; et il s'est cru engagé

---

[1] La traduction en vers françois du *Santolius pœnitens*, étoit de l'abbé Faydit, et la pièce latine de M. Rollin ; ce qui n'a pas empêché quelques éditeurs de Racine, et entre autres Luneau, de l'insérer dans les Œuvres de ce grand poëte, comme étant de

d'honneur à me rendre injures pour injures. Si j'étois capable de lui vouloir quelque mal, et de me réjouir de la forte réprimande que le P. Bouhours dit qu'on lui a faite, ce seroit sans doute pour m'avoir soupçonné d'être l'auteur d'un pareil ouvrage : car, pour mes tragédies, je les abandonne volontiers à sa critique ; il y a long-temps que Dieu m'a fait la grace d'être assez peu sensible au bien et au mal qu'on en peut dire, et de ne me mettre en peine que du compte que j'aurai à lui en rendre quelque jour.

Ainsi, monsieur, vous pouvez assurer le P. Bouhours, et tous les jésuites de votre connoissance, que, bien loin d'être fâché contre le régent qui a tant déclamé contre mes pièces de théâtre, peu s'en faut que je ne le remercie d'avoir prêché une si bonne morale dans leur collége, et d'avoir donné lieu à sa compagnie de marquer tant de chaleur pour mes intérêts ; et qu'enfin, quand l'offense qu'il m'a voulu faire seroit plus grande, je l'oublierois avec

---

lui. Voici ce qui avoit donné lieu à cette petite satire en vers latins assez médiocres, et peu dignes, sous tous les rapports, du respectable auteur de l'histoire ancienne. Santeuil avoit fait une épitaphe pour le grand Arnauld. Les jésuites, avec lesquels le chanoine de Saint-Victor étoit très lié, s'en offensèrent. Celui-ci désavoua publiquement l'épitaphe. L'auteur du *Santolius pœnitens* suppose Santeuil versant des larmes de repentir, et demandant pardon à Dieu et aux hommes de ce qu'il a rétracté les vers qu'il avoit faits à la louange d'Arnauld. Cette pièce, qui ne mérite nullement de sortir de l'oubli où elle est tombée, fit dans le temps un très grand bruit. (G.)

la même facilité, en considération de tant d'autres pères dont j'honore le mérite, et sur-tout en considération du révérend P. de La Chaise, qui me témoigne tous les jours mille bontés, et à qui je sacrifierois bien d'autres injures. Je suis, etc.

LETTRE XLVIII.

RACINE A BOILEAU.

Fontainebleau, 8 octobre 1697.

Je vous demande pardon si j'ai été si long-temps sans vous faire réponse; mais j'ai voulu avant toutes choses prendre un temps favorable pour recommander M. Manchon[1] à M. de Barbézieux. Je l'ai fait; et il m'a fort assuré qu'il feroit son possible pour me témoigner la considération qu'il avoit pour vous et pour moi. Il m'a paru que le nom de M. Manchon lui étoit assez inconnu, et je me suis rappelé qu'il avoit un autre nom dont je ne me ressouvenois point du tout. J'ai eu recours à M. de La Chapelle, qui m'a fait un mémoire que je présenterai à M. de Barbézieux dès que je le verrai. Je lui ai dit que M. l'abbé de Louvois voudroit bien joindre ses prières aux nôtres, et je crois qu'il n'y aura point de mal qu'il lui en écrive un mot.

Je suis bien aise que vous ayez donné votre épître

[1] Beau-frère de Boileau. (L. R.)

à M. de Meaux, et que M. de Paris soit disposé à vous donner une approbation authentique. Vous serez surpris quand je vous dirai que je n'ai point encore rencontré M. de Meaux, quoiqu'il soit ici; mais je ne vais guère aux heures où il va chez le roi, c'est-à-dire au lever et au coucher : d'ailleurs la pluie presque continuelle empêche qu'on ne se promène dans les cours et dans les jardins, qui sont les endroits où l'on a coutume de se rencontrer. Je sais seulement qu'il a présenté au roi l'ordonnance de M. l'archevêque de Reims contre les jésuites : elle m'a paru très forte, et il y explique très nettement la doctrine de Molina avant de la condamner. Voilà, ce me semble, un rude coup pour les jésuites, et il y a bien des gens qui commencent à croire que leur crédit est fort baissé, puisqu'on les attaque si ouvertement. Au lieu que c'étoit à eux qu'on donnoit autrefois les priviléges pour écrire tout ce qu'ils vouloient, ils sont maintenant réduits à ne se défendre que par de petits libelles anonymes, pendant que les censures des évêques pleuvent de tous côtés sur eux. Votre épître ne contribuera pas à les consoler; et il me semble que vous n'avez rien perdu pour attendre, et qu'elle paroîtra fort à propos.

On a eu la nouvelle aujourd'hui que M. le prince de Conti étoit arrivé en Pologne; mais on n'en sait pas davantage, n'y ayant point encore de courrier qui soit venu de sa part. M. l'abbé Renaudot vous en dira plus que je ne saurois vous en écrire.

Je n'ai pas fort avancé le mémoire dont vous me

parlez[1]. Je crains même d'être entré dans des détails qui l'alongeront bien plus que je ne croyois. D'ailleurs, vous savez la dissipation de ce pays-ci. Pour m'achever, j'ai ma seconde fille à Melun, qui prendra l'habit dans huit jours. J'ai fait deux voyages pour essayer de la détourner de cette résolution, ou du moins pour obtenir d'elle qu'elle différât encore six mois; mais je l'ai trouvée inébranlable. Je souhaite qu'elle se trouve aussi heureuse dans ce nouvel état, qu'elle a eu d'empressement pour y entrer. M. l'archevêque de Sens s'est offert de venir faire la cérémonie, et je n'ai pas osé refuser un tel honneur. J'ai écrit à M. l'abbé Boileau pour le prier d'y prêcher, et il a l'honnêteté de vouloir bien partir exprès de Versailles en poste pour me donner cette satisfaction. Vous jugez que tout cela cause assez d'embarras à un homme qui s'embarrasse aussi aisément que moi. Plaignez-moi un peu dans votre profond loisir d'Auteuil, et excusez si je n'ai pas été plus exact à vous mander des nouvelles. La paix en a fourni d'assez considérables, et qui nous donneront assez de matière pour nous entretenir, quand j'aurai l'honneur de vous revoir. Ce sera au plus tard dans quinze jours, car je partirai deux ou trois jours avant le départ du roi. Je suis entièrement à vous.

[1] Il est présumable que Racine parle ici du mémoire qui fut cause de sa disgrace.

LETTRE XLIX.

BOILEAU A RACINE.

Auteuil, mercredi 1697[1].

Je crois que vous serez bien aise d'être instruit de ce qui s'est passé dans la visite que nous avons, suivant votre conseil, rendue ce matin[2], mon frère le docteur de Sorbonne et moi, au révérend P. de La Chaise. Nous sommes arrivés chez lui sur les neuf heures ; et sitôt qu'on lui a dit notre nom, il nous a fait entrer. Il nous a reçus avec beaucoup d'agrément, m'a interrogé fort obligeamment sur l'état de ma santé[3], et a paru fort content de ce que je lui ai dit que mon incommodité n'augmentoit point. Ensuite il a fait apporter des chaises, s'est mis tout proche de moi, afin que je le pusse[4] mieux entendre, et aussitôt entrant en matière, m'a dit que vous lui aviez lu un ouvrage de ma façon, où il y avoit beaucoup de bonnes choses, mais que la matière que j'y traitois étoit une matière fort délicate et qui demandoit beaucoup de savoir : qu'il avoit autrefois ensei-

---

[1] Depuis 1713 inclusivement, cette lettre a paru dans la plupart des éditions des œuvres de Boileau et de Racine. En 1807 et 1808, un éditeur de Racine a publié cette lettre avec des changements qui seront recueillis dans les notes suivantes.
[2] *Que nous avons ce matin, suivant votre conseil, rendue.* —
[3] *De bonté, m'a fort obligeamment interrogé sur mes maladies.* —
[4] *Puisse.*

gné la théologie, et qu'ainsi il devoit être instruit de cette matière à fond : qu'il falloit faire une grande différence de l'amour affectif d'avec l'amour effectif : que ce dernier étoit absolument nécessaire, et entroit dans l'attrition ; au lieu que l'amour affectif venoit de la contrition parfaite, et qu'ainsi il[1] justifioit par lui-même le pécheur, mais que l'amour effectif n'avoit d'effet qu'avec l'absolution du prêtre. Enfin il nous a débité en très bons termes[2] tout ce que beaucoup d'habiles auteurs[3] scolastiques ont écrit sur ce sujet, sans pourtant dire comme quelques uns d'eux[4], que l'amour de Dieu, absolument parlant, n'est point nécessaire pour la justification du pécheur. Mon frère applaudissoit[5] à chaque mot qu'il disoit, paroissant être enchanté[6] de sa doctrine, et encore plus de sa manière de l'énoncer[7]. Pour moi, je suis demeuré dans le silence[8]. Enfin, lorsqu'il a cessé de parler[9], je lui ai dit que j'avois été fort surpris qu'on m'eût prêté des charités auprès de lui, et qu'on lui eût donné à entendre que j'avois fait un ouvrage contre les jésuites : ajoutant[10] que ce seroit une chose bien étrange, si soutenir qu'on doit aimer Dieu s'appeloit écrire contre les jésuites ; que mon frère avoit apporté avec lui vingt passages de dix ou douze de leurs plus fameux écrivains, qui

[1] *Que celui-ci* — [2] *En assez bons termes et fort longuement.* — [3] *Beaucoup d'auteurs.* — [4] *Oser dire comme eux.* — [5] *Applaudissoit des yeux et du geste.* — [6] *Témoignant être ravi.* — [7] *Et de son énonciation.* — [8] *Je suis demeuré assez froid et assez immobile.* — [9] *Et enfin, lorsqu'il a été las de parler.* — [10] *Contre les jésuites, que ce seroit.*

soutenoient, en termes beaucoup plus forts que ceux de mon épître, que pour être justifié il faut indispensablement aimer Dieu[1] ; qu'enfin j'avois si peu songé à écrire contre les jésuites[2], que les premiers à qui j'avois lu mon ouvrage, c'étoient six jésuites des plus célèbres, qui m'avoient tous dit[3] qu'un chrétien ne pouvoit pas avoir d'autres sentiments sur l'amour de Dieu que ceux que j'énonçois dans mes vers. J'ai ajouté ensuite que depuis peu j'avois eu l'honneur de réciter mon ouvrage à monseigneur l'archevêque de Paris, et à monseigneur l'évêque de Meaux, qui en avoient tous deux paru, pour ainsi dire, transportés; qu'avec tout cela néanmoins[4], si sa révérence croyoit mon ouvrage périlleux, je venois présentement pour le lui lire, afin qu'il m'instruisît de mes fautes. Enfin je lui ai fait[5] le même compliment que je fis[6] à monseigneur l'archevêque lorsque j'eus l'honneur de le lui réciter[7], qui étoit que je ne venois pas pour être loué, mais pour être jugé[8], que je le priois donc de me prêter une vive attention, et de trouver bon même que je lui répétasse beaucoup d'endroits. Il a fort approuvé ma proposition[9], et je lui ai lu mon épître très posément,

[1] *Qui soutenoient qu'on doit nécessairement aimer Dieu, et en des termes beaucoup plus forts que ceux qui étoient dans mes vers.* — [2] *Que j'avois si peu songé à écrire contre sa société.* — [3] *Unanimement.* — [4] *Que j'avois mis en rimes; qu'ensuite j'avois brigué de le lire à M. l'archevêque de Paris, qui en avoit paru transporté, aussi bien que M. de Meaux; que néanmoins.* — [5] *De mes fautes; que je lui faisois donc.* — [6] *Que j'avois fait.* — [7] *Lorsque je le lui récitai.* — [8] *Mais pour être approuvé.* — [9] *Il a fort loué mon dessein.*

jetant au reste dans ma lecture toute la force et tout l'agrément que j'ai pu[1]. J'oubliois de vous avertir que je lui ai auparavant dit encore une particularité qui l'a assez agréablement surpris[2], c'est à savoir, que je prétendois n'avoir proprement fait autre chose dans mon ouvrage que mettre en vers[3] la doctrine qu'il venoit de nous débiter; et l'ai assuré que j'étois persuadé que lui-même n'en disconviendroit pas[4]. Mais, pour en revenir au récit de ma pièce, croiriez-vous, monsieur, que la chose est arrivée comme je l'avois prophétisé, et qu'à la réserve de deux petits scrupules qu'il vous a dit et qu'il nous a répété qui lui étoient venus au sujet de ma hardiesse à traiter en vers une matière si délicate, il n'a fait d'ailleurs que s'écrier[5] : « *Pulchrè! benè! rectè!* Cela « est vrai, cela est indubitable; voilà qui est mer- « veilleux; il faut lire cela au roi; répétez-moi en- « core cet endroit. Est-ce là ce que M. Racine m'a « lu? » Il a été sur-tout extrêmement frappé de ces vers que vous lui aviez passés, et que je lui ai récités avec toute l'énergie dont je suis capable :

Cependant on ne voit que docteurs, même austères,
Qui, les semant par-tout, s'en vont pieusement
De toute piété saper le fondement, etc.

Il est vrai que je me suis heureusement avisé d'in-

[1] *Lu mon épître avec toute la force et toute l'énergie que j'ai pu.* — [2] *J'oubliois que je lui ai dit encore auparavant une chose qui l'a assez étonné.* — [3] *En rimes.* — [4] *N'en pourroit pas disconvenir.* — [5] *Croiriez-vous, monsieur, que j'ai tenu parole au bon père, et qu'à la réserve des deux objections qu'il vous avoit déjà faites, il n'a fait que s'écrier.*

sérer dans mon épître huit vers que vous n'avez point approuvés, et que mon frère juge très à propos de [1] rétablir. Les voici; c'est en suite de ce vers :

> Oui, dites-vous? Allez, vous l'aimez, croyez-moi.

> Qui fait exactement ce que ma loi commande,
> A pour moi, dit ce dieu, l'amour que je demande [2].
> Faites-le donc; et, sûr qu'il nous veut sauver tous,
> Ne vous alarmez point pour quelques vains dégoûts
> Qu'en sa ferveur souvent la plus sainte ame éprouve.
> Marchez, courez à lui [3]; qui le cherche le trouve;
> Et plus de votre cœur il paroît s'écarter,
> Plus par vos actions songez à l'arrêter.

Il m'a fait redire trois fois ces huit vers. Mais je ne saurois vous exprimer avec quelle joie, quels éclats de rire il a entendu la prosopopée de la fin. En un mot [4], j'ai si bien échauffé le révérend père, que, sans une visite que dans ce temps-là monsieur son frère lui est venu rendre, il ne nous laissoit point partir que je ne lui eusse récité aussi les deux autres nouvelles épîtres [5] de ma façon que vous avez lues au roi. Encore ne nous a-t-il laissé partir qu'à la charge que nous l'irions voir à sa maison de campagne, et il s'est chargé de nous faire avertir du jour où nous l'y pourrions trouver seul. Vous voyez donc, monsieur, que si je ne suis pas [6] bon poëte, il faut que je sois bon récitateur. Après avoir quitté le P. de

---

[1] *D'y.*

[2] « Écoutez la leçon que lui-même il nous donne :
« Qui m'aime? c'est celui qui fait ce que j'ordonne. »

[3] *Courez toujours à lui.* — [4] *La prosopopée. Enfin.* — [5] *Les deux pièces.* — [6] *Si je ne suis bon poëte.*

La Chaise, nous avons été voir le P. Gaillard, à qui j'ai aussi, comme vous pouvez penser, récité l'épître. Je ne vous dirai point les louanges excessives [1] qu'il m'a données. Il m'a traité d'homme inspiré de Dieu, et m'a dit qu'il n'y avoit que des coquins qui pussent contredire mon opinion. Je l'ai fait ressouvenir du petit théologien* [2] avec qui j'eus une prise devant lui chez M. de Lamoignon [3]. Il m'a dit que ce théologien étoit le dernier des hommes ; que si sa société avoit été fâchée, ce n'étoit pas de mon ouvrage, mais de ce que des gens osoient dire que cet ouvrage étoit fait contre les jésuites. Je vous écris tout ceci à dix heures du soir, au courant de la plume. Je vous prie [4] de retirer la copie que vous avez mise entre les mains de madame de (Maintenon), afin que je lui en donne [5] une autre où l'ouvrage soit dans l'état où il doit demeurer. Je vous embrasse de tout mon cœur [6], et suis tout à vous **.

[1] *Outrées.* — [2] *Du petit père théologien.* — [3] *Une prise chez M. de Lamoignon.* — [4] *Vous en ferez tel usage que vous voudrez. Cependant je vous prie.* — [5] *Redonne.* — [6] *De tout mon cœur.* Derniers mots de la lettre.

Ces nombreuses variantes ne sont pas d'un grand prix. Il faut s'en tenir au texte imprimé en 1713 sur une copie revue par Boileau, qui avoit tout exprès retouché cette lettre, pour la faire entrer dans le recueil de ses œuvres. Il l'a mise lui-même dans l'état où Valincour et Renaudot l'ont publiée. (*Daunou.*)

* Boileau avoit eu, chez le président de Lamoignon, une dispute vive avec un religieux augustin, sur ce sujet de l'amour de Dieu, et, dans la dispute, il avoit employé contre son adversaire la prosopopée qu'il a mise en vers dans son épître. (*Anon.*)

** Boileau avoit écrit à Racine beaucoup d'autres lettres que

LETTRE L.

RACINE A BOILEAU.

Paris, lundi 20 janvier 1698.

J'ai reçu une lettre de la mère abbesse de Port-Royal, qui me charge de vous faire mille remerciements de vos épîtres, que je lui ai envoyées de votre part. On y est charmé et de l'épître de l'Amour de

l'on n'a point retrouvées. Nous ne pouvons regarder comme authentique celle que Cizeron-Rival a publiée à la suite des lettres à Brossette, pag. 83 à 86 du tom. III. Elle est datée de 1695, et il y est question de l'épigramme sur le livre des *Flagellants*; livre qui n'a paru qu'en 1700, un an après la mort de Racine. Il se peut néanmoins que Boileau ait écrit cette lettre à quelque autre personne, en 1703 ou 1704. La voici :

« Comme je n'avois point eu de vos nouvelles, monsieur, je me suis engagé à une autre partie que celle que vous m'avez proposée. Pour les épigrammes, il n'y a plus de mesures à garder, puisque, grace à l'indiscrétion, ou plutôt à l'envie de me faire valoir, de notre illustre ami, elles sont maintenant dans les mains de tout le monde. D'ailleurs, on n'y fait plus actuellement que des critiques que je ne sens point, et qui sont par conséquent mauvaises; car à quoi je reconnois une bonne critique, c'est quand je la sens et qu'elle m'attaque par l'endroit dont je me défiois. C'est alors que je songe tout de bon à corriger, regardant celui qui me la fait comme un excellent connoisseur, et tel que le censeur que je propose dans mon Art poétique, en ces termes : *Faites choix d'un censeur*, etc. Du reste, je m'inquiète peu de toutes ces objections qui se font contre les bons ouvrages naissants. Cela ne dure guère, et l'on est tout étonné souvent que l'endroit que l'on con-

Dieu, et de la manière dont vous parlez de M. Arnauld : on voudroit même que ces épîtres fussent imprimées en plus petit volume. Ma fille aînée, à qui je les ai aussi envoyées, a été transportée de joie de ce que vous vous souvenez encore d'elle. Je pars en ce moment pour Versailles, d'où je ne reviendrai que samedi. J'ai laissé à ma femme ma quittance pour recevoir ma pension d'homme de lettres. Je vous prie de l'avertir du jour que vous irez chez M. Gruyn. Elle vous ira prendre et vous mènera dans son carrosse. J'ai eu des nouvelles de mon fils

damnoit devient le plus estimé. Cela est arrivé sur ces deux vers de ma satire des femmes :

> Et tous ces lieux communs de morale lubrique
> Que Lulli réchauffa des sons de sa musique,

contre lesquels on se déchaîna d'abord, et qui passent aujourd'hui pour les meilleurs de la pièce. Il en arrivera de même, croyez-moi, du mot de *lubricité*, dans mon épigramme sur le livre des Flagellants ; car je ne crois pas avoir jamais fait quatre vers plus sonores que ceux-ci :

> Et ne sauroit souffrir la fausse piété,
> Qui, sous couleur d'éteindre en nous la volupté,
> Par l'austérité même et par la pénitence,
> Sait allumer le feu de la lubricité.

Cependant M. de Termes ne s'accommode pas, dites-vous, du mot de *lubricité*. Eh bien ! qu'il en cherche un autre. Mais moi, pourquoi ôterois-je un mot qui est dans tous les dictionnaires au rang des mots les plus usités ! Où en seroit-on, si l'on vouloit contenter tout le monde ? *Quid dem ? Quid non dem ? Renuis tu quod jubet alter.* Tout le monde juge, et personne ne sait juger. Il en est de même de la manière de lire. Il n'y a personne qui ne croie lire admirablement, et il n'y a presque point de bons lecteurs. Je suis votre très humble, etc. (*Daunou.*)

par M. l'archevêque de Cambrai, qui me mande qu'il l'a vu à Cambrai jeudi dernier, et qu'il a été fort content de l'entretien qu'il a eu avec lui. Je suis à vous de tout mon cœur.

FIN DES LETTRES DE RACINE ET DE BOILEAU.

LETTRES DE RACINE

A SON FILS.

AVERTISSEMENT
DE LOUIS RACINE.

Le premier recueil a fait connoître la vivacité du jeune homme qui n'aime que les vers; dans le second recueil, on a vu la cordialité avec laquelle, dans un âge plus avancé, il écrivoit à son intime ami: voici le père de famille en déshabillé au milieu de ses enfants. Les lettres suivantes, par les petits détails qu'elles contiennent, et par leur style simple, font mieux connoître le caractère de celui qui les a écrites, que des lettres plus travaillées. Il aimoit également tous ses enfants, n'étant occupé qu'à entretenir l'union entre eux. Lorsqu'il en voyoit un incommodé, il étoit dans des agitations continuelles. « Pourquoi me suis-je « marié? » s'écrioit-il ; et il se rappeloit ces deux vers de Térence :

« Vah, quemquamne hominem in animum instituere, aut
« Parare, quod sit carius, quàm ipse est sibi [1]. »

C'est cette tendresse que respirent les lettres qu'on va lire.

[1] «Ah! comment l'homme peut-il attacher son cœur et ses affections à un objet qui lui soit plus cher que lui-même!» (ADELPH. act. I, sc. 1.)

LETTRES DE RACINE
A SON FILS[1].

LETTRE PREMIÈRE.

A Fontainebleau, le 24 septembre 1691.

Mon cher fils, vous me faites plaisir de me mander des nouvelles; mais prenez garde de ne les pas prendre dans la gazette de Hollande; car, outre que nous les avons comme vous, vous y pourriez apprendre certains termes qui ne valent rien, comme celui de *recruter*, dont vous vous servez; au lieu de quoi il faut dire *faire des recrues*. Mandez-moi des nouvelles de vos promenades, et de celles de la santé de vos sœurs. Il est bon de diversifier un peu, et de

---

[1] Jean-Baptiste Racine, à qui ces lettres sont adressées, étoit l'aîné des enfants de Racine. Il étoit né le 10 novembre 1678, et mourut le 31 janvier 1747, sans avoir été marié. M. de Torcy, qui cherchoit à l'avancer, l'avoit envoyé à Rome avec l'ambassadeur de France; mais Jean-Baptiste Racine, cédant bientôt à son amour pour l'étude et au penchant qui l'entraînoit vers la retraite, quitta tout emploi, vendit sa charge de gentilhomme ordinaire, et passa le reste de sa vie éloigné du monde, et bornant tous ses plaisirs à cultiver en silence les sciences et les lettres. Il n'a rien fait imprimer, mais il a laissé quelques manuscrits, parmi lesquels on trouve, sur la vie et les ouvrages de son père, plusieurs notes dont nous avons fait usage. (*Anon.*)

ne vous pas jeter toujours sur l'Irlande et sur l'Allemagne.

Dites à M. Willart[1] que j'ai reçu son paquet, et que j'ai lu avec beaucoup de plaisir l'écrit qu'il m'envoie. Faites-lui-en bien des remerciements pour moi. S'il vous demande des nouvelles de ce pays-ci, vous lui direz que le combat de M. de Luxembourg[2] a été bien plus considérable qu'on ne le croyoit d'abord. Les ennemis ont laissé mille trois cents morts sur la place, et plus de cinq cents prisonniers, parmi lesquels on compte près de cent officiers. On leur a pris aussi trente-six étendards, et ils avouent eux-mêmes qu'ils ont encore plus de deux mille blessés dans leur armée. Cette victoire est fort glorieuse, mais nous y avons eu environ huit ou neuf cents tant morts que blessés. La maison du roi a fait des choses incroyables, n'ayant jamais chargé qu'à coups d'épée les ennemis, qui étoient toujours plus de trois contre un[3]. On dit que chaque cavalier est revenu avec son épée sanglante jusqu'à la garde.

On dit que le pape a la fièvre. M. le cardinal Le Camus a eu de lui une audience qui a duré plus de trois heures : on dit même que le pape lui a ordonné de demeurer encore quelques jours à Rome, et lui a

[1] Germain Willart étoit un ami de Racine et d'Arnauld, et le correspondant de ce dernier. Ce fut par son entremise qu'Arnauld travailla à réconcilier Boileau avec Perrault. (*Anon.*)

[2] La victoire remportée à Leuze sur le prince de Waldeck, le 18 septembre 1691. (*Anon.*)

[3] Le maréchal de Luxembourg n'avoit que vingt-huit escadrons ; les ennemis en avoient soixante-quinze. (*Anon.*)

demandé un mémoire des principales choses que ce cardinal lui a dites dans son audience.

On a appris ce matin que M. de Boufflers avoit battu aussi l'arrière-garde d'un corps d'Allemands qui étoient auprès de Dinant, mais on ne leur a tué que quelque soixante ou quatre-vingts hommes, parcequ'ils ont pris la fuite de bonne heure, et qu'ils n'ont osé engager le combat.

Dites à votre mère que je la prie de m'excuser si je ne lui écris point, parcequ'il est fort tard, et qu'il faut que j'écrive encore à M. de La Chapelle. Je suis bien fâché de l'état où est son cocher. M. du Tartre [1], à qui j'en ai parlé, dit que, son mal n'étant pas une dyssenterie, les remèdes d'Helvétius [2] n'y feront rien ; mais Helvétius est en réputation, même pour les fièvres, et il va par-tout comme les autres médecins. Mon genou m'a fait assez de mal ces jours passés, et je crois que le froid en a été cause. Il ne m'a fait aucun mal aujourd'hui, et j'espère que cela ira toujours en diminuant. J'approuve tout ce que votre mère a fait chez madame Rondelle [3]. On ne parle plus de deuil, ni que la reine d'Espagne [4] soit

---

[1] L'un des chirurgiens ordinaires du roi.

[2] Medecin hollandois, grand-père de l'auteur de l'*Esprit*. Ce remède contre les dyssenteries étoit l'ipécacuanha ; Helvétius gagna plus de cent mille écus avec cette drogue.

[3] Marchande chez laquelle madame Racine avoit acheté des étoffes pour habiller son fils.

[4] Marie-Anne de Neubourg, fille de l'électeur palatin, seconde femme de Charles II, roi d'Espagne, essuya en 1691 une maladie qui donna lieu au bruit de sa mort. Elle vécut jusqu'en 1740.

en péril ; ainsi elle peut faire habiller votre sœur comme il lui plaira. Écrivez-moi toujours, mais que cela n'empêche pas votre chère mère de m'écrire, car je serois trop fâché de ne point recevoir de ses lettres. Adieu, mon cher enfant, embrassez-la pour moi, et faites mes baise-mains à vos sœurs. Saluez aussi M. Willart de ma part.

LETTRE II.

Au camp devant Namur, le 31 mai 1692.

Vous aurez pu voir, mon cher enfant, par les lettres que j'écris à votre mère, combien je suis touché de votre maladie [1], et la peine extrême que je ressens de n'être pas auprès de vous pour vous consoler. Je vois que vous prenez avec beaucoup de patience le mal que Dieu vous envoie, et que vous êtes fort exact à faire tout ce qu'on vous dit : il est extrêmement important pour vous de ne vous point impatienter. J'espère qu'avec la grace de Dieu, il ne vous en arrivera aucun accident. C'est une maladie dont peu de personnes sont exemptes; et il vaut mieux en être attaqué à votre âge qu'à un âge plus avancé. J'aurai une sensible joie de recevoir de vos lettres ; mais ne m'écrivez que quand vous serez entièrement hors de danger, parceque vous ne pour-

[1] Mon frère avoit alors la petite vérole. (L. R.)

riez écrire sans mettre vos bras à l'air, et vous refroidir. Quand je ne serai plus en inquiétude de votre mal, je vous écrirai des nouvelles du siége de Namur. Il y a lieu d'espérer que la place se rendra bientôt ; et je m'en réjouis d'autant plus, que cela pourra me mettre en état de vous revoir bientôt après. M. de Cavoie prend grand intérêt à votre mal, et voudroit bien vous soulager. Je suis fort obligé à M. Chapelier[1] de tout le soin qu'il prend de vous. Adieu, mon cher fils : offrez bien au bon Dieu tout le mal que vous souffrez, et remettez-vous entièrement à sa sainte volonté. Assurez-vous qu'on ne peut vous aimer plus que je vous aime, et que j'ai une fort grande impatience de vous embrasser.

Suscription : Pour mon cher fils Racine.

LETTRE III.

Au camp devant Namur, le 10 juin 1692.

Vous pouvez juger, par toutes les inquiétudes que m'a causées votre maladie, combien j'ai de joie de votre guérison. Vous avez beaucoup de graces à rendre à Dieu, de ce qu'il a permis qu'il ne vous soit arrivé aucun fâcheux accident, et que la fluxion qui vous étoit tombée sur les yeux n'ait point eu de suite. Je loue extrêmement la reconnoissance que

[1] C'étoit un ecclésiastique qui servoit de précepteur au jeune Racine.

vous témoignez pour tous les soins que votre mère a pris de vous. J'espère que vous ne les oublierez jamais, et que vous vous acquitterez de toutes les obligations que vous lui avez, par beaucoup de soumission à tout ce qu'elle désirera de vous. Votre lettre m'a fait beaucoup de plaisir; elle est fort sagement écrite, et c'étoit la meilleure et la plus agréable marque que vous me pussiez donner de votre guérison. Mais ne vous pressez pas encore de retourner à l'étude; je vous conseille de ne lire que des choses qui vous fassent plaisir sans vous donner trop de peine, jusqu'à ce que le médecin qui vous a traité vous donne permission de recommencer votre travail. Faites bien des amitiés pour moi à M. Chapelier, et faites en sorte qu'il ne se repente point de toutes les peines qu'il a prises pour vous. J'espère que j'aurai bientôt le plaisir de vous revoir, et que la reddition du château de Namur suivra de près celle de la ville [1]. Adieu, mon cher fils. Faites bien mes compliments à vos sœurs : je ne sais pourtant si on leur permet de vous rendre visite; je crois que ce ne sera pas sitôt : réservez donc à leur faire mes compliments quand vous serez en état de les voir.

Suscription : A mon fils Racine.

---

[1] La ville avoit été prise le 5 juin; le château se rendit le 30. Le 2 août, le roi reprit le chemin de Versailles.

LETTRE IV.

Fontainebleau, le 4 octobre 1692.

Je suis fort content de votre lettre, et vous me rendez un très bon compte de votre étude et de votre conversation avec M. Despréaux. Il seroit bien à souhaiter pour vous que vous pussiez être souvent en si bonne compagnie, et vous en pourriez retirer un grand avantage, pourvu qu'avec un homme tel que M. Despréaux, vous eussiez plus de soin d'écouter que de parler. Je suis assez satisfait de votre version ; mais je ne puis guère juger si elle est bien fidéle, n'ayant apporté ici que le premier tome des *Lettres à Atticus*[1], au lieu du second que je pensois avoir apporté : je ne sais même si je ne l'ai point perdu ; car j'étois comme assuré de l'avoir ici parmi mes livres. Pour plus grande sûreté, choisissez dans quelqu'un des six premiers livres la première lettre que vous voudrez traduire ; mais surtout choisissez-en une qui ne soit pas sèche comme celle que vous avez prise, où il n'est presque parlé que d'affaires d'intérêt. Il y en a tant de belles sur l'état où étoit alors la république, et sur les choses de conséquence qui se passoient à Rome ! Vous ne lirez guère d'ouvrage qui soit plus utile pour vous former

---

[1] C'étoit son livre favori et le compagnon de ses voyages. (L. R.)

l'esprit et le jugement; mais sur-tout je vous conseille de ne jamais traiter injurieusement un homme aussi digne d'être respecté de tous les siècles que Cicéron. Il ne vous convient point à votre âge, ni même à personne, de lui donner ce vilain nom de poltron. Souvenez-vous toute votre vie de ce passage de Quintilien, qui étoit lui-même un grand personnage : *Ille se profecisse sciat cui Cicero valdè placebit*[1]. Ainsi vous auriez mieux fait de dire simplement de lui, qu'il n'étoit pas aussi brave ou aussi intrépide que Caton. Je vous dirai même que, si vous aviez bien lu la vie de Cicéron dans Plutarque, vous auriez vu qu'il mourut en fort brave homme, et qu'apparemment il n'auroit pas fait tant de lamentations que vous si M. Carméline lui eût nettoyé les dents. Adieu, mon cher fils. Faites mes baise-mains à M. Chapelier, et faites souvenir votre mère qu'il faut entretenir un peu d'eau dans mon cabinet, de peur que les souris ne ravagent mes livres. Quand vous m'écrirez, vous pourrez vous dispenser de toutes ces cérémonies de *votre très humble serviteur*. Je connois même assez votre écriture sans que vous soyez obligé de mettre votre nom.

Suscription : A mon fils Racine, à Paris.

---

[1] Quintilien, lib. X, cap. I. Boileau a appliqué aux poëmes d'Homère ce que Quintilien avoit dit des écrits de Cicéron :

C'est avoir profité que de savoir s'y plaire.

ART POÉT., ch. III. (G.)

LETTRE V.

Fontainebleau, le 5 octobre 1692.

La relation[1] que vous m'avez envoyée m'a beaucoup diverti, et je vous sais bon gré d'avoir songé à la copier pour m'en faire part. Elle n'est pourtant pas exacte en beaucoup de choses, mais il ne laisse pas d'y en avoir beaucoup de vraies, et qui sont écrites avec une fort grande ingénuité. Je l'ai montrée à M. de Montmorenci[2] et à M. de Chevreuse. Ce dernier, qui est capitaine des chevau-légers, voudroit bien savoir le nom du chevau-léger qui l'a écrite, et vous me ferez plaisir de le demander à M. Willart, à qui vous ferez aussi mille compliments de ma part. Je suis toujours étonné qu'on vous montre en rhétorique les Fables de Phèdre, qui semblent une lecture plus proportionnée à des gens moins avancés. Il faut pourtant s'en fier à M. Rollin[3], qui a beaucoup de jugement et de capacité. On ne trouve les Fables de M. de La Fontaine que chez M. Thierry ou chez M. Barbin. Cela m'embarrasse un peu, par-

---

[1] C'étoit une relation du combat de Steinkerque : il en parut plusieurs en même temps; la plus remarquable fut celle faite par Dubois, depuis cardinal, qui s'étoit trouvé à la bataille. (*Anon.*)

[2] Fils aîné du maréchal de Luxembourg, et gendre du duc de Chevreuse. (*Anon.*)

[3] Il étoit alors professeur d'éloquence au collège royal. Il ne fut recteur de l'université qu'en 1694. (*Anon.*)

ceque j'ai peur qu'ils ne veuillent pas prendre de mon argent. Je voudrois que vous en pussiez emprunter à quelqu'un jusqu'à mon retour. Je crois que M. Despréaux les a, et il vous les prêteroit volontiers, ou bien votre mère pourroit aller avec vous sans façon chez M. Thierry, et les lui demander en les payant. Adieu, mon cher fils. Dites à vos sœurs que je suis fort aise qu'elles se souviennent de moi, et qu'elles souhaitent de me revoir. Je les exhorte à bien servir Dieu, et vous sur-tout, afin que, pendant cette année de rhétorique que vous commencez, il vous soutienne et vous fasse la grace de vous avancer de plus en plus dans sa connoissance et dans son amour. Croyez-moi, c'est là ce qu'il y a de plus solide au monde : tout le reste est bien frivole.

LETTRE VI.

A Fontainebleau, le 9 octobre 1692.

Je voulois presque me donner la peine de corriger les fautes de votre version, et vous la renvoyer en l'état où il faudroit qu'elle fût; mais j'ai trouvé que cela me prendroit trop de temps à cause de la quantité d'endroits où vous n'avez pas attrapé le sens. Je vois bien que ces *Épîtres*[1] sont encore trop difficiles pour vous, parceque, pour les bien entendre, il faut

---

[1] Celles de Cicéron à Atticus.

posséder parfaitement l'histoire de ces temps-là, et que vous ne la savez point. Ainsi je trouverois plus à propos que vous me fissiez à votre loisir une version de cette bataille de Trasymène, dont vous avez été si charmé, à commencer par la description de l'endroit où elle se donna. Ne vous pressez point, et tournez la chose le plus naturellement que vous pourrez. J'approuve fort vos promenades d'Auteuil, et vous m'en rendez un fort bon compte; mais faites bien concevoir à M. Despréaux combien vous êtes reconnoissant de la bonté qu'il a de se rabaisser à s'entretenir avec vous. Vous pouvez prendre Voiture parmi mes livres, si cela vous fait plaisir; mais il faut un grand choix pour lire ses lettres, dont il y en a plusieurs qui ne vous feroient pas grand plaisir. J'aimerois bien autant que, si vous voulez lire quelque livre françois, vous prissiez la traduction d'Hérodote[1], qui est fort divertissant, et qui vous apprendroit la plus ancienne histoire qui soit parmi les hommes, après l'Écriture sainte. Il me semble qu'à votre âge il ne faut pas voltiger de lecture en lecture; ce qui ne serviroit qu'à vous dissiper l'esprit et à vous embarrasser la mémoire. Nous verrons cela plus à fond quand je serai de retour à Paris. Adieu, mon cher fils. Faites mes baise-mains à vos sœurs.

[1] Il n'existoit alors d'autre traduction d'Hérodote que celle de Pierre Duryer, qui avoit paru en 1645.

LETTRE VII.

Au camp de Thieusies, le 3 juin 1693.

Vous me faites plaisir de me rendre compte des lectures que vous faites ; mais je vous exhorte à ne pas donner toute votre attention aux poëtes françois. Songez qu'ils ne doivent servir qu'à votre récréation, et non pas à faire votre véritable étude. Ainsi je souhaiterois que vous prissiez quelquefois plaisir à m'entretenir d'Homère, de Quintilien, et des autres auteurs de cette nature. Quant à votre épigramme [1], je voudrois que vous ne l'eussiez point faite. Outre qu'elle est assez médiocre, je ne saurois trop vous recommander de ne vous point laisser aller à la tentation de faire des vers françois, qui ne serviroient qu'à vous dissiper l'esprit ; sur-tout il n'en faut faire contre personne.

M. Despréaux a un talent qui lui est particulier, et qui ne doit point vous servir d'exemple ni à vous ni à qui que ce soit. Il n'a pas seulement reçu du ciel un génie merveilleux pour la satire, mais il a encore avec cela un jugement excellent, qui lui fait discerner ce qu'il faut louer et ce qu'il faut repren-

---

[1] C'étoit une épigramme contre Perrault, à l'occasion de la querelle des anciens et des modernes. Jean-Baptiste Racine fut docile à la leçon de son père, et de toute sa vie il ne fit plus un seul vers. (*Anon.*)

dre. S'il a la bonté de vouloir s'amuser avec vous, c'est une des grandes félicités qui vous puisse arriver, et je vous conseille d'en bien profiter en l'écoutant beaucoup, et en décidant peu avec lui. Je vous dirai aussi que vous me feriez plaisir de vous attacher à votre écriture. Je veux croire que vous avez écrit fort vite les deux lettres que j'ai reçues de vous, car le caractère en paroît beaucoup négligé. Que tout ce que je vous dis ne vous chagrine point; car du reste je suis très content de vous, et je ne vous donne ces petits avis que pour vous exciter à faire de votre mieux en toutes choses. Votre mère vous fera part des nouvelles que je lui mande. Adieu, mon cher fils. Je ne sais pas bien si je serai en état d'écrire ni à vous ni à personne de plus de quatre jours; mais continuez à me mander de vos nouvelles. Parlez-moi aussi un peu de vos sœurs, que vous me ferez plaisir d'embrasser pour moi. Je suis tout à vous.

Suscription : Pour mon fils Racine.

LETTRE VIII.

A Fontainebleau, le 1er octobre 1693.

J'ai reçu encore une de vos lettres, qui m'a fait beaucoup de plaisir. M. Despréaux a raison d'appréhender que vous ne perdiez un peu le goût des belles-lettres pendant votre cours de philosophie; mais ce qui me rassure, c'est la résolution où je vous vois de vous en rafraîchir souvent la mémoire par la lecture des meilleurs auteurs. D'ailleurs, vous étudiez sous un régent qui a lui-même beaucoup de lecture et d'érudition [1]. Je contribuerai de mon côté à vous faire ressouvenir de tout ce que vous avez lu, et je me ferai un plaisir de m'en entretenir souvent avec vous.

Je vis hier vos deux sœurs à Melun [2], et je fus fort content d'elles. Votre sœur aînée se plaint de vous, et elle a raison. Elle dit qu'il y a plus de quatre mois qu'elle n'a reçu de vos nouvelles. Il me semble que vous devriez un peu mieux répondre à l'amitié sincère que je lui vois pour vous. Une lettre vous coûte-t-elle tant à écrire? Quand vous devriez ne l'entretenir que de ses petites sœurs, vous lui feriez le plus grand plaisir du monde. Vous avez raison de me plaindre du déplaisir que j'ai de voir souffrir si longtemps un des meilleurs amis que j'aie au monde [3]. J'espère qu'à la fin, ou la nature, ou les remèdes, lui donneront quelque soulagement. J'ai déjà la consolation d'entendre dire à ses médecins qu'ils ne voient

---

[1] Le célèbre Edme Pourchot, qui fit faire de si grands progrès aux écoles de philosophie, et qui professa cette science à Paris pendant vingt-six ans. Il étoit ami particulier de Racine, de Boileau, et de Fénélon. Ce dernier le pressa vainement d'accepter une place de sous-précepteur des enfants de France. (*Anon.*)

[2] Marie-Catherine étoit l'aînée des filles de Racine. Toutes les fois qu'il dit *votre sœur*, sans autre nom, c'est toujours d'elle qu'il entend parler. Anne, sa seconde fille, est désignée par le nom de Nanette. Celle-ci resta au couvent des Ursulines de Melun, où elle fit profession, le 6 novembre 1698. (*Anon.*) — [3] M. Nicole. (L. R.)

rien à craindre pour sa vie, sans quoi je vous avoue que je serois inconsolable.

Comme vous êtes curieux de nouvelles, je voudrois en avoir beaucoup de considérables à vous mander. Je n'en sais que deux jusqu'ici, qui doivent faire beaucoup de plaisir. L'une est la prise presque certaine de Charleroi, car il ne durera guère plus de quatre ou cinq jours; l'autre est la levée du siége de Belgrade. Quand je dis que cette nouvelle doit faire plaisir, ce n'est pas qu'à parler bien chrétiennement, on doive se réjouir des avantages des infidèles; mais l'animosité des Allemands est si grande contre nous, qu'on est presque obligé de remercier Dieu de leurs mauvais succès, afin qu'ils soient forcés de faire leur paix avec nous, et de consentir au repos de la chrétienté, plutôt que de s'accommoder avec les Turcs. Adieu, mon cher fils. Je vous écris tout ceci fort à la hâte.

Écrivez-moi très souvent, afin de me donner lieu de vous répondre; ce que je ferai une autre fois plus à loisir. On attend au premier jour des nouvelles d'un combat en Italie [1].

[1] On eut, peu de jours après, la nouvelle de la fameuse victoire remportée à La Marsaille, par Catinat, sur le duc de Savoie. (*Anon.*)

LETTRE IX.

Fontainebleau, 14 octobre 1693.

Je ne saurois m'empêcher de vous dire, mon cher fils, que je suis très content de tout ce que votre mère m'écrit de vous. Je vois par ses lettres que vous êtes fort attaché à bien faire, mais sur-tout que vous craignez Dieu, et que vous prenez du plaisir à le servir. C'est la plus grande satisfaction que je puisse recevoir, et en même temps la meilleure fortune que je vous puisse souhaiter. J'espère que plus vous irez en avant, plus vous trouverez qu'il n'y a de véritable bonheur que celui-là. J'approuve la manière dont vous distribuez votre temps et vos études; je voudrois seulement qu'aux jours que vous n'allez point au collége, vous pussiez relire de votre Cicéron, et vous rafraîchir la mémoire des plus beaux endroits, ou d'Horace, ou de Virgile, ces auteurs étant fort propres à vous accoutumer à penser et à écrire avec justesse et avec netteté.

Vous direz à votre mère, que le pauvre M. de Ségur[1] a eu la jambe coupée, ayant eu le pied emporté

---

[1] Toutes les éditions portent *Sigur*: il faut *Ségur*. Voyez l'*Histoire militaire de Louis-le-Grand*, par le marquis de Quincy, et l'*Histoire de l'ordre de Saint-Louis*, par M. d'Aspect, tom. II, pag. 20. La femme de M. le marquis de Ségur étoit fille d'un fermier-général.

d'un coup de canon. Sa femme, qui l'avoit épousé pour sa bonne mine, a employé la meilleure partie de son bien à lui acheter une charge, et dès la première année il lui en coûte une jambe. Il a eu un fort grand nombre de ses camarades qui ont été tués ou blessés, je dis des officiers de la gendarmerie; mais en récompense la victoire a été fort grande, et on en apprend tous les jours de nouvelles circonstances très avantageuses. On fait monter la perte des ennemis à près de dix-mille morts, et à plus de deux mille prisonniers. Il reste à souhaiter que cette victoire soit suivie de la prise de quelque place qui nous mette en état de prendre des quartiers en Italie, comme la victoire de Flandre est suivie de la prise de Charleroi, qui ferme et assure entièrement nos frontières de ce côté-là. L'impuissance où s'est trouvé M. le prince d'Orange de secourir une place si importante, marque bien la grandeur de sa défaite et de la perte qu'y firent les alliés. Le roi reçut hier la nouvelle que les assiégés avoient battu la chamade dimanche dernier, à sept heures du matin. Ils auroient pu se défendre encore huit ou dix jours, à cause de la difficulté qu'on trouvoit à faire des mines sous les bastions et sous la courtine; mais ils étoient réduits à dix-huit cents hommes de près de quatre mille qu'ils étoient. M. de Castille même, qu'on avoit mis au-dessus du gouverneur pour commander dans la place, étoit blessé. Ainsi ils se sont rendus, et ont fait grand plaisir à notre cavalerie, qui commençoit à pâtir beaucoup. Vous pourrez lire ces nouvelles à

M. Despréaux au cas que vous l'alliez voir ; car je ne sais si je pourrai lui écrire aujourd'hui à cause de la quantité de lettres que j'ai à écrire.

J'ai vu les drapeaux et les étendards qu'a envoyés M. de Catinat, et je vous conseille de les aller voir avec votre mère quand on les portera à Notre-Dame. Il y a cent deux drapeaux et quatre étendards seulement ; ce qui marque que la cavalerie ennemie n'a pas fait beaucoup de résistance, et a de bonne heure abandonné l'infanterie, laquelle a presque été toute taillée en piéces. Il y avoit des bataillons entiers d'Espagnols qui se jetoient à genoux pour demander quartier, et on l'accordoit à quelques uns d'eux, au lieu qu'on n'en faisoit point du tout aux Allemands, parcequ'ils avoient menacé de n'en point faire.

Il me semble que, dans une de vos lettres, vous me demandiez la permission de faire présent d'une *Athalie* à un chartreux. Vous le pouvez faire sans difficulté. Je suis seulement fâché de ne m'être pas souvenu plus tôt de vous en parler.

Le roi partira de demain en huit jours pour aller à Choisi, où il doit coucher deux nuits. Pour moi, j'irai ce jour-là tout droit à Paris, et j'espère que ce sera avec M. de Cavoie qui commence à se mieux porter, et à qui M. Félix promet une prochaine guérison. Madame sa femme[1] dit que c'est votre mère qui l'a guéri avec le remède de tête de mouton qu'elle

---

[1] Louise-Philippe de Coëtlogon. Elle avoit été fille d'honneur de la reine, et mourut à Paris, en 1729, à l'âge de quatre-vingt-huit ans.

lui a enseigné, et dont madame de Cavoie, qui avoit aussi un commencement de dyssenterie, s'est fort bien trouvée. Je viens d'apprendre que M. du Tartre avoit une grosse fièvre. Il a eu en tête de demander la chambre où M. Moreau est mort d'une fièvre maligne. Je fis ce que je pus pour l'empêcher d'y mettre son lit, mais je ne le persuadai point. Je craindrois qu'il n'eût gagné la même fièvre. Faites bien des amitiés pour moi à votre mère, et dites-lui que cette lettre est pour elle aussi bien que pour vous. Faites aussi mes baise-mains à vos sœurs. M. l'archevêque de Sens a perdu M. son frère à la bataille, et je crois que M. Chapelier vous l'aura dit.

LETTRE X.

A Fontainebleau, le 24 septembre 1694.

Je vous suis obligé du soin que vous avez pris de faire toutes les choses que je vous avois recommandées. Je suis en peine de la santé de M. Nicole, et vous me ferez plaisir d'y envoyer de ma part, et de me mander de ses nouvelles. J'espère retourner à Melun lundi ou mardi avec M. l'archevêque de Sens, en attendant que j'y aille avec M. Félix. Je croyois avoir fait mettre dans mon coffre un livre que j'ai été fort fâché de n'y avoir point trouvé. Ce sont les *Psaumes latins de Vatable*, à deux colonnes, et avec des notes, in-8°, qui sont à la tablette où je mets d'ordinaire mon diurnal. Je vous prie de les chercher et de les empaqueter bien proprement dans du papier, et d'envoyer savoir par le cocher si M. l'abbé de Saillans vient à Fontainebleau bientôt. Au cas qu'il y vienne, il faudroit l'envoyer prier de vouloir mettre ce livre dans son paquet, sinon il faudra prier M. Sconin de les donner au valet-de-chambre de M. le duc de Chevreuse, qui viendra peut-être ici dans peu de jours.

On a eu aujourd'hui nouvelle que les Anglois avoient voulu faire jouer quelques machines contre le port de Dunkerque[1], mais qu'on avoit fait sauter en l'air ces machines avec une perte des hommes qui étoient dessus. Les Allemands ont passé le Rhin, et font quelques ravages en Alsace; mais il y a apparence qu'on les fera bientôt repasser. J'écrirai demain à votre mère. Faites-lui mes compliments et à vos sœurs. Adieu, mon cher fils. Je vous donne le bonsoir, et suis entièrement à vous. Faites aussi mes baise-mains à M. de Grimarest[2]. Je n'ai pas encore pu parler de son affaire, mais je ne l'oublie point.

Suscription : A M. Racine le jeune, rue du Marais, faubourg Saint-Germain, à Paris.

---

[1] Cette tentative eut lieu le 21 septembre.

[2] Léonard le Gallois, sieur de Grimarest, connu par une *Vie de Molière*. Il mourut en 1720. Son nom figure dans ces fameux couplets attribués à Jean-Baptiste Rousseau. (*Anon.*)

LETTRE XI.

A Fontainebleau, le 3 octobre 1694.

Je vous adresse une lettre pour M. Despréaux, que je prie votre mère de lui envoyer le plus tôt qu'elle pourra. Il m'a déja fait réponse à celle que je lui écrivis il y a trois jours, et il me mande en même temps que vous n'avez pu vous rencontrer, parcequ'il étoit à Paris quand vous l'avez été chercher à Auteuil. Je vous prie de dire à M. de Grimarest que j'ai lu son mémoire à M. le chancelier [1], qui a fait réponse qu'il avoit déja ouï parler de cette affaire, mais que M. Cousin [2] avoit opinion qu'on ne pouvoit rien faire de bon ni d'utile au public de ce projet. Ainsi on m'a dit qu'il faudroit lui faire parler encore par des gens qui eussent plus d'autorité sur son esprit. Je verrai là-dessus M. de Harlay.

Il me paroît, par votre lettre, que vous portez un peu d'envie à mademoiselle de La Chapelle, de ce qu'elle a lu plus de comédies et plus de romans que vous. Je vous dirai avec la sincérité avec laquelle je suis obligé de vous parler, que j'ai un extrême chagrin que vous fassiez tant de cas de toutes ces niai-

---

[1] Louis Boucherat.

[2] Le président Louis Cousin, censeur royal, et directeur du *Journal des savants*. Il fut reçu de l'académie françoise, en 1697. (*Anon.*)

series, qui ne doivent servir tout au plus qu'à délasser quelquefois l'esprit, mais qui ne devroient point vous tenir autant à cœur qu'elles font. Vous êtes engagé dans des études très sérieuses qui doivent attirer votre principale attention, et pendant que vous y êtes engagé et que nous payons des maîtres pour vous en instruire, vous devez éviter tout ce qui peut dissiper votre esprit et vous détourner de votre étude. Non seulement votre conscience et la religion vous y obligent, mais vous-même devez avoir assez de considération pour moi, et assez d'égard pour vous conformer un peu à mes sentiments pendant que vous êtes dans un âge où vous devez vous laisser conduire.

Je ne dis pas que vous ne lisiez quelquefois des choses qui puissent vous divertir l'esprit, et vous voyez que je vous ai mis moi-même entre les mains assez de livres françois capables de vous amuser; mais je serois inconsolable si ces sortes de livres vous inspiroient du dégoût pour des lectures plus utiles, et sur-tout pour les livres de piété et de morale, dont vous ne parlez jamais, et pour lesquels il semble que vous n'ayez plus aucun goût, quoique vous soyez témoin du véritable plaisir que j'y prends préférablement à toute autre chose. Croyez-moi, quand vous saurez parler de comédies et de romans, vous n'en serez guère plus avancé pour le monde, et ce ne sera point par cet endroit-là que vous serez le plus estimé. Je remets à vous en parler plus au long et plus particulièrement quand je vous reverrai, et vous me ferez plaisir alors de me parler à cœur ouvert là-dessus, et de ne vous point cacher de moi. Vous jugez bien que je ne cherche pas à vous chagriner, et que je n'ai autre dessein que de contribuer à vous rendre l'esprit solide, et à vous mettre en état de ne me point faire de déshonneur quand vous viendrez à paroître dans le monde. Je vous assure qu'après mon salut, c'est la chose dont je suis le plus occupé. Ne regardez point tout ce que je vous dis comme une réprimande, mais comme les avis d'un père qui vous aime tendrement, et qui ne songe qu'à vous donner des marques de son amitié. Écrivez-moi le plus souvent que vous pourrez, et faites mes compliments à votre mère. Il n'y a ici aucune nouvelle, sinon que le roi a toujours la goutte, et que tous les princes reviennent de l'armée de Flandre.

LETTRE XII.

A Paris, ce samedi 21 mai 1695.

Je vous envoie ce soir le petit carrosse pour vous amener demain dîner avec nous. Vous y trouverez M. Despréaux, qui y doit dîner aussi. Plût à Dieu que M. Vigan pût être de la partie! Mais j'espère le voir mardi au soir, qui est le jour que je vous remènerai à Versailles. J'ai fait mettre un petit placet dans le carrosse, afin que Henri revienne avec vous. Dites-lui qu'il aille ce soir de ma part chez madame d'Heudicourt, pour savoir des nouvelles de sa santé. Elle loge au-dessus de l'appartement de feue madame de Barbesieux, au bout de la galerie de Monsieur. Je voudrois aussi qu'il allât avec le cocher visiter mon appartement, et y porter les hardes que j'y envoie. Adieu, mon cher fils. Faites mes compliments à M. et à madame Vigan.

LETTRE XIII.

A Paris, ce 3 juin 1695.

C'est tout de bon que nous partons aujourd'hui pour notre voyage de Picardie [1]. Comme je serai quinze jours sans vous voir, et que vous êtes continuellement présent à mon esprit, je ne puis m'empêcher de vous répéter encore deux ou trois choses que je crois très importantes pour votre conduite.

La première, c'est d'être extrêmement circonspect dans vos paroles, et d'éviter avec grand soin la réputation d'être un parleur, qui est la plus méchante réputation qu'un jeune homme puisse avoir dans le pays où vous êtes. La seconde est d'avoir une extrême docilité pour les avis de M. et madame Vigan, qui vous aiment comme leur enfant.

J'ai oublié de vous recommander d'être fort exact

---

[1] Il alloit à Montdidier, la patrie de ma mère. Toutes les lettres suivantes ont été écrites à mon frère, reçu en survivance de la charge de gentilhomme ordinaire. (L. R.)

aux heures de leurs repas, et de ne faire jamais attendre après vous. Ainsi ajustez si bien vos promenades et vos récréations, que vous ne leur soyez jamais à charge.

N'oubliez point vos études, et cultivez continuellement votre mémoire, qui a grand besoin d'être exercée. Je vous demanderai compte à mon retour de vos lectures et sur-tout de l'histoire de France, dont je vous demanderai à voir vos extraits.

Vous savez ce que je vous ai dit des opéra et des comédies qu'on dit que l'on doit jouer à Marli. Il est très important pour vous et pour moi-même qu'on ne vous y voie point, d'autant plus que vous êtes présentement à Versailles pour y faire vos exercices, et non point pour assister à toutes ces sortes de divertissements. Le roi et toute la cour savent le scrupule que je me fais d'y aller, et ils auroient très méchante opinion de vous si, à l'âge que vous avez, vous aviez si peu d'égard pour moi et pour mes sentiments. Je devois, avant toutes choses, vous recommander de songer toujours à votre salut, et de ne perdre point l'amour que je vous ai vu pour la religion. Le plus grand déplaisir qui puisse m'arriver au monde, c'est s'il me revenoit que vous êtes un indévot, et que Dieu vous est devenu indifférent. Je vous prie de recevoir cet avis avec la même amitié que je vous le donne.

Je vous conseille d'aller quelquefois savoir des nouvelles de M. de Cavoie, à qui vous ne pouvez ignorer que je suis si attaché. Quand vous verrez

M. Félix le père, faites-lui bien mes compliments, et demandez-lui s'il n'a rien à me mander au sujet de mon logement; il entendra ce que cela veut dire, et vous me ferez savoir sa réponse sans en rien dire à personne. Voyez aussi M. de Valincour [1], et priez-le de ma part de se souvenir de M. Sconin. Écrivez-moi jusqu'à jeudi prochain, c'est-à-dire que vous pourrez nous écrire une ou deux fois pour nous mander les nouvelles que vous saurez: cela fera plaisir à votre oncle de Montdidier. Payez le port jusqu'à Paris. Mais passé jeudi, ne m'adressez plus vos lettres qu'à Paris même; car j'espère partir de Montdidier de dimanche en huit jours. Adieu, mon cher fils. Faites bien mes compliments à M. et à madame Vigan, et à M. Félix le fils. N'oubliez pas aussi de les faire à M. de Sérignan, qui me témoigne bien de l'amitié pour vous. Demandez-lui s'il ne sait point de nouvelles que vous me puissiez mander.

Suscription : A M. Racine le jeune, gentilhomme ordinaire du roi, chez M. Vigan, à la petite écurie, à Versailles.

[1] Valincour étoit secrétaire-général de la marine, et devoit cet emploi à l'avantage qu'il avoit eu d'être placé auprès du comte de Toulouse, quand ce prince n'avoit encore que quatre à cinq ans. C'étoit Racine qui l'avoit proposé et fait agréer à madame de Montespan. Il ne portoit alors d'autre nom que celui de *du Trousset;* et c'est parceque ce nom déplut à madame de Montespan, qu'il prit celui de Valincour. Son frère, qui étoit alors commis de Pontchartrain, et qui depuis fut maître des comptes, prit en même temps le nom de d'Héricourt. Les notes manuscrites de Jean-Baptiste Racine contiennent beaucoup de détails sur Valincour,

LETTRE XIV.

A Montdidier, le 9 juin 1695.

Votre lettre nous a fait ici un très grand plaisir; et, quoiqu'elle ne nous ait pas appris beaucoup de nouvelles, elle nous a du moins fait juger qu'il n'y avoit pas un mot de vrai de toutes celles qu'on débite dans ce pays-ci. C'est une plaisante chose que les provinces : tout le monde y est nouvelliste dès le berceau, et vous n'y rencontrez que gens qui débitent gravement et affirmativement les plus sottes choses du monde.

Je suis bien honteux que madame d'Heudicourt vous ait prévenu, et que vous ne l'eussiez pas encore été saluer chez elle. J'apprends tout présentement, par une lettre de Dufresne, qu'on a apporté de sa part au logis une demi-douzaine de jambons. Ne manquez pas, au nom de Dieu, d'aller chez elle, et de lui en faire mes très humbles remerciements. Je lui écrirois bien volontiers, mais j'espère partir demain ou tout au plus tard après-demain, et dès que je serai à Paris je me rendrai à Versailles pour

---

et sur les démarches que fit Racine pour le faire placer auprès du jeune comte de Toulouse. Fontenelle, qui a fait l'éloge de Valincour, s'est bien donné de garde de dire que celui-ci étoit redevable à Racine de sa fortune; il a imaginé, contre toute vraisemblance, d'en faire honneur à Bossuet. (*Anon.*)

l'aller remercier de toutes ses bontés. Et d'ailleurs, que lui pourrois-je mander de ce pays-ci, à quoi elle pût prendre intérêt? Pour vous, qui devez vous y intéresser davantage, je vous dirai que je suis très content des dames de Variville, et que Babet[1] a une grande impatience d'entrer chez elles. Votre sœur aînée a trouvé ici une compagnie dont elle est charmée, et avec raison ; c'est sa cousine de Romanet, qui est très aimable, très jolie, et très bien élevée. Nous allons cette après-dînée à Griviller. J'ai fait tous mes comptes avec mon fermier, et j'ai renouvelé bail avec lui. Voilà des nouvelles telles que l'on peut vous en mander de ce pays-ci. J'espère que je recevrai encore une lettre de vous avant que de partir ; car si nous partons demain, ce ne sera que l'après-dînée. On fait pourtant tout ce qu'on peut pour nous retenir ici.

Je vous sais un très bon gré des égards que vous avez pour moi au sujet des opéra et des comédies ; mais vous voulez bien que je vous dise que ma joie seroit complète si le bon Dieu entroit un peu dans vos considérations. Je sais bien que vous ne seriez pas déshonoré devant les hommes en y allant ; mais ne comptez-vous pour rien de vous déshonorer devant Dieu ? Pensez-vous vous-même que les hommes ne trouvassent pas étrange de vous voir, à votre âge, pratiquer des maximes si différentes des miennes ?

---

[1] Élisabeth, la troisième des filles de Racine. Elle fit profession au couvent de Notre-Dame de Variville, dans l'année qui suivit la mort de son père. (L. R.)

Songez que M. le duc de Bourgogne [1], qui a un goût merveilleux pour toutes ces choses, n'a encore été à aucun spectacle, et qu'il veut bien en cela se laisser conduire par les gens qui sont chargés de son éducation. Et quels gens trouverez-vous au monde plus sages et plus estimés que ceux-là? Du reste, mon fils, je suis fort content de votre lettre. Faites bien mes compliments à M. de Cavoie et à MM. Félix, sans oublier M. Vigan.

J'ai décacheté exprès ma lettre pour vous dire de ne point parler de jambons à madame d'Heudicourt. Ma femme a pensé que, comme l'orthographe de Dufresne est fort mauvaise, il se pourroit que ce présent nous ait été envoyé par madame d'Héricourt. Ainsi n'en dites pas un mot; je ferai moi-même mes compliments à qui il conviendra de les faire. Dites seulement à madame d'Heudicourt combien je suis touché de toutes les honnêtetés qu'elle vous a faites, et l'envie que j'ai d'être à Versailles pour la remercier. Tout le monde vous fait ici ses compliments. Votre mère a pris grand plaisir à votre lettre, excepté à l'endroit où vous parlez de la cire qui est tombée sur votre habit. Elle a demandé tout aussitôt pourquoi vous laissiez ainsi gâter vos habits. Il pleut ici et fait assez froid. Je prendrai patience pourvu que les chemins ne soient point gâtés.

---

[1] Ce prince avoit alors près de treize ans. Il étoit élevé par Fénélon, Beauvilliers, et le savant abbé Fleury.

LETTRE XV.

A Versailles, ce samedi après-midi (1696.)

J'avois passé exprès par Versailles pour vous voir, et pour savoir de vous si vous n'aviez besoin de rien. Je suis fâché de ne vous avoir pas trouvé, et plus fâché encore d'apprendre que vous avez eu la fièvre. Du reste, je suis bien aise que vous ayez été voir M. Despréaux et votre mère, qui aura eu, je m'imagine, bien de la joie de vous voir. Je ferai, si je puis, quelque partie par Moulineau [1], et je vous en ferai avertir; mais, comme il faut tout prévoir, je suis bien aise de vous dire, au cas que je ne vous voie point cette semaine, que vous êtes le maître d'aller passer deux ou trois jours à Paris quand vous voudrez. Vous n'aurez qu'à m'écrire à Marli ce que vous souhaitez, et ma femme ou moi nous vous enverrons le petit carrosse. Mandez-moi de vos nouvelles à Marli, et si vous recevez quelques lettres pour moi, envoyez-les-moi en même temps. Vous me ferez plaisir d'être chez M. de Torcy [2] toujours aussi assidu

---

[1] Jolie maison entre Meudon et la Seine, qui appartenoit à la comtesse de Gramont, et que le comte Hamilton, frère de cette dame, a souvent chantée dans ses vers. (*Anon.*)

[2] Le jeune Racine travailloit dans les bureaux de M. de Torcy, ministre des affaires étrangères, pour s'instruire dans la diplomatie. (*Anon.*)

que votre santé vous le permettra. Ne vous laissez point manquer d'argent, et mandez-moi franchement si vous en avez besoin. Adieu, mon cher fils. Je vous embrasse de tout mon cœur.

LETTRE XVI.

A Paris, le 26 octobre 1696.

Je ne vous écris qu'un mot pour vous dire que je vous enverrai le petit carrosse samedi prochain pour vous amener ici l'après-dînée, afin que vous passiez les fêtes avec nous. Mon dessein est de vous remener le jour des Morts au matin, parceque j'espère aller l'après-dînée à Marli. M. de Cavoie a la bonté de vouloir visiter mon nouvel appartement pour voir comme on l'a accommodé, et pour prier M. Lefèvre d'y ajuster ce qu'on aura mal fait. Ainsi ne manquez pas de vous trouver samedi prochain à son lever chez lui sur les huit heures et demie avec la clef de l'appartement, et de bien observer ce qu'il vous dira pour me le redire. Au cas que M. Danet vous presse de lui abandonner la petite écurie, vous demanderez conseil à M. de Cavoie, et vous ferez ce qu'il vous conseillera. Ce ne seroit pas un grand malheur que d'être obligé d'ôter le peu de meubles qu'il y a dans la chambre de la petite écurie, et de les porter dans l'une des deux chambres du château. Henri n'aura qu'à revenir avec vous, et on mettra un tabouret dans le carrosse. Je vous donne le bonsoir, et suis tout à vous. Faites bien mes compliments à M. et à madame Vigan. Je meurs d'envie d'avoir l'honneur de les voir, et de les remercier de toutes les peines qu'ils prennent pour vous. Je voulois aller moi-même samedi à Versailles, mais M. de Cavoie m'a dit qu'il n'étoit pas besoin que j'y allasse, et qu'il se chargeoit de tout voir et de tout examiner.

Suscription: A M. Racine le jeune, gentilhomme ordinaire du roi, à la petite écurie, à Versailles.

LETTRE XVII.

A Paris, ce dimanche au soir, 23 décembre 1696.

Votre mère m'écrivit mardi dernier à Versailles, et m'envoya la lettre de ma sœur, que je vous avois dit que j'attendois avec beaucoup d'impatience. J'envoyai, comme vous savez, à la poste de Versailles mercredi matin, et votre Henri me vint dire qu'il n'y avoit rien pour moi. Je vous prie d'y renvoyer ou d'y aller vous-même, et de vous plaindre un peu de ce qu'on a gardé si long-temps ce paquet sans vous le donner; car vous m'aviez dit qu'on portoit à vos tables les lettres qui sont pour ceux qui y mangent. Quoi qu'il en soit, renvoyez-moi le paquet de ma femme dès qu'on vous l'aura rendu. Toute la famille se porte bien. Votre petit frère[1] est tombé ce matin

[1] Louis Racine. Il avoit alors quatre ans. (*Anon.*)

la tête dans le feu, et sans votre mère qui l'a relevé sur-le-champ, il auroit eu le visage tout perdu. Il en a été quitte pour une brûlure qu'il s'est faite à la gorge, laquelle a appuyé contre un chenet tout brûlant. Nous sommes bien obligés de remercier le bon Dieu de ce qu'il ne s'est pas fait plus de mal. Votre sœur[1] se prépare toujours à entrer aux Carmélites samedi prochain, et le grand froid, ni tout ce que je lui ai pu dire ne l'ont pu persuader de différer au moins jusqu'à un autre temps. La petite mademoiselle de Frescheville[2] est à l'extrémité, et peut-être même est-elle morte à l'heure qu'il est. Vous voyez par-là que notre heure est bien incertaine, et que le plus sûr est d'y penser le plus sérieusement et le plus souvent qu'on peut. J'espère être dimanche prochain à Versailles : ma femme aura soin de vous envoyer du linge à dentelle ce jour-là. Je vous donne le bonsoir.

[1] L'aînée des filles de Racine entra, à la fin de ce mois, aux carmélites du faubourg Saint-Jacques à Paris, et en sortit l'année suivante pour entrer à Port-Royal des champs, d'où elle sortit aussi peu après. (*Anon.*)

[2] C'étoit la fille d'un des parents de Boileau. (*Anon.*)

LETTRE XVIII.

A Paris, ce vendredi au soir, 5 avril 1697.

J'ai reçu deux lettres de vous; l'une où vous me rendez compte de plusieurs choses que je vous avois recommandées, et l'autre d'hier au soir, où vous m'avertissez, de la part de madame de Noailles [1], d'aller trouver M. l'archevêque. J'ai été sur-le-champ pour avoir l'honneur de lui parler; mais il est à Conflans, et on m'a dit que je ne pourrois le voir que demain matin après sa messe. Mon dessein est d'aller dimanche au soir ou lundi matin à Versailles, pour revenir avec vous à Paris le lundi même ou le lendemain. Je viens d'envoyer demander chez M. de Cavoie s'il ne vient point demain à Paris comme il me l'avoit dit, et j'ai une grande impatience de le voir.

Le sermon du P. de La Rue [2] fait ici un fort grand bruit aussi-bien qu'au pays où vous êtes, et l'on dit qu'il a parlé avec beaucoup de véhémence contre les opinions nouvelles du quiétisme; mais on ne m'a

---

[1] Mère de l'archevêque de Paris. Elle mourut à la fin du mois suivant.

[2] Le livre de Fénélon, intitulé *Explication des maximes des saints sur la vie intérieure*, qui fut condamné à Rome, avoit paru en janvier 1697. Les jésuites surent fort mauvais gré au P. de La Rue de ce sermon.

rien pu dire de précis de ce sermon, et j'ai grande envie de voir quelqu'un qui l'ait entendu. L'amitié qu'avoit pour moi M. de Cambrai ne me permet pas d'être indifférent sur ce qui le regarde, et je souhaiterois de tout mon cœur qu'un prélat de cette vertu et de ce mérite n'eût point fait un livre qui lui attire tant de chagrin.

Si par hasard vous voyez l'abbé de Coislin [1], dites-lui qu'on m'a apporté de sa part une très belle *Semaine sainte* [2], et que j'ai beaucoup d'impatience d'être à Versailles pour lui en faire mes très humbles remerciements. Il est tous les jours à la messe du roi, et vous pourrez le voir à la sortie de la chapelle.

J'ai vu votre sœur dont on est très content aux Carmélites, et qui témoigne toujours une grande envie de s'y consacrer à Dieu. Votre sœur Nanette nous accable tous les jours de lettres, pour nous obliger de consentir à la laisser entrer au noviciat. J'ai bien des graces à rendre à Dieu d'avoir inspiré à vos sœurs tant de ferveur pour son service, et un si grand desir de se sauver. Je voudrois de tout mon cœur que de tels exemples vous touchassent assez pour vous

[1] Henri-Charles du Cambout de Coislin, qui fut, cette même année, évêque de Metz.

[2] On distribuoit des *Heures* à l'usage de la chapelle du Roi et des *Semaines-Saintes* aux personnes qui avoient des dignités ou des charges d'un certain rang à la cour. Cette distribution et d'autres avoient encore lieu sous le règne de Louis XV, et même au commencement de celui de Louis XVI; elles furent supprimées lors des réformes faites par M. Necker dans la maison du roi.

donner envie d'être bon chrétien. Voici un temps[1] où vous voulez bien que je vous exhorte, par toute la tendresse que j'ai pour vous, à faire quelques réflexions un peu sérieuses sur la nécessité qu'il y a de travailler à son salut, à quelque état que l'on soit appelé. Votre mère, aussi-bien que vos sœurs et votre petit frère, auroit beaucoup de joie de vous revoir. Bonsoir, mon cher fils.

LETTRE XIX.

A Paris, le 8 juin 1697.

J'avois prié M. Félix de vous faire dire, par son laquais, que je n'irois point à Port-Royal, et qu'ainsi je ne passerois point par Versailles. Je fus assez chagrin de ne vous pas trouver le jour où j'y allai; mais je me doutai que vous seriez à Moulineau ou en visite chez M. de Castigny[2]. Je savois déjà qu'on vous avoit donné une lettre à faire, mais je saurois volontiers si on a été content de la manière dont vous l'avez faite.

On m'avoit déjà dit la nouvelle de la prise d'Ath[3], et j'en ai beaucoup de joie. Vous me ferez plaisir de me mander tout ce que vous apprendrez de nouveau. Voici un temps assez vif, et où il peut arriver

---

[1] Cette lettre étoit écrite le jour du Vendredi-Saint. — [2] Premier commis des affaires étrangères. Racine le fils travailloit dans son bureau. — [3] Ath fut prise le 5 juin par Catinat.

A SON FILS. 349

à toute heure des nouvelles importantes. Vous me ferez aussi plaisir d'aller trouver M. Moreau [1] à l'issue de son dîner, et de le faire souvenir de la prière que je lui ai faite de vouloir s'informer du détail de la charge de M. Desormes [2], dont je lui ai confié que M. Le Verrier [3] étoit sur le point de traiter. Je m'emploie d'autant plus volontiers pour M. Le Verrier, que M. Félix m'a fort assuré qu'il ne pensoit plus du tout à cette charge. Cependant ne dites à personne, ni que M. Le Verrier y pense, ni que je vous aie écrit là-dessus; et si M. Moreau vous donne quelque éclaircissement par écrit, ayez soin de me l'envoyer.

Il se pourroit fort bien que je vous irois voir mercredi matin; car j'ai quelque envie de mener votre mère et vos sœurs à Port-Royal pour y être à la procession de l'octave [4], et pour revenir le lendemain. Elles sont toutes en fort bonne santé, dieu merci, et vous font leurs compliments. J'allai hier aux Carmélites avec votre sœur voir la nouvelle prieure, qui n'est point madame de La Vallière [5] comme M. de

---

[1] Valet-de-chambre du duc de Bourgogne. — [2] C'étoit la charge de contrôleur de la maison du roi.

[3] C'étoit un financier chez lequel Boileau alloit fréquemment, et auquel ce poëte a adressé des vers. Le Verrier s'amusoit lui-même à en faire, comme on le voit par une lettre que Boileau lui a adressée. (V. les OEuvres de Boileau, éd. de 1747, t. III, p. 177.)

[4] L'octave de la Fête-Dieu étoit, cette année, le 13 juin.

[5] Mademoiselle de La Vallière, si connue par son amour pour Louis XIV, avoit fait profession aux Carmélites, le 3 juin 1675. Elle y mourut après trente-six ans d'austérités continuelles, sous le nom de sœur Louise de la miséricorde, et ne voulut jamais être que simple religieuse.

Castigny l'a cru, mais la mère du Saint-Esprit, fille de feu M. Le Boux, conseiller de la grand'chambre, ci-devant maîtresse des novices. Je vous exhorte à aller faire un peu votre cour à madame la comtesse de Gramont [1] et à madame la duchesse de Noailles [2], qui ont l'une et l'autre beaucoup de bonté pour vous. Adieu, mon cher fils. Envoyez à M. de Castigny la lettre que je lui ai écrite. Je ne puis m'empêcher de vous dire qu'il m'écrit sur votre sujet avec toute l'amitié possible.

LETTRE XX.

A Paris, ce mardi 9 juillet 1697.

Votre cousin, qui va partir tout-à-l'heure, vous rendra cette lettre que j'écris à M. Bontems [3], pour le prier de demander pour moi d'aller à Marli. Rendez-la-lui le plus tôt que vous pourrez; car il n'y a pas de temps à perdre. Je n'étois pas trop assuré que le roi allât à Marli cette semaine; M. de Cavoie, que je croyois bien informé, m'ayant dit qu'on n'y alloit que la semaine qui vient. Au cas qu'on n'y aille

[1] Élisabeth Hamilton, femme de Philibert, comte de Gramont. Elle étoit très attachée à Port-Royal, et elle ne s'en cachoit pas.
[2] La femme du duc Anne-Jules de Noailles, maréchal de France depuis 1693.
[3] Premier valet-de-chambre et favori de Louis XIV. Ce fut lui, dit Duclos, qui servit la messe au mariage du roi avec madame de Maintenon. (*Anon.*)

point en effet cette semaine, vous n'avez que faire de rendre ma lettre. Je n'en serai pas moins demain à neuf heures et demie à Versailles, pour aller présenter votre cousin à M. Dufresnoy[1]. Montrez-lui, s'il vous plaît, la chambre et la pension que vous lui avez trouvée, et faites-lui bien des amitiés. Je vous donne le bonsoir.

LETTRE XXI.

A Marli, le 15 juillet 1697.

Votre mère vous a écrit une lettre que l'on m'a apportée ici, par laquelle elle vous mandoit qu'à cause des grandes pluies qu'il a fait et qui peuvent avoir gâté les chemins, elle ne sera que mercredi matin à Versailles. M. Bourdelot m'a fort surpris ce matin quand il m'a dit que M. d'Héricourt attendoit aujourd'hui votre mère à dîner. C'est une grande négligence à vous de ne l'avoir pas prié de ne nous point attendre, comme je vous en avois chargé quand je partis de Versailles. Je vous donne le bonjour. Il n'y a rien ici de nouveau depuis la prise du chemin couvert de Barcelone.

Suscription : A M. Racine le fils, au-dessus de l'appartement de madame de Ventadour, près de celui de M. de Busca, à Versailles.

[1] Élie Dufresnoy, premier commis de Louvois, puis de Barbésieux. Il est moins connu que sa femme, dont on trouve souvent

LETTRE XXII.

Marli, le samedi matin, 20 juillet 1697.

Je vous prie, mon cher fils, dès que vous aurez reçu ma lettre, de faire porter à Port-Royal celle que j'écris à votre tante, ou par Henri, ou par quelque homme qui vous paroisse sûr. Je crois qu'il vaudroit mieux que Henri la portât. Il n'a qu'à louer quelque bidet pour faire ce petit voyage. Je serai lundi matin à Versailles, et je vous ramènerai à Paris. Je vous donne le bonjour.

LETTRE XXIII.

A Paris, ce 26 janvier 1698.

Vraisemblablement vous aviez pris des Mémoires de M. de Cély[1] pour avoir fait une course aussi ex-

---

le nom dans les lettres de madame de Sévigné et dans celles de madame de Maintenon. Ils marièrent leur fille à Jean d'Alègre, marquis de Beauvoir. Le cousin de Racine qu'il étoit question de placer dans le bureau de Dufresnoy, étoit le jeune de Romanet, neveu de madame Racine. (*Anon.*)

[1] Nicolas-Auguste de Harlay, comte de Cély, l'un des trois plénipotentiaires du traité de Riswick. Il avoit été chargé, lors de la signature de la paix, d'en aller porter la nouvelle à Louis XIV; mais il fit si peu de diligence, qu'avant son arrivée le roi étoit

traordinaire que celle que vous avez faite. J'avois été fort en peine les premiers jours de votre voyage, dans la peur où j'étois que, par trop d'envie d'aller vite, il ne vous fût arrivé quelque accident; mais quand j'appris, par votre lettre de Mons, que vous n'étiez parti qu'à neuf heures de Cambrai, et que vous tiriez vanité d'avoir fait une si grande journée, je vis bien qu'il falloit se reposer sur vous de la conservation de votre personne. Sur-tout votre long séjour à Bruxelles et toutes les visites que vous y avez faites, méritent que vous en donniez une relation au public. Je ne doute pas même que vous n'y ayez été à l'opéra avec la dépêche du roi dans votre poche. Vous rejetez la faute de tout sur M. Bombarde [1], comme si, en arrivant à Bruxelles, vous n'aviez pas dû courir d'abord chez lui, et ne vous point coucher que vous n'eussiez fait vos affaires pour être en état de partir le lendemain de bon matin. Je ne sais pas ce que dira là-dessus M. de Bonrepaux; mais je sais bien que vous avez bon besoin de réparer, par une conduite sage à La Haie, la conduite peu sensée que vous avez eue dans votre voyage. Pour moi, je vous

---

informé de la conclusion. M. de Cély devint l'objet des chansons et des brocards ; *la diligence de M. de Cély* étoit passée en proverbe, et c'est à quoi Racine fait allusion pour réprimander son fils. Celui-ci avoit été chargé par M. de Torcy de porter des dépêches à M. de Bonrepaux, ambassadeur de France à La Haie, et, au lieu de se rendre sur-le-champ à cette destination, il s'étoit arrêté quelques jours à Mons et à Bruxelles. (*Anon.*)

[1] Banquier de Bruxelles. Son fils a été trésorier de l'électeur de Bavière.

avoue que j'appréhende de retourner à la cour, et sur-tout de paroître devant M. de Torcy, à qui vous jugez bien que je n'oserai pas demander d'ordonnance pour votre voyage, n'étant pas juste que le roi paye la curiosité que vous avez eue de voir les Chanoinesses de Mons et la cour de Bruxelles. Vous ne me dites pas un mot de M. Robert, chanoine à Mons, pour qui vous aviez une lettre, et qui vous auroit donné le moyen de voir à Bruxelles un homme[1] pour qui vous savez que j'ai un très grand respect. Vous ne me parlez point non plus de nos deux plénipotentiaires pour qui vous aviez une dépêche. Cependant je ne comprends pas par quel enchantement vous auriez pu ne les pas rencontrer entre Mons et Bruxelles.

Comme je vous dis franchement ma pensée sur le mal, je veux bien vous la dire aussi sur le bien. M. l'archevêque de Cambrai paroît très content de vous, et vous m'avez fait plaisir de m'écrire le détail des bons traitements que vous avez reçus de lui, dont il ne m'avoit pas mandé un mot, témoignant même du déplaisir de ne vous avoir pas assez bien fait les honneurs de son palais brûlé[2].

[1] Cet homme est le célèbre Pasquier Quesnel, qui, en 1685, ayant été forcé de s'expatrier pour la querelle du Formulaire, s'étoit retiré à Bruxelles auprès d'Antoine Arnauld, son ami, que la mort lui enleva en 1694. La persécution vint à bout d'atteindre Quesnel jusque dans cette terre étrangère. Il fut arrêté et emprisonné à Bruxelles en 1703, et étant peu après sorti de sa prison, il mourut à Amsterdam en 1719. (*Anon.*)

[2] Fénélon avoit été disgracié l'année précédente, et envoyé

Cela m'oblige de lui écrire une nouvelle lettre de remerciement. Vous trouverez dans les ballots de M. l'ambassadeur un étui où il y a deux chapeaux pour vous, un castor fin et un demi-castor, et vous y trouverez aussi une paire de souliers des frères [1]. Votre mère vous avertit qu'ayant examiné ce qu'elle doit à Henri, elle a trouvé qu'elle ne lui doit plus que vingt francs, sur quoi il faut en donner quatorze au cocher. Vous devez savoir que vous ne lui donnez que dix francs de gages par mois, et c'est à vous de ne lui rien avancer mal-à-propos. Mon oncle Racine [2] est mort depuis votre départ, et nous en porterons le deuil trois mois; mais comme vous êtes si loin d'ici, cela ne fait pas une loi pour vous. J'enverrai par M. Pierret les papiers que vous savez pour M. l'ambassadeur, et mes tragédies pour monsieur son neveu. Au nom de Dieu faites un peu plus de réflexion sur votre conduite, et défiez-vous sur toutes choses d'une certaine fantaisie qui vous porte toujours à satisfaire votre propre volonté au hasard de tout ce qui en peut arriver. Vos sœurs vous font bien des compliments, et sur-tout Nanette. Mandez-

dans son diocèse. Peu de temps avant cette disgrace, le feu avoit pris à son palais de Cambrai, et y avoit consumé, avec tout le mobilier, une très riche bibliothèque. C'est à ce sujet qu'il dit à l'abbé de Langeron : « Ce seroit bien pis, si le feu eût pris à la « maison d'une pauvre famille. » (*Anon.*)

[1] Cette confrérie des Frères cordonniers étoit établie à Paris, dans le quartier de la Cité. (*Anon.*)

[2] Il se nommoit Jean-François Racine, et mourut à La Ferté-Milon, laissant plusieurs enfants. (*Anon.*)

moi de vos nouvelles le plus souvent que vous pourrez.

Suscription : A M. Racine, gentilhomme ordinaire du roi, chez M. l'ambassadeur de France, à La Haie.

LETTRE XXIV.

A Paris, le 31 janvier 1698.

Votre mère et toute la famille a eu une grande joie d'apprendre que vous étiez arrivé en bonne santé. Je n'ai point encore été à la cour depuis que vous êtes parti, mais j'espère d'y aller demain. Je crains toujours de paroître devant M. de Torcy, de peur qu'il ne me fasse des plaisanteries sur la lenteur de votre course ; mais il faut me résoudre à les essuyer, et lui faire espérer qu'une autre fois vous ferez plus de diligence si l'on veut bien vous confier à l'avenir quelque chose dont on soit pressé d'avoir des nouvelles. Je vois que M. de Bonrepaux a pris tout cela avec sa bonté ordinaire, et qu'il tâche même de vous excuser. Du reste, vos lettres nous font beaucoup de plaisir, et je serai bien aise d'en recevoir souvent. Je vous écrirai plus au long à mon retour de Marli, me trouvant aujourd'hui accablé d'affaires au sujet de l'argent qu'il faut que je donne pour ma taxe. Faites mille compliments pour moi à M. de Bonac. J'ai donné à M. Pierret mes œuvres pour les lui porter.

LETTRE XXV.

A Marli, le 5 février 1698.

Il est juste que je vous fasse part de ma satisfaction, comme je vous ai fait souffrir de mes inquiétudes. Non seulement M. de Torcy n'a point pris en mal votre séjour à Bruxelles, mais il a même approuvé tout ce que vous y avez fait, et a été bien aise que vous ayez fait la révérence à M. de Bavière. Vous ne devez point trouver étrange que, vous aimant comme je fais, je sois si facile à m'alarmer sur toutes les choses qui ont de l'air d'une faute, et qui pourroient faire tort à la bonne opinion que je souhaite qu'on ait de vous. On m'a donné pour vous une ordonnance de voyage : j'irai la recevoir quand je serai à Paris, et je vous en tiendrai bon compte. Mandez-moi bien franchement tous vos besoins.

J'approuve au dernier point les sentiments où vous êtes sur toutes les bontés de M. de Bonrepaux, et la résolution que vous avez prise de n'en point abuser. Faites bien mes compliments à M. de Bonac, et témoignez-lui ma reconnoissance pour l'amitié dont il vous honore : son extrême honnêteté est un beau modèle pour vous ; et je ne saurois assez louer Dieu de vous avoir procuré des amis de ce mérite. Vous avez eu quelque raison d'attribuer l'heureux succès de votre voyage, par un si mauvais temps, aux prières qu'on a faites pour vous. Je compte les miennes pour rien : mais votre mère et vos petites sœurs prioient tous les jours Dieu qu'il vous préservât de tout accident; et on faisoit la même chose à Port-Royal. Il avoit couru un bruit qui aura peut-être été jusqu'à vous, qu'on avoit permission de recevoir des novices dans cette maison, mais il n'en est rien, et les choses sont toujours au même état. Je doute que votre sœur puisse y demeurer long-temps, à cause de ses fréquentes migraines, et à cause qu'il y a si peu d'apparence qu'elle y puisse rester pour toute sa vie. Vous avez ici des amis qui ne vous oublient point, et qui me demandent souvent de vos nouvelles, entre autres le petit M. Quentin, M. d'Estouy, et M. de Saint-Gilles.

Je ne sais si vous savez que M. Corneille notre confrère[1] est mort. Il s'étoit confié à un charlatan qui lui donnoit des drogues pour lui dissoudre sa pierre. Ces drogues lui ont mis le feu dans la vessie. La fièvre l'a pris, et il est mort. Sa famille demande sa charge pour son petit-cousin, fils de ce brave M. de Marsilly qui fut tué à Leuze, et qui avoit épousé la fille de Thomas Corneille. Le jour me manque, et je suis paresseux d'allumer de la bougie. Vous ne sauriez m'écrire trop souvent si vous avez envie de me faire plaisir. Vos lettres me semblent très naturellement écrites; et plus vous en écrirez, plus aussi vous y aurez de facilité. Adieu, mon cher fils. J'ai

[1] Gentilhomme ordinaire du roi. Il étoit de la famille du grand Corneille. (*Anon.*)

laissé votre mère en bonne santé. Vous ne sauriez trop lui faire d'amitiés dans vos lettres, car elle mérite que vous l'aimiez, et que vous lui en donniez des marques. M. de Torcy m'a appris que vous étiez dans la gazette de Hollande; si je l'avois su, je l'aurois fait acheter pour la lire à vos petites sœurs, qui vous croiroient devenu un homme de conséquence. J'ai lu à M. le maréchal de Noailles votre dernière lettre, où vous témoignez tant de reconnoissance pour les bons traitements que vous avez reçus de M. le prince et de madame la princesse de Stienheuse. J'ai prié aussi M. de Bournonville et M. le comte d'Ayen de les remercier.

LETTRE XXVI.

A Paris, ce 13 février 1698.

Je crois que vous aurez été content de ma dernière lettre et de la réparation que je vous y faisois de tout le chagrin que je puis vous avoir donné sur votre voyage. J'ai reçu votre ordonnance au trésor royal; mais quelques instances que M. de Chamlai, que j'avois mené avec moi, ait pu faire à M. de Turménies, je n'en ai jamais pu tirer que neuf cents francs : on prétend même que c'est beaucoup, et que M. de Turménies a fait au-delà de ce qu'il pouvoit faire. Nous vous tiendrons compte de cette somme, et vous n'aurez qu'à prier M. l'ambassadeur de vous donner l'argent dont vous aurez besoin ; j'aurai soin, de mon côté, de le rendre en ce pays-ci aux gens à qui il me mandera de le donner. On me conseille d'en user ainsi, à cause qu'il y auroit trop à perdre sur le change et sur les espèces. On croit tous les jours ici être à la veille d'un décri, et cela cause le plus grand désordre du monde, les marchands ne voulant presque rien vendre, ou vendant extrêmement cher. On dit pourtant que le décri pourroit bien n'arriver pas sitôt, à cause de la foule de gens qui portent tous les jours des sommes immenses au trésor royal, où il y a, à ce qu'on dit, près de soixante millions. Je ne vous parle que sur le bruit public, car je n'en ai par moi-même aucune connoissance. Je porterai demain matin les dix mille francs qui me restent à payer de ma taxe, et ces dix mille francs me sont prêtés par M. Galloys [1]. Nous avons remboursé madame Quinault [2], ainsi je suis quitte de ce côté-là ; mais vous jugez bien que cela nous resserre beaucoup dans nos affaires, et qu'il faut que nous vivions d'économie pour quelque temps. J'espère que vous nous aiderez un peu en cela, et que vous ne songerez pas à

---

[1] C'étoit le fils de Philippe Galloys, notaire. Ce notaire, mort en 1688, s'étoit fait beaucoup d'honneur par le courage qu'il eut de recevoir la protestation d'Antoine Arnauld contre la Sorbonne, lors de la censure de 1656, et par la fermeté avec laquelle il répondit à l'injuste réprimande du chancelier Séguier à cette occasion. (*Anon.*)

[2] Veuve du poëte Quinault, qui étoit auditeur des comptes et secrétaire du roi. Racine avoit acheté cette dernière charge. (*Anon.*)

nous faire des dépenses inutiles, tandis que nous nous retranchons souvent le nécessaire.

Vous êtes extrêmement obligé à M. de Bonac de tout le bien qu'il mande ici de vous : et tout ce que j'ai à souhaiter, c'est que vous souteniez la bonne opinion qu'il a conçue de vous. Vous me ferez un extrême plaisir de lui demander pour moi quelque place dans son amitié, et de lui bien témoigner combien je suis sensible à toutes ses bontés. Je crois qu'il n'est pas besoin de vous exhorter à n'en point abuser; je vous ai toujours vu une grande appréhension d'être à charge à personne, et c'est une des choses qui me plaisoient le plus en vous.

J'ai trouvé à Versailles un tiroir tout plein de livres, dont une partie étoit à moi, et l'autre vous appartient; je vous les souhaiterois tous à La Haie, à la réserve de deux ou trois, qui en vérité ne valent pas la reliûre que vous leur avez donnée. Votre mère a reçu une grande lettre de votre sœur aînée, qui étoit fort en peine de vous, et qui nous prie instamment de la laisser où elle est [1]. Cependant il n'y a guère d'apparence de l'y laisser plus long-temps : la pauvre enfant me fait beaucoup de compassion, par le grand attachement qu'elle a conçu pour une maison dont les portes vraisemblablement ne s'ouvriront pas sitôt. Votre sœur Nanette est tombée ces jours passés, et s'étoit fait un grand mal à un genou; mais elle se porte bien, Dieu merci.

---

[1] À Port-Royal des Champs.

Il me paroît, par votre dernière lettre, que vous aviez beaucoup d'occupation, et que vous étiez fort aise d'en avoir. C'est la meilleure nouvelle que vous me puissiez mander; et je serai à la joie de mon cœur quand je verrai que vous prenez plaisir à vous instruire et à vous rendre capable de profiter des bontés que l'on pourra avoir pour vous. Adieu, mon cher fils; écrivez-moi toutes les fois que cela ne vous détournera point de quelque meilleure occupation. Votre mère seroit curieuse de savoir ce qui vous est resté de tout ce qu'elle vous avoit donné pour votre voyage. Elle est en peine aussi de savoir si vous avez pris le deuil. J'ai payé aujourd'hui à M. Pierrez deux tours-de-plume qu'il vous a achetés. Mandez-moi si vous êtes content de Henri, et s'il se gouverne bien en ce pays-là. M. Despréaux me demande toujours de vos nouvelles, et témoigne beaucoup d'amitié pour vous.

LETTRE XXVII.

A Paris, ce 24 février 1698.

Je me trouvai si accablé d'affaires vendredi dernier, que je ne pus trouver le temps de vous écrire, mais je n'en ai guère davantage aujourd'hui; j'ai attendu si tard à commencer ma lettre, qu'il faut que je la fasse fort courte si je veux qu'elle parte aujourd'hui. Je n'ai point encore vu M. l'abbé de Châteauneuf[1], mais il me revient de plusieurs endroits qu'il parle très obligeamment de vous, et qu'il est surtout très édifié de la résolution où vous êtes de bien employer votre temps auprès de M. l'ambassadeur. Il a dit à M. Dacier que le premier livre que vous aviez acheté en Hollande, c'étoit *Homère*, et que vous preniez grand plaisir à le relire. Cela vous fit beaucoup d'honneur dans notre petite académie, où M. Dacier dit cette nouvelle, et cela donna sujet à M. Despréaux de s'étendre sur vos louanges, c'est-à-dire sur les espérances qu'il a conçues de vous; car vous savez que Cicéron dit que, dans un homme de votre âge, on ne peut guère louer que l'espérance; mais l'homme du monde à qui vous êtes le plus obligé, c'est M. de Bonac; il parle de vous, dans toutes ses lettres, comme si vous aviez l'honneur d'être son frère. Je vous estime d'autant plus heureux de cette bonne opinion qu'il a conçue de vous, que lui-même est ici en réputation d'être un des plus aimables et des plus honnêtes hommes du monde. Tous ceux qui l'ont vu en Danemarck, ou à La Haie, sont revenus charmés de sa politesse et de son esprit. Voilà de bons exemples que vous avez devant vous, et vous n'avez qu'à imiter ce que vous voyez.

Je lus à M. Despréaux votre dernière lettre comme il étoit au logis; il en fut très content, et trouva que vous écriviez très naturellement. Je lui montrai l'endroit de votre lettre où vous disiez que vous parliez

[1] Il revenoit de Pologne, où il avoit été envoyé pour négocier l'élection du prince de Conti. (*Anon.*)

souvent de lui avec M. l'ambassadeur; et comme il est fort bon homme, cela l'attendrit beaucoup, et lui fit dire de grands biens et de M. l'ambassadeur et de vous.

M. le comte d'Ayen a été fort mal d'une assez grande fluxion sur la poitrine; il est mieux présentement, n'ayant plus de fièvre; mais madame sa mère me dit hier au soir, chez M. de Cavoie, qu'il étoit toujours enrhumé. Elle me fit beaucoup de compliments de la part de madame de Stienheuse, qui lui mandoit qu'elle étoit bien fâchée que vous n'eussiez pas fait un plus long séjour à Bruxelles. Pour moi, je ne me plains plus qu'il ait été ni trop long ni trop court; mais je voudrois seulement que vous y eussiez vu en passant un homme qui étoit du moins aussi digne de votre curiosité que tout ce que vous y avez vu.

La mort de M. Dufresnoy embarrasse beaucoup votre cousin, M. de Barbesieux ayant fait réponse à M. de Cavoie, qui le lui avoit recommandé, qu'il n'y avoit plus assez d'affaires dans ce bureau pour occuper tous ceux qui y étoient.

Je vis, il y a huit jours, votre sœur à Port-Royal, d'où j'avois résolu de la ramener; mais il me fut impossible de lui persuader de revenir. Elle prétend avoir tout de bon renoncé au monde; et que si l'on ne reçoit personne à Port-Royal, elle s'ira réfugier aux Carmélites, ou dans un autre couvent, si les Carmélites ne veulent point d'elle. Tout ce que je puis vous dire, c'est qu'on est très content d'elle à Port-

Royal, et j'en revins très content et très édifié moi-
même. Elle me demanda fort de vos nouvelles, et
me dit qu'on avoit bien prié Dieu pour vous dans la
maison. Adieu. Votre mère vous salue.

LETTRE XXVIII.

A Paris, le 27 février 1698.

Je n'écris point à M. l'ambassadeur par cet ordinaire, parceque je lui écrirai plus au long et plus sûrement par M. Pierret, qui part après demain pour
l'aller trouver. Cependant vous lui direz une chose
qu'il sait peut-être déja, c'est que le roi a enfin ré-
compensé les plénipotentiaires que tout le monde
regardoit presque comme des gens disgraciés. Il a
donné la charge de secrétaire du cabinet à M. de
Callières, à condition que M. de Callières donnera
sur cette charge 50 mille francs à M. de Cressy,
et 15 mille à l'abbé Morel. Ce sont 65 mille livres
dont le roi donne un brevet de retenue à M. de Callières. Sa majesté donne encore à M. de Cressy,
pour son fils, la charge de gentilhomme ordinaire,
vacante par la mort du pauvre M. Corneille, et donne
à M. de Harlay 5 mille livres de rente, au denier dix-
huit, sur l'Hôtel-de-Ville. Voilà toutes les nouvelles
de la cour. M. de Cavoie eut encore hier quelque ressentiment de son mal; mais cela n'a pas eu de suite,
et il espère d'être en état d'aller à Versailles un peu

après Pâques. Il n'a pourtant point trop d'empressement d'y retourner, et il se gouvernera suivant l'état où il trouvera sa santé. Nous nous plaignons tous les jours ensemble de ce que M. de Bonrepaux n'est point ici, et il y a mille occasions où nous serions bien heureux si nous pouvions nous entretenir avec lui.

J'ai donné à M. Pierret pour vous onze louis d'or et demi vieux, faisant 140 livres 17 sous, et je les lui ai donnés, parcequ'il m'a dit qu'il n'y avoit rien à perdre dessus, et qu'ils valoient en Hollande 12 l. 5 sous comme ici. Je vous prie d'en être le meilleur ménager que vous pourrez, et de vous souvenir que vous n'êtes point le fils d'un traitant ni d'un premier valet de garde-robe. M. Quentin, qui, comme vous savez, est le plus pauvre des quatre, a marié sa fille à un jeune homme extrêmement riche, qui est neveu de M. l'Huillier, et qui achète la charge de maître-d'hôtel ordinaire de madame de Bourgogne. C'est le même qui avoit voulu acheter la charge de premier valet de garde-robe qu'avoit M. Félix; mais j'ai oublié son nom. Madame Félix a été extrêmement malade; mais je la crois hors de péril. M. de Montargis, que je vis l'autre jour, me dit que M. Bombarde vous avoit donné trente pistoles d'Espagne. Vous avez eu tort de ne m'en rien mander, car je ne lui avois donné que trois cents francs; mais vraisemblablement vous croyez qu'il n'est pas du grand air de parler de ces bagatelles, non plus que de nous mander combien il vous restoit d'argent de votre voyage. Nous autres bonnes gens de famille nous allons plus simplement, et nous croyons que bien savoir son compte n'est pas au-dessous d'un honnête homme. Votre mère, qui est toujours portée à bien penser de vous, croit que vous l'informerez de toutes choses, et que cela fera en partie le sujet des lettres que vous lui promettez de lui écrire. Sérieusement vous me ferez plaisir de paroître un peu appliqué à vos petites affaires.

M. Despréaux a dîné aujourd'hui au logis, et nous lui avons fait très bonne chère, graces à un fort grand brochet et une belle carpe qu'on nous a envoyés de Port-Royal. M. Despréaux venoit de toucher sa pension, et de porter chez M. Caillet 10 mille francs pour se faire 550 livres de rente sur la Ville. Demain M. de Valincour viendra encore dîner au logis avec M. Despréaux. Vous jugez bien que cela ne se passera pas sans boire la santé de M. l'ambassadeur et la vôtre. J'ai été un peu incommodé ces jours passés; mais cela n'a pas eu de suites, Dieu merci, et nous sommes tous en bonne santé. M. Pierret m'a conté que M. de La Clausure avoit été douze jours à venir ici de La Haie en poste, et m'a fait là-dessus un grand éloge de votre diligence. Dans la vérité, je suis fort content de vous, et vous le seriez aussi beaucoup de votre mère et de moi si vous saviez avec quelle tendresse nous nous parlons souvent de vous. Songez que notre ambition est fort bornée du côté de la fortune, et que la chose que nous demandons de meilleur cœur au bon Dieu, c'est qu'il vous fasse la grace d'être homme de bien, et d'avoir une conduite qui réponde à l'éducation que nous avons tâché de vous donner.

Votre cousin de Romanet est ici, assez affligé de n'avoir plus d'emploi; car nous n'espérons guère que M. de Barbesieux le continue dans celui qu'il avoit. Il en a renvoyé deux ou trois autres, dont l'un étoit neveu de M. Vallée, disant qu'il n'y a pas maintenant assez d'affaires dans le bureau de M. Dufresnoy pour occuper tant de gens. Votre oncle en aura beaucoup de chagrin. Il nous mande que sa santé ne se rétablit point, et je doute qu'il aille encore fort loin. Votre sœur Nanette vous avoit écrit une grande lettre pleine d'amitiés, mais elle auroit trop grossi mon paquet. J'irai dans deux ou trois jours à Versailles pour demander d'aller à Marli, où l'on va mercredi prochain. Faites mille compliments pour moi à M. l'ambassadeur et à M. de Bonac. Adieu, mon cher fils. Il me semble qu'il y a long-temps que je n'ai reçu de vos nouvelles.

LETTRE XXIX.

A Paris, le 10 mars 1698.

Votre mère est fort contente du détail que vous lui mandez de vos affaires, et fort affligée que vous ayez tant perdu sur les espèces. Cela vous montre qu'il vaut mieux que M. l'ambassadeur vous fasse

donner l'argent dont vous aurez besoin, et je le
rendrai ici aux gens à qui il lui plaira que je le
rende. Je ne sais si je vous ai mandé que j'ai donné
à M. Pierret pour vous onze louis d'or et demi vieux,
faisant en tout 140 livres 17 sous 6 deniers. Il m'a
assuré qu'il n'y auroit rien à perdre pour vous. Ne
vous laissez manquer de rien, et croyez que j'ap-
prouverai tout ce que M. l'ambassadeur approuvera.
Il me mande qu'il est content de vous; c'est la meilleure nouvelle qu'il me puisse mander, et la chose
du monde qui peut le plus contribuer à me rendre
heureux. Ce que vous me mandez des Carthaginois
m'a fort étonné; mais songez que les lettres peuvent
être vues, et qu'il faut écrire avec beaucoup de précaution sur certains sujets.

M. Félix le fils se plaint fort de ce que vous ne lui
écrivez point; mais le commerce de lettres étant aussi
cher qu'il est, vous ferez aussi sagement de ne vous
pas ruiner les uns les autres.

Votre mère se porte bien. Madelon et Lionval sont
un peu incommodés, et je ne sais s'il ne faudra point
leur faire rompre carême. J'en étois assez d'avis,
mais votre mère croit que cela n'est pas nécessaire.
Comme le temps de Pâques approche, vous voulez
bien que je songe un peu à vous, et que je vous recommande aussi d'y songer. Vous ne m'avez encore
rien mandé de la chapelle de M. l'ambassadeur. Je
sais combien il est attentif aux choses de la religion,
et qu'il s'en fait une affaire capitale. Est-ce des prêtres
séculiers par qui il la fait desservir, ou bien sont-ce

des religieux? Je vous conjure de prendre en bonne part les avis que je vous donne là-dessus, et de vous souvenir que, comme je n'ai rien plus à cœur que de me sauver, je ne puis avoir de véritable joie si vous négligiez une affaire si importante, et la seule proprement à laquelle nous devrions tous travailler. On m'a dit qu'il falloit absolument que votre sœur aînée revînt avec nous, et j'irai au plus tard la semaine de Pâques pour la ramener; ce sera une rude séparation pour elle et pour ces saintes filles, qui étoient ravies de l'avoir, et sont fort contentes d'elle. Nanette vous fait ses compliments dans toutes ses lettres. Votre cousin de Romanet n'a point d'autre parti à prendre que de s'en retourner à Montdidier, M. de Barbesieux s'étant mis en tête de ne point prendre de surnuméraires dans le bureau de M. Dufresnoy, et n'y ayant point de place dans tous les autres bureaux. M. Bégon m'a promis qu'il m'avertiroit quand il en auroit, mais ce ne sera pas sitôt apparemment. Je plains fort votre cousin, qui avoit bonne envie de travailler, et dont M. Dufresnoy étoit content au dernier point.

Milord Portland fit hier son entrée. Tout Paris y étoit; mais il me semble qu'on ne parle que de la magnificence de M. de Boufflers qui l'accompagnoit, et point du tout de celle du milord. C'est M. de Maisons qui l'accompagnera quand il fera son entrée à Versailles.

Je mande à M. l'ambassadeur que vous lui montrerez un endroit de Virgile, où Nisus se plaint à

Énée qu'il ne le récompensoit point, lui qui avoit fait des merveilles, et qu'il récompense des gens qui ont été vaincus. Cherchez cet endroit; je suis assuré que vous le trouverez fort beau.[1] Assurez M. de Bonac du grand intérêt que je prends à tout le bien qu'on nous dit ici de lui. On dit des merveilles de son extrême politesse, de sa sagesse, et de son esprit. Votre mère vous embrasse, et se repose sur moi du soin de vous écrire de ses nouvelles.

LETTRE XXX.

A Paris, le 16 mars 1698.

Je m'étonne que vous n'ayez pas eu le temps de m'écrire un mot par les deux courriers que M. l'ambassadeur a envoyés coup sur coup, et qui sont venus tous deux m'apprendre de vos nouvelles. Ils me disent que vous êtes très content, et que vous travaillez beaucoup. Je ne puis vous dire assez combien cela me fait de plaisir; mais pendant que vous

---

[1] « Si tanta, inquit, sunt præmia victis,
« Et te lapsorum miseret, quæ munera Niso
« Digna dabis? »
ÆNEID., lib. V. (L. R.)

Racine, par cette citation, veut faire allusion aux récompenses qui avoient été prodiguées aux négociateurs de la paix, si peu glorieuse, conclue à Riswick, tandis que les services importants rendus en Danemarck et en Hollande par M. de Bonrepaux sembloient être mis en oubli. (*Anon.*)

êtes dans un lieu où vous vous plaisez, et où vous êtes dans la meilleure compagnie du monde, votre pauvre sœur aînée est dans les larmes et dans la plus grande affliction où elle ait été de sa vie. C'est tout de bon qu'il faut qu'elle se sépare de sa chère tante et des saintes filles avec qui elle s'estimoit si heureuse de servir Dieu. Mais quelque instance que je lui aie pu faire pour l'obliger de revenir avec nous, elle a résolu de ne remettre jamais le pied au logis; elle prétend, au sortir de Port-Royal, s'aller enfermer dans Gif, qui est une abbaye très régulière à deux petites lieues de Port-Royal, et attendre là ce que deviendra cette sainte maison, résolue d'y rentrer si Dieu permet qu'elle se rétablisse, ou se faire religieuse à Gif quand elle perdra l'espérance de retourner à Port-Royal. Elle m'a écrit là-dessus des lettres qui m'ont troublé et déchiré au dernier point, et je m'assure que vous en seriez attendri vous-même. La pauvre enfant a eu jusqu'ici bien des peines, et a été bien traversée dans le dessein qu'elle a de se donner à Dieu. Je ne sais quand il permettra qu'elle mène une vie un peu plus calme et plus heureuse. Elle étoit charmée d'être à Port-Royal, et toute la maison étoit aussi très contente d'elle. Il faut se soumettre aux volontés de Dieu. Je ne suis guère en état de vous entretenir sur d'autres matières, et j'ai même eu mille peines à achever la lettre que j'ai écrite à M. de Bonrepaux. Je pars demain pour aller à Port-Royal, et pour régler toutes choses avec ma tante afin qu'elle écrive à Gif, et que je prenne mes mesures pour y mener votre sœur aussitôt après Pâques. De là j'irai coucher à Versailles, pour aller mercredi à Marli.

Je ne doute pas que vous n'ayez été fort aise du mariage de M. le comte d'Ayen, et que vous ne lui écriviez au plus tôt pour lui en témoigner votre joie. Il me témoigne toujours beaucoup d'amitié pour vous. Le voilà présentement le plus riche seigneur de la cour. Le roi donne à mademoiselle d'Aubigné 800 mille francs, outre 100 mille francs en pierreries. Madame de Maintenon assure aussi à sa nièce 600 mille francs après sa mort. On donne à M. le comte d'Ayen les survivances des gouvernements de Berry et de Roussillon, sans compter des pensions qu'on leur donnera encore. M. le maréchal de Noailles assure 45 mille livres de rente à M. son fils, et lui en donne présentement 18 mille. Voilà, Dieu merci, de grands biens ; mais ce que j'estime plus que tout cela, c'est qu'il est fort sage et très digne de la grande fortune qu'on lui fait. Adieu, mon cher fils. Votre mère vous écrira par le second courrier de M. l'ambassadeur. Écrivez-moi souvent, et priez M. l'ambassadeur de vouloir vous avertir une heure ou deux avant le départ de ses courriers quand il sera obligé d'en envoyer. Quand vous n'écririez que dix ou douze lignes, cela me fera toujours beaucoup de plaisir. Lionval a été un peu malade, et est encore un peu foible. Vos petites sœurs sont en bonne santé. Je vous prie de faire mille compliments pour moi à M. de Bonac, et de l'assurer de toute la reconnoissance que j'ai pour l'amitié dont il vous honore. Je l'en remercierai moi-même à la première occasion, et lorsque j'aurai l'esprit un peu plus tranquille que je ne l'ai[1].

LETTRE XXXI.

(Commencée par madame Racine.)

Ce 24 mars 1698.

Je me sers de l'occasion du courrier de M. de Bonrepaux pour vous témoigner, mon fils, la joie que j'ai de l'application qu'il nous semble que vous vous donnez au travail, pour profiter des instructions que M. l'ambassadeur veut bien vous donner. Votre père m'en paroît fort content. Soyez persuadé que vous ne lui sauriez faire plus de plaisir, et à moi aussi, que de vous remplir l'esprit de choses propres à vous faire exercer votre charge avec l'estime des honnêtes gens.

Votre père a été voir votre sœur, qu'il n'a pas trouvée en assez bonne santé pour la laisser aller dans une autre maison que celle où elle est. Si elle est obligée d'en sortir, il faudra bien qu'elle se résigne à revenir avec nous se rétablir. Le parti qu'elle doit prendre ne sera décidé que dans quelques jours.

---

[1] La lettre que Racine écrivit, peu de jours avant celle-ci, à madame de Maintenon, explique pourquoi il avoit alors l'esprit si peu tranquille. (*Anon.*)

Vous me manderez à votre loisir si la toile et la dentelle que vous avez achetées pour vos chemises est plus fine que celle que vous avez emportée d'ici. Votre oncle est d'une santé fort mauvaise présentement, les eaux de Bourbon ne lui ayant point donné de soulagement. Depuis peu de jours madame de Romanet mande à ses enfants qu'il est au lit pour un mal qui lui est venu à la jambe. Il m'a paru bien fâché de n'avoir pas su quand vous avez passé à Roye, pour vous y aller embrasser. M. de Sérignan attend toujours l'occasion de pouvoir parler à M. de Barbesieux, pour faire rentrer votre cousin dans la place qu'il avoit. Je crois que c'est bien en vain, et que mon neveu feroit tout aussi bien de s'en retourner chez lui; mais cela chagrine votre oncle.

Lionval est toujours incommodé. J'ai envoyé aujourd'hui chez Helvétius pour le lui mettre entre les mains. Le pauvre petit vous fait bien ses compliments, et promet bien qu'il n'ira pas à la comédie comme vous. Nanette vous fait mille compliments par les lettres qu'elle écrit, et Babet est ravie d'avoir pour maîtresse madame de Ronval. Les petites vous embrassent.

Pour parler de quelque chose plus sérieux, par la lettre que vous m'avez écrite, vous me demandez de prier Dieu pour vous. Vous pouvez être persuadé que si mes prières étoient bonnes à quelque chose, vous seriez bientôt un parfait chrétien, ne souhaitant rien avec plus d'ardeur que votre salut. Mais, mon fils, songez dans ce saint temps, que les pères et mères ont beau prier le Seigneur pour leurs enfants, qu'il faut que les enfants n'oublient pas l'éducation qu'on a tâché de leur donner. Songez, mon fils, que vous êtes chrétien, et à quoi vous oblige cette qualité. Ce sera le comble de ma joie de vous voir dans cette disposition, et je l'espère de la grace du Seigneur.

Quand il viendra quelque courrier, mandez-moi un peu de petits détails de vos passe-temps et des nouvelles de Henri ; s'il est bien content, et s'il fait bien son devoir. Adieu, mon fils. Je vous embrasse. Soyez persuadé que je suis toute à vous.

(De la main de Racine.)

Je n'ajoute qu'un mot à la lettre de votre mère, pour vous dire que j'approuve au dernier point le conseil qu'on vous a donné d'apprendre l'allemand, et les raisons solides dont M. l'ambassadeur s'est servi pour vous le persuader. J'en ai dit un mot à M. de Torcy, qui vous y exhorte de son côté, et qui croit que cela vous sera extrêmement utile. Je vous écrirai plus au long au premier jour. Le valet-de-chambre m'a prié instamment d'envoyer mon paquet, le plus tôt que je pourrois, chez madame Pierret. Continuez à vous occuper, et songez que tout ce que j'apprends de vous fait la plus grande consolation que je puisse avoir. Il ne tient pas à M. de Bonac que vous ne passiez pour un fort habile homme, et vous lui avez des obligations infinies. Assurez-le de ma reconnoissance et de l'extrême envie que j'ai de me trouver entre lui et vous avec M. l'ambassadeur. Je crois que je profiterois moi-même beaucoup en si bonne compagnie. Tous vos amis de la cour me demandent toujours de vos nouvelles.

LETTRE XXXII.

A Paris, le lundi de Pâques, 31 mars 1698.

J'ai lu avec beaucoup de plaisir tout ce que vous m'avez mandé de la manière édifiante dont le service se fait dans la chapelle de M. l'ambassadeur, et sur les dispositions où vous étiez de bien employer ce saint temps, dont voilà déjà une partie de passé. Je vous assure que vous auriez encore pensé plus sérieusement que vous ne faites peut-être sur l'incertitude de la mort et sur le peu que c'est que la vie, si vous aviez eu le triste spectacle que nous venons d'avoir, votre mère et moi, cette après dînée. La pauvre Fanchon[1] s'étoit beaucoup plainte de maux de tête tout le matin. Elle avoit pourtant été à confesse à Saint-André. En dînant ses maux de tête l'ont reprise, et on a été obligé de la faire mettre sur son lit. Sur les trois heures, comme je prenois mon livre pour aller à vêpres, j'ai demandé de ses nouvelles.

[1] Jeanne-Nicole-Françoise Racine, la quatrième des filles, morte le 22 septembre 1739, à l'abbaye de Malnoue, où elle étoit pensionnaire depuis six ans. A l'époque de cette lettre, elle avoit treize ans. (*Anon.*)

Votre mère, qui la venoit de quitter, m'a dit qu'elle lui trouvoit un peu de fièvre. J'ai été pour lui tâter le pouls; je l'ai trouvée renversée sur son lit, la tête qui lui traînoit à terre, le visage tout bleu et tout bouffi, sans la moindre connoissance, avec une quantité horrible d'eaux qui l'étouffoient, et qui faisoient un bruit effroyable dans sa gorge; enfin, une vraie apoplexie. J'ai fait un grand cri, et je l'ai prise dans mes bras; mais sa tête et tout son corps n'étoient plus que comme un sac mouillé; ses yeux étoient tout renversés dans sa tête: un moment plus tard elle étoit morte. Votre mère est venue toute éperdue, et lui a jeté deux ou trois poignées de sel dans la bouche, en lui ouvrant les dents par force: on l'a baignée d'esprit de vin et de vinaigre; mais elle a été plus d'une grande demi-heure entre nos bras dans le même état que je vous ai représenté, et nous n'attendions que le moment qu'elle alloit étouffer. Nous avions vite envoyé chez M. Maréchal et chez M. du Tartre; mais personne n'étoit au logis. A la fin, à force de la tourmenter et de lui faire avaler par force, tantôt du vin, tantôt du sel, elle a vomi une quantité épouvantable d'eaux qui lui étoient tombées du cerveau dans la poitrine. Elle a pourtant été deux heures entières sans revenir à elle, et il n'y a qu'une heure à-peu-près que la connoissance lui est revenue. Elle m'a entendu dire à votre mère que j'allois vous écrire, et elle m'a prié de vous faire bien ses compliments: c'est en quelque sorte la première marque de connoissance qu'elle nous a donnée. Elle ne se souvient de rien de tout ce qui lui est arrivé ; mais, à cela près, je la crois entièrement hors de péril. Je m'assure que vous auriez été aussi ému que nous l'avons tous été. Madelon en est encore toute effrayée, et a bien pleuré sa sœur qu'elle croyoit morte.

Je vais demain coucher à Port-Royal, d'où j'espère ramener votre sœur aînée après-demain. Ce sera encore un autre spectacle fort triste pour moi, et il y aura bien des larmes versées à cette séparation. Nous avons jugé que, ne pouvant rester à Port-Royal, elle n'avoit d'autre parti à prendre qu'à revenir avec nous, sans aller de couvent en couvent. Du moins elle aura le temps de rétablir sa santé, qui s'est encore fort affoiblie par les austérités qu'elle a faites ce carême, et elle s'examinera à loisir sur le parti qu'elle doit embrasser. Nous lui avons préparé la chambre où couchoit votre petit frère, qui couchera dans votre grande chambre avec sa mie.

Vos lettres me font toujours un extrême plaisir, et même à M. Despréaux à qui je les montre quelquefois, et qui continue à m'assurer que j'aurai beaucoup de satisfaction de vous, et que vous ferez des merveilles.

Votre Henri a mandé à mon cocher qu'il n'étoit pas content des quarante écus que nous lui donnons, et il le prie de lui faire savoir ma réponse. Il dit pour ses raisons que le vin est fort cher en Hollande. Vous jugez bien de quelle manière j'ai reçu cette demande. Je vous conseille de lui parler comme il mérite, et de ne pas faire plus de cas d'une pareille proposition, que j'en fais moi-même. Ni je ne suis en état d'augmenter ses gages, ni je ne crois point ses services assez considérables pour les augmenter. Du reste, ne vous laissez manquer de rien : mandez-moi tous vos besoins, et croyez qu'on ne peut pas vous aimer plus tendrement que je fais. Votre mère vous embrasse. Faites en sorte que M. de Bonac me donne toujours beaucoup de part dans son amitié.

LETTRE XXXIII.

A Paris, le 14 avril 1698.

Je prends beaucoup de part au plaisir que vous aurez d'accompagner M. l'ambassadeur dans la maison de campagne que vous dites qu'il est sur le point de prendre, et j'ai été fort content de la description que vous me faites de ces sortes de maisons. J'ai montré votre lettre à madame la comtesse de Gramont, qui s'intéresse beaucoup aux moindres choses qui regardent M. l'ambassadeur, et qui vous estime bien heureux d'être en si bonne compagnie. M. le comte d'Ayen m'a dit que vous lui aviez écrit, et qu'il vous avoit fait réponse. Il m'a paru très content de votre compliment, il étoit un peu indisposé quand je partis avant-hier de Marli.

Votre sœur commence à se raccoutumer avec nous, mais non pas avec le monde, dont elle paroît toujours fort dégoûtée. Elle prend un fort grand soin de ses petites sœurs et de son petit frère, et elle fait tout cela de la meilleure grace du monde. Votre mère est très édifiée d'elle, et en reçoit un fort grand soulagement. Il a fallu bien des combats pour la faire résoudre à porter des habits fort simples et fort modestes qu'elle a retrouvés dans son armoire, et il a fallu au moins lui promettre qu'on ne l'obligeroit jamais à porter ni or ni argent sur elle. Ou je me trompe, ou vous n'êtes pas tout-à-fait dans ces mêmes sentiments, et vous traitez peut-être de grande foiblesse d'esprit cette aversion qu'elle témoigne pour les ajustements et pour la parure, j'ajouterai même pour la dorure. Mais que cette petite réflexion que je fais ne vous effraie point; je sais aussi bien compatir à la petite vanité des jeunes gens, comme je sais admirer la modestie de votre sœur. J'ai même prié M. l'ambassadeur de vous faire avancer ce qui vous sera nécessaire pour un habit dès que vous en aurez besoin, et je m'abandonne sans aucune répugnance à tout ce qu'il jugera à propos que vous fassiez là-dessus.

J'ai été charmé de l'éloge que vous me faites de M. de Bonac, et de la noble émulation qu'il me semble que son exemple vous inspire. Madame la comtesse de Gramont, en lisant cet endroit de votre lettre, m'a dit qu'elle n'étoit point surprise qu'il fût devenu un si galant homme, et qu'elle lui avoit toujours trouvé un grand fonds d'esprit, et une politesse merveilleuse. Ayez bien soin de lui témoigner combien je l'honore, et combien je souhaite qu'il me compte au nombre de ses serviteurs.

Je n'ai mandé qu'un mot de la santé de M. de Cavoie[1] à M. l'ambassadeur; mais je vais vous en instruire plus en détail, afin que vous l'en instruisiez. M. de Cavoie sent toujours les mêmes douleurs; il avoit commencé à prendre les eaux de Forges qu'il faisoit venir à Paris; mais il a fallu les quitter fort vite, parceque les douleurs s'étoient augmentées très considérablement. Il a même résolu de quitter tous les remèdes, et d'attendre que le beau temps le remette dans son état naturel. Heureusement il n'a aucun autre accident qui doive lui faire peur; il n'a ni fièvre ni dégoût; il dort fort bien; il a même assez bon visage, quoique la diète très exacte qu'il observe depuis cinq mois l'ait assez maigri. Tout son mal, c'est qu'il ne peut être long-temps debout, et qu'il est obligé de s'asseoir dès qu'il a fait le tour de son jardin. Il s'en ira à Luciennes dès qu'il fera beau, et se contentera d'aller se montrer de temps en temps au roi quand la cour sera à Marli. Le roi même lui a fait conseiller de prendre ce parti, et témoigne beaucoup d'envie de le revoir.

Votre petit frère est fort enrhumé, aussi-bien que Madelon; ils ne font tous deux que tousser. Fanchon est assez bien, et ne se ressent plus de son accident, que M. Fagon appelle un catarrhe suffoquant. Il nous a conseillé de lui donner de l'émétique; mais

---

[1] Il avoit alors près de cinquante-huit ans; il mourut en 1716.

on ne peut venir à bout de lui faire rien prendre. Votre mère et votre sœur se portent fort bien, et vous font leurs compliments.

Vous trouverez des ratures au bas de cette page, qui vous surprendront; mais, quand j'ai commencé ma lettre, je ne m'étois pas aperçu de ces quatre lignes par où j'avois commencé celle que j'écrivois à M. de Bonrepaux, à qui je me suis résolu d'écrire sur de plus grand papier. M. Quentin et plusieurs autres de vos amis me demandent souvent de vos nouvelles. M. Despréaux vous fait aussi ses compliments. Il est à la joie de son cœur depuis qu'il a vu son *Amour de Dieu* imprimé avec de grands éloges dans une réponse qu'on a faite au P. Daniel, qui avoit écrit contre les *Lettres provinciales*. Il avoit voulu s'établir à Auteuil; mais il s'étoit trop pressé, et le retour du vilain temps l'a fait revenir plus vite qu'il n'y étoit allé. On m'a dit mille biens de plusieurs ecclésiastiques très vertueux qui sont en Hollande avec M. l'évêque de Sébaste, dont on m'a parlé aussi avec beaucoup d'estime. Si vous aviez envie d'en connaître quelqu'un, ou si même M. l'ambassadeur avoit la même envie, on leur feroit écrire de l'aller voir et de lui offrir leurs services. Je vous donne seulement cet avis, afin que vous en fassiez l'usage que vous jugerez à propos. C'est une grande consolation de trouver des gens de bien, et de pouvoir quelquefois s'entretenir avec eux des choses du salut, surtout dans un pays où l'on est si dissipé par les divertissements et les affaires. Du reste, j'apprends avec beaucoup de plaisir que vous ne voyez que les mêmes gens que voit M. l'ambassadeur. Je vous avoue que si vous fréquentiez d'autres compagnies que les siennes, je serois dans de très grandes inquiétudes. Adieu, mon cher fils. Soyez persuadé de mon extrême amitié pour vous et de celle de votre mère.

LETTRE XXXIV.

A Paris, le 25 avril 1698.

J'ai été fort incommodé depuis la dernière lettre que je vous ai écrite, ayant eu plusieurs petits maux dont il n'y en avoit pas un seul dangereux, mais qui étoient tous assez douloureux pour m'empêcher de dormir la nuit, et de m'appliquer durant le jour. Ces maux étoient premièrement un fort grand rhume dans le cerveau, un rhumatisme dans le dos, et une petite érysipèle ou érésipèle sur le ventre, que j'ai encore, et qui m'inquiète beaucoup de temps en temps par les cuissons qu'elle me cause. Cela a donné occasion à votre mère et à mes meilleurs amis de m'insulter sur la paresse que j'avois depuis si long-temps à me faire des remèdes. J'en ai déja commencé quelques uns, et je crois qu'il faudra me purger au moins deux fois dans la semaine qui vient. Vos deux petites sœurs prenoient hier médecine pendant qu'on étoit après à me saigner, et il fallut que votre mère me quittât pour aller forcer Fanchon à avaler sa médecine. Elle a toujours été un peu incommodée depuis le catarrhe que je vous ai mandé qu'elle avoit eu. Je lui lus votre lettre, et elle fut même fort touchée de l'intérêt que vous preniez à sa maladie, et du soin que vous preniez de lui donner des conseils de si loin. Elle ne fait plus autre chose depuis ce temps-là que de se moucher, et fait un bruit comme si elle vouloit que vous l'entendissiez, et que vous vissiez combien elle fait cas de vos conseils. Votre sœur aînée a été fort incommodée aussi de sa migraine; à cela près, elle est d'une humeur fort douce, et j'ai tout sujet d'être édifié de sa conduite et de sa grande piété; mais elle est toujours fort farouche pour le monde. Elle pensa hier rompre en visière à un neveu de madame Le Challeux, qui lui faisoit entendre, par manière de civilité, qu'il la trouvoit bien faite, et je fus obligé même, quand nous fûmes seuls, de lui en faire une petite réprimande. Elle voudroit ne bouger de sa chambre et ne voir personne. Du reste, elle est assez gaie avec nous, et prend grand soin de ses petites sœurs et de son petit frère. Mais voilà assez vous parler de notre ménage. Je crois que vous n'aurez pas été fort affligé d'apprendre que Rousseau [1], l'huissier de la chambre, a été mis à la Bastille, et qu'on lui a ordonné de se défaire de sa charge. Je crois même que tous ses confrères seront assez aises d'être délivrés de lui. Pour moi, il ne me saluoit plus, et avoit toujours envie de me fermer la porte au nez

[1] Il fut arrêté, ainsi que quantité d'autres personnes, pour l'affaire du *quiétisme*. (*Anon.*)

lorsque je venois chez le roi. Avec tout cela, je le plaindrois, si un homme si insolent, et qui cherchoit si volontiers la haine de tous les honnêtes gens, pouvoit mériter quelque pitié. Il y a eu une autre catastrophe qui a fait bien plus de bruit que celle-là, et c'est celle de M. l'abbé de Coadlec[1], un Breton, qui n'étoit pour ainsi dire connu de personne, et que le roi avoit nommé évêque de Poitiers. Je ne doute pas que vous n'ayez fort entendu parler de cette affaire, qui a été très fâcheuse, non seulement pour cet évêque de deux jours, mais bien plus pour le P. de La Chaise, son protecteur, qui a eu le déplaisir de voir défaire son ouvrage d'une manière qui a tant fait de scandale. Mais, comme on aura mandé tout ce détail à M. l'ambassadeur, je ne vous en dirai pas davantage.

Dès que j'apprendrai que M. l'abbé de Polignac est à Paris, au cas qu'il y vienne, je ne manquerai pas de l'aller chercher. Je n'ai pu encore rencontrer M. l'abbé de Châteauneuf, que j'ai pourtant grande envie de voir. Assurez bien M. le comte d'Auvergne de mes respects et de ma reconnoissance infinie pour toutes les bontés dont il vous honore et moi aussi. On nous faisoit espérer que nous le reverrions bientôt. Votre mère vous embrasse. Faites toujours mille compliments pour moi à M. de Bonac, qui est,

[1] Son véritable nom étoit de Koatlez (Mathurin de Leny.) Il étoit archidiacre de Vannes, et on le disoit parent de M. de Rosmadec. Le siège de Poitiers fut rempli par Antoine Girard de La Bornat. (*Anon.*)

de toutes les compagnies que vous voyez, celle que je vous envie le plus.

LETTRE XXXV.

A Paris, le 2 mai 1698.

Votre mère et moi nous approuvons entièrement tout ce que vous avez pensé sur votre habit, et nous souhaitons même qu'on ait déja commencé à y travailler, afin que vous l'ayez pour l'entrée de M. l'ambassadeur. Vous n'avez qu'à le prier de vous faire donner l'argent dont vous croyez avoir besoin, tant pour l'habit que pour les autres choses que vous jugerez nécessaires. J'ai fort approuvé votre conduite sur les ecclésiastiques dont je vous avois parlé, et tout cet endroit de votre lettre m'a fait beaucoup de plaisir. Vous m'en ferez beaucoup aussi de répondre de votre mieux à leurs honnêtetés, et de leur rendre tous les petits services qui dépendront de vous. Il peut même arriver des occasions où vous ne serez pas fâché de vous adresser à eux pour les choses qui regardent votre salut, quand vous serez assez heureux pour y songer sérieusement. Il ne se peut rien de plus sage que la conduite de M. l'ambassadeur à leur égard. Il a un frère dont on me disoit des merveilles, il y a fort peu de temps ; on ne l'appelle que le saint solitaire : il a même des relations avec un très saint et très savant ecclésiastique, qui n'est pas loin du pays où vous êtes. Je suis sûr que M. l'ambassadeur, avec tous les honneurs qui l'environnent, envie souvent de bon cœur le calme et la félicité de M. son frère.

M. Despréaux recevra avec joie vos lettres quand vous lui écrirez; mais je vous conseille de me les adresser, de peur que le prix qui lui en coûteroit ne diminue beaucoup le prix même de tout ce que vous lui pourriez mander. N'appréhendez point de m'ennuyer par la longueur de vos lettres; elles me font un extrême plaisir, et nous sont d'une très grande consolation à votre mère et à moi, et même à toutes vos sœurs, qui les écoutent avec une merveilleuse attention, en attendant l'endroit où vous ferez mention d'elles.

Il y aura demain trois semaines que je ne suis sorti de Paris, et je pourrois bien y en demeurer encore autant, à cause de cette espèce de petite érésipéle que j'ai, et des médecines qu'il faudra prendre quand je ne l'aurai plus. Vous ne sauriez croire combien je me plais dans cette espèce de retraite, et avec quelle ardeur je demande au bon Dieu que vous soyez en état de vous passer de mes petits secours, afin que je commence un peu à me reposer, et à mener une vie conforme à mon âge et même à mon inclination. M. Despréaux m'a tenu très bonne compagnie. Il est présentement établi à Auteuil, où nous l'irons voir quelquefois quand le temps sera plus doux, et que je pourrai prendre l'air sans m'incommoder. Je vais souvent voir M. de Cavoie, qui n'est qu'à deux pas de chez moi, et ce sont presque les seules visites que je fasse.

Toutes vos sœurs sont en très bonne santé, aussi-bien que celles qui sont au logis, que celles de Melun et de Variville, qui témoignent l'une et l'autre une grande ferveur pour achever de se consacrer à Dieu. Babet m'écrit les plus jolies lettres du monde et les plus vives, sans beaucoup d'ordre comme vous pourrez croire, mais entièrement conformes au caractère que vous lui connoissez. Elle nous demande avec grand soin de vos nouvelles. M. Boileau, frère de M. Despréaux, vit Nanette il y a huit jours, et la trouva d'une gaieté extraordinaire. Votre sœur aînée est toujours un peu sujette à ses migraines. Adieu, mon cher fils. Je vous écrirai plus au long une autre fois. J'ai si mal dormi la nuit dernière, que je n'ai pas la tête bien libre ni assez reposée pour écrire davantage. Mille compliments à M. de Bonac. N'ayez sur-tout aucune inquiétude sur ma santé, qui au fond est très bonne.

LETTRE XXXVI.

A Paris, le 16 mai 1698.

Votre relation du voyage que vous avez fait à Amsterdam m'a fait un très grand plaisir. Je ne pus m'empêcher de la lire, chez M. Le Verrier, à M. de Valincour et à M. Despréaux, qui m'ont fort assuré qu'elle les avoit divertis. Je me gardai bien, en la lisant, de leur lire l'étrange mot de *tentatif*, que vous avez appris de quelque Hollandois, et qui les auroit beaucoup étonnés. Du reste, je pouvois tout lire en sûreté, et il n'y avoit rien qui ne fût selon la langue et selon la raison. Tous ces messieurs vous font bien des compliments. M. Despréaux assure fort qu'il n'aura point de regret au port que lui pourront coûter vos lettres; mais je crois que vous ferez aussi bien d'attendre quelque bonne commodité pour lui écrire. Votre mère est fort touchée du souvenir que vous avez d'elle. Elle seroit assez aise d'avoir votre beurre; mais elle craint également, et de vous donner de l'embarras, et d'être embarrassée pour recevoir votre présent, qui se perdroit peut-être ou qui se gâteroit en chemin.

M. de Rost m'a fait l'honneur de me venir voir. J'allai pour lui rendre sa visite, mais je ne le trouvai point, et il revint chez moi dès le lendemain. Je l'ai trouvé tel que vous me l'avez mandé, c'est-à-dire un très galant homme, de beaucoup d'esprit, et parlant parfaitement bien sur les belles-lettres et sur toutes sortes de sujets. Il m'apprit avant-hier que la Champmeslé[1] étoit à l'extrémité, de quoi il me parut très affligé; mais ce qui est le plus affligeant, c'est de quoi il ne se soucie guère apparemment, je veux dire l'obstination avec laquelle cette pauvre malheureuse refuse de renoncer à la comédie, ayant dé-

---

[1] Elle mourut à Auteuil, au mois de mai 1698, après avoir fait abjuration du théâtre entre les mains du curé.

claré, à ce qu'on m'a dit, qu'elle trouvoit très glorieux pour elle de mourir comédienne. Il faut espérer que, quand elle verra la mort de plus près, elle changera de langage, comme font d'ordinaire la plupart de ces gens qui font tant les fiers quand ils se portent bien. Ce fut madame de Caylus qui m'apprit hier cette particularité dont elle étoit effrayée, et qu'elle a su, comme je crois, de M. le curé de Saint-Sulpice.

Je rencontrai l'autre jour M. du Boulay, l'un de nos camarades, qui me pria de vous bien faire ses compliments. On m'a dit que son fils, qui est dans les mousquetaires, avoit eu une affaire assez bizarre avec M. de Villacerf le fils, qui, le prenant pour un de ses meilleurs amis, lui donna, en badinant, un coup de pied dans le derrière, puis, s'étant aperçu de son erreur, lui en fit beaucoup d'excuses. Mais le mousquetaire, sans se payer de ses raisons, prit le temps que M. de Villacerf avoit le dos tourné, et lui donna aussi un coup de pied de toute sa force; après quoi il le pria de l'excuser, disant qu'il l'avoit pris aussi pour un de ses amis. L'action a paru fort étrange à tout le monde. M. de Maupertuis ou M. de Vins a fait mettre le mousquetaire en prison; mais M. de Boufflers accommoda promptement les deux parties. M. du Boulay se trouve parent de madame Quentin, à ce qu'on dit, et cette parenté ne lui a pas été infructueuse en cette occasion. Tout cela s'étoit passé sur le petit degré de Versailles, par où le roi remonte quand il revient de la chasse.

Je fais toujours résolution de vous écrire de longues lettres; mais je m'y prends toujours trop tard, et il faut que je finisse malgré moi. J'aurai le soin de bien remercier pour vous M. le comte d'Ayen : ayez celui de bien m'acquitter envers M. le comte d'Auvergne et envers M. de Bonac, de tout ce que je leur dois pour les bontés qu'ils ont pour moi. Adieu, mon cher fils. Je me porte bien, Dieu merci, et toute la famille. Faites aussi bien des remerciements à M. de l'Estang, pour l'honneur qu'il me fait de songer encore que je suis au monde.

LETTRE XXXVII.

A Versailles, 5 juin 1698.

J'étois si accablé d'affaires lundi dernier, que je ne pus trouver le temps d'écrire ni à M. l'ambassadeur ni à vous. J'arrivai avant-hier en ce pays-ci, et j'y appris, en arrivant, que le roi avoit chassé M. l'abbé de Langeron, M. l'abbé de Beaumont, neveu de M. de Cambrai, et MM. du Puis et de l'Échelle[1]. La querelle

---

[1] Ces quatre personnes étoient attachées à la maison du duc de Bourgogne; l'un des abbés, comme sous-précepteur, l'autre comme lecteur; du Puis et l'Échelle, comme gentilshommes de la manche. Tous furent enveloppés dans la disgrace de Fénélon, et soupçonnés, comme lui, d'inspirer au jeune prince du goût pour la nouvelle doctrine. L'abbé de Langeron étoit tendrement aimé de Fénélon, et cette amitié avoit commencé dès leur première jeunesse. L'abbé de Beaumont, fils de Henri de Beaumont

de M. de Cambrai est cause de tout ce remue-ménage. On a déja remplacé les deux abbés depuis que j'ai écrit à M. l'ambassadeur, et on a mis en leur place un M. l'abbé Lefèvre, que je ne connois point, et le recteur de l'université, nommé M. Vittement, qui fit une fort belle harangue au roi sur la paix. M. de Puységur est nommé pour un des gentilshommes de la manche; je ne sais pas l'autre. Je ne puis vous cacher l'obligation que vous avez à M. le maréchal de Noailles. Il avoit songé à vous, et en avoit même parlé: mais vous voyez bien, par le choix de M. de Puységur, que M. le duc de Bourgogne n'étant plus un enfant, on veut mettre auprès de lui des gens d'une expérience consommée, sur-tout pour la guerre; d'autant plus que ce sera ce prince qui commandera l'armée qu'on assemble pour le camp de Compiègne, et que M. de Puységur y exercera son emploi ordinaire de maréchal-des-logis de l'armée. Tout le monde a trouvé ce choix du roi très sage, et vous ne devez pas douter qu'on ne lui donne un collègue aussi avancé en âge et aussi expérimenté que lui. Mais vous voyez du moins que vous avez ici des protecteurs qui ne vous oublient point, et que, si vous voulez continuer à travailler et à vous mettre en bonne réputation, l'on ne manquera point

Gibaud, et de Marie de Salignac, sœur de Fénélon, fut nommé à l'évéché de Saintes en 1716, et mourut en 1744, âgé de quatre-vingt-treize ans. N'oublions pas de dire ici à la gloire de Fagon et de Félix, qu'ils furent les seuls qui osèrent élever la voix, devant le roi, en faveur de l'illustre archevêque de Cambrai. (*An.*)

de vous mettre en œuvre dans les occasions. Vous ne me parlez plus de l'étude que vous aviez commencée de la langue allemande. Vous voulez bien que je vous dise que j'appréhende un peu cette facilité avec laquelle vous embrassez de bons desseins, mais avec laquelle aussi vous vous en dégoûtez quelquefois. Les belles-lettres, où vous avez toujours pris assez de plaisir, ont un certain charme qui fait trouver beaucoup de sécheresse dans les autres études. Mais c'est pour cela même qu'il faut vous opiniâtrer contre le penchant que vous avez à ne faire que les choses qui vous plaisent. Vous avez un grand modèle devant vos yeux, je veux dire M. l'ambassadeur, et je ne saurois trop vous exhorter à vous former là-dessus le plus que vous pourrez. Je sais qu'il y a beaucoup de sujets de distraction et de dissipation à La Haie; mais je vous crois l'esprit maintenant trop solide pour vous laisser détourner de votre travail et des occupations que M. l'ambassadeur veut bien vous donner : autrement il vaudroit mieux vous en revenir, et n'être point à charge au meilleur ami que j'aie au monde.

Je vous dis tout ceci, non point que j'aie aucun sujet d'inquiétude sur vous, étant au contraire très content de ce qui m'en revient, et sur-tout des bons témoignages que M. l'ambassadeur veut bien en rendre; mais, comme je veille continuellement à tout ce qui pourroit vous faire plaisir, j'ai pris cette occasion de vous exciter à faire de votre part tout ce qui peut faciliter les vues que mes amis pourront avoir pour vous. M. de Torcy a toujours les mêmes bontés pour moi, et la même intention de vous en donner des marques. Je suis chargé de beaucoup de compliments de tous vos petits amis de ce pays-ci; je dis petits amis, en comparaison des protecteurs dont je viens de vous parler. Je vous crois d'assez bon naturel pour avoir été fort touché de la mort de M. Mignon[1], à qui vous aviez beaucoup d'obligation. J'ai laissé votre mère et toute la famille en bonne santé, excepté que votre sœur est encore bien sujette à sa migraine. Je crains bien que la pauvre fille ne puisse pas accomplir les grands desseins qu'elle s'étoit mis dans la tête; et je ne serai point du tout surpris quand il faudra que nous prenions d'autres vues pour elle. Je remercie de tout mon cœur M. de Bonac de la continuation de son souvenir pour moi, et de son amitié pour vous. Votre mère vous remercie de votre beurre, et craint toujours de vous faire de l'embarras.

LETTRE XXXVIII.

A Paris, le 16 juin 1698.

On m'envoya à Marli la lettre que vous m'écriviez d'Aix-la-Chapelle. J'y ai vu avec beaucoup de plaisir la description que vous y faisiez des singularités

[1] Il avoit été l'un des premiers maîtres du jeune Racine.

de cette ville, et sur-tout de la procession où Charlemagne assista avec de si belles cérémonies. Je vous crois maintenant de retour au lieu de votre résidence, et je m'attends que je recevrai bientôt de vos nouvelles et de celles de M. l'ambassadeur, qui me néglige un peu depuis quelque temps.

J'arrivai avant-hier de Marli, et j'ai retrouvé toute la famille en bonne santé. Il m'a paru que votre sœur aînée reprenoit assez volontiers les petits ajustements auxquels elle avoit si fièrement renoncé, et j'ai lieu de croire que sa vocation à la religion pourroit bien s'en aller avec celle que vous aviez eue autrefois pour être chartreux. Je n'en suis point du tout surpris, connoissant l'inconstance des jeunes gens, et le peu de fonds qu'il y a à faire sur leurs résolutions, sur-tout quand elles sont si violentes et si fort au-dessus de leur portée. Il n'en est pas ainsi de votre sœur qui est à Melun. Comme l'ordre qu'elle a embrassé est beaucoup plus doux, sa vocation sera aussi plus durable. Toutes ses lettres marquent une grande persévérance, et elle paroît même s'impatienter beaucoup des quatre mois que son noviciat doit encore durer. Babet paroît aussi souhaiter avec beaucoup de ferveur que son temps vienne pour se consacrer à Dieu. Toute la maison où elle est l'aime tendrement, et toutes les lettres que nous en recevons ne parlent que de son zéle et de sa sagesse. On dit qu'elle est fort jolie de sa personne, et qu'elle est même beaucoup crue. Mais vous jugez bien que nous ne la laisserons pas s'engager légèrement, et sans être bien assurés d'une véritable vocation. Vous jugez bien aussi que tout cela n'est pas un petit embarras pour votre mère et pour moi, et que des enfants, quand ils sont venus à cet âge, ne donnent pas peu d'occupation. Je vous dirai très sincèrement que ce qui nous console quelquefois dans nos inquiétudes, c'est d'apprendre que vous avez envie de bien faire, et que vous vous appliquez sérieusement à vous instruire des choses qui peuvent convenir à votre état et aux vues que l'on peut avoir pour vous. Songez toujours que notre fortune est très médiocre, et que vous devez beaucoup plus compter sur votre travail que sur une succession qui sera fort partagée. Je voudrois avoir pu mieux faire; je commence à être d'un âge où ma plus grande application doit être pour mon salut. Ces pensées vous paroîtront peut-être un peu sérieuses; mais vous savez que j'en suis occupé depuis fort long-temps. Comme vous avez de la raison, j'ai cru même vous devoir parler avec cette franchise à l'occasion de votre sœur, qu'il faut maintenant songer à établir [1]. Mais enfin nous espérons que Dieu, qui ne nous a point abandonnés jusqu'ici, continuera à nous assister et à prendre soin de nous, sur-tout si vous ne l'abandonnez pas vous-même, et si votre plaisir ne l'emporte point sur les bons sentiments qu'on a tâché de vous inspirer.

---

[1] Elle le fut en effet peu de temps après. Le 5 juin de l'année suivante, elle épousa Claude Colin de Morambert, aïeul maternel de M. Jacobé de Naurois. C'est la seule des filles de Racine qui ait été mariée. (*Anon.*)

Adieu, mon cher fils. Je vous écrirai une autre fois plus au long. Votre mère vous embrasse de tout son cœur. Ne vous laissez manquer de rien de ce qui vous est nécessaire.

LETTRE XXXIX.

A Paris, ce 23 juin 1698.

Votre mère s'est fort attendrie à la lecture de votre dernière lettre, où vous mandiez qu'une de vos plus grandes consolations étoit de recevoir de nos nouvelles. Elle est très contente de ces marques de votre bon naturel; mais je puis vous assurer qu'en cela vous nous rendez bien justice, et que les lettres que nous recevons de vous font toute la joie de la famille, depuis le plus grand jusqu'au plus petit. Ils m'ont tous prié aujourd'hui de vous faire leurs compliments, et votre sœur aînée comme les autres. La pauvre fille me fait assez de pitié par l'incertitude que je vois dans ses résolutions, tantôt à Dieu, tantôt au monde, et craignant également de s'engager de façon ou d'autre. Du reste, elle est fort douce, et votre mère est très contente de la manière dont elle se conduit envers elle. Madelon a eu ces jours passés une petite vérole volante, qui n'aura pas de suites pour elle. Dieu veuille que les autres ne s'en ressentent pas! Je crains sur-tout pour le petit Lionval, qui pourroit bien en être pris tout de bon. Il est très joli, apprend bien, et, quoique fort éveillé, ne nous donne pas la moindre peine.

J'allai, il y a trois jours, dîner à Auteuil, où se trouvèrent M. le marquis de La Salle, M. Félix, et M. Boudin. M. de Termes y vint aussi, et amena le nouveau musicien M. Destouches, qui fait encore un autre opéra pour Fontainebleau. Après le dîner, il chanta plusieurs endroits de cet opéra, dont ces messieurs parurent fort charmés, et sur-tout M. Despréaux, qui prétendoit les entendre fort distinctement, et qui raisonna fort, à son ordinaire, sur la musique. Le musicien fut fort étonné que je n'eusse point entendu son dernier opéra. M. Despréaux lui en voulut dire les raisons, qui l'étonnèrent encore davantage, et peut-être ne le satisfirent pas beaucoup.

La plupart de ces messieurs me demandèrent fort obligeamment de vos nouvelles, et je leur dis que vous étiez l'homme du monde le plus content. Ils n'eurent pas de peine à le croire, connoissant M. l'ambassadeur comme ils font, et le regardant tout-à-la-fois comme le plus aimable et le plus habile homme qui soit au monde. M. Despréaux leur dit combien il avoit de plaisir à lire les lettres que vous m'écriviez, et les assura que vous seriez un jour très digne d'être aimé de tous mes amis. Vous savez que les poëtes se piquent d'être prophétes; mais ce n'est que dans l'enthousiasme de leur poésie qu'ils le sont; et M. Despréaux leur parloit en prose. Ses prédictions ne laissèrent pas néanmoins de me faire plaisir et de flatter un peu la tendresse paternelle. C'est à vous, mon cher fils, à ne pas faire passer M. Despréaux pour un faux prophète. Je vous l'ai dit plusieurs fois, vous êtes à la source du bon sens, et de toutes les belles connoissances pour le monde et pour les affaires.

J'aurois une joie sensible de voir la maison de campagne dont vous faites tant de récit, et d'y manger avec vous des groseilles de Hollande. Ces groseilles ont bien fait ouvrir les oreilles à vos petites sœurs et à votre mère elle-même, qui les aime fort, comme vous savez. Je ne saurois m'empêcher de vous dire qu'à chaque chose d'un peu bon que l'on nous sert sur la table, il lui échappe toujours de dire: « Racine mangeroit volontiers d'une telle chose. » Je n'ai jamais vu en vérité une si bonne mère, ni si digne que vous fassiez votre possible pour reconnoître son amitié. Au moment que je vous écris ceci, vos deux petites sœurs me viennent apporter un bouquet pour ma fête, qui sera demain, et qui sera aussi la vôtre. Trouverez-vous bon que je vous fasse souvenir que ce même saint Jean, qui est votre patron, est aussi invoqué par l'Église comme le patron des gens qui sont en voyage, et qu'elle lui adresse pour eux une prière qui est dans l'*Itinéraire*, et que j'ai dite plusieurs fois à votre intention? Adieu, mon cher fils. Faites mille amitiés pour moi à M. de Bonac, et assurez M. l'ambassadeur du respect et de la reconnoissance que ma femme et toute ma famille ont pour lui.

LETTRE XL.

A Paris, le 7 juillet 1698.

S'il fait aussi beau temps à La Haie qu'il fait ici depuis dix jours, je vous tiens le plus heureux homme du monde dans votre maison de campagne. Je suis ravi du bon emploi que vous avez résolu d'y faire de votre temps, et je vous puis assurer que M. de Torcy ne laissera pas échapper les occasions de vous rendre de bons offices. Comme il estime extrêmement M. l'ambassadeur, il ajoutera une foi entière aux bons témoignages qu'il lui rendra de vous. Je lui ai lu votre dernière lettre, aussi-bien qu'à M. le maréchal de Noailles. Ils ont été charmés et effrayés de la description que vous y faites du grand travail et de l'application continuelle de M. l'ambassadeur. Je lisois, ou, pour mieux dire, je relisois ces jours passés, pour la centième fois, les épîtres de Cicéron à ses amis. Je voudrois qu'à vos heures perdues vous en pussiez lire quelques unes avec M. l'ambassadeur: je suis assuré qu'elles seroient extrêmement de son goût, d'autant plus que, sans le flatter, je ne vois personne qui ait mieux attrapé que lui ce genre d'écrire des lettres, également propre à parler sérieusement et solidement des grandes affaires, et à badiner agréablement sur les petites choses. Croyez que, dans ce dernier genre, Voiture est beaucoup au-dessous de l'un et de l'autre. Lisez, par exemple, les épîtres *ad Tribatium*, *ad Marium*, *ad Papyrium Pœtum*, et d'autres que je vous marquerai quand vous voudrez. Lisez même celles de Cœlius à Cicéron : vous serez étonné d'y voir un homme aussi vif et aussi élégant que Cicéron même; mais il faudroit pour cela que vous eussiez pu vous familiariser ces lettres par la connoissance de l'histoire de ces temps-là, à quoi les Vies de Plutarque vous pourroient aider beaucoup. Je vous conseille de faire la dépense d'acheter l'édition de ces épîtres, par Grævius, imprimées en Hollande, in-8º, depuis dix à douze ans[1]. Cette lecture est excellente pour un homme qui veut écrire des lettres, soit d'affaires, soit de choses moins sérieuses.

J'irai demain coucher à Auteuil, et j'y attendrai le lendemain à souper votre mère avec sa famille, et avec celle de M. de Castigny. Votre sœur est au lit à l'heure qu'il est, et a une fort grande migraine. La pauvre fille en est souvent attaquée, et n'est pas dix jours de suite sans s'en ressentir. Elle est rentrée dans sa première ferveur pour la piété; mais je crains qu'elle ne pousse les choses trop loin : cela est cause même de cette petite inégalité qui se trouve dans ses sentiments, les choses violentes n'étant pas de nature à durer long-temps. Le petit Lionval n'a pas manqué de gagner la petite vérole; mais elle est si

---

[1] Les épîtres de Cicéron *ad familiares*, avec les notes de Grævius, ont été imprimées à Amsterdam, en 1693, et font partie de la collection des *Variorum*. (*Anon.*)

légère qu'il n'a pas même gardé le lit, et qu'il ne s'en lève tous les jours que plus matin. Comme il faisoit extrêmement chaud, on n'a pas pris de grandes précautions pour l'empêcher de prendre l'air, et il est déja presque entièrement hors d'affaire.

Je ferai de petits reproches à M. Despréaux, de ce qu'il n'a pas envoyé à M. l'ambassadeur sa dernière édition [1]. Vous jugez bien qu'il la lui enverra fort vite, et vous n'avez qu'à me mander par quelle voie on la lui pourra faire tenir. Votre mère est très édifiée de la modestie de votre habit; mais nous ne vous prescrivons rien là-dessus, et c'est à vous de faire ce qui vous convient et ce qui est du goût de M. l'ambassadeur: sur-tout ne lui soyez point à charge, et mandez-nous à qui il faudra que nous donnions l'argent dont vous avez besoin. Quand je témoigne à tous mes amis les obligations que vous avez à M. de Bonrepaux, je n'oublie pas de leur marquer celles que vous avez à M. de Bonac, et combien je vous trouve heureux d'être en si bonne compagnie.

[1] Il ne paroît pas que Boileau ait donné une édition complète de ses œuvres entre les éditions de 1694 et de 1701; mais, en 1697, il avoit fait imprimer, par forme de supplément à l'édition de 1694, ses trois dernières épîtres, avec une préface qui se trouve rapportée dans l'édition de 1747. (*Anon.*)

LETTRE XLI.

A Paris, le 21 juillet 1698.

Ce fut pour moi une apparition agréable de voir entrer M. de Bonac dans mon cabinet, jeudi dernier de grand matin; mais ma joie se changea bientôt en chagrin, quand je le vis résolu à ne point loger chez moi, et à refuser la petite chambre de mon cabinet, que ma femme et moi nous le priâmes très instamment d'accepter. Nous recommençâmes nos instances le lendemain, et je le menaçai même de vous mander de loger à l'auberge à La Haie, et il étoit tout prêt de m'accorder le plaisir que je lui demandois; mais M. Dusson interposa son autorité, en nous disant que nous étions trop loin du quartier de M. de Torcy, qui est aussi le sien, et qu'il falloit que lui et M. son neveu fussent toujours ensemble, et sussent à point nommé quand M. de Torcy arriveroit à Paris, pour l'aller trouver toutes les fois qu'il y viendroit. Il a bien fallu me payer, malgré moi, de ces raisons, et vous pouvez vous assurer que ma femme en a été du moins aussi chagrine que moi. Vous savez comme elle est reconnoissante, et comme elle a le cœur fait. Il n'y a chose au monde qu'elle ne fît pour marquer à M. de Bonrepaux le ressentiment qu'elle a de toutes les bontés qu'il a pour vous. Elle est charmée, comme moi, de M. de Bonac, et de toutes ses manières pleines d'honnêteté et de politesse. Elle sera au comble de sa joie si vous pouvez parvenir à lui ressembler, et si vous rapportez en ce pays-ci l'air et les manières qu'elle admire en lui. Il nous donne de grandes espérances sur votre sujet, et vous êtes fort heureux d'avoir en lui un ami si plein de bonne volonté pour vous. S'il ne nous flatte point, et si les témoignages qu'il vous rend sont bien sincères, nous avons de grandes graces à rendre au bon Dieu, et nous espérons que vous nous serez d'une grande consolation. Il nous assure que vous aimez le travail; que vous ne vous dissipez point, et que la promenade et la lecture sont vos plus grands divertissements, et sur-tout la conversation de M. l'ambassadeur, que vous avez bien raison de préférer à tous les plaisirs du monde: du moins je l'ai toujours trouvée telle, et non seulement moi, mais tout ce qu'il y a ici de personnes de meilleur esprit et de meilleur goût.

Je n'ai osé lui demander si vous pensiez un peu au bon Dieu, et j'ai eu peur que la réponse ne fût pas telle que je l'aurois souhaitée; mais enfin je veux me flatter que, faisant votre possible pour devenir un parfait honnête homme, vous concevrez qu'on ne le peut être sans rendre à Dieu ce qu'on lui doit. Vous connoissez la religion: je puis dire même que vous la connoissez belle et noble comme elle est, et il n'est pas possible que vous ne l'aimiez. Pardonnez si je vous mets quelquefois sur ce chapitre: vous savez combien il me tient à cœur, et je vous puis assurer que plus je vais en avant, plus je trouve qu'il n'y a rien de si doux au monde que le repos de la conscience, et de regarder Dieu comme un père qui ne nous manquera pas dans tous nos besoins. M. Despréaux, que vous aimez tant, est plus que jamais dans ces sentiments, sur-tout depuis qu'il a fait son *Amour de Dieu*, et je vous puis assurer qu'il est très bien persuadé lui-même des vérités dont il a voulu persuader les autres. Vous trouvez quelquefois mes lettres trop courtes; mais je crains bien que vous ne trouviez celle-ci trop longue. Nous vous écrirons ma femme et moi, et peut-être M. Despréaux même, par M. de Bonac. M. de Torcy m'a dit avec plaisir tous les témoignages avantageux que M. l'ambassadeur lui a rendus de vous, et il s'en souviendra en temps et lieu.

LETTRE XLII.

A Paris, le 24 juillet 1698.

M. de Bonac vous dira plus de nouvelles que je ne vous en puis écrire, et même des nôtres, nous ayant fait l'honneur de nous voir souvent, et de dîner quelquefois avec la petite famille. Il vous pourra dire qu'elle est fort gaie, à la réserve de votre sœur, qui fut fort triste le dernier jour qu'il dîna chez nous; mais elle étoit alors si accablée de sa migraine, qu'elle se jeta dans son lit dès qu'il fut sorti, et y demeura jusqu'au lendemain sans boire ni manger. Je la plains fort d'y être si sujette ; cela même est cause de toutes les irrésolutions où elle est sur l'état qu'elle doit embrasser. Je fais mon possible pour la réjouir ; mais nous menons une vie si retirée, qu'elle ne peut guère trouver de divertissements avec nous. Elle prétend qu'elle ne se soucie point de voir le monde, et elle n'a guère d'autre plaisir que dans la lecture, n'étant que fort peu sensible à tout le reste. Le temps de la profession de Nanette s'avance fort, et il n'y a plus que trois mois jusque-là. Nanette a grande impatience que ce temps-là arrive. Babet témoigne aussi une grande envie de demeurer à Variville. Votre cousin le mousquetaire, qui l'a été voir, il y a trois jours, en revenant de Montdidier, l'a trouvée fort grande et fort jolie. On est toujours charmé d'elle dans cette maison ; mais nous avons résolu de ne l'y plus laisser qu'un an, après quoi nous la reprendrons avec nous pour bien examiner sa vocation. Pour Fanchon, il lui tarde beaucoup qu'elle ne soit à Melun avec sa sœur Nanette, et elle ne parle d'autre chose. Sa petite sœur n'a pas les mêmes impatiences de nous quitter, et me paroît avoir beaucoup de goût pour le monde [1]. Elle raisonne sur toutes choses avec un esprit qui vous surprendroit, et est fort railleuse ; de quoi je lui fais souvent la

[1] Elle n'avoit alors que dix ans, et elle a, dans l'âge de la raison, bien méprisé le monde. Elle ne voulut ni se faire religieuse, ni se marier, et est morte à cinquante-cinq ans, après avoir toujours vécu dans la retraite et les œuvres de piété (L. R.)

guerre. Je prétends mettre votre petit frère, l'année qui vient, avec M. Rollin, à qui M. l'archevêque a confié les petits MM. de Noailles. M. Rollin a pris un logement au collége de Laon, près de Sainte-Geneviève, dans le pays latin. Il a pris aussi quelques autres jeunes enfants. M. d'Ernoton, notre voisin, y vouloit mettre son petit-fils le chevalier, et on en étoit convenu de part et d'autre; mais quand ce vint au fait et au prendre, on a trouvé ce petit garçon trop éveillé pour le mettre avec les autres, de quoi M. d'Ernoton a été fort offensé.

Il faut maintenant vous parler de vos amis. M. Félix le fils est tel que vous l'avez laissé, attendant sans aucune impatience qu'on le marie. M. son père lui veut donner la fille de M. de Montargis, à qui on donne cinquante mille écus; mais madame Félix s'y oppose tête baissée, et pleure dès qu'on lui en parle. Elle a pris, je ne sais pourquoi, cette alliance en aversion; et cela jette un peu de froideur dans le ménage. Tous vos confrères, les ordinaires du roi, me demandent souvent de vos nouvelles, aussi-bien que plusieurs officiers des gardes, entre autres M. Pétau, et tous ces messieurs témoignent beaucoup d'amitié pour vous. M. de Saint-Gilles s'informe aussi très souvent de votre santé. Il n'y a que M. Binet qui me paroît fort majestueux. Je ne sais si c'est par indifférence ou par timidité.

M. de Bonac vous pourra dire combien M. Despréaux lui témoigna d'amitié pour vous; mais il attend que vous lui écriviez le premier. Il est heureux comme un roi dans sa solitude, ou plutôt dans son hôtellerie d'Auteuil. Je l'appelle ainsi, parcequ'il n'y a point de jour où il n'y ait quelque nouvel écot, et souvent deux ou trois qui ne se connoissent pas trop les uns les autres. Il est heureux de s'accommoder ainsi de tout le monde. Pour moi, j'aurois cent fois vendu la maison.

Pour nouvelles académiques, je vous dirai que le pauvre Boyer mourut avant-hier, âgé de quatre-vingt-trois ou quatre-vingt-quatre ans, à ce qu'on dit. On prétend qu'il a fait plus de cinq cent mille vers en sa vie, et je le crois, parcequ'il ne faisoit autre chose. Si c'étoit la mode de brûler les morts, comme parmi les Romains, on auroit pu lui faire les mêmes funérailles qu'à ce Cassius Parmensis [1], à qui il ne fallut d'autre bûcher que ses propres ouvrages, dont on fit un fort beau feu. Le pauvre M. Boyer est mort fort chrétiennement : sur quoi je vous dirai en passant, que je dois réparation à la mémoire de la Champmeslé, qui mourut aussi avec d'assez bons sentiments, après avoir renoncé à la comédie, très repentante de sa vie passée, mais sur-tout fort affligée de mourir : du moins M. Despréaux me l'a dit

---

[1] C'est ce Cassius de Parme, dont Horace a dit :

« Capsis quem fama est esse librisque
« Ambustum propriis. »
(*Satir*. X, lib. I, v. 63.)

Ce méchant poëte avoit été un des assassins de César, et on dit qu'il fut brûlé dans un bûcher formé de ses propres ouvrages, par ordre de Quintilius Varus, envoyé par Auguste pour se saisir de sa personne. (*Anon.*)

ainsi, l'ayant appris du curé d'Auteuil, qui l'assista à la mort, car elle est morte à Auteuil, dans la maison d'un maître à danser, où elle étoit venue prendre l'air. Je crois que c'est M. l'abbé Genest[1] qui aura la place de M. Boyer : il ne fait pas tant de vers que lui, mais il les fait beaucoup meilleurs.

Je ne crois pas que je fasse le voyage de Compiègne, ayant vu assez de troupes et de campements en ma vie pour n'être pas tenté d'aller voir celui-là. Je me réserverai pour le voyage de Fontainebleau, et me reposerai cependant dans ma famille, où je me plais plus que je n'ai jamais fait. M. de Torcy me paroît très plein de bonté pour vous, et je suis persuadé qu'il vous en donnera des marques. Dès que le temps sera venu de vous proposer pour quelque chose, M. de Noailles, M. de Beauvilliers même, seront ravis de s'employer pour vous dans les occasions, et vous jugez bien que je ne négligerai point ces occasions lorsqu'elles arriveront, n'y ayant plus rien qui me retienne à la cour que la pensée de vous mettre en état de n'y avoir plus besoin de moi. Votre mère, qui a vu la lettre que votre sœur vous écrit, dit qu'elle vous y parle des affaires de votre conscience; vous pouvez compter qu'elle l'a fait de son chef, et plutôt pour vous faire apparemment la guerre, que pour autre chose.

---

[1] Il avoit déja donné au théâtre plusieurs pièces, et entre autres *Pénélope;* mais celle de ses tragédies qui a eu le plus de succès, *Joseph,* ne parut que huit ou dix ans après la réception de l'auteur à l'académie. (*Anon.*)

M. de Bonac a bien voulu se charger pour vous de trente louis neufs, valant 420 livres, que nous l'avons prié de vous donner. Je voulois en donner quarante, sur la grande idée qu'il nous a donnée de votre bonne économie; mais votre mère a modéré la somme, et a cru que c'étoit assez de trente. Nous avons résolu de donner 4 mille francs à votre sœur Nanette, avec une pension viagère de 200 francs. Elle n'en sait encore rien ni son couvent non plus; mais M. l'archevêque de Sens, à qui j'en ai fait confidence, m'a dit que cela étoit magnifique, et m'a répondu que l'on seroit content de moi; il s'opposeroit même si je donnois davantage.

Ma santé est assez bonne, Dieu merci, et les grandes chaleurs m'ont entièrement ôté mon rhume; mais ces mêmes chaleurs m'ont souvent jeté dans de fort grands abattements, et je sens bien que le temps approche où il faut un peu songer à la retraite; mais je vous ai tant prêché dans ma dernière lettre, que je crains de recommencer dans celle-ci. Vous trouverez donc bon que je la finisse en vous disant que je suis très content de vous. Si j'ai quelque chose à vous recommander particulièrement, c'est de faire tout de votre mieux pour vous rendre agréable à M. l'ambassadeur, et pour contribuer à sa consolation dans les moments où il est accablé de travail. Je mettrai sur mon compte toutes les complaisances que vous aurez pour lui, et je vous exhorte à avoir pour lui le même attachement que vous auriez pour moi, avec cette différence qu'il y a mille fois plus à profiter et à apprendre avec lui qu'avec moi.

J'ai reconnu en vous une qualité que j'estime fort; c'est que vous entendez très bien raillerie quand d'autres que moi vous font la guerre sur vos petits défauts. Mais ce n'est pas assez de souffrir en galant homme les petites plaisanteries qu'on vous peut faire, il faut même les mettre à profit. Si j'osois vous citer mon exemple, je vous dirois qu'une des choses qui m'a fait le plus de bien, c'est d'avoir passé ma jeunesse avec une société de gens qui se disoient assez volontiers leurs vérités, et qui ne s'épargnoient guère les uns les autres sur leurs défauts, et j'avois assez de soin de me corriger de ceux qu'on trouvoit en moi, qui étoient en fort grand nombre, et qui auroient pu me rendre assez difficile pour le commerce du monde. Adieu, mon cher fils. Écrivez-moi toujours le plus souvent que vous pourrez.

J'oubliois à vous dire que j'appréhende que vous ne soyez un trop grand acheteur de livres. Outre que la multitude ne sert qu'à dissiper et à faire voltiger de connoissances en connoissances, souvent assez inutiles, vous prendriez même l'habitude de vous laisser tenter de tout ce que vous trouveriez. Je me souviens toujours d'un passage des offices de Cicéron, que M. Nicole me citoit souvent pour me détourner de la fantaisie d'acheter des livres : *Non esse emacem, vectigal est.* « C'est un grand revenu, que de « n'aimer point à acheter. » Mais le mot d'*emacem* est très beau, et a un grand sens. Votre tante de Port-Royal prie bien Dieu pour vous, et est fort aise de savoir que vous aimez à vous occuper. Elle m'a dit de vous faire ses compliments. Assurez de mes respects M. le comte d'Auvergne, et ne lui laissez pas ignorer la reconnoissance que j'ai de toutes les bontés qu'il a pour vous et pour moi.

Je m'imagine que vous ouvrirez de fort grands yeux quand vous verrez pour la première fois le roi d'Angleterre[1]. Je sais combien les grands hommes excitent votre attention et votre curiosité. Je m'attends que vous me rendrez bon compte de ce que vous aurez vu.

Le 27 juillet.

Depuis cette lettre écrite, j'en ai reçu une de vous, où vous me mandez l'accident qui vous est arrivé. Vous avez beaucoup à remercier Dieu d'en être échappé à si bon marché ; mais en même temps cet accident vous doit faire souvenir de deux choses : l'une, d'être plus circonspect que vous n'êtes, d'autant plus qu'ayant la vue basse, vous êtes obligé plus qu'un autre à ne rien faire avec précipitation ; et l'autre, qu'il faut être toujours en état de n'être point surpris parmi tous les accidents qui nous peuvent arriver quand nous y pensons le moins.

Pour votre habit, je suis fâché qu'il soit fait, et

---

[1] Quoique Guillaume III fût roi d'Angleterre depuis 1688, on ne lui avoit donné en France, jusqu'à la paix de Riswick, que le nom de prince d'Orange. A son passage à La Haie, en 1698, il fut salué par l'ambassadeur de France, qui lui présenta le jeune Racine. (*Anon.*)

l'on vous envoie une veste qui auroit pu vous faire honneur ; mais elle ne sera pas perdue. Vous ne demandiez que 200 francs, en quoi je loue votre retenue ; M. de Bonac vous en porte plus de 400. Quand vous en aurez besoin, j'aurai recours à M. de Montargis, avec qui il n'y aura pas tant à perdre qu'avec le banquier dont vous parlez.

Vous avez bien de l'obligation à M. de Bonac de tout le bien qu'il a dit ici de vous. Il n'auroit pas plus d'amitié pour son propre frère, qu'il ne paroît en avoir pour vous. Je ne doute pas que vous ne lui rendiez la pareille.

Votre mère vient de Saint-Sulpice, où elle a rendu le pain bénit. Si vous n'étiez pas si loin, elle vous auroit envoyé de la brioche ; mais M. de Bonac en mangera pour vous.

LETTRE XLIII.

A Paris, le 1er août 1698.

Je vous écris seulement quatre lignes, à l'occasion d'un des courriers de M. de Bonrepaux, qui part aujourd'hui. La dernière lettre que vous avez reçue de moi étoit si longue, que vous ne trouverez pas mauvais que celle-ci soit fort courte. J'ai été bien aise d'apprendre que l'entrée de M. l'ambassadeur étoit reculée ; ainsi vous aurez le temps de vous parer de la veste que votre mère vous a envoyée. Il ne s'est rien passé de nouveau depuis le départ de M. de Bonac, que la querelle que M. le grand-prieur [1] a voulu avoir avec M. le prince de Conti à Meudon [2]. M. le grand-prieur s'est tenu offensé de quelques paroles très peu offensantes que M. le prince de Conti avoit dites, et le lendemain, sans qu'il fût question de rien, il le vint aborder dans la cour de Meudon, le chapeau sur la tête et enfoncé jusqu'aux yeux, et lui parla comme s'il vouloit tirer raison de lui des paroles qu'il lui avoit dites. M. le prince de Conti le fit souvenir du respect qu'il lui devoit; M. le grand-prieur répondit qu'il ne lui en devoit point. M. le prince de Conti lui parla avec toute la hauteur, et en même temps avec toute la sagesse dont il est capable. Comme il y avoit là beaucoup de gens, cela n'eut point alors d'autre suite; mais Monseigneur, qui sut la chose un moment après, et qui se sentit fort irrité contre M. le grand-prieur, envoya M. le marquis de Gêvres pour en donner avis au roi, et le roi sur-le-champ envoya chercher M. de Pontchar-

---

[1] Philippe de Vendôme, grand-prieur de France, arrière-petit-fils de Henri IV et de Gabrielle d'Estrées; né le 23 août 1655, mort le 24 janvier 1727. Il fut le protecteur, ou, pour mieux dire, l'ami de Chaulieu, de J.-B. Rousseau, de Campistron, de Palaprat, etc. (G.)

[2] François-Louis, prince de Conti, élu roi de Pologne en 1697, « prince, dit l'auteur du *Siècle de Louis XIV*, dont la mémoire a été long-temps chère à la France, ressemblant au grand Condé par l'esprit et le courage, et toujours animé du désir de plaire : qualité qui manqua quelquefois au grand Condé. » Il mourut en 1709. (G.)

train, à qui il donna ses ordres pour envoyer M. le grand-prieur à la Bastille. Cette nouvelle a fait un fort grand bruit, et je ne doute pas que M. l'ambassadeur, à qui on l'aura mandée plus au long, ne vous en apprenne plus de particularités. Tout le monde loue M. le prince de Conti et plaint M. de Vendôme, qui sera vraisemblablement très affligé de cette aventure.

Votre mère et toute la petite famille vous fait ses compliments. Votre sœur demande conseil à tous ses directeurs sur le parti qu'elle doit prendre, ou du monde, ou de la religion; mais vous jugez bien que quand on demande de semblables conseils, c'est qu'on est déjà déterminé. Nous cherchons très sérieusement, votre mère et moi, à la bien établir; mais cela ne se trouve pas du jour au lendemain. A cela près, elle ne nous fait aucune peine, et elle se conduit avec nous avec beaucoup de douceur et de modestie. Adieu, mon cher fils. Je n'ai autre chose à vous recommander, sinon de continuer à faire comme on m'assure que vous faites.

J'ai résolu de ne point aller à Compiégne, où je n'aurois guère le temps de faire ma cour. Le roi sera toujours à cheval, et je n'y serois jamais. M. le comte d'Ayen est pourtant bien fâché que je n'aille pas voir son régiment, qui sera fort magnifique. On me demande souvent de vos nouvelles. Quand vous écrirez à M. Félix le fils, ne lui parlez point de l'affaire de M. de Montargis. Je vous exhorte à écrire à M. Despréaux par la première occasion que vous trouverez.

LETTRE XLIV.

A Paris, le 18 août 1698.

J'avois résolu d'écrire vendredi dernier à M. l'ambassadeur et à vous, mais il se trouva que c'étoit le jour de l'Assomption, et vous savez qu'en pareils jours un père de famille comme moi est trop occupé, sur-tout le matin, pour avoir le temps d'écrire des lettres. Votre mère est fort aise que vous soyez content de la veste qu'elle vous a envoyée. Si elle avoit su la couleur de votre habit, elle vous auroit acheté une étoffe qui vous auroit mieux convenu; mais vous dites fort bien que cette étoffe ne vous sera pas inutile, et vous servira pour un autre habit. Votre mère vous remercie de la bonne volonté que vous avez de lui apporter une robe de chambre quand vous viendrez en ce pays-ci, mais elle ne veut point d'étoffe d'or.

On nous manda avant-hier de Melun que votre sœur Nanette avoit une grosse fièvre continue avec des redoublements. Nous en attendons des nouvelles avec beaucoup d'inquiétude, et votre mère a résolu d'y aller elle-même au premier jour. Vous voyez qu'avec une si grosse famille on n'est pas sans embarras, et qu'on n'a pas trop le temps de respirer, une affaire succédant presque toujours à une autre, sans compter la douleur de voir souffrir les personnes qu'on aime.

LETTRES DE RACINE

Je fis hier vos compliments à M. Despréaux, et je lui montrai la lettre où vous me mandiez le bon accueil que vous a fait le roi d'Angleterre. Je suis fort obligé à M. l'ambassadeur, et de vous avoir assuré ce bon traitement, et d'en avoir bien voulu rendre compte au roi. M. de Torcy me promit de se servir même de cette occasion pour vous rendre de bons offices. M. Despréaux est fort content de tout ce que vous écrivez du roi d'Angleterre. Vous voulez bien que je vous dise en passant que, quand je lui lis quelqu'une de vos lettres, j'ai soin d'en retrancher les mots d'*ici*, de *là*, et de *ci*, que vous répétez jusqu'à sept ou huit fois dans une page. Ce sont de petites négligences qu'il faut éviter, et qui sont même aisées à éviter. Du reste, nous sommes très contents de la manière naturelle dont vous écrivez, et du bon compte que vous rendez de tout ce que vous avez vu.

M. de Torcy me montra le livre du *Pur amour*[1], que M. l'ambassadeur lui a envoyé; mais il ne put me le prêter, parcequ'il avoit dessein de le faire voir à M. de Noailles. Cette affaire va toujours fort lentement à Rome, et on ne croit pas qu'elle soit encore jugée de deux mois[2].

M. de Bonac est trop bon d'être si content de nous,

---

[1] C'étoit un livre qui venoit de paroître en Hollande, en faveur de la nouvelle doctrine du quiétisme. (*Anon.*)

[2] Elle ne le fut que sept mois après, par le bref d'Innocent XII, du 12 mars 1699, qui condamna le livre des *Maximes des saints*, de *Fénélon*, et notamment vingt-trois propositions extraites de ce livre. (*Anon.*)

j'aurois bien voulu faire mieux pour lui témoigner toute l'estime que j'ai pour lui, laquelle est beaucoup augmentée depuis que j'ai eu l'honneur de l'entretenir à fond, et que j'ai découvert, non seulement toute la netteté et toute la solidité de son esprit, mais encore la bonté de son cœur, et la sensibilité qu'il a pour ses amis.

Je mande à M. l'ambassadeur que je n'irai point à Compiègne, et que je me réserve pour Fontainebleau ; ainsi j'aurai tout le temps de vous écrire, et il ne se passera point de semaine que vous n'ayez de nos nouvelles.

Vous ne m'avez rien mandé de M. de Tallard. A-t-il logé chez M. l'ambassadeur ? Comment est-on content de lui ? On m'a dit qu'il logeroit à Utrecht pendant que le roi d'Angleterre sera à Loo. Faites bien des amitiés au fils de milord Montaigu. Je vous conseille même d'écrire au milord son père si M. l'ambassadeur le juge à propos, et de le remercier des honnêtetés qu'il vous a fait faire par son fils. Vous lui en pourrez mander tout le bien que vous m'en dites. Je lui ferai aussi réponse au premier jour. Adieu, mon cher fils.

LETTRE XLV.

A Paris, le 31 août 1698.

J'avois déja vu dans la gazette toutes les magnificences de M. l'ambassadeur ; mais je n'ai pas laissé de prendre un grand plaisir au récit que vous m'en avez fait. J'ai tremblé pour vous de toutes ces santés qu'il vous a fallu boire, et je m'imagine que, malgré toutes vos précautions, vous n'êtes pas sorti de table avec la tête aussi libre que vous y étiez entré. Nous vîmes, il y a huit jours, une autre entrée, ma femme, votre sœur, et moi, bien malgré nous. C'étoit celle des ambassadeurs de Hollande, que nous trouvâmes dans la rue Saint-Antoine lorsque nous y pensions le moins, et il nous fallut arrêter, pendant plus de deux heures, dans un même endroit. Les carrosses et les livrées me parurent fort belles; mais je vois bien par votre récit et par celui de la gazette de Hollande, que votre entrée étoit tout autrement superbe que celle-ci.

1er septembre, cinq heures du matin.

J'avois hier commencé cette lettre dans le dessein de la faire plus longue; mais M. Boileau le doyen me vint prendre pour aller à Auteuil voir M. Despréaux, qui avoit eu un accès de fièvre. Un autre accès le reprit pendant que nous étions chez lui; mais comme ce n'est qu'une fièvre intermittente et fort légère, il s'en tirera aisément par le quinquina, auquel il a, comme vous savez, grande dévotion. Pour moi, je vais dans ce moment me remettre dans mon lit pour prendre médecine. Votre mère et tout le monde vous salue. Votre sœur Nanette se porte mieux, et a été reçue par sa communauté à faire profession dans deux mois; ce qui la console de tous ses maux. Adieu, mon cher fils. Je vous écrirai plus au long la première fois.

L'abbé Genest a été élu à l'Académie à la place de Boyer. Votre cousin l'abbé du Pin a eu des voix pour lui, et pourra l'être une autre fois, de quoi il a grande envie. J'ai donné ma voix à l'abbé Genest, à qui j'étois engagé.

LETTRE XLVI.

A Paris, le 12 septembre 1698.

Je ne vous écris qu'un mot pour vous dire seulement des nouvelles de ma santé et de celle de toute la famille. J'ai encore été un peu incommodé de ma colique depuis le dernier billet que je vous ai écrit; mais n'en soyez point en peine : j'ai tout sujet de croire que ce n'est rien, et que les purgations emporteront toutes ces petites incommodités. Le mal est qu'il me survient toujours quelque affaire qui m'ôte le loisir de penser bien sérieusement à ma santé.

Votre mère revint hier au soir de Melun, où elle a laissé votre sœur Nanette parfaitement guérie, et très aise d'avoir été admise à la profession, par toute la communauté, avec des agréments incroyables. Cette cérémonie se fera vers la fin d'octobre, pendant le voyage de Fontainebleau. Nous lui donnons cinq mille francs en argent et deux cents livres de pension viagère. Nous pensions ne donner en argent que quatre mille francs, mais votre tante[1] a si bien chicané, qu'il nous en coûtera cinq mille, tant pour lui bâtir et meubler une cellule, que pour d'autres petites choses qui iront au moins à mille francs, sans compter les dépenses que le voyage et la cérémonie nous coûteront.

Nous songeons aussi à marier votre sœur, et si une affaire dont on nous a parlé réussit, cela se pourra faire cet hiver, sinon nous attendrons quelque autre occasion. Elle est fort tranquille là-dessus, et n'a ni vanité ni ambition, et j'ai tout lieu d'être content d'elle.

J'ai pensé vous marier vous-même sans que vous en sussiez rien, et il s'en est peu fallu que la chose n'ait été engagée; mais quand c'est venu au fait et au prendre, je n'ai point trouvé l'affaire aussi avantageuse qu'elle paroissoit: elle le pourra être dans vingt ans, et cependant vous auriez eu un peu à souffrir, et vous n'auriez pas été fort à votre aise. Je n'aurois pourtant rien fait sans prendre avis de M. l'ambassadeur, et sans avoir votre approbation. Ceux de mes amis que j'ai consultés m'ont dit que c'étoit vous rompre le cou, et empêcher peut-être votre fortune, que de vous marier si jeune, en vous donnant un établissement si médiocre, quoiqu'il y eût des espérances de retour dans vingt ans, comme je vous ai dit. Je ne vous aurois même rien mandé

---

[1] L'abbesse de Port-Royal des Champs.

de tout cela, si ce n'étoit que j'ai voulu vous faire voir combien je songe à vous. Je tâcherai de faire en sorte que vous soyez content de nous, et nous vous aiderons en tout ce que nous pourrons. C'est à vous de votre côté à vous aider aussi vous-même, en continuant à vous appliquer sérieusement, et en donnant à M. l'ambassadeur toute la satisfaction que vous pourrez. Je vous manderai une autre fois, pour vous divertir, le détail de l'affaire qu'on m'avoit proposée. Tout ce que je vous puis dire, c'est que vous ne connoissez point la personne dont il s'agissoit, et que vous ne l'avez jamais vue. C'est même une des raisons qui m'a fait aller bride en main, puisqu'il est juste que votre goût soit aussi consulté. Adieu, mon cher fils. J'ai été témoin dans tout cela de l'extrême amitié que votre mère a pour vous, et vous ne sauriez en avoir trop de reconnoissance. Faites bien des compliments pour moi à M. l'ambassadeur. Je ne lui écris point aujourd'hui, et j'attends à lundi prochain. Je suis toujours convaincu de plus en plus que ses affaires iront bien. M. de Cavoie sera ici de retour lundi prochain : on dit qu'il s'est fort bien trouvé des eaux. Je vis hier madame la comtesse de Gramont et madame de Caylus, qui y avoient dîné. J'étois aussi invité à ce dîner; mais j'avois eu la colique toute la nuit, et je n'y allai que l'après-dînée.

Vous n'êtes pas le seul à qui il arrive des aventures. Votre mère et votre sœur me vinrent chercher, il y a huit jours, à Auteuil, où j'avois dîné. Un orage épouvantable les prit comme elles étoient sur la chaussée. La grêle, le vent, et les éclairs, firent une telle peur aux chevaux, que le cocher n'en étoit plus maître. Votre sœur, qui se crut perdue, ouvrit la portière, et se jeta à bas sans savoir ce qu'elle faisoit. Le vent et la grêle la jetèrent par terre, et la firent si bien rouler, qu'elle alloit être jetée à bas de la chaussée, sans mon laquais qui courut après, et qui la retint. On la remit dans le carrosse toute trempée et tout effrayée. Elle arriva à Auteuil dans ce bel état. M. Despréaux fit vite allumer un grand feu; mademoiselle de Frescheville lui prêta une chemise et un habit; M. Le Verrier lui donna de la reine-d'Hongrie; nous la ramenâmes à Paris à la lueur des éclairs, malgré M. Despréaux, qui vouloit la retenir. Elle se mit au lit en arrivant, et y dormit douze heures durant, après quoi elle se trouva en très bonne santé. Il a fallu lui acheter d'autres jupes, et c'est là tout le plus grand mal de son aventure. Adieu, mon cher fils. Je ne vous mande point de nouvelles; M. Dusson m'a dit qu'il manderoit tout ce qu'il en sait. Mille amitiés à M. de Bonac.

LETTRE XLVII.

A Paris, 19 septembre 1698.

J'ai enfin rompu entièrement, avec l'avis de tous mes meilleurs amis, le mariage qu'on m'avoit proposé pour vous. On vous auroit donné une fille avec quatre-vingt-quatre mille francs; elle en a autant ou environ à espérer après la mort de père et de mère; mais ils sont encore jeunes tous deux, et peuvent au moins vivre une vingtaine d'années; l'un ou l'autre même pourroit se remarier; ainsi vous couriez risque de n'avoir très long-temps que quatre mille livres de rente, chargé peut-être de huit ou dix enfants avant que vous eussiez trente ans. Vous n'auriez pu avoir ni chevaux ni équipage: les habits et la nourriture auroient tout absorbé. Cela vous détournoit des espérances que vous pourriez assez justement avoir par votre travail, et par l'amitié dont M. de Torcy et dont M. de Bonrepaux vous honorent. Ajoutez à cela l'humeur de la fille, qu'on dit qui aime le faste, le monde, et tous les divertissements du monde, et qui vous auroit peut-être mis au désespoir par beaucoup de contrariétés. Tout ce que je vous puis dire, c'est que des personnes fort raisonnables, et qui nous aiment, nous ont embrassés très cordialement, ma femme et moi, quand elles ont su que je m'étois débarrassé de cette affaire. J'ai tout lieu de croire qu'en vous faisant part du peu de bien et du revenu que Dieu nous a donné, vous serez cent fois plus heureux et plus en état de vous avancer que vous ne l'auriez été. Je ne vous nomme point les personnes qui m'avoient fait cette proposition; vous ne les connoissez guère que de nom; je vous prie même de ne les point deviner: je ne dois jamais manquer de reconnoissance pour la bonne volonté qu'ils m'ont témoignée en cette occasion. Votre mère a été dans tous les mêmes sentiments que moi ; elle doutoit même que vous eussiez voulu entrer dans cette affaire, parcequ'elle vous a souvent entendu dire que vous vouliez travailler à votre fortune avant que de songer à vous marier. Soyez bien persuadé que nous ne vous laisserons manquer de rien, et que je suis dans la disposition de faire pour vous, étant garçon, les mêmes choses que je prétendois faire en vous mariant. Ainsi abandonnez-vous à Dieu premièrement, à qui je vous exhorte de vous attacher plus que jamais; et, après lui, reposez-vous sur l'amitié que nous avons pour vous, qui augmente tous les jours beaucoup par la persuasion où nous sommes de vos bonnes inclinations, et de l'envie que vous avez de vous occuper et de vivre en honnête homme.

Votre mère mena hier à la foire toute la petite famille. Le petit Lionval eut belle peur de l'éléphant, et fit des cris effroyables quand il le vit qui mettoit sa trompe dans la poche du laquais qui le tenoit par la main. Les petites filles ont été plus hardies, et sont revenues chargées de poupées dont elles sont charmées. Fanchon a été un peu malade ces jours passés; votre sœur aînée est en bonne santé. Pour moi, je ne suis pas entièrement hors de mes coliques, et je diffère pourtant toujours à me purger.

Je ne sais point ce que c'est que l'*Histoire du jansénisme*[1], dont vous me parlez, ni si c'est pour ou

---

[1] C'étoit l'*Histoire abrégée du jansénisme*, imprimée à Cologne, en 1698, attribuée par quelques uns à Jacques Fouillou, et par d'autres à Jean Louail, en société avec mademoiselle de Joncoux.

contre les gens que nous estimons; mais je vous conseille de ne témoigner aucune curiosité là-dessus, afin qu'on ne puisse pas vous nommer en rien. Quand la chose sera imprimée, je prierai M. de Torcy d'en faire venir quelques exemplaires.

Vous voulez bien que je vous fasse une petite critique sur un mot de votre dernière lettre. *Il en a agi avec toute la politesse du monde;* il faut dire: *il en a usé.* On ne dit point *il en a bien agi*, et c'est une mauvaise façon de parler. Adieu, mon cher fils. Votre mère et tout le monde vous salue. Mes compliments à M. de Bonac.

LETTRE XLVIII.

A Paris, le 3 octobre 1698.

J'ai la tête si épuisée de tout le sang qu'on m'a tiré depuis cinq ou six jours, que je laisse à ma femme le soin de vous écrire de mes nouvelles. Ne soyez cependant en aucune inquiétude pour ma santé; elle est, Dieu merci, beaucoup meilleure, et j'espère être en état d'aller dans huit jours à Fontainebleau. Vous savez ma sincérité, et d'ailleurs je n'ai aucune raison de vous déguiser l'état où je suis. Faites bien mes compliments à M. l'ambassadeur et à M. de

Celle qui fut écrite en latin par Leydecker avoit paru trois ans auparavant, et celle de dom Gabriel Gerberon ne parut qu'en 1700. (*Anon.*)

Bonac. Soyez tranquille, et songez un peu au bon Dieu.

(Madame Racine continue.)

La colique de votre père s'étoit beaucoup augmentée avec des douleurs insupportables, avec de la fièvre qui étoit continue, quoiqu'elle ne fût pas considérable. Il a fallu tout de bon se mettre au lit, l'on a été obligé de saigner votre père deux fois, et faire d'autres remèdes dont il n'est pas tout-à-fait dehors. Le principal est qu'il a eu une bonne nuit, et qu'il est ce matin sans fièvre, et qu'il ne lui reste plus de sa colique qu'une douleur dans le côté droit quand on y touche ou que votre père s'agite.

Votre père est fort content des réflexions que vous faites dans vos lettres au sujet de l'établissement que nous avons été sur le point de vous donner. Votre tante de Port-Royal en a été aussi fort satisfaite; mais, par votre seconde lettre, il nous a paru que le bien que cette fille vous apportoit avoit fait un peu trop d'impression sur votre esprit, et que vous n'aviez pas assez pensé sur ce que votre père vous avoit mandé de l'humeur de la personne dont il s'agissoit. Je vois bien, mon fils, que vous ne savez pas de quelle importance cela est pour le repos de la vie. C'est pourtant la seule raison qui nous a fait rompre. Pour moi, j'avois encore une raison qui me tenoit bien au cœur, c'est que la demoiselle étoit rousse. Au reste, ne croyez point que nous ayons appréhendé de nous incommoder, cela ne nous est pas tombé dans l'esprit, et d'ailleurs il ne nous en coûtoit guère plus qu'il nous en coûtera pour vous faire subsister. Votre père est si content de vous, qu'il fera toutes choses afin que vous soyez content de lui, pourvu que vous soyez honnête homme, et que vous viviez d'une manière qui réponde à l'éducation que nous avons tâché de vous donner.

Votre père est bien fâché de la nécessité où vous nous marquez être de prendre la perruque; il remet cette affaire au conseil que vous donnera M. l'ambassadeur. Quand votre père sera en bonne santé, il enverra querir M. Marguery pour vous faire une perruque selon que vous souhaitez. Madame la comtesse de Gramont est bien fâchée pour vous que vous perdiez l'agrément que vous donnoient vos cheveux.

J'ai été à Melun, comme votre père a pu vous le mander. J'ai trouvé Nanette fort bien rétablie et bien contente. Elle a souhaité que je lui meublasse sa cellule; ce que j'ai fait. Votre sœur lui a envoyé son bréviaire; il lui conviendra mieux qu'à elle, qui apparemment choisit un état où elle n'aura pas de bréviaire à dire. Vous avez oublié que vous lui devez une réponse; elle ne vous en fait pas moins ses compliments, ainsi que les petites et Lionval. M. Willart a été voir Babet; il dit qu'elle est presque aussi grande que votre sœur. Elle dit toujours qu'elle ne veut point revenir avec nous.

J'ai pris la plume à votre père pour vous écrire,

parcequ'il est dans son lit; il a voulu seulement commencer cette lettre, afin que vous ne vous figurassiez point qu'il est plus mal qu'il est. Adieu, mon cher fils. J'espère qu'au premier ordinaire votre père sera en état de vous écrire tout-à-fait. Songez à Dieu, et à gagner le ciel.

LETTRE XLIX.

(Commencée par madame Racine.)

Je vous écris, mon cher fils, auprès de votre père, qui le vouloit faire lui-même: je l'en ai empêché, parcequ'il est fort fatigué de l'émétique qu'on lui a fait prendre, et qui a eu tout le succès qu'on en pouvoit espérer, de manière que les médecins disent qu'il n'y a plus qu'à se tenir en repos, n'ayant plus rien à craindre. N'ayez point d'inquiétude sur lui: la sienne est que vous ne preniez quelque parti précipité qui vous détourneroit de vos occupations, et ne lui seroit d'aucun soulagement. Il espère vous écrire vendredi et à M. l'ambassadeur, dont il s'ennuie de ne point recevoir de nouvelles. On conseille fort à votre père de prendre ici des eaux de Saint-Amand, en attendant le printemps où il ira les prendre sur les lieux avec M. Félix. Je les accompagnerois, et ce seroit une joie parfaite si le temps de M. l'ambassadeur se trouvoit d'accord avec le nôtre, croyant bien qu'il vous y ameneroit avec lui. M. Finot[1] prétend fort bien connoître le tempérament de M. l'ambassadeur; il dit qu'autant il a mal fait d'aller à Aix-la-Chapelle, autant il est absolument nécessaire qu'il aille, dès le premier beau temps, à Saint-Amand. Il se prépare à écrire là-dessus à M. Fagon.

(Racine continue.)

J'embrasse de tout mon cœur M. l'ambassadeur. Quoiqu'il ne soit nullement nécessaire que vous me veniez voir, si néanmoins M. l'ambassadeur avoit, dans cette occasion, quelque dépêche un peu importante à faire porter au roi, il se pourroit faire que M. l'ambassadeur tourneroit la chose d'une telle manière que sa majesté ne trouveroit pas hors de raison qu'il vous en eût chargé. Dites-lui seulement ce que je vous mande, et laissez-le faire. Adieu, mon cher fils. J'ai bien songé à vous, et suis fort aise que nous soyons encore en état de nous voir, s'il plaît à Dieu.

(Madame Racine reprend.)

Ne vous étonnez pas si l'écriture de votre père n'est pas bonne : il est dans son lit; sans cela, il écriroit à l'ordinaire. Adieu, mon fils. Je vous embrasse, et suis toute à vous.

Ce 6 octobre, jour de Saint-Bruno, votre ancien patron [2].

[1] Si l'on en croit une satire du temps, intitulée : *Le maréchal de Luxembourg au lit de la mort*, ce Finot passoit pour un des médecins les plus ignorants de Paris. (*Anon.*)
[2] Le jeune Racine avoit songé à se faire chartreux.

LETTRE L.

(Commencée par madame Racine.)

A Paris, le 13 octobre 1698.

Votre père et moi sommes en peine de votre santé et de celle de M. l'ambassadeur, y ayant quinze jours que nous n'avons reçu de vos nouvelles. Votre père croit que vous aurez été à Amsterdam ; il croit aussi quelquefois que vous avez pris le parti de venir faire un tour ici ; mais il seroit fâché que vous eussiez pris cette résolution sur la lettre que je vous ai écrite, puisque les médecins le croient sans péril ; ils disent seulement que sa maladie pourra être longue. Il conserve toujours une petite fièvre ; mais la douleur de côté est beaucoup diminuée. Nous avons passé hier une partie de l'après dînée sur la terrasse à nous promener ; ainsi vous voyez que votre père est en meilleure disposition. Pour le voyage de Fontainebleau, il n'y faut plus songer. La profession de votre sœur nous embarrasse ; mais il faudra bien qu'elle souffre avec patience ce retardement. Vos sœurs vous font mille amitiés. Je vous prie de témoigner à M. l'ambassadeur la peine où nous sommes de ne point recevoir de ses nouvelles, en l'assurant de ma reconnoissance de toutes les bontés qu'il a pour vous. Faites mes compliments à M. de Bonac, et me croyez, mon fils, toute à vous.

A SON FILS.

(Racine continue.)

Je me porte beaucoup mieux, Dieu merci. J'espère vous écrire, par le premier ordinaire, une longue lettre, qui vous dédommagera de toutes celles que je ne vous ai point écrites. Je suis fort surpris de votre long silence et de celui de M. l'ambassadeur; peu s'en faut que je ne vous croie tous plus malades que je ne l'ai été. Adieu, mon cher fils. Je suis tout à vous.

LETTRE LI.

A Paris, le 24 octobre 1698.

Enfin, mon cher fils, je suis, Dieu merci, absolument sans fièvre depuis cinq ou six jours. On m'a déja purgé une fois, et je m'en suis bien trouvé, et j'espère que je n'ai plus qu'une médecine à essuyer. J'ai pourtant la tête encore bien foible; la saison n'est pas fort propre pour les convalescents, et ils ont d'ordinaire beaucoup de peine en ces temps-ci à se rétablir. Ma maladie a été considérable; mais vous pouvez compter que je ne vous ai point trompé, et que, lorsque je vous ai mandé qu'elle étoit sans péril, c'est que, dans ces temps-là, on m'assuroit qu'elle l'étoit en effet. Je suis fort aise que vous n'ayez point fait de voyage en ce pays-ci; il auroit été fort inutile, vous auroit coûté beaucoup, et vous auroit détourné du train où vous êtes de vous occuper sous les yeux de M. l'ambassadeur. Je souhaiterois de bon cœur que sa santé fût aussitôt rétablie que la mienne. J'espère que nous pourrons nous trouver lui et moi à Saint-Amand le printemps prochain ; car on a en tête que ces eaux-là me sont très bonnes, aussi-bien qu'à lui. M. de Cavoie s'en est trouvé à merveilles, et on me mande qu'il ne s'est jamais porté si bien qu'il fait, et qu'il a repris, non seulement toute sa santé, mais même toute sa gaieté. Il se conduit pourtant avec une fort grande sagesse, fait sa cour fort sobrement, et ne mange presque jamais hors de chez lui.

La profession de votre sœur Nanette a été retardée ; de quoi elle a été fort affligée. Elle a mieux aimé pourtant retarder, et que je fusse en état d'y assister. Je lui ai mandé que ce seroit pour la première semaine du mois de novembre, c'est-à-dire immédiatement après la Toussaint. Je serai alors si près de Fontainebleau, que d'autres que moi seroient peut-être tentés d'y aller ; mais j'assisterai seulement à la profession de votre sœur, et reviendrai dès le lendemain coucher à Paris.

Votre mère est en bonne santé, Dieu merci, quoiqu'elle ait pris bien de la peine après moi pendant ma maladie. Il n'y eut jamais de garde si vigilante ni si adroite, avec cette différence que tout ce qu'elle faisoit partoit du fond du cœur, et faisoit toute ma consolation. C'en est une fort grande pour moi que vous connoissiez tout le mérite d'une si bonne mère, et je suis persuadé que, quand je n'y serai plus, elle retrouvera en vous toute l'amitié et toute la reconnoissance qu'elle trouve maintenant en moi. M. de Valincour et M. l'abbé Renaudot m'ont tenu la meilleure compagnie du monde; je vous les nomme entre autres, parcequ'ils n'ont presque bougé de ma chambre. M. Despréaux ne m'a point abandonné dans les grands périls; mais quand l'occasion a été moins vive, il a été bien vite retrouver son cher Auteuil, et j'ai trouvé cela très raisonnable, n'étant pas juste qu'il perdît la belle saison autour d'un convalescent, qui n'avoit pas même la voix assez forte pour l'entretenir long-temps. Du reste, il n'y a pas un meilleur ami ni un meilleur homme au monde. Faites mille compliments pour moi à M. l'ambassadeur et à M. de Bonac. Je leur suis bien obligé de l'intérêt qu'ils ont pris à ma maladie. Je suis aussi fort touché de toutes les inquiétudes qu'elles vous a causées, et cela ne contribue pas peu à augmenter la tendresse que j'ai eue pour vous toute ma vie. Je vous manderai une autre fois des nouvelles.

LETTRE LII.

A Paris, le dernier octobre 1698.

Vous pouvez vous assurer, mon cher fils, que ma santé est, Dieu merci, en train de se rétablir entièrement. J'ai été purgé avant-hier pour la dernière fois, et mes médecins ont pris congé de moi, en me recommandant néanmoins une très grande diéte pendant quelque temps, et beaucoup de régle dans mes repas pour toute ma vie ; ce qui ne me sera pas fort difficile à observer : je ne crains seulement que les tables de la cour ; mais je suis trop heureux d'avoir un prétexte d'éviter les grands repas, auxquels aussi bien je ne prends pas un fort grand plaisir depuis quelque temps. J'ai résolu même d'être à Paris le plus souvent que je pourrai, non seulement pour y avoir soin de ma santé, mais pour n'être point dans cette horrible dissipation où l'on ne peut éviter d'être à la cour. Nous partirons mardi qui vient[1] pour Melun, votre mère, votre sœur aînée, et moi, pour la profession de ma chère fille Nanette, que je ne veux pas faire languir davantage. Nous ne menons ni les deux petites ni Lionval. Les chemins sont horribles à cause des pluies continuelles. Je prendrai même des chevaux de louage qui me mèneront jusqu'à Essone, où je trouverai mes chevaux qui me mèneront de là jusqu'à Melun. M. l'archevêque de Sens veut absolument faire la cérémonie. J'aurois bien autant aimé qu'il eût donné cette commission au bon M. Chapelier ; cela nous auroit épargné bien de l'embarras et de la dépense. M. l'abbé Boileau-Bontemps a voulu aussi, malgré toutes mes instances, y venir prêcher, et cela avec toute l'amitié et l'honnêteté possibles. Nous ne serons que trois

---

[1] Le 4 novembre.

jours à Melun. La cérémonie se fera apparemment le jeudi, et nous en repartirons le vendredi.

Nous allâmes l'autre jour prendre l'air à Auteuil, et nous y dînâmes avec toute la petite famille, que M. Despréaux régala le mieux du monde; ensuite il mena Lionval et Madelon dans le bois de Boulogne, badinant avec eux, et disant qu'il vouloit les mener perdre. Il n'entendoit pas un mot de ce que ces pauvres enfants lui disoient. Enfin, la compagnie l'alla rejoindre, et cette compagnie c'étoit ma femme avec sa fille, M. et mademoiselle de Frescheville, qui avoient aussi dîné avec nous. La mère se trouvoit fort incommodée; ce sont les meilleures gens du monde. J'avois été à Auteuil par ordonnance des médecins; j'y serois retourné plus d'une fois si le temps eût été plus supportable. M. Hessein vouloit aussi y venir. Il prétend que toutes ses vapeurs lui sont revenues plus fortes que jamais, et qu'elles n'avoient été que suspendues par les eaux de Saint-Amand. L'air de Paris sur-tout lui est mortel, à ce qu'il dit; en quoi il est bien différent de moi, et il ne respire que quand il en est dehors. Il a un procès assez bizarre contre un conseiller de la cour des aides, dont les chevaux, ayant pris le frein aux dents, vinrent donner tête baissée dans le carrosse de madame Hessein, qui marchoit fort paisiblement sans s'attendre à un tel accident. Le choc fut si violent, que le timon du conseiller entra dans le poitrail d'un des chevaux de M. Hessein, et le perça de part en part, en telle sorte que tous ses boyaux sortirent, et que le pauvre cheval mourut au bout d'une heure. M. Hessein a fait assigner le conseiller, et ne doute pas qu'il ne le fasse condamner à payer son cheval. Faites part de cette aventure à M. l'ambassadeur, et dites-lui qu'il se garde bien d'en plaisanter avec M. Hessein, car il prend la chose fort tragiquement.

J'ai été fort touché de la mort du pauvre M. Bort[1]; je connoissois son mérite de réputation : il suffit de dire qu'il avoit été dressé par M. l'ambassadeur.

Votre mère et toute la famille vous saluent. M. de Cavoie a fait rétablir votre cousin chez M. de Barbesieux.

LETTRE LIII.

A Paris, le 10 novembre 1698.

Nous revînmes de Melun vendredi dernier, et j'en suis revenu fort fatigué. J'avois cru que l'air me fortifieroit; mais je crois que l'ébranlement du carrosse m'a beaucoup incommodé. Je ne laisse pourtant pas d'aller et de venir, et les médecins m'assurent que tout ira bien, pourvu que je sois exact à la diète qu'ils m'ont ordonnée, et je l'observe avec une attention incroyable. Je voudrois avoir le temps aujourd'hui de vous rendre compte du détail de la profession de

[1] Secrétaire de M. de Bonrepaux.

votre sœur[1]; mais, sans la flatter, vous pouvez compter que c'est un ange. Son esprit et son jugement sont extrêmement formés : elle a une mémoire prodigieuse, et aime passionnément les bons livres. Mais ce qui est de plus charmant en elle, c'est une douceur et une égalité d'esprit merveilleuses. Votre mère et votre sœur aînée ont extrêmement pleuré, et pour moi je n'ai cessé de sangloter[2], et je crois même que cela n'a pas peu contribué à déranger ma foible santé. Nous n'avions point mené les petites ni Lionval à cause des mauvais chemins. Votre sœur aînée est revenue avec des agitations incroyables, portant grande envie à la joie et au bonheur de sa sœur, et déplorant son propre malheur de ce qu'elle n'a pas la force de l'imiter.

Je suis bien fâché que mon voyage m'ait privé jusqu'ici du plaisir de voir M. de Bonac; mais je l'attends tous les jours. Tout ce que je vous puis dire par avance, c'est que vous lui avez des obligations incroyables. Madame la comtesse de Gramont m'a dit qu'il lui avoit dit mille biens de vous, et qu'il ne tarissoit point sur ce chapitre. C'est à vous de ré-

---

[1] Anne Racine n'avoit pas encore dix-huit ans quand elle fit profession; mais alors l'âge requis par les ordonnances n'étoit que de seize ans.. (*Anon.*)

[2] Racine n'auroit pu se défendre d'une vive émotion, quand même la jeune professe n'eût pas été sa fille. Il n'assistoit jamais à une profession religieuse sans être attendri jusques aux larmes, et cependant il aimoit à se trouver à ces sortes de cérémonies. *Racine veut pleurer*, dit madame de Maintenon dans une de ses lettres. (*Anon.*)

pondre à des témoignages si avantageux, et de justifier le bon goût de M. de Bonac, qui est lui-même ici dans une approbation générale. Madame la comtesse est charmée de lui. Je ne vous écris pas davantage; je serai plus long quand j'aurai entretenu M. de Bonac.

J'enverrai cette après-dînée chez M. Marguery[1]. Ne vous chagrinez point contre moi si je ne l'ai pas fait plus tôt. En vérité, je n'étois pas en état de songer à mes affaires les plus pressées. Votre sœur Nanette, présentement la mère Sainte-Scholastique, vous embrasse aussi de tout son cœur. C'est à pareil jour que demain que vous fûtes baptisé, et que vous fîtes un serment solennel à Jésus-Christ de le servir de tout votre cœur.

LETTRE LIV.

A Paris, le 17 novembre 1698.

Je crois qu'il n'est pas besoin que j'écrive à M. l'ambassadeur, pour lui témoigner l'extrême plaisir que je me fais d'avoir bientôt l'honneur de le voir. Ma joie sera complète, puisqu'il a la bonté de vous amener avec lui. Dites-lui qu'il me feroit le plus sensible plaisir du monde si, dans le peu de séjour qu'il fera à Paris, il vouloit loger chez nous. Nous

[1] Perruquier alors fort en vogue.

trouverons moyen de le mettre fort tranquillement et fort commodément ; et du moins je ne perdrai pas un seul des moments que je pourrai le voir et l'entretenir. Vous ne trouverez pas encore ma santé parfaitement rétablie, à cause d'une dureté qui m'est restée au côté droit [1] ; mais les médecins m'assurent que je ne dois pas m'en inquiéter, et qu'en observant une diète fort exacte, cela se dissipera peu à peu. Comme je ne suis guère en état de faire de longs voyages à la cour, vous jugez bien que vous viendrez fort à propos pour me tenir compagnie. Je ne vous empêcherai pourtant pas d'aller faire votre cour, et de voir vos amis.

Je vous adresse une lettre de M. Hessein pour madame Meissois ; il vous sera fort obligé si vous la lui faites tenir bien sûrement.

Je n'avois pas besoin de l'exemple de madame la comtesse d'Auvergne pour me modérer sur le thé, et j'avois déja résolu d'en user fort sobrement ; ainsi ne m'en apportez point. J'ai dit à M. de Bonac que vous me ferez plaisir de m'apporter seulement de bonne flanelle, vraie Angleterre, de quoi me faire deux camisolles ; cela ne grossira pas beaucoup votre paquet.

Si M. l'ambassadeur fait quelque cas de ces *Mé-*

---

[1] Cette dureté provenoit d'une inflammation qui se formoit dans le foie, et qui se convertit en abcès. Les remèdes n'ayant pu déterminer l'ouverture extérieure de l'abcès, on tenta une incision ; mais cette opération n'eut aucun succès, et le malade mourut trois jours après l'avoir subie. (*Anon.*)

moires dont vous parlez *sur la paix de Riswick*, vous pouvez me les acheter. Si j'étois assez heureux pour le voir et l'entretenir souvent, je n'aurois pas grand besoin d'autres Mémoires pour l'histoire du roi. Il la sait mieux que tous les ambassadeurs et tous les ministres ensemble, et je fais un grand fonds sur les instructions qu'il m'a promis de me donner.

Toute la famille est dans la joie depuis qu'elle sait qu'elle vous reverra bientôt. Vous ne sauriez trop remercier M. de Bonac; il me revient de tous côtés qu'il a parlé de vous de la manière du monde la plus avantageuse. Je suis bien affligé qu'il parte sans que j'aie l'honneur de l'embrasser; mais j'en perds toute espérance, son valet étant venu dire au logis que, comme il arriveroit extrêmement tard de Versailles, et qu'il partiroit demain de fort grand matin, il ne vouloit pas m'incommoder. J'ai autant à me louer de sa discrétion qu'à me louer de ses bontés. Il laisse en ce pays-ci tout le monde charmé de son esprit, de sa sagesse, et de ses manières aimables au dernier point. Adieu encore, mon cher fils. Tâchez, au nom de Dieu, d'obtenir de M. l'ambassadeur qu'il vienne descendre au logis.

LETTRE LV.

A Paris, le 30 janvier 1699.

Comme vous pourriez être en peine de ma santé, j'ai cru vous en devoir mander des nouvelles. Elle est beaucoup meilleure depuis que vous êtes parti [1], et ma tumeur est considérablement diminuée. Je n'en ressens presque aucune incommodité. J'ai même été promener cette après-dînée aux Tuileries avec votre mère, croyant que l'air me fortifieroit; mais à peine j'y ai été une demi-heure, qu'il m'a pris dans le dos un point insupportable, qui m'a obligé de revenir au logis. Je vois bien qu'il faut prendre patience sur cela en attendant le beau temps.

Nous passâmes avant-hier l'après-dînée chez votre sœur [2]. Elle est toujours fort gaie et fort contente, et vous garde de très bon chocolat dont elle me fit goûter.

Je suis ravi que M. de Bonrepaux se porte mieux. Faites-lui bien mes compliments, aussi-bien qu'à M. de Cavoie et à M. Félix. Je savois que M. Le Verrier doit donner à dîner à M. le comte d'Ayen [3]; mais on ne m'a point encore dit le jour ni à M. Despréaux. Je serois bien plus curieux de savoir si M. le comte d'Ayen songe en effet à m'envoyer les deux jumens qu'il a promis de m'envoyer. Je m'y suis tellement attendu, que j'avois déja dit à mon cocher de me chercher un marchand pour mes chevaux. Faites-moi savoir de vos nouvelles quand vous en aurez le loisir. Je ne crois point aller à Versailles avant le

---

[1] Jean-Baptiste Racine étoit de retour de La Haie depuis la fin de novembre 1698. Il venoit de partir pour Versailles. (*Anon.*)

[2] Celle qui étoit religieuse à Melun. (*Anon.*)

[3] Il n'eut le titre de duc de Noailles qu'en 1704.

voyage de Marli, c'est-à-dire dans toute la semaine qui vient. Je crains de me morfondre sur le chemin, et je crois avoir besoin de me ménager encore quelque temps, afin d'être en état d'y faire un plus long séjour. Adieu, mon cher fils. Votre mère vous embrasse, et s'attend de vous revoir quand le roi ira à Marli.

Je vous conseille d'aller un peu faire votre cour à madame la comtesse de Gramont, qui vous recevra avec beaucoup de bonté.

Suscription : A M. Racine le fils, gentilhomme ordinaire du roi, à Versailles.

FIN DES LETTRES DE RACINE A SON FILS.

LETTRES DE RACINE

A DIVERSES PERSONNES.

LETTRES DE RACINE

A DIVERSES PERSONNES.

LETTRE PREMIÈRE.

A M. LE PRINCE [1].

MONSEIGNEUR,

C'est avec une extrême reconnoissance que j'ai reçu encore, au commencement de cette année, la grace que votre altesse sérénissime m'accorde si libéralement tous les ans. Cette grace m'est d'autant plus chère, que je la regarde comme une suite de la protection glorieuse dont vous m'avez honoré en tant

---

[1] Henri-Jules de Bourbon Condé. Il avoit les droits domaniaux dans le duché de Bourbonnois, donné à son père en 1661, en échange du duché d'Albret, et pour en jouir au même titre. Au nombre de ces droits étoit celui d'*annuel* ou de *paulette* sur les offices de judicature et de finance, qui montoit alors au soixantième denier du prix capital de l'office. Racine, titulaire d'un office de trésorier de France au bureau des finances de Moulins, étoit tenu d'acquitter ce droit chaque année, pour conserver le prix de sa charge à ses enfants; mais le prince lui en faisoit remise. On n'a point la date de cette lettre, mais on voit qu'elle a été écrite quelques années après 1686, époque de la mort du grand Condé, père de M. le prince. (*Anon.*)

de rencontres, et qui a toujours fait ma plus grande ambition. Aussi, en conservant précieusement les quittances du droit annuel dont vous avez bien voulu me gratifier, j'ai bien moins en vue d'assurer ma charge à mes enfants, que de leur procurer un des plus beaux titres que je leur puisse laisser, je veux dire les marques de la protection de votre altesse sérénissime. Je n'ose en dire davantage; car j'ai éprouvé plus d'une fois que les remerciements vous fatiguent presque autant que les louanges. Je suis, avec un profond respect,

MONSEIGNEUR,

DE VOTRE ALTESSE SÉRÉNISSIME,

Le très humble, très obéissant, et très fidèle serviteur,

RACINE.

LETTRE II.

AU MÊME [1].

J'ai parcouru tout ce que les anciens auteurs ont dit de la déesse Isis, et je ne trouve point qu'elle ait été adorée en aucun pays sous la figure d'une vache, mais seulement sous la figure d'une grande femme

---

[1] M. le prince se proposoit de décorer la ménagerie de Chantilly de quelque ouvrage de peinture ou de sculpture. Il avoit communiqué ses idées à Racine, et lui avoit demandé un mémoire sur ce sujet. (*Anon.*)

toute couverte d'un grand voile de différentes couleurs, et ayant au front deux cornes en forme de croissant. Les uns disent que c'étoit la lune, les autres Cérès, d'autres la terre, et quelques autres cette même Io qui fut changée en vache par Jupiter.

Mais voici ce que je trouve du dieu Apis, qui sera, ce me semble, beaucoup plus propre à entrer dans les ornements d'une ménagerie. Ce dieu étoit, dit-on, le même qu'Osiris, c'est-à-dire ou le mari, ou le fils de la déesse Isis. Non seulement il étoit représenté par un jeune taureau, mais les Égyptiens adoroient en effet, sous le nom d'Apis, un jeune taureau bien buvant et bien mangeant, et ils avoient soin d'en substituer toujours un autre à la place de celui qui mouroit. On ne le laissoit guère vivre que jusqu'à l'âge d'environ huit ans, après quoi ils le noyoient dans une certaine fontaine; et alors tout le peuple prenoit le deuil, pleurant et faisant de grandes lamentations pour la mort de leur dieu, jusqu'à ce qu'on l'eût retrouvé. On étoit quelquefois assez long-temps à le chercher. Il falloit qu'il fût noir par tout le corps, excepté une tache blanche de figure carrée au milieu du front, et une autre petite tache blanche au flanc droit, faite en forme de croissant. Quand les prêtres l'avoient trouvé, ils en donnoient avis au peuple de Memphis; car c'étoit principalement en cette ville que le dieu Apis étoit adoré. Alors on alloit en grande cérémonie au-devant de ce nouveau dieu, et c'est cette espèce de procession qui pourroit fournir de sujet à un assez beau tableau.

Cent prêtres marchoient, habillés de robes de lin, ayant tous la tête rase, et étant couronnés de chapeaux de fleurs, portant à la main, les uns un encensoir, les autres un sistre: c'étoit une espèce de tambour de basque. Il y avoit aussi une troupe de jeunes enfants, habillés de lin, qui dansoient, et chantoient des cantiques; grand' nombre de joueurs de flûtes, et de gens qui portoient à manger pour Apis dans des corbeilles; et de cette sorte on amenoit le dieu jusqu'à la porte de son temple, ou, pour mieux dire, il y avoit deux petits temples tout environnés de colonnes par dehors, et aux portes, des sphinx à la manière des Égyptiens. On le laissoit entrer dans celui de ces deux temples qu'il vouloit, et on fondoit même sur son choix de grandes conjectures, ou de bonheur, ou de malheur pour l'avenir. Il y avoit auprès de ces deux temples un puits, d'où l'on tiroit de l'eau pour sa boisson; car on ne lui laissoit jamais boire de l'eau du Nil. On consultoit même ce plaisant dieu, et voici comme on s'y prenoit. On lui présentoit à manger; s'il en prenoit, c'étoit une réponse très favorable; tout au contraire, s'il n'en prenoit point. On remarqua même, dit-on, qu'il refusa à manger de la main de Germanicus, et ce prince mourut à deux mois de là.

Tous les ans on lui amenoit, à certain jour, une jeune génisse, qui avoit aussi ses marques particulières, et cela se faisoit encore avec de grandes cérémonies.

Voilà, monseigneur, le petit mémoire que votre

A DIVERSES PERSONNES. 451

altesse sérénissime me demanda il y a trois jours. Je me tiendrai infiniment glorieux toutes les fois qu'elle voudra bien m'honorer de ses ordres, et m'employer dans toutes les choses qui pourront le moins du monde contribuer à son plaisir. Je suis, avec un profond respect,

DE VOTRE ALTESSE SÉRÉNISSIME, etc.

LETTRE III.

A MADAME RACINE [1].

A Cateau-Cambresis, le jour de l'Ascension,
15 mai 1692.

J'avois commencé à vous écrire hier au soir à Saint-Quentin; mais je fus averti que la poste étoit partie dès midi; ainsi je n'achevai point. Je viens de recevoir vos lettres, qui m'ont fait un fort grand plaisir. Je me porte bien, Dieu merci. Les garçons de M. Poche m'ont piqué mon petit cheval en deux endroits en le ferrant, dont je suis fort en colère contre eux, et avec raison. Heureusement M. de Cavoie mène avec lui un maréchal qui en a pris soin, et on m'assure que ce ne sera rien. Nous allons de-

[1] Racine étoit parti le 10 mai 1692, pour suivre le roi à la campagne de Namur. C'est la seule lettre conservée de toutes celles qu'il lui a écrites. Comme il n'avoit rien de caché pour elle, il ne vouloit pas apparemment qu'elle gardât ses lettres. (L. R.)

main au Quesnoi, où on laissera les dames, et après-demain au camp près de Mons. L'herbe est bien courte, et je crois que les chevaux ne trouveront pas beaucoup de fourrage. Le blé est fort renchéri à Saint-Quentin; le setier, qui ne valoit que vingt sous, en vaut soixante-six. C'est à peu près la même mesure qu'à Montdidier. Votre fermier sera riche, et devroit bien vous donner de l'argent, puisque vous ne l'avez point pressé de vendre son blé lorsqu'il étoit à bon marché. Écrivez-en à votre frère.

Le roi eut hier des nouvelles de sa flotte; elle est sortie de Brest du 9 mai. On la croit maintenant à La Hogue, en Normandie, et le roi d'Angleterre embarqué. On mande de Hollande que le prince d'Orange voit bien que c'est tout de bon qu'on va faire une descente, et qu'il paroît étonné. Il a envoyé en Angleterre le comte de Portland, son favori, a contremandé trois régiments prêts à s'embarquer pour la Hollande, et on dit qu'il pourroit bien repasser lui-même en Angleterre. M. de Bavière est fort inquiet de la maladie du prince Clément, son frère, qui est, dit-on, à l'extrémité. Il le sera bien davantage dans quatre jours, lorsqu'il verra entrer dans les Pays-Bas plus de cent trente mille hommes. Le roi est dans la meilleure santé du monde. Il a eu nouvelle aujourd'hui que M. le comte d'Estrées avoit brûlé ou coulé à fond quatorze vaisseaux marchands anglois sur les côtes d'Espagne, et deux vaisseaux de guerre qui les escortoient. Cela le console avec raison de la perte de deux vaisseaux de l'escadre du même comte d'Estrées, qui ont péri par la tempête. Voilà d'heureux commencements : il faut espérer que Dieu continuera de se déclarer pour nous. Faites part de ces nouvelles à M. Despréaux, à qui je n'ai pas le temps d'écrire aujourd'hui.

J'ai rencontré aujourd'hui M. Dodart pour la première fois. Il dit qu'il a été et qu'il est encore mal logé; mais il se porte à merveille. M. du Tartre se trémousse à son ordinaire, et a une grande épée à son côté avec un nœud magnifique; il a tout-à-fait l'air d'un capitaine. Adieu, mon cher cœur. Embrasse tes enfants pour moi. Exhorte ton fils à bien étudier et à servir Dieu. Je suis parti fort content de lui; j'espère que je le serai encore plus à mon retour. Écris-moi souvent, ou lui. Adieu, encore un coup.

Suscription: A madame Racine, rue des Maçons, proche la Sorbonne, à Paris.

LETTRE IV.

A M. DE BONREPAUX [1].

A Paris, ce 28 juillet 1693.

Mon absence hors de cette ville est cause que je ne vous ai point écrit depuis dix jours. Il s'est pourtant passé beaucoup de choses très dignes de vous être mandées. M. de Luxembourg, après avoir battu

[1] Il étoit alors ambassadeur extraordinaire en Danemarck, et plénipotentiaire auprès des princes d'Allemagne.

un corps de cinq mille chevaux commandé par le comte de Tilly, a mis le siége devant Huy[1], dont il a pris la ville et le château en trois jours; et de là a marché au prince d'Orange, avec lequel il est peut-être aux mains à l'heure qu'il est[2].

Monseigneur a passé le Rhin, et, s'étant mis à la tête d'une armée de plus de soixante-six mille hommes, a marché droit au prince de Bade, en intention de le chercher par-tout pour le combattre, et de l'attaquer même dans ses retranchements s'il prend le parti de se retrancher. Mais ce qui a le plus réjoui tout le public, c'est la déroute de la flotte de Hollande et d'Angleterre, qui est tombée, au cap de Saint-Vincent, entre les mains de M. de Tourville[3]. J'entretins hier son courrier, qui est le chevalier de Saint-Pierre, frère du comte de Saint-Pierre, lequel fut cassé il y a deux ans. Je vous dirai, en passant, qu'on trouve que M. de Tourville a fait fort honnêtement d'envoyer dans cette occasion le chevalier de Saint-Pierre, et on espère que la bonne nouvelle

---

[1] Cette affaire est du 15 juillet. Huy fut pris le 24. Le président Hénault attribue à tort cette dernière conquête au maréchal de Villeroi. Le billet que Luxembourg écrivit à Louis XIV du champ de bataille de Nerwinde étoit terminé par ces mots : « Je n'ai d'autre mérite que d'avoir exécuté vos ordres, de prendre Huy, et de donner bataille. (*Anon.*)

[2] Ce fut le lendemain, 29, que le maréchal de Luxembourg rencontra le prince d'Orange et le duc de Bavière à Nerwinde. (*Anon.*)

[3] Cette affaire eut lieu le 17 juin. La perte des Anglois a été évaluée à près de deux millions sterling. (*Anon.*)

dont il est chargé fera peut-être rétablir son frère.
Quoi qu'il en soit, la flotte, qu'on appelle de Smyrne,
a donné tout droit dans l'embuscade. Le vice-amiral
Rook, qui l'escortoit, d'aussi loin qu'il a découvert
notre armée navale, a pris la fuite, et il a été impossible de le joindre. Il avoit pourtant vingt-six ou
vingt-sept vaisseaux de guerre. Les pauvres marchands, se voyant abandonnés, ont fait ce qu'ils ont
pu pour se sauver. Les uns se sont échoués à la côte
de Lagos, les autres sous les murailles de Cadix, et
il y en a eu quelque trente-six qui ont trouvé moyen
d'entrer dans le port. On leur a brûlé ou coulé à fond
quarante-cinq navires marchands et deux de guerre,
et on leur a pris deux bons vaisseaux de guerre hollandois tout neufs de soixante-six pièces de canon
et vingt-cinq navires marchands, sans compter deux
vaisseaux génois, qui étoient chargés pour des marchands d'Amsterdam, et dont le chevalier de Saint-
Pierre, qui est venu dessus jusqu'à Roses, estime
la charge au moins six cent mille écus. On ne doute
pas qu'une perte si considérable n'excite de grandes
clameurs contre le prince d'Orange, qui avoit toujours assuré les alliés que nous ne mettrions cette
année à la mer que pour nous enfuir et nous empêcher d'être brûlés. Le chevalier de Saint-Pierre a rencontré le comte d'Estrées à peu près à la hauteur de
Malque[1], et prêt à entrer dans le détroit. Le roi a
été très aise de cette nouvelle, que l'on a sue d'a-

---

[1] Malaga.

bord par un courrier du duc de Gramont, et par des lettres des marchands. On parle fort ici des mouvements qui se font au pays où vous êtes, et il paroît qu'on en est fort content par avance. Nous soupâmes hier, M. de Cavoie et moi, chez madame... (*Le reste manque.*)

LETTRE V.

A MADEMOISELLE RIVIÈRE [1].

A Paris, le 10 janvier 1697.

Votre dernière lettre, ma chère sœur, ne m'est parvenue que depuis quelques jours. J'étois à Versailles quand elle est arrivée ici, et ma femme, qui savoit que j'attendois de vos nouvelles avec impatience, crut ne pouvoir mieux faire que de me l'adresser où j'étois; mais elle ne me fut point rendue, par la négligence des commis de la poste, et il fallut la faire revenir ici; ce qui me causa un retard de quinze jours. J'approuve tout ce que vous avez fait, et je vous en remercie. D'après tout le bien qui m'a été dit du jeune homme qui recherche la petite Mouflard, je verrai avec plaisir ce mariage, et je leur donnerai pour mon présent de noces une somme de cent francs; c'est tout ce que je puis faire. Vous sa-

---

[1] C'étoit une sœur de Racine, mariée à M. Rivière, contrôleur du grenier à sel de la Ferté-Milon.

vez que notre famille est fort étendue, et que j'ai un assez bon nombre de parents à aider de temps en temps; ce qui me force à être réservé sur ce que je donne, afin de ne manquer à aucun d'eux quand il aura recours à moi dans l'occasion. D'ailleurs, l'état où sont présentement mes affaires me prescrit une sévère économie, à cause de tout l'argent que je dois encore pour ma charge. Je dois sur-tout six mille livres qui ne portent point d'intérêt, et l'honnêteté veut que je les rende le plus tôt que je pourrai, pour n'être pas à charge à mes amis. J'espère que, dans un autre temps, je serai moins pressé, et alors je pourrai faire encore quelque petit présent à ma cousine.

Le cousin Henri est venu ici, fait comme un misérable, et a dit à ma femme, en présence de tous nos domestiques, qu'il étoit mon cousin. Vous savez comme je ne renie point mes parents, et comme je tâche à les soulager; mais j'avoue qu'il est un peu rude qu'un homme qui s'est mis en cet état par ses débauches et par sa mauvaise conduite vienne ici nous faire rougir de sa gueuserie. Je lui parlai comme il le méritoit, et lui dis que vous ne le laisseriez manquer de rien s'il en valoit la peine, mais qu'il buvoit tout ce que vous aviez la charité de lui donner. Je ne laissai pas de lui donner quelque chose pour s'en retourner. Je vous prie aussi de l'assister tout doucement, mais comme si cela venoit de vous. Je sacrifierai volontiers quelque chose par mois pour le tirer de la nécessité. Je vous recommande toujours la pauvre Marguerite [1], à qui je veux continuer de donner par mois comme j'ai toujours fait. Si vous croyez que ma cousine des Fossés ait besoin de quelque secours extraordinaire, donnez-lui ce que vous jugerez à propos.

Je ne sais si je vous ai mandé que ma chère fille aînée étoit entrée aux Carmélites : il m'en a coûté beaucoup de larmes ; mais elle a voulu absolument suivre la résolution qu'elle avoit prise. C'étoit de tous nos enfants celle que j'ai toujours le plus aimée, et dont je recevois le plus de consolation. Il n'y avoit rien de pareil à l'amitié qu'elle me témoignoit. Je l'ai été voir plusieurs fois ; elle est charmée de la vie qu'elle mène dans ce monastère, quoique cette vie soit fort austère, et toute la maison est charmée d'elle. Elle est infiniment plus gaie qu'elle n'a jamais été. Il faut bien croire que Dieu la veut dans cette maison, puisqu'il fait qu'elle y trouve tant de plaisir. Adieu, ma chère sœur. Ne manquez pas de me tenir parole, et de m'employer dans toutes les choses où vous aurez besoin de moi.

Suscription : A mademoiselle Rivière, à la Ferté-Milon.

---

[1] C'étoit la nourrice de Racine.

LETTRE VI.

A LA MÊME.

A Paris, le 16 janvier 1697.

Je vous écris, ma chère sœur, pour une affaire où vous pouvez avoir intérêt aussi-bien que moi, et sur laquelle je vous supplie de m'éclaircir le plus tôt que vous pourrez. Vous savez qu'il y a un édit qui oblige tous ceux qui ont ou qui veulent avoir des armoiries sur leur vaisselle ou ailleurs, de donner pour cela une somme qui va tout au plus à vingt-cinq francs, et de déclarer quelles sont leurs armoiries. Je sais que celles de notre famille sont un *rat* et un *cygne*, dont j'avois seulement gardé le cygne, parceque le rat me choquoit; mais je ne sais point quelles sont les couleurs du chevron sur lequel grimpe le rat, ni les couleurs aussi de tout le fond de l'écusson, et vous me ferez un grand plaisir de m'en instruire. Je crois que vous trouverez nos armes peintes aux vitres de la maison que mon grand-père [1] fit bâtir, et qu'il vendit à M. de La Clef. J'ai ouï dire aussi à mon oncle Racine [2] qu'elles étoient peintes aux vitres de

---

[1] Mort en 1650. Il s'appeloit Jean Racine, comme son fils et son petit-fils, et étoit fils de Jean Racine, receveur pour le roi du domaine et duché de Valois, et receveur des greniers à sel de Crespy et de la Ferté-Milon. Marié à Anne Gosset, et mort en 1593. (*Anon.*)

[2] Jean-François Racine. Il mourut à la Ferté-Milon l'année suivante. (*Anon.*)

quelque église. Priez M. Rivière de ma part de s'en mettre en peine, et de demander à mon oncle ce qu'il en sait, et de mon côté je vous manderai le parti que j'aurai pris là-dessus. J'ai aussi quelque souvenir d'avoir ouï dire que feu notre grand-père avoit fait un procès au peintre qui avoit peint les vitres de sa maison, à cause que ce peintre, au lieu d'un rat, avoit peint un sanglier. Je voudrois bien que ce fût en effet un sanglier, ou la hure d'un sanglier, qui fût à la place de ce vilain rat. J'attends de vos nouvelles pour me déterminer et pour porter mon argent; ce que je suis obligé de faire le plus tôt que je pourrai.

J'approuve fort qu'on fasse son possible pour sortir d'affaire avec le fils de M. Regnaud, et on ne sauroit trop tôt finir avec lui, pourvu qu'il nous fasse voir nos sûretés en traitant avec lui. Je suis bien fâché de l'argent qu'on vous a encore nouvellement fait payer au grenier à sel. Il faut espérer que la paix, qu'on croit qui se fera bientôt, mettra fin à toutes ces taxes qui reviennent si souvent.

Je crains que ce ne soit pas assez de quarante francs par mois pour cette pauvre cousine des Fossés. J'en passerai par où vous voudrez, pourvu que vous preniez la peine de m'avertir quand vous n'aurez plus d'argent à moi. Ma femme et nos enfants saluent de tout leur cœur M. Rivière et ma nièce, et vous font mille compliments. Quand le mariage de la petite Mouflard sera conclu, je donnerai très volontiers les 100 francs que j'ai promis. Adieu, ma chère sœur. Je suis entièrement à vous. Votre petit neveu est fort joli et bien éveillé.

LETTRE VII.

A MADAME DE MAINTENON.

J'avois pris la liberté de vous écrire, Madame, au sujet de la taxe qui a si fort dérangé mes petites affaires ; mais n'étant pas content de ma lettre, j'avois simplement dressé un Mémoire, dans le dessein de vous faire supplier de le présenter à sa majesté. M. le maréchal de Noailles s'offrit généreusement de vous le remettre entre les mains, et, n'ayant pu trouver l'occasion de vous parler, le donna à M. l'archevêque, qui peut vous dire si je lui en avois seulement ouvert la bouche, et si, depuis deux mois, j'avois même eu l'honneur de le voir. Au bout de quelques jours, comme je n'avois aucune nouvelle de ce Mémoire, je priai madame la comtesse de Gramont, qui alloit avec vous à Saint-Germain, de vous demander si le roi l'avoit lu, et si vous aviez eu quelque réponse favorable. Voilà, Madame, tout naturellement comment je me suis conduit dans cette affaire. Mais j'apprends que j'en ai une autre bien plus terrible sur les bras, et qu'on m'a fait passer pour janséniste dans l'esprit du roi. Je vous avoue que, lorsque je faisois tant chanter dans *Esther*,

Rois, chassez la calomnie.

je ne m'attendois guère que je serois moi-même un jour attaqué par la calomnie. Je sais que, dans l'idée du roi, un janséniste est tout ensemble un homme de cabale et un homme rebelle à l'Église.

Ayez la bonté de vous souvenir, Madame, combien de fois vous avez dit que la meilleure qualité que vous trouviez en moi, c'étoit une soumission d'enfant pour tout ce que l'Église croit et ordonne, même dans les plus petites choses. J'ai fait par votre ordre près de trois mille vers sur des sujets de piété; j'y ai parlé assurément de l'abondance de mon cœur, et j'y ai mis tous les sentiments dont j'étois le plus rempli. Vous est-il jamais revenu qu'on y eût trouvé un seul endroit qui approchât de l'erreur et de tout ce qui s'appelle jansénisme? Pour la cabale, qui est-ce qui n'en peut point être accusé si on en accuse un homme aussi dévoué au roi que je le suis, un homme qui passe sa vie à penser au roi, à s'informer des grandes actions du roi, et à inspirer aux autres les sentiments d'amour et d'admiration qu'il a pour le roi? J'ose dire que les grands seigneurs m'ont bien plus recherché que je ne les recherchois moi-même; mais dans quelque compagnie que je me sois trouvé, Dieu m'a fait la grace de ne rougir jamais ni du roi ni de l'évangile. Il y a des témoins encore vivants qui pourroient vous dire avec quel zèle on m'a vu souvent combattre de petits chagrins qui naissent quelquefois dans l'esprit des gens que le roi a le plus comblés de ses graces. Hé quoi, Madame! avec quelle conscience pourrai-je déposer à la postérité que ce grand prince n'admettoit point les faux rapports contre les personnes qui lui étoient le plus inconnues, s'il faut que je fasse moi-même une si triste expérience du contraire?

Mais je sais ce qui a pu donner lieu à une accusation si injuste. J'ai une tante qui est supérieure de Port-Royal, et à laquelle je crois avoir des obligations infinies. C'est elle qui m'apprit à connaître Dieu dès mon enfance, et c'est elle aussi dont Dieu s'est servi pour me tirer de l'égarement et des misères où j'ai été engagé pendant quinze années. J'appris, il y a près de deux ans, qu'on l'avoit accusée de désobéissance, comme si elle avoit reçu des religieuses contre la défense qu'on a faite d'en recevoir dans cette maison. J'appris même qu'on parloit d'ôter à ces pauvres filles le peu qu'elles ont de bien, pour subvenir aux folles dépenses de l'abbesse de Port-Royal de Paris. Pouvois-je, sans être le dernier des hommes, lui refuser mes petits secours dans cette nécessité? Mais à qui est-ce, Madame, que je m'adressai pour la secourir? J'allai trouver le P. de La Chaise, et lui représentai tout ce que je connoissois de l'état de cette maison, tant pour le temporel que pour le spirituel. Je n'ose pas croire que je l'aie persuadé; mais il parut très content de ma franchise, et m'assura, en m'embrassant, qu'il seroit toute sa vie mon serviteur et mon ami. Heureusement j'ai vu confirmer le témoignage que je leur avois rendu, par celui du grand-vicaire de M. l'archevêque, par celui de deux religieux Bénédictins qui furent envoyés pour visiter cette maison, et dont l'un étoit supérieur de Port-Royal de Paris, et enfin par celui des confesseurs extraordinaires qu'on leur a donnés, tous gens aussi éloignés du jansénisme, que le ciel l'est de la terre. Ils en sont tous revenus en disant, les uns, qu'ils avoient vu des religieuses qui vivoient comme des anges; les autres, qu'ils venoient de voir le sanctuaire de la religion. M. l'archevêque, qui a voulu connaître les choses par lui-même, n'a pas caché qu'il n'avoit point de filles dans son diocèse, ni plus régulières, ni plus soumises à son autorité. Voilà tout mon jansénisme. J'ai parlé comme ces docteurs de Sorbonne, comme ces religieux, et enfin comme mon archevêque. Du reste, je puis vous protester devant Dieu que je ne connois ni ne fréquente aucun homme qui soit suspect de la moindre nouveauté. Je passe ma vie le plus retiré que je puis dans ma famille, et ne suis pour ainsi dire dans le monde que lorsque je suis à Marli. Je vous assure, Madame, que l'état où je me trouve est très digne de la compassion que je vous ai toujours vue pour les malheureux. Je suis privé de l'honneur de vous voir; je n'ose presque plus compter sur votre protection, qui est pourtant la seule que j'aie tâché de mériter. Je cherchois du moins ma consolation dans mon travail; mais jugez quelle amertume doit jeter sur ce travail la pensée que ce même grand prince dont je suis continuellement occupé me regarde peut-être comme un homme plus digne de sa colère que de ses bontés.

Je suis, avec un profond respect, votre très humble et très obéissant serviteur,

RACINE.

A Marli, ce 4 mars 1698.

LETTRE VIII.

A LA MÈRE SAINTE-THÉCLE RACINE.

A Paris, le 9 novembre 1698.

J'arrivai avant-hier de Melun fort fatigué, mais content au dernier point de ma chère enfant. J'ai beaucoup d'impatience d'avoir l'honneur de vous voir, pour vous dire tout le bien que j'ai reconnu en elle. Je vous dirai cependant en peu de mots que je lui ai trouvé l'esprit et le jugement extrêmement formés, une piété très sincère, et sur-tout une douceur et une tranquillité d'esprit merveilleuses. C'est une grande consolation pour moi, ma très chère tante, qu'au moins quelqu'un de mes enfants vous ressemble par quelque petit endroit. Je ne puis m'empêcher de vous dire un trait qui vous marquera tout ensemble, et son courage, et son bon naturel. Elle avoit fort évité de nous regarder, sa mère et moi, pendant la cérémonie, de peur d'être attendrie du trouble où nous étions. Comme ce vint le moment où il falloit qu'elle embrassât, selon la coutume, toutes les sœurs, après qu'elle eut embrassé la supérieure, une religieuse ancienne lui fit embrasser sa mère et sa sœur aînée, qui étoient là tout auprès fondant en larmes. Elle sentit tout son sang se troubler à cette vue: elle ne laissa pas d'achever la cérémonie avec le même air modeste et tranquille qu'elle avoit eu depuis le commencement; mais dès que tout fut fini, elle se retira, au sortir du chœur, dans une petite chambre, où elle laissa aller le cours de ses larmes, dont elle versa un torrent au souvenir de celles de sa mère. Comme elle étoit dans cet état, on lui vint dire que M. l'archevêque de Sens l'attendoit au parloir avec mes amis et moi. *Allons, allons, dit-elle, il n'est pas temps de pleurer.* Elle s'excita même à la gaieté, et se mit à rire de sa propre foiblesse, et arriva en effet en souriant au parloir, comme si rien ne lui fût arrivé. Je vous avoue, ma chère tante, que j'ai été touché de cette fermeté qui me paroît assez au-dessus de son âge. M. Fontaine, qui, comme vous savez, est retiré à Melun, assista à toutes les cérémonies, et me parut très édifié de ma fille.

Le sermon de M. l'abbé Boileau fut très beau et très plein de grandes vérités. Tout cela a fait un terrible effet sur l'esprit de ma fille aînée, et elle paroît dans une fort grande agitation, jusqu'à dire qu'elle ne sera jamais du monde; mais je n'ose guère compter sur ces sortes de mouvements, qui peuvent passer comme bien d'autres qu'elle a plusieurs fois ressentis. Elle ira demain voir M. Lenoir, que j'ai été voir cette après-dînée.

J'ai été trouver M. de Saint-Claude, à qui j'ai rendu compte de tout ce que M. l'abbé Boileau m'a dit sur votre affaire de Montigny. Ma femme enverra demain chez Jeannot une boîte où elle a mis les hardes les plus nécessaires pour Fanchon, dont nous vous supplions de nous mander des nouvelles. J'ai confié à Nanette, que Fanchon étoit avec vous. Quoiqu'elle ait une grande impatience de l'avoir avec elle, elle m'en a témoigné une extrême joie. Elle a relu plus de vingt fois la lettre que vous lui avez fait l'honneur de lui écrire, et met sa principale confiance en vos prières.

J'oubliois de vous dire qu'elle aime extrêmement la lecture, et sur-tout des bons livres, et qu'elle a une mémoire surprenante. Excusez un peu ma tendresse pour une enfant dont je n'ai jamais eu le moindre sujet de plainte, et qui s'est donnée à Dieu de si bon cœur, quoiqu'elle fût assurément la plus jolie de tous nos enfants, et celle que le monde auroit le plus attirée par ses dangereuses caresses.

Ma femme et nos petits enfants vous assurent tous de leur respect, et font mille compliments à Fanchon. Ma fille aînée s'est donné l'honneur de vous écrire. Il m'est resté de ma maladie une dureté au côté droit, dont j'avois témoigné un peu d'inquiétude à M. de Saint-Claude; mais M. Morin, que je viens de voir, m'a assuré que ce ne seroit rien, et qu'il la feroit passer peu à peu par de petits remèdes qui ne me feroient aucun embarras. Du reste, je suis assez bien, Dieu merci. Je suis bien plus en peine pour ma sœur Isabelle-Agnès, dont je suis bien fâché de n'apprendre aucune nouvelle certaine. Madame la comtesse de Gramont m'a dit que M. Dodart lui en avoit parlé à Fontainebleau avec de grandes inquiétudes. Ne doutez pas qu'il n'ait consulté M. Félix, et qu'il ne l'aille voir dès qu'il sera de retour. On m'a dit qu'il n'arriveroit ici que jeudi. Je n'ai point été surpris de la mort de M. du Fossé, mais j'en ai été très touché. C'étoit pour ainsi dire le plus ancien ami que j'eusse au monde. Plût à Dieu que j'eusse mieux profité des grands exemples de piété qu'il m'a donnés ! Je vous demande pardon d'une si longue lettre, et vous prie toujours de m'assister de vos prières.

LETTRE IX [1].

RACINE ET BOILEAU

A MONSEIGNEUR LE MARESCHAL DE LUXEMBOURG.

Au milieu des louanges et des complimens que vous receués de tous costés pour le grand seruice que vous venés de rendre à la France, trouués bon, Monseigneur, qu'on vous remercie aussi du grand bien que vous aués faict à l'Histoire, et du soin que vous prenés de l'enrichir. Personne jusqu'ici n'y a trauaillé avec plus de succez que vous, et la bataille que vous venés de gagner fera sans doute un de ses

[1] Le *fac simile* de cette lettre se trouve dans l'édition de Geoffroy ; en l'imprimant ici, nous avons cru devoir en conserver l'orthographe.

plus magnifiques ornemens. Jamais il n'y en eut de si propre à estre racontee, et tout s'y rencontre à-la-fois, la grandeur de la querele, l'animosité des deux partis, l'audace et la multitude des combattans, une résistance de plus de six heures, un carnage horrible, et enfin une déroute entiere des ennemis. Jugés donc quel agrément c'est pour des historiens d'avoir de telles choses à escrire, surtout quand ces historiens peuuent esperer d'en apprendre de vostre bouche mesme le detail. C'est de quoi nous osons nous flatter. Mais, laissant là l'Histoire à part, serieusement, Monseigneur, il n'y a point de gens qui soient si veritablement touchés que nous de l'heureuse victoire que vous aués remportée; car, sans conter l'interest general que nous y prenons avec tout le Roiaume, figurés vous quelle est notre joie d'entendre publier partout que nos affaires sont restablies, toutes les mesures des ennemis rompues, la France, pour ainsi dire, sauuée, et de songer que le Heros qui a faict tous ces miracles est ce mesme Homme d'un commerce si agreable, qui nous honnore de son amitié, et qui nous donna à disner le jour que le Roi lui donna le commandement de ses armées. Nous sommes auec un profond respect,

MONSEIGNEUR,

Vos très humbles et très obeissans
serviteurs,
RACINE. DESPREAUX.

A Paris, 8e juillet.

LETTRE X.

RACINE A SA TANTE,

SUPÉRIEURE DU COUVENT DE PORT-ROYAL [1].

30 août 1695.

J'ai eu l'honneur de voir, ma très chère tante, M. l'archevêque de Paris, et de l'assurer de vos très humbles respects et de ceux de votre maison. Je lui ai dit même toutes les actions de grâces que vous aviez rendues à Dieu, pour avoir donné à son Église un prélat selon son cœur. Il a reçu tout cela avec une bonté extraordinaire. Il m'a chargé d'assurer votre maison qu'il l'estimoit très particulièrement, me répétant plusieurs fois qu'il espéroit vous en donner des marques dans tout ce qui dépendroit de lui. Ensuite je lui ai rendu compte de toutes les démarches que vous aviez faites auprès de son prédécesseur pour obtenir de lui un supérieur. Je ne lui ai rien caché de tous les entretiens que j'avois eus avec lui sur ce sujet, et du dessein que vous aviez eu en-

---

[1] Cette lettre et le fragment suivant se trouvent dans l'*Histoire générale de l'abbaye de Port-Royal*, en 10 vol., par dom Clémencet. Nous en devons la découverte à M. de La Chapelle, commandant l'artillerie à Amiens. M. de La Chapelle, qui a fait de profondes recherches sur la correspondance de Racine, nous a également communiqué plusieurs observations importantes, dont nous avons fait usage.

fin de lui demander M. le curé de Saint-Séverin. Il
me dit que le choix étoit très bon, et que c'étoit un
très vertueux ecclésiastique. Je lui ai demandé là-
dessus son conseil sur la conduite que vous aviez à
tenir en cette occasion, et lui ai dit que, comme vous
aviez une extrême confiance en sa justice et en sa
bonté, vous pensiez ne devoir rien faire sans son
avis; que d'ailleurs, n'étant pas tout-à-fait pressées
d'avoir un supérieur, vous aimeriez bien autant attendre qu'il eût ses bulles, s'il le jugeoit à propos,
afin de vous adresser à lui-même. Il m'a répondu en
souriant qu'il croyoit en effet que vous feriez bien
de ne vous point presser, et de demeurer comme
vous étiez, en attendant qu'il pût lui-même suppléer
aux besoins de votre maison. Je lui témoignai l'appréhension où vous étiez que des personnes sécu-
lières ne prissent ce temps-là pour obtenir des permissions d'entrer chez vous. Il loua extrêmement
votre sagesse dans cette occasion, et m'assura qu'il
seconderoit de tout son pouvoir votre zèle pour la
régularité, laquelle ne s'accordoit pas avec ces sortes
de visites. Je lui demandai s'il ne trouvoit pas bon,
au cas qu'on importunât MM. les grands-vicaires
pour de semblables permissions, que vous vous ser-
vissiez de son nom, et que vous fissiez entendre à
ces messieurs que ce n'étoit point son intention qu'on
en donnât à personne. Il répondit qu'il vouloit très
bien que vous fissiez connaître ses sentiments là-
dessus, si vous jugiez qu'il en fût besoin. Je lui dis
enfin que vous aviez dessein de lui envoyer M. Eus-

tace, votre confesseur. Il me dit que cela étoit inutile; qu'il étoit persuadé de tout ce que je lui avois dit de votre part; il ajouta encore une fois, en me quittant, *que votre maison seroit contente de lui.* Je crois, en effet, ma très chère tante, que vous avez tout lieu d'être en repos. Je sais même, par des personnes qui connoissent à fond ses sentiments, qu'il est très résolu de vous rendre justice; mais ces personnes vous conseillent de le laisser faire, et de ne point témoigner au public une joie et un empressement qui ne serviroient qu'à le mettre hors d'état d'exécuter ses bonnes intentions. Je sais qu'il n'est pas besoin de vous donner de tels avis, et qu'on peut s'en reposer sur votre extrême modération. Mais on craint avec raison l'indiscréte joie de quelques uns de vos amis et de vos amies, à qui on ne peut trop recommander de garder un profond silence sur toutes vos affaires.

FRAGMENTS

D'UNE LETTRE DE RACINE A SA TANTE.

Le 19 février 1696.

Cette lettre contenoit « qu'il avoit vu M. de La Roynette, et que tout ce qu'il pouvoit lui en dire étoit qu'il faisoit beaucoup de vœux pour le rétablissement de la maison, qu'il croyoit même que le bien de l'Église voudroit qu'on y pût élever la jeunesse, comme on faisoit autrefois ; et qu'il déploroit la manière peu chrétienne dont elle étoit élevée dans la plupart des maisons religieuses. »

Il ajoutoit « que le grand-vicaire ne laissoit pas d'être sensible à cette terreur universelle qui avoit frappé tous les esprits, et qui leur faisoit craindre de passer pour être favorable à une maison qui avoit des ennemis si puissants ; qu'on pourroit prendre des biais qui le mettroient à couvert de tout soupçon. »

FIN DES LETTRES DE RACINE
A DIVERSES PERSONNES.

PIÈCES DIVERSES

ATTRIBUÉES

A JEAN RACINE.

AVERTISSEMENT.

Nous plaçons sous le titre de *Pièces diverses* deux morceaux à la composition desquels on croit que Racine a eu grande part.

Le premier est une lettre en forme de dédicace, qui parut en 1677, à l'occasion que voici : madame de Maintenon, chargée de l'éducation du duc du Maine, imagina de faire imprimer un recueil des ouvrages de ce prince, qui consistoient pour la plupart en versions de divers passages de Florus, Justin, et autres historiens latins, qu'il avoit faites sous la direction de son précepteur Le Ragois. Le livre, imprimé sur format in-4°, sans indication du lieu ni de la date de l'impression, sous le titre de *OEuvres diverses d'un auteur de sept ans*, étoit précédé d'une épître dédicatoire à madame de Montespan, mère du jeune écolier [1]. Cette pièce, qui n'étoit pas signée, fit bruit dans le monde, et fut d'abord attribuée à madame de Maintenon. Mais les gens de goût ne tar-

---

[1] On avoit aussi mis en tête du livre les six vers suivants, qui furent attribués à Racine :

> Ne pensez pas, messieurs les beaux-esprits,
>   Que je veuille par mes écrits
> Prendre une place au temple de mémoire.
>   Vous savez de qui je suis fils ;
>   Donc il me faut une autre gloire
>   Et des lauriers d'un plus haut prix.

dèrent pas à penser que c'étoit l'ouvrage d'une plume encore plus habile et plus exercée que la sienne. Ils trouvèrent que les louanges, qui n'y étoient pas ménagées, y étoient cependant présentées avec une délicatesse, et relevées par une grace d'expression et une variété de tournure, qui leur donnoit tout le piquant de la nouveauté. Ils en conclurent que madame de Maintenon avoit, dans cette occasion, emprunté le secours de l'écrivain le plus distingué de son siècle, de celui qui avoit le mieux étudié les finesses de la langue, et qui en connoissoit le mieux toutes les ressources. Cette pièce a néanmoins été insérée dans le recueil des lettres de madame de Maintenon, donné en 1751; mais l'éditeur des OEuvres complètes de Racine, publiées en 1768, n'a pas balancé à la comprendre dans son édition.

Le second morceau, qui est moins connu, a été publié, en 1738, par l'abbé d'Olivet, à la suite de ses *Remarques sur Racine*. L'éditeur raconte à ce sujet qu'au moment où l'Académie françoise étoit sur le point de mettre au jour son dictionnaire, en 1694, elle chargea Charles Perrault d'en préparer l'épître dédicatoire. « Tout promettoit un chef-d'œuvre, ajou-
« te-t-il; la noblesse du sujet, la brièveté de l'ouvrage,
« le grand loisir de l'auteur, sa longue expérience dans
« l'art d'écrire, les grands motifs qui devoient l'ani-
« mer, ayant à répondre à l'attente d'une compagnie
« si éclairée. » Perrault se mit donc à l'ouvrage, et

quand il fut satisfait de son épître, il en fit tirer quarante copies, qu'il distribua à ses confrères pour avoir leurs observations s'il y en avoit à faire. Une de ces copies manuscrites, chargée de trente-une remarques, est tombée entre les mains de l'abbé d'Olivet; et celui-ci, en publiant cette pièce, l'attribue à Racine et à l'abbé Regnier Desmarais. Nous nous sommes déterminés d'autant plus volontiers à faire reparoître ici ce morceau de critique, qu'il est devenu peu commun, et qu'il renferme d'excellentes observations sur l'art si difficile et si nécessaire d'écrire avec justesse, clarté, et correction[1].

On connoît encore deux autres pièces auxquelles Racine a participé.

L'une est cette facétie qui parut en 1664 sous le titre de *Chapelain décoiffé*, au sujet de la pension de 3000 liv. que Colbert fit donner à ce poëte. Voici ce qu'en dit Boileau dans une lettre à son éditeur Brossette, du 10 décembre 1701 : « A l'égard du *Chapelain* « *décoiffé*, c'est une pièce où je vous confesse que « M. Racine et moi avons eu quelque part, mais nous « n'y avons jamais travaillé qu'à table, le verre à la « main. Il n'a pas été proprement fait *currente calamo*, « mais *currente lagenâ*, et nous n'en avons jamais écrit

---

[1] D'Alembert a donné cette pièce à la suite de l'Éloge de Regnier Desmarais, et a fait lui-même des observations sur cette critique. Voyez l'*Histoire des membres de l'Académie françoise, morts depuis* 1700, tom. III, pag. 244 et suiv.

« un seul mot. » Il dit, dans un autre écrit, que Racine et lui ont seulement fourni quelques traits à Furetière, le véritable auteur de cette parodie.

L'autre pièce est l'*Arrêt burlesque rendu à la grand'chambre du Parnasse, le 12 août 1671, pour le maintien de la doctrine d'Aristote*, plaisanterie dont Bernier fut le principal auteur, et dans laquelle il se fit aider par Racine et Boileau, qui lui donnèrent quelques idées, et par Dongois, greffier en chef de la grand'chambre, et neveu de Boileau, qui y contribua pour la forme et le style.

Nous croyons devoir nous borner à indiquer ces deux dernières pièces, parceque Racine n'y eut que très peu de part, et que d'ailleurs elles se trouvent dans presque toutes les éditions des œuvres complètes de Boileau. (*Anon.*)

ÉPITRE DÉDICATOIRE

A MADAME

DE MONTESPAN.

Madame,

Voici le plus jeune des auteurs qui vient vous demander votre protection pour ses ouvrages. Il auroit bien voulu attendre, pour les mettre au jour, qu'il eût huit ans accomplis; mais il a eu peur qu'on ne le soupçonnât d'ingratitude, s'il étoit plus de sept ans au monde sans vous donner des marques publiques de sa reconnoissance.

En effet, Madame, il vous doit une bonne partie de tout ce qu'il est. Quoiqu'il ait eu une naissance assez heureuse, et qu'il y ait peu d'auteurs que le ciel ait regardés aussi favorablement que lui, il avoue que votre conversation a beaucoup aidé à perfectionner en sa personne ce que la nature avoit commencé. S'il pense avec quelque justesse, s'il s'exprime avec quelque grace, et s'il sait déja faire un assez juste discernement des hommes, ce sont autant de qualités qu'il a tâché de vous dérober. Pour moi, Madame, qui connois ses plus secrètes pensées, je sais avec quelle admiration il vous écoute, et je puis vous assurer avec vérité qu'il vous étudie beaucoup plus volontiers que tous ses livres.

Vous trouverez, dans l'ouvrage que je vous présente, quelques traits assez beaux de l'histoire ancienne; mais il craint que, dans la foule d'évènements merveilleux qui sont arrivés de nos jours, vous ne soyez guère touchée de tout ce qu'il pourra vous apprendre des siècles passés. Il craint cela avec d'autant plus de raison, qu'il a éprouvé la même chose en lisant les livres. Il trouve quelquefois étrange que les hommes se soient fait une nécessité d'apprendre par cœur des auteurs qui nous disent des choses si fort au-dessous de ce que nous voyons. Comment pourroit-il être frappé des victoires des Grecs et des Romains, et de tout ce que Florus et Justin lui racontent? Ses nourrices, dès le berceau, ont accoutumé ses oreilles à de plus grandes choses. On lui parle comme d'un prodige d'une ville que les Grecs prirent en dix ans. Il n'a que sept ans, et il a déjà vu chanter en France des *Te Deum* pour la prise de plus de cent villes.

Tout cela, Madame, le dégoûte un peu de l'antiquité. Il est fier naturellement; je vois bien qu'il se croit de bonne maison, et avec quelques éloges qu'on lui parle d'Alexandre et de César, je ne sais s'il voudroit faire aucune comparaison avec les enfants de ces grands hommes. Je m'assure que vous ne désapprouverez pas en lui cette petite fierté, et que vous trouverez qu'il ne se connoît pas mal en héros ; mais vous m'avouerez aussi que je n'entends pas mal à faire des présents, et que, dans le dessein que j'avois de vous dédier un livre, je ne pouvois choisir un auteur qui vous fût plus agréable, ni à qui vous prissiez plus d'intérêt qu'à celui-ci.

Je suis,

MADAME,

Votre très humble et très obéissante servante.

ÉPITRE DÉDICATOIRE

DU

DICTIONNAIRE DE L'ACADÉMIE FRANÇOISE*.

AU ROI.

SIRE,

Le Dictionnaire de l'Académie françoise paroît¹ enfin sous les auspices² de Votre Majesté, et nous avons³ osé mettre à la tête de notre ouvrage le nom auguste du plus grand des rois. Quelques⁴ soins que nous ayons pris d'y rassembler tous⁵ les termes dont l'éloquence et la poésie peuvent former l'éloge des plus grands héros, nous⁶ avouons, Sire, que vous nous en avez fait sentir plus d'une fois et le défaut et la foiblesse. Lorsque⁷ notre zèle ou notre devoir nous ont engagés à parler⁸ du secret impénétrable de vos desseins, que la seule exécution découvre aux yeux des hommes, et toujours dans les moments marqués par votre sagesse, les mots de *prévoyance*,

* Cette épitre est de Charles Perrault. (Voyez l'avertissement.)

de *prudence*, et de *sagesse* même ne répondoient[9] pas à nos idées, et nous aurions osé nous servir de celui de [10] *providence*, s'il pouvoit jamais être permis de donner aux hommes ce qui n'appartient qu'à Dieu seul. Ce qui nous [11] console, Sire, c'est [12] que sur un pareil sujet les autres langues n'auroient aucun avantage sur la nôtre : celle des Grecs et celle des Romains seroient dans la même indigence; et tout ce que nous voyons [13] de brillant et de sublime dans leurs plus fameux panégyriques, n'auroit ni assez de force ni assez d'éclat pour soutenir le simple récit de vos victoires. Que l'on remonte de siècle en siècle jusqu'à l'antiquité la plus reculée, qu'y trouvera-t-on de comparable au spectacle qui fait aujourd'hui l'attention de l'univers? toute l'Europe armée contre vous, et toute l'Europe trop foible.

Qu'il nous soit permis, Sire, de détourner un moment les yeux [14] d'une gloire si éclatante, et d'oublier, s'il est possible, le vainqueur [15] des nations, le vengeur [16] des rois, le défenseur des autels, pour ne regarder que le protecteur de l'Académie françoise. Nous sentons combien nous honore [17] une protection si glorieuse; mais quel [18] bonheur pour nous de trouver en même temps le modèle le plus parfait de l'éloquence ! Vous [19] êtes, Sire, naturellement et sans art, ce que nous tâchons de devenir par le travail et par l'étude : il règne dans tous [20] vos discours une souveraine [21] raison, toujours soutenue d'expressions fortes et précises, qui vous rendent [22] maître de toute l'ame de ceux qui vous écoutent, et ne leur laissent d'autre volonté que la vôtre. L'éloquence [23] où nous aspirons par nos veilles, et qui est en vous un don du ciel, que ne doit-elle point à vos actions héroïques ? Les [24] graces que vous versez sans cesse sur les gens de lettres peuvent bien faire fleurir les arts et les sciences ; mais ce sont les grands événements qui font les poëtes et les orateurs : les merveilles de votre règne en auroient fait naître au milieu d'un pays barbare.

Tandis [25] que nous nous appliquons à l'embellissement de notre langue, vos armes victorieuses la font passer chez les étrangers : nous leur en facilitons l'intelligence par notre travail, et vous la leur rendez nécessaire par vos conquêtes : et si elle va encore plus loin que vos conquêtes, si elle réduit toutes les langues des pays où elle est connue, à ne servir presque plus qu'au commun du peuple, une si haute destinée vient moins de sa beauté naturelle et des [26] ornements que nous avons tâché d'y ajouter, que de l'avantage d'être la langue de la nation qui vous a pour monarque, et (nous ne craignons point de le dire) que vous avez rendue la nation dominante. Vous répandez [27] sur nous un éclat qui assujettit les étrangers à nos coutumes dans tout ce que leurs lois peuvent leur avoir laissé de libre : ils se font honneur de parler comme ce peuple à qui vous avez appris à surmonter tous les obstacles, à ne plus trouver de places imprenables, à forcer les retranchements les plus inaccessibles. Quel [28] empressement, SIRE, la postérité n'aura-t-elle point à rechercher, à recueillir les Mémoires de votre vie, les chants de victoire qu'on aura mêlés à vos triomphes ! C'est [29] ce qui nous répond du succès de notre ouvrage ; et s'il [30] arrive, comme nous osons l'espérer, qu'il ait le pouvoir de fixer la langue pour toujours, ce ne sera pas tant par nos soins, que parceque les livres et les autres monuments qui parleront du règne de VOTRE MAJESTÉ, feront les délices de tous les peuples, feront l'étude de tous les rois, et seront toujours regardés comme faits dans le temps de la pureté du langage et dans le beau siècle de la France. Nous [31] sommes avec une profonde vénération, etc.

CRITIQUE
DE L'ÉPITRE PRÉCÉDENTE*.

¹ *Le Dictionnaire de l'Académie françoise paroît enfin.* Ce mot *enfin* ne peut ici être dit qu'en deux sens : ou comme par un aveu de la lenteur de l'Académie à travailler, ou comme par une espèce de vaine complaisance d'avoir pu venir à bout d'un si grand ouvrage. Or, dans l'un et dans l'autre sens, il est mal, parcequ'il n'est ici question ni de s'accuser ni de se vanter.

² *Sous les auspices de* Votre Majesté. On dit bien *agir sous les auspices, entreprendre, achever quelque chose sous les auspices d'un grand prince,* pour marquer que c'est par ses ordres que tout s'est fait ; que c'est son génie, son bonheur, qui ont influé sur tout. Mais *paroît sous les auspices* ne se peut dire, à mon sens, que dans une occasion ; ce seroit si un auteur, n'ayant pas voulu, par modestie, mettre un ouvrage au jour, venoit à y être excité, et comme forcé par les instances d'un grand prince. Car alors on pourroit dire, avec fondement, que cet ouvrage paroît au jour sous les auspices du prince. Mais ici il n'y a rien de semblable.

³ *Et nous avons osé mettre à la tête de notre ouvrage le nom auguste.* Cette phrase, *mettre le nom d'un prince à la tête d'un ouvrage,* pour dire, lui dédier un ouvrage, me

* Cette critique est attribuée à Racine et à Regnier Desmarais. (Voyez l'avertissement.)

semble impropre, en ce qu'elle ne signifie point en effet ce qu'on veut lui faire signifier. Le mot *oser* me semble aussi n'être pas à propos en cet endroit. Car, en général, bien loin que ce soit une hardiesse à qui que ce soit, de dédier un livre à un grand prince, c'est au contraire une marque de respect, un acte d'hommage; et pour l'Académie, à l'égard du roi qui en est le protecteur, c'est un devoir, c'est une obligation indispensable.

4 *Quelques soins que nous ayons pris d'y rassembler tous les termes dont l'éloquence et la poésie peuvent former l'éloge des plus grands héros.* De la façon dont ceci est énoncé, on peut croire que l'Académie, en faisant son Dictionnaire, n'a eu autre chose en vue que de recueillir les mots dont on peut se servir dans un panégyrique, dans une ode, dans un poëme épique, ou que du moins, en rassemblant aussi tous les autres, elle ne l'a fait que par manière d'acquit: mais que pour ceux qui peuvent entrer dans l'éloge d'un grand prince, elle y a travaillé avec tout un autre soin. Car c'est là ce qui résulte naturellement de la phrase dont il s'agit.

Que si on la veut prendre dans un sens plus étendu, et comme faisant une figure qui, dans l'expression de la plus noble partie, comprend le tout, il y aura un autre inconvénient. C'est que tous les faiseurs de Dictionnaire seront aussi bien fondés que nous, à dire qu'ils ont *pris soin de rassembler tous les termes dont on peut former l'éloge des plus grands héros.*

Il y a d'ailleurs une autre observation à faire là-dessus, c'est que les mots de jurer, blasphémer, voler, tuer, assassin, traître, crime, poison, inceste, etc., ne sont pas moins dans le Dictionnaire de l'Académie, que ceux de régner, vaincre, triompher, libéral, magnanime, conquérant, valeur, gloire, sagesse, etc.; qu'ainsi on peut dire, avec le même fondement, que nous avons *pris soin de rassembler* tous les termes dont on peut se servir pour faire les invectives les plus sanglantes et pour décrire les actions les plus abominables.

5 *Tous les termes dont l'éloquence.* Phrase louche par elle-même, et qui laisse en doute d'abord si on ne veut point dire *tous les termes, l'éloquence desquels.*

6 *Nous avouons,* Sire, *que vous nous en avez fait sentir plus d'une fois et le défaut et la foiblesse.* Ces mots-là, de la manière dont ils sont rangés, font tout un autre sens que celui qu'on a voulu leur donner. On a voulu dire que le roi nous faisoit sentir la foiblesse et la pauvreté de la langue; et cette phrase, tout au contraire, signifie qu'il nous a fait sentir le défaut et la foiblesse des héros.

7 *Lorsque notre zèle.* Quand on a avancé une proposition, il faut que la preuve qu'on en donne ensuite y ait un parfait rapport. Ainsi, après avoir dit que le roi nous a fait sentir plus d'une fois *la foiblesse* de la langue, il faudroit, pour le bien prouver, faire une espèce d'énumération de diverses choses, en quoi il nous l'a fait sentir. Mais ici on ne parle que d'une seule; et outre qu'en cela on manque à prouver suffisamment ce qu'on avoit avancé, puisqu'une proposition générale ne sauroit être prouvée par un fait particulier, on donne de plus lieu de croire que ce n'est qu'à l'égard de ce fait particulier, qu'on a trouvé la langue trop foible.

8 *Parler du secret impénétrable.* Parler d'un secret, c'est le révéler, le divulguer; de sorte qu'on pourroit dire que, bien loin que le zèle et le devoir engagent à parler du secret impénétrable des desseins d'un prince, ils obligent au contraire à n'en dire mot.

9 *Ne répondoient pas à nos idées.* Il faudroit, pour la justesse de la construction, *ont mal répondu,* puisque auparavant il y a *nous ont engagés;* ou bien, ce qui seroit encore plus régulier: *Toutes les fois que notre zèle ou notre*

*devoir nous ont engagés.... nous avons trouvé que les mots....
ne répondoient pas à nos idées.*

¹⁰ *Providence.* Reconnoître que le terme de providence n'appartient qu'à Dieu seul, et qu'il ne peut jamais être permis de donner aux hommes ce qui n'appartient qu'à Dieu, mais cependant dire en même temps qu'on le donneroit s'il étoit permis de le donner, il y a en cela une contradiction d'idées, et cela se détruit de soi-même.

D'ailleurs, en disant : *Et nous aurions osé, etc. s'il pouvoit être permis, etc.* on marque une grande disposition à faire la chose même que l'on reconnoît n'être pas permise. Je ne sais si je me trompe, mais cet endroit, à ce qu'il me semble, blesse la bienséance.

¹¹ *Ce qui nous console.* Voilà encore un endroit où l'expression fait tort au sens; car si l'Académie est vraiment touchée de ce qui regarde la gloire du roi, ce ne doit pas être un sujet de consolation pour elle, de ce que les autres langues ne sont pas plus capables que la nôtre, de donner une juste idée des actions d'un si grand prince. On ne peut avoir raison de s'exprimer de la sorte que quand on veut bien laisser voir qu'on n'agit que par émulation. Mais hors de là il est mal de dire qu'on se console de ne pouvoir pas bien faire, parceque d'autres ne peuvent pas faire mieux.

¹² *C'est que sur un pareil sujet les autres langues n'auroient aucun avantage sur la nôtre.* De ces deux *sur*, le premier est peut-être impropre; car on ne dit pas *avoir avantage sur quelqu'un, sur quelque chose,* mais *en quelque chose.* De plus, l'exactitude et la pureté du style ne souffrent pas qu'on mette dans un petit membre de période, deux *sur* qui dépendent tous deux d'un même régime.

¹³ *De brillant et de sublime dans leurs plus fameux panégyriques.* A prendre le mot de *panégyrique* dans un sens étroit, cela n'iroit pas loin. Ainsi je ne doute point que

par les *plus fameux panégyriques*, on n'ait eu en vue tout ce que les anciens, grecs et romains, peuvent avoir fait de plus achevé, en matière de louanges, dans tous leurs ouvrages. Mais en même temps aussi je crois que c'est une exagération, et trop forte en elle-même, et vicieuse outre cela quant au sens et quant à l'expression, que de dire que ce qu'il y a de plus brillant et de plus sublime dans l'éloquence, ou grecque ou romaine, ne puisse pas avoir *assez de force et assez d'éclat pour soutenir le simple récit des victoires* du roi. Le brillant, le sublime, et l'éclat, ne sont point faits pour *soutenir*, et un *simple récit* ne doit point être *soutenu*. Cela implique contradiction.

¹⁴ *Qu'il nous soit permis, Sire, de détourner les yeux d'une gloire si éclatante.* Je ne blâme point cette phrase; mais pourtant *les yeux d'une gloire* peuvent trouver de mauvais plaisants.

¹⁵ *Le vainqueur des nations.* Pour pouvoir dire qu'un prince est le *vainqueur des nations*, il ne suffit pas qu'il ait été toujours victorieux dans toutes les guerres qu'il a, ou entreprises, ou soutenues contre diverses nations; il faut qu'il ait subjugué des nations entières. Or, cela ne se peut pas dire du roi, quoique ses victoires et ses conquêtes soient plus grandes et plus glorieuses par elles-mêmes, que celles des princes qui ont subjugué plusieurs nations.

¹⁶ *Le vengeur des rois.* Cette épithète ne convient pas non plus. Il faudroit, pour la fonder, que le roi eût effectivement rétabli le roi d'Angleterre sur le trône. Tant qu'il ne l'y rétablit point, il est son protecteur, son appui, mais il n'est point son *vengeur*, le mot de *vengeur* supposant un homme qui non seulement a pris quelqu'un sous sa protection, mais qui l'a effectivement vengé de ses ennemis et rétabli en son premier état.

¹⁷ *Une protection si glorieuse.* La construction souffre

ici ; car il ne suffit pas que, sous le terme de *protecteur*, celui de *protection* soit renfermé, pour dire ensuite absolument *une protection si glorieuse ;* mais il faut nécessairement que celui même de *protection* ait été exprimé. Ces mots, *une si glorieuse*, étant ici de même nature que le pronom démonstratif, *ce*, qu'on ne peut jamais employer sans que le terme auquel il se rapporte ait été employé peu de temps auparavant, ou sans ajouter ensuite quelque chose qui marque précisément de quoi il s'agit. Ainsi, après avoir parlé de la protection dont le roi honore l'Académie, on peut bien dire : *Une si haute protection, Sire.* Que si on ne s'est point encore servi du mot de *protection*, il faudra dire : *Une si haute protection que celle dont vous nous honorez*, ou quelque autre chose de semblable ; car si l'on n'ajoute rien après *une si haute protection* dans un cas où le même mot n'a pas précédé, encore une fois il n'y a point de construction.

Si glorieuse. En parlant des grandes actions du roi, c'est fort bien dit, *des actions si glorieuses*, parceque c'est à lui qu'elles apportent de la gloire. Mais en parlant de la protection que le roi nous donne, comme ce n'est pas à lui, mais à nous qu'elle fait honneur, il faut le remarquer, et dire *une protection qui nous est si glorieuse*.

Ce qu'il y a encore de plus considérable à observer sur cette phrase, *combien nous honore une protection si glorieuse*, c'est qu'elle roule sur des termes qui ne disent à-peu-près que la même chose, et qu'ainsi elle tombe dans le vice où tomberoit celui qui diroit: Je sens combien me fait de plaisir une chose si agréable, ou, je sens combien m'est utile une chose si avantageuse ; car l'honneur et la gloire ne sont pas plus distincts entre eux, que l'agrément et le plaisir, que l'avantage et l'utilité.

[18] *Quel bonheur pour nous de trouver en même temps le modèle le plus parfait de l'éloquence.* De la façon dont ceci

est énoncé, on ne donne pas assez à entendre où l'on a trouvé ce modéle ; et puisque c'est du roi qu'on veut parler, il me semble qu'il auroit fallu dire *de trouver en vous*, ou quelque chose d'équivalent. Mais sans m'arrêter à ce qui regarde ici l'expression, je passe à ce qui regarde le sens.

Le roi parle sans doute très purement ; il s'exprime avec une grande justesse, avec une grande précision, et il a l'esprit si excellent, il est si consommé dans les affaires de son état, que tout ce qu'il pense et tout ce qu'il dit dans ses conseils est toujours ce qu'il y a de mieux à dire et à penser. Tout cela fait un très grand prince, un très grand génie qu'on peut proposer aux rois pour modéle ; mais fait-il un orateur éloquent, sur le modéle duquel ceux qui aspirent à l'éloquence, doivent et puissent se former? De plus, quand le bon sens, la pureté, et la précision, qui régnent dans tout ce que le roi dit dans ses conseils, feroient cette véritable éloquence que les académiciens doivent chercher, comment la pourroient-ils imiter, puisque pour cela il faudroit être admis dans ses conseils et pouvoir l'entendre parler sur les affaires de son état? Car s'ils n'ont l'honneur de le voir et de l'entendre que comme la foule des courtisans, ils pourront bien apprendre de lui à se posséder toujours, à ne dire jamais rien de dur, rien d'inutile, rien que de précis et de sage. Mais tout cela regarde bien plus les mœurs que l'éloquence. Ainsi, plus j'approfondis la louange qu'on a voulu donner en cela au roi, moins je la trouve convenable.

19 *Vous êtes, Sire, naturellement et sans art, ce que nous tâchons de devenir par l'étude.* Pour juger si cette proposition renferme un sens juste, il faut examiner ce que le roi est naturellement, et ce que les académiciens doivent travailler à devenir par l'étude. Le roi est naturellement, c'est-à-dire par sa naissance, et sans y avoir rien contribué de lui-même, roi de France ; il est naturellement très

bien fait; il est naturellement d'une bonne et heureuse complexion : et si l'on veut étendre encore davantage le sens de *naturellement*, il a naturellement de l'esprit, de la pénétration, de la bonté, de la douceur, de la fermeté, de la grandeur d'ame. Voilà à-peu-près ce qu'on peut dire que le roi est naturellement, et qu'il a sans le secours de l'art. Mais est-ce là ce qu'un académicien doit se proposer de devenir et d'acquérir? Il me semble que, comme académicien, ce qu'il doit se proposer, c'est de devenir un excellent grammairien, un excellent critique en matière de littérature, un excellent historien, un excellent orateur, un excellent poëte, enfin un excellent homme de lettres. Or, le roi n'est rien de tout cela naturellement.

[20] *Il règne dans tous vos discours.* La chose est vraie en soi, mais elle me paroît mal énoncée; car ces mots, *dans tous vos discours*, ne conviennent nullement au roi. Il faudroit dire : *Il règne dans tout ce que vous dites*, ou bien, *vous ne dites rien où il ne règne.*

[21] *Une souveraine raison.* Cette souveraine raison dont il est ici question, et qui fait les sages princes et les habiles politiques, est-ce la même que celle qui fait les orateurs et les poëtes? Nullement : c'en est une d'une espèce toute différente, et qui n'a rien de commun avec l'éloquence, si ce n'est parcequ'il n'y a point de véritable éloquence que celle qui est fondée sur la raison.

[22] *Qui vous rendent maître de toute l'ame de ceux qui vous écoutent, et ne leur laissent d'autre volonté que la vôtre.* Tout cela se peut fort bien dire d'un grand prédicateur, d'un grand orateur, d'un éloquent général d'armée, accoutumé à haranguer ses soldats et à leur inspirer ce qu'il veut, mais non pas d'un roi qui donne ses ordres à ses ministres, et qui leur prescrit ce qu'ils doivent faire. Voilà quant au sens des paroles : je viens maintenant aux paroles mêmes.

C'est fort bien dit, en parlant d'un orateur, *ceux qui l'écoutent*. Mais en parlant d'un roi qui agite, qui discute avec ses ministres les affaires de son état, il faut dire, *ceux qui l'entendent parler*. Et dire en cette occasion : *Ceux qui l'écoutent*, c'est une phrase aussi impropre que si on disoit *ses auditeurs*, pour dire *ses ministres*.

Il y a, ce me semble, une autre faute de justesse dans ces paroles, *qui vous rendent.... et ne leur laissent;* car ce ne sont pas les expressions fortes et précises qui *rendent un homme maître*, etc. c'est la souveraine raison, soutenue de ces expressions. Et par conséquent, au lieu que ces mots sont mis au pluriel et se rapportent à *expressions*, ils doivent être mis au singulier et se rapporter à *souveraine raison*.

Je crois aussi qu'en cet endroit, *expressions fortes* n'est pas bien dit, parceque, dans la bouche du maître, des expressions fortes sont des expressions dures, et qui tiennent de l'empire et de la menace.

Quant à cette autre façon de parler, *maître de toute l'ame*, il me semble qu'elle a quelque chose de poétique, et qu'elle est ici mal appliquée ; car s'agit-il que le roi, pour faire entrer ses ministres dans son sentiment, se rende maître de leur esprit par la force de ses raisons et de ses paroles ?

23 *L'éloquence où nous aspirons par nos veilles, et qui est en vous un don du ciel, que ne doit-elle point à vos actions héroïques ?* Si on s'étoit contenté de dire que l'éloquence où l'Académie aspire, doit beaucoup aux actions héroïques du roi, on auroit dit une chose qu'on pourroit trouver moyen de soutenir. Mais dire que l'éloquence qui est en lui *un don du ciel*, doit beaucoup à ses actions héroïques, c'est une chose qui ne se peut pas défendre ; car c'est dire précisément que le don du ciel, qui est en lui, doit beaucoup à ses actions.

24 *Les graces que vous versez sans cesse sur les gens de*

lettres peuvent bien faire fleurir les arts et les sciences ; mais ce sont les grands événements qui font les poëtes et les orateurs. Si les graces répandues sur les gens de lettres font fleurir les lettres, il s'ensuit nécessairement qu'elles font aussi des poëtes et des orateurs ; car les lettres ne peuvent pas fleurir sans l'éloquence et la poésie. Ainsi le sens du second membre de cette période étant déjà enfermé dans le premier, il n'y a pas lieu de l'énoncer ensuite dans le second membre comme par une espèce d'opposition, et d'en former un axiome.

Mais quand il n'y auroit nulle difficulté en cela, je ne vois pas sur quoi on fonde que ce sont les grands événements qui font les poëtes et les orateurs. Tout ce qu'ils font, c'est de leur fournir des sujets propres à les exciter et à les soutenir. Alexandre a été un des plus grands conquérants du monde, et il n'y a peut-être jamais eu de plus grand événement dans l'univers que le renversement de l'empire des Perses, suivi de l'établissement de celui des Grecs dans une partie considérable de l'Europe, dans l'Égypte, et dans l'Asie jusqu'au Gange. Cependant les grandes choses qu'il a faites lui ont-elles fait naître un excellent poëte grec ? Et le poëte Chérilus, qui les a vus, et qu'il combloit même de bienfaits, en a-t-il été moins mauvais poëte ? Les victoires d'Annibal, grandes et signalées en Espagne et en Italie, et celles mêmes de Jules-César, ont-elles fait naître des poëtes et des orateurs ? En a-t-on vu de bien fameux du temps de Charlemagne, si célèbre par ses grandes actions, et par l'empire romain partagé avec les Grecs ? Et s'il étoit vrai que les merveilles du règne d'un prince en dussent faire naître *au milieu d'un pays barbare*, pourquoi les premiers Ottomans n'en ont-ils point eu dont le nom ait mérité de parvenir jusqu'à nous ? Je sais bien que l'éloquence ne doit pas être renfermée dans les bornes d'une vérité rigoureuse ; mais il ne faut pas aussi, dans une épître, s'emporter comme feroit un orateur dans la tribune, ou comme un poëte dans un ouvrage pindarique.

25 *Tandis que nous nous appliquons.* Voici une période d'une extrême longueur, et qui n'a en cela nulle proportion avec les autres, qui sont presque toutes coupées.

Il me semble, au reste, qu'il y a quelque chose qui blesse la bienséance, de représenter dans un même tableau, d'un côté l'Académie travaillant à la composition ou à la révision du Dictionnaire, et de l'autre le roi à la tête de ses armées.

Mais laissant cela à part, puisque c'est du Dictionnaire qu'on parle, et du Dictionnaire achevé, il ne faut pas dire en le présentant : *Tandis que nous nous appliquons.... Vos armées victorieuses la font passer;* mais *tandis que nous nous sommes appliqués.... Vos armées victorieuses l'ont fait passer,* etc.

26 *Des ornements que nous avons tâché d'y ajouter.* Travailler au Dictionnaire d'une langue, est-ce y ajouter des *ornements?* Tous ceux qui font des Dictionnaires ne sont que des compilateurs plus ou moins exacts. On orne, on embellit une langue par des ouvrages en prose et en vers, écrits avec un grand sens, un grand goût, une grande pureté, une grande exactitude, un grand choix de pensées et d'expressions. Mais on ne peut pas dire que ce soit y ajouter *des ornements*, que d'en recueillir, d'en définir les mots, et d'en fournir des exemples tirés du bon usage.

27 *Vous répandez sur nous.* Ce *nous*, si on en juge par tous les autres qui sont dans l'épître, et même par ceux qui sont dans la période précédente, doit s'entendre des Académiciens. De sorte qu'à prendre droit par les termes, cela signifie que les étrangers sont assujettis aux coutumes de l'Académie dans tout ce que leurs lois leur ont pu laisser de libre. Mais quand on ôteroit l'équivoque de *nous*, qui

seroit facile à ôter, il ne seroit peut-être pas aisé de réduire cette pensée à un sens juste et raisonnable; car la langue d'un pays peut-elle raisonnablement se mettre au rang des choses que les lois laissent à la liberté des peuples de quitter comme il leur plaît?

²⁸ *Quel empressement.* Tout ceci, quant au sens, ne me paroît pas assez lié, ni avec ce qui précède, ni avec ce qui suit.

²⁹ *C'est ce qui nous répond du succès.* Qu'est-ce que le succès d'un ouvrage? Est-ce simplement de durer long-temps, et de passer à la postérité? Si cela est, tous les mauvais ouvrages qui sont parvenus jusqu'à nous depuis deux mille ans, plus ou moins, ont eu un grand succès. Et que promet-on au Dictionnaire, quand on ne lui promet autre chose? Mais si, par le succès d'un ouvrage, on entend, comme on le doit, le jugement avantageux qu'en fait le public après l'avoir examiné, comment peut-on dire que l'empressement que la postérité aura à recueillir les Mémoires de la vie du roi, est ce qui répond du succès du Dictionnaire?

³⁰ *S'il arrive.... qu'il ait le pouvoir de fixer la langue pour toujours, ce ne sera pas tant par nos soins, que parceque.* C'est dire: S'il arrive qu'il ait le pouvoir de fixer la langue, ce ne sera pas lui qui la fixera. La bonne logique auroit voulu qu'on eût dit: S'il arrive que la langue françoise, telle qu'elle est aujourd'hui, vienne à être fixée pour toujours, ce ne sera pas tant par nos soins, que parceque, etc.

³¹ *Nous sommes.* Lorsqu'un particulier écrit à un autre particulier, il peut finir sa lettre par-tout où il veut. Il peut couper tout d'un coup, et dire, *je suis*, sans que cela ait aucune liaison de sens avec ce qui a précédé. Peut-être même que c'est mieux fait d'en user de la sorte, que de s'amuser à prendre un tour pour finir une lettre comme en cadence. Mais il n'en est pas de même, à mon avis,

quand une Compagnie écrit au roi. Il faut que tout soit plus compassé, plus mesuré, plus étudié, et que du moins les dernières choses qu'on a dites aient quelque rapport de sens avec la protestation par laquelle on finit; car une fin brusque et qui n'est liée à rien marque de la négligence ou de la lassitude : et l'un et l'autre blessent le respect.

FIN DES NOTES DE L'ÉPITRE PRÉCÉDENTE.

LETTRES

ADRESSÉES A RACINE,

OU ÉCRITES A SON SUJET

PAR DES PERSONNES CÉLÈBRES.

LETTRE

DE LA MÈRE AGNÈS SAINTE-THÈCLE RACINE

A RACINE.

(1665 ou 1666.)

Gloire à Jésus-Christ et au Très Saint Sacrement.

Ayant appris que vous aviez dessein de faire ici un voyage, j'avois demandé permission à notre mère de vous voir, parceque quelques personnes nous avoient assurées que vous étiez dans la pensée de songer sérieusement à vous, et j'aurois été bien aise de l'apprendre par vous-même, afin de vous témoigner la joie que j'aurois s'il plaisoit à Dieu de vous toucher. Mais j'ai appris, depuis peu de jours, une nouvelle qui m'a touchée sensiblement. Je vous écris dans l'amertume de mon cœur, et en versant des larmes que je voudrois pouvoir répandre en assez grande abondance devant Dieu pour obtenir de lui votre salut, qui est la chose du monde que je souhaite avec le plus d'ardeur. J'ai donc appris avec douleur, que vous fréquentiez plus que jamais des gens dont le nom est abominable à toutes les personnes qui ont tant soit peu de piété, et avec raison, puisqu'on leur interdit l'entrée de l'église et la communion des fidèles, même à la mort, à moins qu'ils ne se reconnoissent. Jugez donc, mon cher neveu, dans quel état je puis être, puisque vous n'ignorez pas la tendresse que j'ai toujours eue pour vous, et que je n'ai jamais rien desiré, sinon que vous fussiez tout à Dieu dans quelque emploi honnête. Je vous conjure donc, mon cher neveu, d'avoir pitié de votre ame, et de rentrer dans votre cœur pour y considérer sérieusement dans quel abîme vous vous êtes jeté. Je souhaite que ce qu'on m'a dit ne soit pas vrai; mais si vous êtes assez malheureux pour n'avoir pas rompu un commerce qui vous déshonore devant Dieu et devant les hommes, vous ne devez pas penser à nous venir voir; car vous savez bien que je ne pourrois pas vous parler, vous sachant dans un état si déplorable et si contraire au christianisme. Cependant je ne cesserai point de prier Dieu qu'il vous fasse miséricorde, et à moi en vous la faisant, puisque votre salut m'est si cher.

LETTRE DE M. DE GUILLERAGUES,

AMBASSADEUR DE FRANCE A CONSTANTINOPLE,

A RACINE.

Au palais de France, à Péra, le 9 de juin 1684.

J'ai été sensiblement attendri et flatté, monsieur, de la lettre que vous m'avez fait l'honneur et le plaisir de m'écrire. Vos œuvres, plusieurs fois relues, ont justifié mon ancienne admiration. Éloigné de vous, monsieur, et des représentations qui peuvent en imposer, dégoûté de ces pays fameux, vos tragédies m'en ont paru encore plus belles et plus durables. La vraisemblance y est merveilleusement observée, avec une profonde connoissance du cœur humain dans les différentes crises des passions. Vous avez suivi, soutenu, et presque toujours enrichi les grandes idées que les anciens ont voulu nous donner, sans s'attacher à dire ce qui étoit. Dieu me préserve de traiter la respectable antiquité comme Saint-Amand a traité l'ancienne Rome ; mais vous savez mieux que moi que, dans tout ce qu'ont écrit les poëtes et les historiens, ils se sont plutôt abandonnés au charme de leur brillante imagination, qu'ils n'ont été exacts observateurs de la vérité. (Pour vous et M. Despréaux, historiens du plus grand roi du monde, la vérité vous fournit une matière tellement abondante, que, pouvant même vous accabler et vous rendre peu croyables à la postérité, elle me laisse en doute si vous êtes à cet égard, ou plus heureux, ou plus malheureux que les anciens.)

Le Scamandre et le Simoïs sont à sec dix mois de l'année : leur lit n'est qu'un fossé. Cidaris et Barbisès portent très peu d'eau dans le port de Constantinople. L'Hèbre est une rivière du quatrième ordre. Les vingt-deux royaumes de l'Anatolie, le royaume de Pont, la Nicomédie donnée aux Romains, l'Ithaque, présentement l'île de Céphalonie, la Macédoine, le terroir de Larisse et celui d'Athènes, ne peuvent jamais avoir fourni la quinzième partie des hommes dont les historiens font mention. Il est impossible que tous ces pays, cultivés avec tous les soins imaginables, aient été fort peuplés. Le terrain est presque par-tout pierreux, aride, et sans rivières : on y voit des montagnes et des côtes pelées, plus anciennes assurément que les plus anciens écrivains. Le port d'Aulide, absolument gâté, peut avoir été très bon; mais il n'a jamais pu contenir un nombre approchant de deux mille vaisseaux ou simples barques. Sdile ou Délos est un misérable rocher; Cerigue et Paphos, qui est dans l'île de Chypre, sont des lieux affreux. Cerigue est une petite île des Vénitiens, la plus désagréable et la plus infertile qui soit au monde. Il n'y a jamais eu d'air si corrompu que celui de Paphos, lieu absolument inhabité. Naxie ne vaut guère mieux. Les divinités ont été mal placées : il en faut demeurer d'accord. Je croirois volontiers que les historiens se sont imaginé qu'il étoit plus beau de faire combattre trois cent mille hommes plutôt que vingt mille, et vingt rois plutôt que vingt petits seigneurs. Les poëtes avoient des maîtresses dans les lieux où ils ont fait demeurer Vénus, mais en vérité la beauté ravissante de leurs ouvrages justifie tout. Linières et tant d'autres ne pourroient pas aussi impunément consacrer Senlis ou la rue de la Huchette quand même ils y seroient amoureux. Dans le fond, les grands auteurs, par la seule beauté de leur génie, ont pu donner des charmes éternels, et même l'être, aux royaumes, la réputation aux nations, le nombre aux armées, et la force aux simples murailles. Ils ont laissé de grands exemples de vertu comme de style, fournissant ainsi leur postérité de tous ses besoins ; et si elle n'en a pas toujours su profiter, ce n'est pas leur faute. Il n'importe guère de quel pays soient les héros ; il n'importe guère aussi, ce me semble, si les historiens et les grands poëtes sont nés à Rome ou dans la cour du Palais[1], à Athènes ou à la Ferté-Milon. Je vous observerai, monsieur, avant de finir cet article, qu'il y a deux mille évêchés en Grèce seulement, nommés dans l'histoire ecclésiastique, qui ne peuvent avoir eu deux paroisses chacun.

J'ai appris avec un sensible déplaisir la mort de

[1] Boileau étoit né dans la cour du Palais, et il fut baptisé à la Sainte-Chapelle. C'est un fait bien constaté par une lettre de son frère le chanoine, adressée à Brossette.

M. de Puy-Morin [1]. Je l'ai tendrement regretté; je remercie Dieu de tout mon cœur de lui avoir fait l'importante grace de songer à son salut avant sa mort.

Les témoignages de votre souvenir, monsieur, m'ont été et me seront toujours fort chers : j'eusse voulu que, vous souvenant aussi de l'attachement que j'ai pour tout ce qui vous touche, vous m'eussiez écrit quelque chose de votre famille et de vos affaires. Je crois le petit Racine bien vif, et il n'est pas impossible qu'à mon retour je ne l'interroge et je ne le tourmente sur son latin : peut-être m'embarrassera-t-il sur le grec littéral; mais je saurai un peu mieux le grec vulgaire, langue aussi corrompue et aussi misérable que l'ancienne Grèce l'est devenue.

Adieu, mon cher monsieur. Je vous conjure de penser quelquefois à notre ancienne amitié, de m'écrire encore quand même vous devriez continuer à m'appeler *Monseigneur*, et d'être bien persuadé de l'extrême passion et de l'estime sincère et sérieuse avec laquelle je serai toujours votre très humble et très obéissant serviteur.

Je ne vous ai jamais rien appris, et vous m'avez

---

[1] Pierre Boileau de Puy-Morin étoit contrôleur de l'argenterie du Roi. Il mourut à la suite d'une maladie de langueur. On prétend que lui et un de ses amis s'étoient promis, par serment, que le premier mort des deux reviendroit donner au survivant des nouvelles de l'autre monde. L'ami de Puy-Morin étant mort peu après, celui-ci se figura que le mort lui étoit apparu, et il tomba, par suite de cette vision, dans une mélancolie qui le conduisit au tombeau. (*Anon.*)

appris mille choses ; cependant vous êtes obligé de demeurer d'accord (vous qui me donnez libéralement quelque part à vos tragédies, quoique je n'y en aie jamais eu d'autre que celle de la première admiration) que je vous ai découvert qu'un trésorier-général de France prend le titre de chevalier, et qu'il a la satisfaction honorable d'être enterré avec des éperons dorés ; qu'ainsi il ne doit pas légèrement prodiguer le titre de *Monseigneur*.

Vous ne m'avez pas mandé si vous voyez souvent M. le marquis de Seignelay. Adieu, Monsieur.

Suscription : A M. Racine, trésorier-général de France, à Paris.

LETTRES
D'ANTOINE ARNAULD.

LETTRE PREMIÈRE.

A RACINE.

De Bruxelles, ce 7 avril 1685.

J'ai à vous remercier, monsieur, du *Discours* qu'on m'a envoyé de votre part. Rien n'est assurément plus éloquent, et le héros que vous y louez en est d'autant plus digne de vos louanges, que l'on dit qu'il y a trouvé de l'excès. Mais il est bien difficile qu'il n'y en ait toujours un peu : les plus grands hommes sont hommes, et se sentent toujours par quelque endroit de l'infirmité humaine. On auroit bien des choses à se dire sur cela si on se parloit; mais c'est ce qu'on ne voit pas lieu d'espérer de pouvoir faire. Il faudroit pour cela avoir dissipé un nuage, que j'ose dire être une tache dans ce soleil. Ce ne seroit pas une chose difficile si ceux qui le pourroient faire avoient assez de générosité pour l'entreprendre; mais j'avoue qu'il y en a peu qui aient tous les talents nécessaires pour cela, entre lesquels on doit compter celui que les Pères appellent *talentum familiaritatis*. Cependant je vous assure que les pensées que j'ai sur cela ne sont point intéressées; que ce qui peut me regarder me touche fort peu, et que ce que je considère principalement, c'est le bien infini que pourroit faire à l'Église un prince si accompli si cet obstacle étoit levé.

Celui, monsieur, qui vous remettra cette lettre est un ami qui demeure avec moi depuis quinze ans[1], et qui a pour moi tant d'affection, que je ne puis pas que je ne lui en sois très obligé. Il a un frère qui est fort honnête homme, et capable de s'acquitter d'un emploi (comme seroit d'avoir soin des affaires dans une grande maison) avec beaucoup d'application et de fidélité. Si vous pouviez, monsieur, lui en procurer quelqu'un, je vous en aurois une grande obligation.

Je suis tout à vous et à votre incomparable ami.

LETTRE II.

A BOILEAU,

QUI LUI AVOIT ENVOYÉ LA TRAGÉDIE D'ATHALIE.

De Bruxelles, ce 10 avril 1691.

Ce ne sont pas les scrupules du P. Massillon qui ont été cause que j'ai tant différé à vous écrire de l'*Athalie*, pour remercier l'auteur du présent qu'il

---

[1] François Guelphe. C'étoit un protégé de la duchesse de Longueville qu'elle avoit placé, comme copiste, auprès de Nicole et d'Arnauld. Lorsque ce dernier fut forcé de sortir de France,

m'en a fait. Je l'ai reçue tard, et l'ai lue aussitôt deux ou trois fois avec grande satisfaction ; mais j'ai, depuis, été si occupé, que je n'ai pas cru me pouvoir détourner pour quoi que ce soit ; à quoi ont succédé des empêchements d'écrire qui venoient d'autres causes. Si j'avois plus de loisir, je vous marquerois plus au long ce que j'ai trouvé dans cette pièce qui me la fait admirer. Le sujet y est traité avec un art merveilleux, les caractères bien soutenus, les vers nobles et naturels. Ce qu'on y fait dire aux gens de bien inspire du respect pour la religion et pour la vertu, et ce que l'on fait dire aux méchants n'empêche point qu'on n'ait de l'horreur de leur malice ; en quoi je trouve que beaucoup de poëtes sont blamâbles, mettant tout leur esprit à faire parler leurs personnages d'une manière qui peut rendre leur cause si bonne, qu'on est plus porté à approuver ou à excuser les plus méchantes actions, qu'à en avoir de la haine. Mais comme il est bien difficile que deux enfants du même père soient si également parfaits qu'il n'ait pas plus d'inclination pour l'un que pour l'autre, je voudrois bien savoir laquelle de ses deux pièces votre voisin aime davantage. Mais, pour moi, je vous dirai franchement que les charmes de la cadette n'ont pu m'empêcher de donner la préférence à l'aînée[1]. J'en ai beaucoup de raisons, dont la principale est que j'y trouve beaucoup plus de choses

Guelphe le suivit, et s'attacha constamment à son sort. Ce fut lui qui se chargea d'apporter à Port-Royal le cœur de son maître et son ami. (*Anon.*) — [1] *Esther*.

très édifiantes et très capables d'inspirer de la piété. Je suis tout à vous.

LETTRE III.

A RACINE.

De Bruxelles, ce 2 juin 1692.

A un aussi bon ami que vous, si généreux et si effectif, il ne faut point de préambule. J'ai des obligations extrêmes à un échevin de Liége, nommé M. de Cartier, parfaitement honnête homme, et, ce que je considère plus, bon chrétien. Il craint, et avec raison, ce qui pourra arriver après la prise de Namur, que l'on doit regarder comme indubitable. On cherchoit des recommandations pour lui auprès de M. le maréchal de Luxembourg; mais j'ai assuré ceux qui vouloient écrire à Paris qu'il n'y en avoit point de meilleure que la vôtre. Employez donc, mon très cher ami, tout ce que vous avez de crédit dans cette maison, afin qu'il connoisse que la prière que je vous ai faite pour lui n'a pas été inutile. Il voudroit bien aussi avoir des sauvegardes de Sa Majesté pour sa maison de Liége, qui est fort belle, et pour une terre qu'il a dans le pays de Limbourg, auprès de l'abbaye de Bos-le-Duc. Cette terre paye contribution, et ainsi on n'a peut-être pas besoin de sauvegarde. J'en ai écrit à M. de Pomponne, et l'ai prié instamment de me faire ce plaisir s'il y a moyen.

Mais vous êtes si bon, que vous ne trouverez pas mauvais que je vous conjure d'en être le solliciteur. Si le petit ami qui est depuis si long-temps auprès de moi peut passer jusqu'au camp, ce sera lui qui vous rendra ce billet, et qui vous entretiendra de beaucoup de choses qui se peuvent mieux dire de vive voix. Je suis tout à vous, mon très cher ami.

Suscription de la main de Boileau: A M. Racine, gentilhomme ordinaire du roi.

LETTRE IV.

AU MÊME.

De Bruxelles, ce 15 juillet 1693.

J'ai douté si je vous devois remercier de ce que vous avez fait de si bonne grace pour obtenir le passe-port que je vous avois demandé; car me flattant d'une part, qu'il n'y a guère de personnes que vous aimiez plus que moi, et sachant de l'autre combien ce vous est un plaisir d'obliger vos amis, je me suis presque imaginé que c'est peut-être à vous à me remercier de ce que je vous avois fait avoir cette occasion de me donner une preuve de votre inclination bienfaisante. Le petit frère [1] est charmé de la bonté que vous lui avez témoignée. Il m'a rendu compte de l'entretien que vous avez eu ensemble sur mon

---

[1] Guelphe.

sujet. Dieu me fait la grace d'être sur tout cela sans inquiétude, et si j'ai quelque peine, c'est d'être privé de la consolation de voir mes amis, et un tête-à-tête avec vous et avec votre compagnon [1] me feroit bien du plaisir; mais je n'achèterois pas ce plaisir par la moindre lâcheté; vous savez bien ce que cela veut dire. Ainsi je demeure en paix, et j'attends en patience que Dieu fasse connoître à sa majesté qu'il n'a point, dans tout son royaume, de sujet plus fidèle, plus passionné pour sa véritable gloire, et, si je l'ose dire, qui l'aime d'un amour plus pur et plus dégagé de tout intérêt. Je pourrois ajouter que je suis naturellement si sincère, que, si je ne sentois dans mon cœur la vérité de ce que je dis, rien au monde ne seroit capable de me le faire dire. C'est pourquoi aussi je ne pourrois me résoudre à faire un pas pour avoir la liberté de revoir mes amis, à moins que ce ne fût à mon prince seul que j'en fusse redevable.

Je suis tout à vous, mon cher ami.

[1] Boileau.

LETTRE DE FÉNÉLON,

A l'occasion de la profession de mademoiselle Racine,
aux Ursulines de Melun.

Cambrai, ce 17 novembre 1698.

Je prends en vérité beaucoup de part à la douleur et à la joie de l'illustre ami; car il y a en cette occasion l'obligation d'unir ce que saint Paul sépare: *Flere cum flentibus, gaudere cum gaudentibus.* La nature s'afflige, et la foi se réjouit dans le même cœur; mais je m'assure que la foi l'emportera bientôt, et que sa joie, se répandant sur la nature, en noiera tous les sentiments humains. Il est impossible qu'une telle séparation n'ait fait d'abord une grande plaie dans un cœur paternel; mais le remède est dans la plaie; et cette affliction est la source de consolations infinies pour l'avenir, et dès à présent. Je ne doute point qu'il ne conçoive combien il a d'obligation à la bonté de Dieu, d'avoir daigné choisir dans son petit troupeau une victime qui lui sera consacrée et immolée toute sa vie en un holocauste d'amour et d'adoration, et de l'avoir cachée dans le secret de sa face pour y mettre à couvert de la corruption du siècle toutes les bonnes qualités qui ne lui ont été données que pour Dieu. Au bout du compte, il s'en doit prendre un peu à lui-même. La bonne éducation qu'il lui a donnée et les sentiments de religion qu'il lui a inspirés, l'ont conduite à l'autel du sacrifice. Elle a cru ce qu'il lui a dit, que de ces deux hommes qui sont en nous,

> L'un, tout esprit et tout céleste,
> Veut qu'au ciel sans cesse attaché,
> Et des biens éternels touché,
> On compte pour rien tout le reste.

Elle l'a de bonne foi compté pour rien sur sa parole, et plus encore sur celle de Dieu, et s'est résolue d'être sans cesse attachée au ciel et aux biens éternels. Il n'y a donc qu'à louer et à bénir Dieu, et à profiter de cet exemple de détachement des choses du monde, que Dieu nous met à tous devant les yeux dans cette généreuse retraite. Je vous prie d'assurer cet heureux père que j'ai offert sa victime à l'autel, et que je suis, avec beaucoup de respect, tout à lui.

EXTRAIT

D'UNE LETTRE DE JEAN-BAPTISTE RACINE A LOUIS RACINE SON FRÈRE.

Du 6 novembre 1742.

Il n'y a pas un mot de vrai dans ce que vous me mandez de l'exclamation de mon père sur la douleur[1]. Jamais homme ne l'a crainte davantage ni

[1] On avoit prétendu que Racine, dans sa dernière maladie, succombant à la violence de la douleur, avoit demandé à ceux

même soufferte plus impatiemment ; mais jamais homme ne l'a reçue de la main de Dieu avec plus de soumission, si bien que, quelques jours avant sa mort, sur ce que je lui disois que tous les médecins espéroient de le tirer d'affaire, il m'adressa ces belles paroles : « Ils diront ce qu'ils voudront ; laissons-les dire ; mais vous, mon fils, voulez-vous me tromper, et vous entendez-vous avec eux? Dieu est le maître ; mais je puis vous assurer que, s'il me donnoit le choix ou de la vie ou de la mort, je ne sais ce que je choisirois ; les frais en sont faits. » Ce furent ses propres paroles. Jugez si c'est là le langage d'un homme qui succombe à la douleur. Aussi M. Despréaux ne pouvoit se lasser d'admirer l'intrépidité chrétienne avec laquelle il étoit mort[1],

qui l'assistoient s'il ne lui étoit pas permis de terminer d'un seul coup sa vie et ses souffrances. Ce conte avoit été adopté par Valincour, dans sa lettre à l'abbé d'Olivet, qui lui avoit demandé des renseignements sur la vie de Racine ; et, d'après cette lettre, le P. Niceron avoit répété la même fable dans ses *Mémoires des hommes illustres dans la république des lettres.* Valincour, à l'époque où il écrivit sa lettre, étoit lié avec les ennemis de Racine, et peut-être est-on en droit de lui reprocher de s'être mal acquitté, en cette circonstance, de ce qu'il devoit à la mémoire du grand homme qui l'avoit honoré de son amitié. En 1742, Louis Racine songeoit à donner une édition des œuvres de son père, et, pour obtenir des éclaircissements sur le fait rapporté par Valincour, il s'étoit adressé à son frère aîné. (*Anon.*)

[1] Madame de Maintenon en parle ainsi, dans une de ses lettres à madame de la Maisonfort, qui vouloit avoir un homme d'esprit pour confesseur : « Le plus simple est le meilleur pour vous, et vous devez vous y soumettre en enfant. Comment surmonterez-vous les croix que Dieu vous enverra dans le cours de votre vie, si un

ADRESSÉES A RACINE.

et le dit lui-même au roi, qui lui dit : « Je le sais, et
« cela m'a étonné ; car je me souviens qu'au siége de
« Gand, vous étiez le brave des deux. »

Je vous mande tout ceci pour vous faire voir que
j'en sais là-dessus autant qu'un autre ; mais je me
garderai bien de rien donner que je ne puisse dire
la vérité, et sur-tout bien instruire la postérité du
respect ou, pour mieux dire, de la passion qu'il avoit
pour M. Arnauld, dont j'ai plusieurs lettres où il le
traite de *son cher ami*.... Voilà mes sentiments, et je
n'aurois envie de parler de mon père que pour instruire le public de la piété dans laquelle il est mort
et nous a tous élevés.

accent normand ou picard vous arrête, et si vous vous dégoûtez
d'un homme, parcequ'il n'est pas aussi sublime que Racine ? Il
vous auroit édifiée, le pauvre homme, si vous aviez vu son humilité dans sa maladie, et son repentir sur cette recherche de l'esprit. Il ne demanda point, dans ce temps-là, un directeur à la
mode ; il ne vit qu'un bon prêtre de sa paroisse. » (*Lettres de
Maintenon*, édition de 1751, tome VIII, pag. 212.)

FIN DU SIXIÈME VOLUME.

TABLE DES MATIÈRES

CONTENUES DANS CE VOLUME.

DISCOURS ACADÉMIQUES.

Préface de Geoffroy.	Page 3
Discours prononcé à l'Académie françoise, à la réception de M. l'abbé Colbert.	7
Discours prononcé à l'Académie françoise, à la réception de MM. Corneille et Bergeret.	12
Discours prononcé à la tête du clergé par M. l'abbé Colbert, coadjuteur de Rouen.	24
Extrait d'un Mémoire en faveur des religieuses de Port-Royal.	32

LETTRES DE RACINE
ÉCRITES DANS SA JEUNESSE A QUELQUES AMIS.

Avertissement de Louis Racine.	37
Lettre première. A M. l'abbé Le Vasseur.	39
II. Au même.	41
III. Au même.	43
IV. Au même.	46
V. Au même.	50
VI. Au même.	54
VII. Au même.	59
VIII. Au même.	63

Lettre IX. A M. Vitart.	Page 66
X. A M. l'abbé Le Vasseur.	70
XI. Au même.	71
XII. Au même.	75
XIII. A mademoiselle Vitart.	79
XIV. A M. Vitart.	81
XV. A mademoiselle Vitart.	85
XVI. A la même.	86
XVII. A M. l'abbé Le Vasseur.	89
XVIII. Au même.	93
XIX. A mademoiselle Vitart.	94
XX. A M. l'abbé Le Vasseur.	96
XXI. Au même.	99
XXII. A mademoiselle Vitart.	104
XXIII. A M. Vitart.	106
XXIV. A M. l'abbé Le Vasseur.	110
XXV. A M. Vitart.	114
XXVI. Au même.	117
XXVII. Au même.	120
XXVIII. A M. l'abbé Le Vasseur.	124
XXIX. A M. Vitart.	129
XXX. Au même.	133
XXXI. A M. l'abbé Le Vasseur.	ibid.
XXXII. Au même.	136
XXXIII. Au même.	138
Fragment. A M. l'abbé Le Vasseur.	140

CORRESPONDANCE

ENTRE RACINE ET LA FONTAINE.

Trois lettres.	141 à 153

TABLE.

LETTRES DE RACINE ET DE BOILEAU.

Avertissement de Louis Racine.	Page 157
CINQUANTE LETTRES de Racine et de Boileau.	159 à 308

LETTRES DE RACINE A SON FILS.

Avertissement de Louis Racine.	311
CINQUANTE-CINQ LETTRES de Racine à son fils.	313 à 444

LETTRES DE RACINE A DIVERSES PERSONNES.

LETTRE PREMIÈRE. A M. le Prince.	447
II. Au même.	448
III. A madame Racine.	451
IV. A M. de Bonrepaux.	453
V. A mademoiselle Rivière.	456
VI. A la même.	459
VII. A madame de Maintenon.	461
VIII. A la mère Sainte-Thècle Racine.	465
IX. Racine et Boileau à monseigneur le maréchal de Luxembourg.	468
X. Racine à sa tante, supérieure du couvent de Port-Royal.	470
FRAGMENTS d'une lettre de Racine à sa tante.	472

PIÈCES DIVERSES
ATTRIBUÉES A JEAN RACINE.

Avertissement.	477
ÉPÎTRE DÉDICATOIRE à madame de Montespan.	481

ÉPÎTRE DÉDICATOIRE du Dictionnaire de l'Académie
françoise au Roi. Page 484
CRITIQUE de l'Épître précédente. 488

LETTRES ADRESSÉES A JEAN RACINE,

OU ÉCRITES A SON SUJET PAR DES PERSONNES CÉLÈBRES.

LETTRE de la mère Agnès Sainte-Thécle Racine à
Racine. 501
LETTRE de M. de Guilleragues, ambassadeur de
France à Constantinople, à Racine. 503

LETTRES D'ANTOINE ARNAULD.

LETTRE PREMIÈRE. A Racine. 508
 II. A Boileau, qui lui avoit envoyé la tragé-
  die d'ATHALIE. 509
 III. A Racine. 511
 IV. Au même. 512

LETTRE DE FÉNÉLON, à l'occasion de la profession
de mademoiselle RACINE, aux Ursulines de Melun. 514
EXTRAIT D'UNE LETTRE DE JEAN-BAPTISTE RACINE à
Louis Racine son frère. 515

FIN DE LA TABLE.

www.ingramcontent.com/pod-product-compliance
Lightning Source LLC
Chambersburg PA
CBHW071201240426
43669CB00038B/1490